MG 새마을금고 지역본부

최신기출유형 + 모의고사 5회 + 무료NCS특강

시대에듀

2024 하반기 시대에듀 All-New MG새마을금고 지역본부 필기전형
최신기출유형 + 모의고사 5회 + 무료NCS특강

Always **with you**

사람의 인연은 길에서 우연하게 만나거나 함께 살아가는 것만을 의미하지는 않습니다.
책을 펴내는 출판사와 그 책을 읽는 독자의 만남도 소중한 인연입니다.
시대에듀는 항상 독자의 마음을 헤아리기 위해 노력하고 있습니다. 늘 독자와 함께하겠습니다.

머리말 PREFACE

MG새마을금고는 한국 고유의 자율적 협동조직인 계, 향약, 두레 등의 상부상조 정신을 계승하고 협동조합의 원리에 의한 신용사업, 공제사업 등 경제적 기능과 회원복지사업, 지역공헌사업 등 사회적 기능을 동시에 수행하고 있는 금융협동조합이다. 이를 통해 회원의 삶의 질을 향상시키고 나아가 지역공동체의 발전과 국민 경제의 균형발전에 기여하는 것을 목적으로 한다.

MG새마을금고 지역본부는 인재를 채용하기 위해 필기전형을 시행하여 지원자가 업무에 필요한 역량을 갖추고 있는지 평가한다. 신입직원 필기전형은 인성검사 및 NCS 직업기초능력평가로 구성되어 있다.

이에 시대에듀에서는 MG새마을금고 지역본부 필기전형을 준비하는 수험생들이 시험에 효과적으로 대비할 수 있도록 다음과 같은 특징의 본서를 출간하게 되었다.

도서의 특징

❶ 2024년 상반기 기출복원문제를 수록하여 최근 출제경향을 한눈에 파악할 수 있도록 하였다.

❷ NCS 출제영역별 대표기출유형과 기출응용문제를 수록하여 체계적인 학습이 가능하도록 하였다.

❸ 최종점검 모의고사를 수록하여 시험 전 자신의 실력을 스스로 평가할 수 있도록 하였다.

❹ MG새마을금고 인재상과의 적합 여부를 판별할 수 있는 인성검사와 면접 기출 질문을 수록하여, 한 권으로 채용 전반에 대비할 수 있도록 하였다.

❺ MG새마을금고 모의고사 2회와 NCS 통합 1회로 구성된 온라인 모의고사 3회분을 수록하여 필기전형을 완벽히 준비하도록 하였다.

끝으로 본서가 MG새마을금고 지역본부 필기전형을 준비하는 여러분 모두에게 합격의 기쁨을 전달하기를 진심으로 기원한다.

SDC(Sidae Data Center) 씀

INTRODUCE

MG새마을금고 이야기

◇ 존재이념

참여와 협동으로 풍요로운 생활공동체 창조

지역공동체와 개인의 삶의 풍요를 이루어 이웃과 더불어 잘사는 생활공동체를 만들자는 의미

◇ 비전

21C 선진종합금융 협동조합

새마을금고의 회원들에게 차원 높은 금융서비스를 제공하고
회원들이 새마을금고의 복지사업혜택을 누리면서
보다 안정되고 풍요로운 삶을 누릴 수 있도록 하고자 하는 의미

◇ 경영이념

민주경영 / 혁신지향 / 인간존중

존재이념이나 비전을 달성하기 위한 새마을금고의 경영원칙으로,
조직운영 원리이자 경영의사 결정의 기준

◇ 새마을금고인의 정신

자조 / 호혜 / 공동체

자조정신은 회원 스스로 절약하고 새롭게 만들고 창조하며 개선하여 스스로 앞날을 개척하는 정신, 호혜정신은 이기주의와 개인주의를 극복하고 공동체의 삶을 풍요롭게 해주는 정신과 사랑, 봉사정신을 그 근간으로 하고 있다. 공동체 정신은 이웃과 하나가 되어 사회를 풍요롭게 하자는 정신으로 새마을금고는 공동의 이익과 극대화되는 공동체 사회를 추구하고 있다.

◇ 인재상

자조정신을 갖춘 인재

창의와 도전

- 자신의 역량을 최대한 발휘할 수 있는 전문적이고 창의적인 인재
- 어려운 상황에 맞서 끝까지 포기하지 않는 도전적인 인재

호혜정신을 갖춘 인재

사랑과 봉사

- 이타심을 바탕으로 타인을 존중하고 배려하는 인재
- 새마을금고 정신을 실천하고 지역사회에 공헌할 수 있는 인재

공동체 정신을 갖춘 인재

성실 · 책임

- 금고인으로서 긍지와 자부심을 가지고 정직하고 성실한 자세를 견지하는 인재
- 법과 규정을 준수하고 공정한 태도로 업무를 수행하는 인재

MG새마을금고 이야기

◇ 윤리경영

회원감동 추구

회원의 이익과 입장을 최우선적으로 고려한다.

회원이익 극대화

투명하고 건실한 정도경영으로 회원 가치와 이익을 보장한다.

사회적 책임

사회의 가치관을 존중하며 건전한 금융질서 확립에 솔선수범한다.

◇ Symbol Mark

MG새마을금고의 긍정적 자산인 느티나무의 이미지를 연계하여 계승 · 발전시킴으로서 금융 본연의 신뢰감 · 정직함을 전달하며, 현대적인 형태로 세련미와 진중함을 담은 상징체이다.

◇ Brand Concept

공공의 가치가 기본이 되는 따뜻한 금융

풍요로운 생활공동체	가족, 이웃 같은	신뢰할 수 있는
나–이웃–지역–사회가 함께 성장 · 발전해가는 따뜻한 철학, 사람 중심의 따뜻하고 풍요로운 이미지	내 가족의 일처럼 마음을 다하는 서비스	믿을 수 있는 금융서비스, 체계적이고 앞서가는 새마을금고

◇ Name Concept

MG

Maeul Geumgo	Make Good Life	Meet & Greet
마을금고	더 멋지고 풍요로운 삶	만나면 반가운 이웃

◇ Slogan Concept

Make Good

Money	Life	World
모두가 부자되는 금융혜택	모두가 더 나은 생활	모두가 행복한 세상

INFORMATION

신입직원 채용 안내

◇ 지원자격

❶ 연령, 성별, 학력 제한 없음
❷ 임용 즉시 근무가 가능한 자
❸ 새마을금고 인사규정에 따른 임용 결격사유가 없는 자
❹ 병역필 또는 면제자(남성에 한함)

◇ 채용지역

서울지역/부산지역/대구지역/인천지역/광주 · 전남지역/대전 · 세종 · 충남지역/
울산 · 경남지역/경기지역/강원지역/충북지역/전북지역/경북지역/제주지역

◇ 채용절차

◇ 필기전형

<table>
<tr><th>구분</th><th colspan="2">출제영역</th><th>문항 수</th><th>시간</th></tr>
<tr><td>1</td><td colspan="2">인성검사</td><td>200문항</td><td>30분</td></tr>
<tr><td>–</td><td colspan="2">준비시간</td><td>–</td><td>20분</td></tr>
<tr><td>2</td><td>NCS 직업기초능력평가</td><td>의사소통능력
수리능력
문제해결능력
조직이해능력
대인관계능력</td><td>40문항</td><td>40분</td></tr>
</table>

❖ 자세한 채용절차는 직무별 채용방침에 따라 변경될 수 있으니 반드시 채용공고를 확인하기 바랍니다.

ANALYSIS

2024년 상반기 기출분석

총평

2024년 상반기 MG새마을금고 지역본부 필기전형은 전체적으로 평이한 수준으로 출제됐으나 지문이 길어 시간이 촉박했다는 평이 많았다. 출제영역은 지난 시험과 같이 의사소통능력, 수리능력, 문제해결능력, 조직이해능력, 대인관계능력 다섯 개로 나뉘었으며, 영역별로 문제가 골고루 분배되지 않고 의사소통능력의 비중이 컸다는 의견이 지배적이었다. 주어진 시간 안에 풀 수 있는 문제를 찾아 해결해 나가는 것이 합격의 관건이었으리라 본다.

◇ 영역별 출제비중

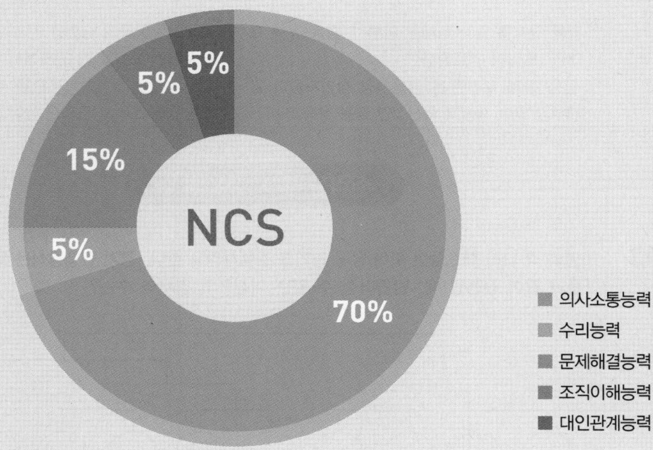

◇ 영역별 출제특징

영역	출제특징
의사소통능력	• 출제비중이 가장 크고 길이가 긴 지문이 출제됨 • 문단 나열하기, 일치하는 내용 찾기, 추론할 수 있는 내용 찾기, 주제 · 제목 찾기 등 다양한 유형의 문제가 출제됨 • MG새마을금고의 최근 이슈에 대한 보도 자료를 활용한 지문이 출제됨
수리능력	• 전체 영역 중 가장 낮은 비중으로 출제됨 • 토너먼트 경기의 수를 구하는 경우의 수 문제와 자료해석 문제가 출제됨
문제해결능력	• 평이한 수준의 문제가 출제됨 • CVI 지표를 이용하여 합격자를 선정하는 문제, 거짓말한 사람을 찾는 문제 등이 출제됨
조직이해능력	• 매트릭스 조직의 특징을 구분하는 문제와 부서별 업무 분장 표를 제시한 문제 등이 출제됨 • 기업의 미션 및 비전과 관련된 문제가 출제됨
대인관계능력	• 고객 응대 대처법을 묻는 모듈형 문제가 출제됨

주요 금융권 적중 문제

MG새마을금고 지역본부

의사소통능력 ▶ 빈칸추론

Hard

11 다음은 신문기사를 읽고 직원들이 나눈 대화이다. 대화의 흐름상 빈칸에 들어갈 말로 가장 적절한 것은?

○○일보

○○일보 제1426호　　○○년 ○○월 ○일 안내전화 02-000-0000　　www.sdxxx.com

금융 혁신 신상품 시험하는 '금융 규제 프리존' 도입한다.

금융 규제를 일체 배제한 이른바 '금융 규제 프리존' 도입이 검토된다.
'금융 규제 프리존'은 금융시장 참가자들이 규제부담 없이 새롭고 혁신적인 금융 상품과 비즈

금융위는 당국의 승인을 전제로 혁신적인 상품과 서비스 모델을 법 규제에서 벗어나 시험적으로 영업해볼 수 있는 공간을 제공할 방침이다. 이를 통해 소비자 편의를 높이고 금융업의 성장

수리능력 ▶ 경우의 수

03 10명의 각 나라 대표들이 모여 당구 경기를 진행하려고 한다. 경기 진행방식은 토너먼트 방식으로 다음과 같이 진행될 때, 만들어질 수 있는 대진표의 경우의 수는?

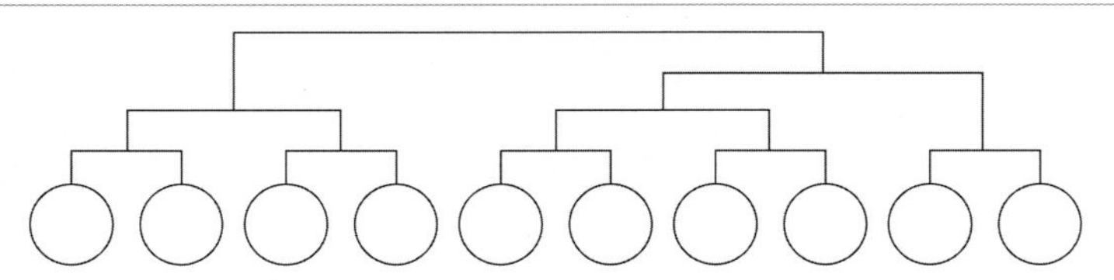

① 27,200가지　　② 27,560가지
③ 28,000가지　　④ 28,350가지

문제해결능력 ▶ 참 · 거짓

29 M금고 A지점에서 근무하고 있는 김대리, 이사원, 박사원, 유사원, 강대리 중 1명은 이번 워크숍에 참석하지 않았다. 이들 중 2명이 거짓말을 한다고 할 때, 다음 중 워크숍에 참석하지 않은 사람은?

강대리 : 나와 김대리는 워크숍에 참석했다. 나는 누가 워크숍에 참석하지 않았는지 알지 못한다.
박사원 : 유사원은 이번 워크숍에 참석하였다. 강대리님의 말은 모두 사실이다.
유사원 : 워크숍 불참자의 불참 사유를 세 사람이 들었다. 이사원은 워크숍에 참석했다.
김대리 : 나와 강대리만 워크숍 불참자의 불참 사유를 들었다. 이사원의 말은 모두 사실이다.
이사원 : 워크숍에 참석하지 않은 사람은 유사원이다. 유사원이 개인 사정으로 인해 워크숍에 참석하지 못한다고 강대리님에게 전했다.

① 강대리　　② 박사원
③ 김대리　　④ 이사원

지역농협 6급

의사소통능력 ▸ 나열하기

17 다음 문장을 논리적 순서대로 바르게 나열한 것은?

(가) 상품의 가격은 기본적으로 수요와 공급의 힘으로 결정된다. 시장에 참여하고 있는 경제 주체들은 자신이 가진 정보를 기초로 하여 수요와 공급을 결정한다.
(나) 이런 경우에는 상품의 가격이 우리의 상식으로는 도저히 이해하기 힘든 수준까지 일시적으로 뛰어오르는 현상이 나타날 가능성이 있다. 이런 현상은 특히 투기의 대상이 되는 자산의 경우 자주 나타나는데, 우리는 이를 '거품 현상'이라고 부른다.
(다) 그러나 현실에서는 사람들이 서로 다른 정보를 갖고 시장에 참여하는 경우가 많다. 어떤 사람은 특정한 정보를 갖고 있는데 거래 상대방은 그 정보를 갖고 있지 못한 경우도 있다.
(라) 일반적으로 거품 현상이란 것은 어떤 상품 – 특히 자산 – 의 가격이 지속해서 급격히 상승하는 현상을 가리킨다. 이와 같은 지속적인 가격 상승이 일어나는 이유는 애초에 발생한 가격 상승이 추가적인 가격 상승의 기대로 이어져 투기 바람이 형성되기 때문이다.
(마) 이들이 똑같은 정보를 함께 갖고 있으며 이 정보가 아주 틀린 것이 아닌 한, 상품의 가격은 어떤 기본적인 수준에서 크게 벗어나지 않을 것이라고 예상할 수 있다.

수리능력 ▸ 기초연산

Easy

26 다음 식을 계산한 값으로 옳은 것은?

$$0.4545+5\times 0.6475+0.3221$$

① 4.0541
② 4.0441
③ 4.0341
④ 4.0241
⑤ 4.0141

문제해결능력 ▸ 문제처리

46 N은행에 근무하는 직원 4명은 함께 5인승 택시를 타고 A지점으로 가고자 한다. 다음 〈조건〉에 따라 택시에 탑승할 때, 항상 참인 것은?

조건

- 직원은 각각 부장, 과장, 대리, 사원의 직책을 갖고 있다.
- 직원은 각각 흰색, 검은색, 노란색, 연두색 신발을 신었다.
- 직원은 각각 기획팀, 연구팀, 디자인팀, 홍보팀 소속이다.
- 대리와 사원은 옆으로 붙어 앉지 않는다.
- 과장 옆에는 직원이 앉지 않는다.
- 부장은 홍보팀이고 검은색 신발을 신었다.
- 디자인팀 직원은 조수석에 앉았고 노란색 신발을 신었다.
- 사원은 기획팀 소속이다.

① 택시 운전기사 바로 뒤에는 사원이 앉는다.
② 부장은 조수석에 앉는다.
③ 과장은 노란색 신발을 신었다.
④ 부장 옆에는 과장이 앉는다.

주요 금융권 적중 문제

하나은행

의사소통능력 ▶ 어법 · 맞춤법

39 **다음 중 밑줄 친 부분의 띄어쓰기가 모두 적절한 것은?**

① 최선의 세계를 만들기 위해서는 무엇 보다 이 세계에 있는 모든 대상이 지닌 성질을 정확하게 인식해야 만 한다.
② 일과 여가 두가지를 어떻게 조화시키느냐하는 문제는 항상 인류의 관심대상이 되어 왔다.
③ 내로라하는 영화배우 중 내 고향 출신도 상당수 된다. 그래서 자연스럽게 영화배우를 꿈꿨고, 그러다 보니 영화는 내 생활의 일부가 되었다.
④ 실기시험은 까다롭게 심사하는만큼 준비를 철저히 해야 한다. 한 달 간 실전처럼 연습하면서 시험에 대비하자.

수리능력 ▶ 거리 · 속력 · 시간

Hard

06 **길이 258m인 터널을 완전히 통과하는 데 18초 걸리는 A열차가 있다. 이 열차가 길이 144m인 터널을 완전히 건너는 데 걸리는 시간이 16초인 B열차와 서로 마주보는 방향으로 달려 완전히 지나는 데 걸린 시간이 9초였다. B열차의 길이가 80m라면 A열차의 길이는?**

① 320m　　② 330m
③ 340m　　④ 350m

문제해결능력 ▶ 문제처리

※ 다음은 호텔별 연회장 대여 현황에 대한 자료이다. 이를 보고 이어지는 질문에 답하시오. **[3~4]**

〈호텔별 연회장 대여 현황〉

건물	연회장	대여료	수용 가능 인원	회사로부터 거리	비고
A호텔	연꽃실	140만 원	200명	6km	2시간 이상 대여 시 추가비용 40만 원
B호텔	백합실	150만 원	300명	2.5km	1시간 초과 대여 불가능
C호텔	매화실	150만 원	200명	4km	이동수단 제공
	튤립실	180만 원	300명	4km	이동수단 제공
D호텔	장미실	150만 원	250명	4km	-

Easy

03 **총무팀에 근무하고 있는 이대리는 김부장에게 다음과 같은 지시를 받았다. 이대리가 연회장 예약을 위해 지불해야 하는 예약금은?**

> 다음 주에 있을 회사창립 20주년 기념행사를 위해 준비해야 할 것들 알려줄게요. 먼저 다음 주 금요일 오후 6시부터 8시까지 사용 가능한 연회장 리스트를 뽑아서 행사에 적합한 연회장을 예약해 주세요. 연회장 대여를 위한 예산은 160만 원이고, 회사에서의 거리가 가까워야 임직원들이 이동하기에 좋을 것 같아요. 행사 참석 인원은 240명이고, 이동수단을 제공해준다면 우선적으로 고려하도록 하세요. 예약금은 대여료의 10%라고 하니 예약 완료하고 지불하도록 하세요.

① 14만 원　　② 15만 원

KB국민은행

의사소통능력 ▶ 내용일치

2024년 적중

04 다음은 K은행의 국군희망준비적금 특약 안내문의 일부이다. 이에 대한 내용으로 적절하지 않은 것은?

〈K은행 국군희망준비적금 특약〉

제1조 적용범위
"K은행 국군희망준비적금(이하 '이 적금'이라 합니다)" 거래는 이 특약을 적용하며, 이 특약에서 정하지 않은 사항은 예금거래 기본약관 및 적립식 예금약관을 적용합니다.

제2조 가입대상
이 적금의 가입대상은 실명의 개인인 군 의무복무병(현역병, 상근예비역, 훈련병) 및 대체복무자로 하며, 1인 1계좌만 가능합니다.

제3조 예금과목
이 적금의 예금과목은 정기적금으로 합니다.

수리능력 ▶ 자료변환

Easy

02 다음은 가계 금융자산에 관한 국가별 비교 자료이다. 이 자료를 변환한 그래프로 옳지 않은 것은?

〈각국의 연도별 가계 금융자산 비율〉

국가 \ 연도	2017년	2018년	2019년	2020년	2021년	2022년
A	0.24	0.22	0.21	0.19	0.17	0.16
B	0.44	0.45	0.48	0.41	0.40	0.45
C	0.39	0.36	0.34	0.29	0.28	0.25
D	0.25	0.28	0.26	0.25	0.22	0.21

※ 가계 총자산은 가계 금융자산과 가계 비금융자산으로 이루어지며, 가계 금융자산 비율은 가계 총자산 대비 가계 금융자산이 차지하는 비율임

직무심화지식 ▶ 금융영업

08 B씨와 그의 동료들은 다음과 같은 〈조건〉으로 조합 예탁금·적금 상품에 가입 후 납입하였다. 납부해야 할 세금이 가장 많은 사람부터 적은 사람 순으로 바르게 나열한 것은?(단, 조합 적금은 모두 비과세 저축용 상품으로 가정한다)

조건

- A씨 : 집 근처에 C은행이 있고 해외에서 근무하며, 출자금 5만 원을 납입하고 출자금통장을 만들었다. 2020년 2월 1일부터 2년 동안 매월 1일에 20만 원씩 납입하는 조합 적금에 가입했다.
- B씨 : 기존 조합원의 자격을 가지고 있으며 출자금통장을 보유하고 있다. 2020년 1월부터 1년 동안 매월 1일에 10만 원씩 납입하는 조합 적금에 가입했다.
- C씨 : 농사를 짓고 있으며 근처 B은행에서 출자금 3만 원을 내고 출자금통장을 만들었다. 2021년 1월부터 1년 동안 매월 1일에 40만 원씩 납입하는 조합 적금에 가입했다.

① A－B－C　　② A－C－B
③ B－C－A　　④ C－B－A

도서 200% 활용하기

2024년 상반기 기출복원문제로 출제경향 파악

2024 상반기 기출복원문제

※ 정답 및 해설은 기출복원문제 바로 뒤 p.016에 있습니다.

01 다음 문단을 논리적 순서대로 바르게 나열한 것은?

(가) 이러한 수평적 연결은 사물인터넷 서비스로 새로운 성장 동력을 모색할 수 있다. 예를 들어, 스마트 컵인 프라임베실(개인에게 필요한 수분 섭취량을 알려줌), 스마트 접시인 탑뷰(음식의 양을 측정함), 스마트 포크인 해피포크(식사 습관 개선을 돕는 스마트 포크, 식사 속도와 시간, 1분간 떠먹는 횟수 등을 계산해 식사 습관을 분석함)를 연결하면 식생활 습관을 관리할 수 있을 것이다. 이를 식당, 병원, 헬스케어 센
할 수 있다.

(나) 마치 100m 달리기를 하듯 각자의 트랙에
집중의 논리로 수직 계열화를 통해 효율
이 변하고 있다. 고객 혹은 사용자를 중
다. 이러한 산업의 패러다임적 전환을

(다) 기존의 가스 경보기를 만들려면 미세한
리, 크게 알릴 수 있는 알람 소리, 인테리
데 아무리 좋은 가스 경보기를 만들어도
경보기가 울리면 아마 창문을 열어 환기
것이다. 사람의 안전을 담보하는, 즉 연결
한다. 이런 가스 경보기를 만들려면 전기
이 사용자 경험을 중심으로 연결돼야 한

(라) 똑똑한 사물인터넷은 점점 더 다양해진다
커는 사용자가 언제 어디든, 일상에서 언
의 사물인터넷 서비스는 보일러 쪽으로
한다. 이제 보일러가 언제, 얼마나, 어떻
하는 방식과 에너지 소모 등의 정보도
사물인터넷 서비스는 이제 거스를 수 없

① (나) – (가) – (다) – (라)
③ (다) – (가) – (라) – (나)

2024 상반기 기출복원문제

01	02	03	04	05	06	07	08	09	10
②	③	④	③	②	③	③	③	④	④
11	12	13	14	15	16	17	18	19	20
③	①	④	③	①	②	④	③	③	④

01 정답 ②

수직 계열화에서 사용자 중심으로 산업 패러다임이 변화되고 있음을 제시하는 (나) 문단이 가장 먼저 오는 것이 적절하며, 그 다음으로 가스경보기를 예로 들어 수평적 연결에 대해 설명하는 (다) 문단이 적절하다. 그 뒤로 이러한 수평적 연결이 사물인터넷 서비스로 새롭게 성장한다는 (가) 문단이, 마지막으로는 다양해지는 사물인터넷 서비스에 대해 설명하는 (라) 문단이 이어지는 것이 적절하다.

02 정답 ③

실재론은 세계가 정신과 독립적으로 존재함을, 반실재론은 세계가 감각적으로 인식될 때만 존재함을 주장하므로 두 이론 모두 세계는 존재한다는 전제를 기반으로 한다.

오답분석

① 세 번째 문단에서 어떤 사람이 버클리의 주장을 반박하기 위해 돌을 발로 차서 날아간 돌이 존재한다는 사실을 증명하려고 하였으나, 반실재론을 제대로 반박한 것은 아니라고 하였다. 따라서 실재론자의 주장이 옳다는 사실을 증명하는 것은 아니다.
② 세계가 감각으로 인식될 때만 존재한다는 것은 반실재론자의 입장이다.
④ 버클리는 객관적 성질이라고 여겨지는 것들도 우리가 감각할 수 있을 때만 존재하는 주관적 속성이라고 하였다.

03 정답 ④

스마트팩토리의 주요 기술 중 하나인 에지 컴퓨팅은 중앙 데이터 센터와 직접 소통하는 클라우드 컴퓨팅과 달리 산업 현장에서 발생하는 데이터를 에지 데이터 센터에서 사전 처리한 후 선별하여 전송하기 때문에 데이터 처리 지연 시간을 줄일 수 있다.

04 정답 ③

두 번째 문단에서 지구의 내부가 지각, 상부 맨틀, 하부 맨틀, 외핵, 내핵으로 이루어진 층상 구조라고 밝힌 것에서 지구 내부의 구조를 확인할 수 있으며, 제시문은 이에 대한 내용이다.

05 정답 ②

우리 눈은 원추세포를 통해 밝은 곳에서의 노란색 빛을 인식하고, 어두운 곳에서는 막대세포를 통해 초록색 물체를 더 민감하게 인식한다. 또한 밝은 곳에서 눈에 잘 띄던 노란색 경고 표지판은 날이 어두워지면 무용지물이 될 수도 있으므로 어두운 터널 내에는 초록색의 경고 표지판을 설치하는 것이 더 효과적일 것이다.

오답분석

① 우리 눈에는 파장이 500나노미터 부근인 노랑 빛에 민감한 원추세포의 수가 많지 않아 어두운 곳보다 밝은 곳에서 인식 기능이 더 잘 발휘된다. 따라서 밝은 곳에서 눈에 잘 띄는 노란색이나 붉은색으로 경고나 위험 상황을 나타내는 것은 막대세포가 아닌 원추세포의 수와 관련이 있다.
③ 눈조리개의 초점 부근 좁은 영역에 주로 분포되어 있는 세포는 원뿔 모양의 원추세포이다.
④ 막대세포의 로돕신은 빛을 받으면 분해되어 시신경을 자극하고, 이 자극이 대뇌에 전달되어 초록색 빛을 민감하게 인식하지만, 색을 인식하지는 못한다.

06 정답 ③

인간관계에서 일어나는 사회적 행위를 규정한 것이 '충'이므로 충은 임금과 신하 사이의 관계에서 지켜져야 할 사회 윤리이다. 이러한 임금과 신하의 관계는 공동의 목표를 위한 관계로서 의리에 의해서 맺어진 관계이므로 임금과 신하의 관계는 상호 신뢰를 바탕으로 이루어짐을 알 수 있다.

07 정답 ③

세 번째 문단에 따르면 N포털사이트의 내집잡기 블로그에서 모집 관련 자세한 사항을 확인할 수 있으며, G포털사이트 폼에 신청서와 자기소개서 등 구비서류를 작성하여 첨부한 뒤 신청하면 된다. 따라서 가까운 M금고에 방문하여 제출하는 것아 아니라, 온라인으로 신청해야 한다는 것을 알 수 있다.

▸ 2024년 4월 13일 시행된 MG새마을금고 지역본부 필기전형의 기출복원문제를 수록하였다.
▸ NCS 직업기초능력평가의 최근 출제경향을 파악할 수 있도록 하였다.

대표기출유형&기출응용문제로 영역별 체계적 학습

대표기출유형

01 어법 · 맞춤법

| 유형분석 |

- 주어진 문장이나 지문에서 잘못 쓰인 단어 · 표현을 바르게 고칠 수 있는지 평가한다.
- 띄어쓰기, 동의어 · 유의어 · 다의어 또는 관용적 표현 등을 찾는 문제가 출제될 가능성이 있다.

다음 밑줄 친 단어 중 문맥상 쓰임이 옳지 않은 것은?

① 어려운 문제의 답을 맞혀야 높은 점수를 받을 수 있다
② 공책에 선을 반듯이 긋고 그 선에 맞춰 글을 쓰는
③ 생선을 간장에 10분 동안 졸이면 요리가 완성된다
④ 미안하지만 지금은 바쁘니까 이따가 와서 애기해

정답 ③
'졸이다'는 '찌개를 졸이다.'와 같이 국물의 양을 적어지게 하는 ... 따위를 국물에 넣고 바짝 끓여서 양념이 배어들게 하다.'의 의미 ... 사용되어야 한다.

오답분석
① 맞히다 : 문제에 대한 답을 틀리지 않게 하다.
맞추다 : 둘 이상의 일정한 대상들을 나란히 놓고 비교하여
② 반듯이 : 비뚤어지거나 기울거나 굽지 않고 바르게
반드시 : 틀림없이 꼭, 기필코
④ 이따 : 조금 지난 뒤에
있다 : 어느 곳에서 떠나거나 벗어나지 않고 머물다. 또는

유형풀이 Tip

자주 틀리는 맞춤법

틀린 표현	옳은 표현
몇일	며칠
웬지	왠지
왠만하면	웬만하면
안되	안돼
어떻해	어떻게 해 / 어떡해
금새	금세
구지	굳이
서슴치	서슴지

대표기출유형 01 기출응용문제

Easy

01 다음 중 밑줄 친 단어의 맞춤법이 옳지 않은 것은?

① 우리는 첨단산업을 개발하고 육성해야 한다.
② 기술자가 없어서 고가의 장비를 썩이고 있다.
③ 생선 장수들이 좌판을 벌이고 손님을 맞아들였다.
④ 메모지를 벽에 덕지덕지 붙여 놓아 지저분해 보인다.

PART 1

02 다음 중 띄어쓰기가 옳지 않은 것을 모두 고르면?

N기관은 다양한 분야에서 ㉠괄목할만한 성과를 거두고 있다. 그러나 타 기관들이 단순히 이를 벤치마킹한다고 해서 반드시 우수한 성과를 거둘 수 있는 것은 아니다. N기관의 성공 요인은 주어진 정책 과제를 수동적으로 ㉡수행하는데 머무르지 않고, 대국민 접점에서 더욱 다양하고 복잡해지고 있는 수요를 빠르게 인지하고 심도 깊게 파악하여 그 개선점을 내놓기 위해 노력하는 일련의 과정을 ㉢기관만의 특색으로 바꾸어 낸 것이다.

① ㉠ ② ㉡
③ ㉢ ④ ㉠, ㉡

03 다음 중 밑줄 친 단어의 쓰임이 적절하지 않은 것을 모두 고르면?

㉠ 일이 하도 많아 밤샘 작업이 예삿일로 되어 버렸다.
㉡ 아이는 등굣길에 문구점에 잠깐 들렀다.
㉢ 지하 전셋방에서 살림을 시작한 지 10년 만에 집을 장만하였다.
㉣ 조갯살로 국물을 내어 칼국수를 끓이면 시원한 맛이 일품이다.
㉤ 우리는 저녁을 어디서 먹을까 망설이다가 만장일치로 피잣집에 갔다.

① ㉠, ㉡ ② ㉠, ㉢
③ ㉡, ㉣ ④ ㉢, ㉤

▸ '의사소통 · 수리 · 문제해결 · 조직이해 · 대인관계'의 대표기출유형과 기출응용문제를 수록하였다.
▸ 출제영역별 유형분석과 유형풀이 Tip을 통해 혼자서도 체계적인 학습이 가능하도록 하였다.

STRUCTURES

도서 200% 활용하기

최종점검 모의고사 + OMR로 실전 연습

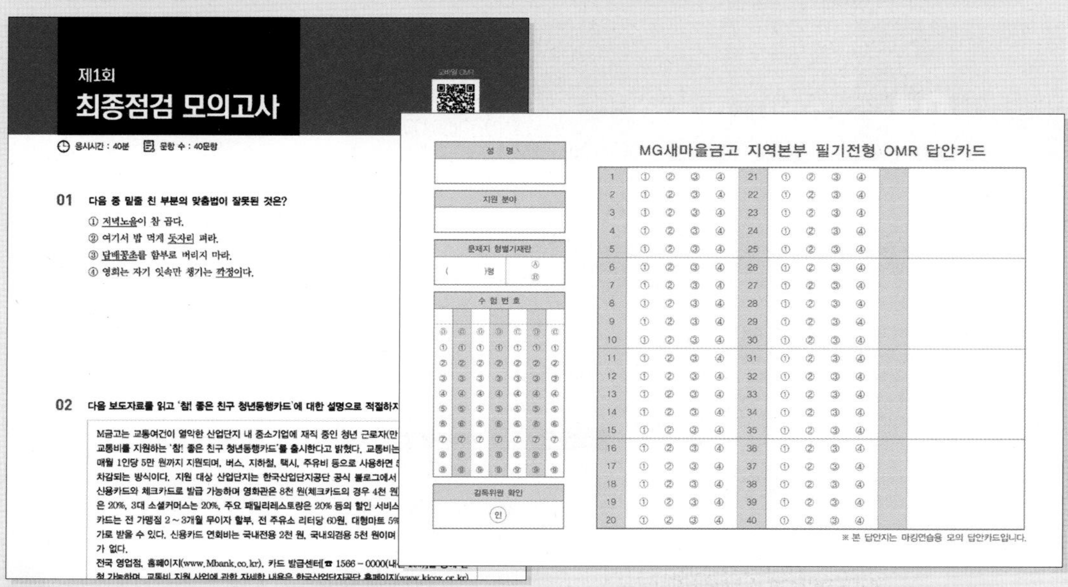

제1회

최종점검 모의고사

응시시간 : 40분 문항 수 : 40문항

01 다음 중 밑줄 친 부분의 맞춤법이 잘못된 것은?

① 저녁노을이 참 곱다.
② 여기서 밥 먹게 돗자리 펴라.
③ 담배꽁초를 함부로 버리지 마라.
④ 영희는 자기 잇속만 챙기는 깍쟁이다.

02 다음 보도자료를 읽고 '참! 좋은 친구 청년동행카드'에 대한 설명으로 적절하지

M금고는 교통여건이 열악한 산업단지 내 중소기업에 재직 중인 청년 근로자(만 교통비를 지원하는 '참! 좋은 친구 청년동행카드'를 출시한다고 밝혔다. 교통비는 매월 1인당 5만 원까지 지원되며, 버스, 지하철, 택시, 주유비 등으로 사용하면 차감되는 방식이다. 지원 대상 산업단지는 한국산업단지공단 공식 블로그에서 신용카드와 체크카드로 발급 가능하며 영화관은 8천 원(체크카드의 경우 4천 원 은 20%, 3대 소셜커머스는 20%, 주요 패밀리레스토랑은 20% 등의 할인 서비스 카드는 전 가맹점 2～3개월 무이자 할부, 전 주유소 리터당 60원, 대형마트 5% 가로 받을 수 있다. 신용카드 연회비는 국내전용 2천 원, 국내외겸용 5천 원이며 가 없다.

전국 영업점, 홈페이지(www.Mbank.co.kr), 카드 발급센터(☎ 1566－0000(내

MG새마을금고 지역본부 필기전형 OMR 답안카드

성 명

지원 분야

문제지 형별기재란 ( )형 Ⓐ Ⓑ

수 험 번 호

감독위원 확인 (인)

번호					번호				
1	①	②	③	④	21	①	②	③	④
2	①	②	③	④	22	①	②	③	④
3	①	②	③	④	23	①	②	③	④
4	①	②	③	④	24	①	②	③	④
5	①	②	③	④	25	①	②	③	④
6	①	②	③	④	26	①	②	③	④
7	①	②	③	④	27	①	②	③	④
8	①	②	③	④	28	①	②	③	④
9	①	②	③	④	29	①	②	③	④
10	①	②	③	④	30	①	②	③	④
11	①	②	③	④	31	①	②	③	④
12	①	②	③	④	32	①	②	③	④
13	①	②	③	④	33	①	②	③	④
14	①	②	③	④	34	①	②	③	④
15	①	②	③	④	35	①	②	③	④
16	①	②	③	④	36	①	②	③	④
17	①	②	③	④	37	①	②	③	④
18	①	②	③	④	38	①	②	③	④
19	①	②	③	④	39	①	②	③	④
20	①	②	③	④	40	①	②	③	④

※ 본 답안지는 마킹연습용 모의 답안카드입니다.

▸ 최종점검 모의고사와 OMR 답안카드를 수록하여 실제로 시험을 보는 것처럼 최종 마무리 연습을 하도록 하였다.

인성검사 + 면접까지 한 권으로 대비

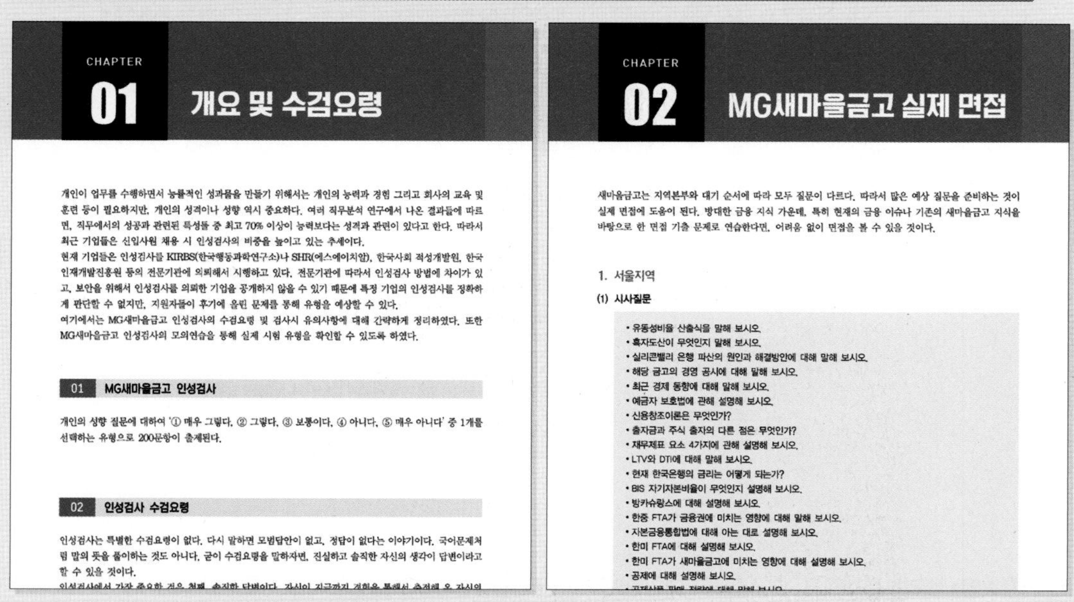

CHAPTER 01 개요 및 수검요령

개인이 업무를 수행하면서 능률적인 성과물을 만들기 위해서는 개인의 능력과 경험 그리고 회사의 교육 및 훈련 등이 필요하지만, 개인의 성격이나 성향 역시 중요하다. 여러 직무분석 연구에서 나온 결과들에 따르면, 직무에서의 성공과 관련된 특성들 중 최고 70% 이상이 능력보다는 성격과 관련이 있다고 한다. 따라서 최근 기업들은 신입사원 채용 시 인성검사의 비중을 높이고 있는 추세이다.

현재 기업들은 인성검사를 KIRBS(한국행동과학연구소)나 SHR(에스에이치알), 한국사회 적성개발원, 한국인재개발진흥원 등의 전문기관에 의뢰해서 시행하고 있다. 전문기관에 따라서 인성검사 방법에 차이가 있고, 보안을 위해서 인성검사를 의뢰한 기업을 공개하지 않을 수 있기 때문에 특정 기업의 인성검사를 정확하게 판단할 수 없지만, 지원자들이 후기에 올린 문제를 통해 유형을 예상할 수 있다.

여기에서는 MG새마을금고 인성검사의 수검요령 및 검사시 유의사항에 대해 간략하게 정리하였다. 또한 MG새마을금고 인성검사의 모의연습을 통해 실제 시험 유형을 확인할 수 있도록 하였다.

01 MG새마을금고 인성검사

개인의 성향 질문에 대하여 '① 매우 그렇다, ② 그렇다, ③ 보통이다, ④ 아니다, ⑤ 매우 아니다' 중 1개를 선택하는 유형으로 200문항이 출제된다.

02 인성검사 수검요령

인성검사는 특별한 수검요령이 없다. 다시 말하면 모범답안이 없고, 정답이 없다는 이야기이다. 국어문제처럼 말의 뜻을 풀이하는 것도 아니다. 굳이 수검요령을 말하자면, 진실하고 솔직한 자신의 생각이 답변이라고 할 수 있을 것이다.

CHAPTER 02 MG새마을금고 실제 면접

새마을금고는 지역본부와 대기 순서에 따라 모두 질문이 다르다. 따라서 많은 예상 질문을 준비하는 것이 실제 면접에 도움이 된다. 방대한 금융 지식 가운데, 특히 현재의 금융 이슈나 기존의 새마을금고 지식을 바탕으로 한 면접 기출 문제로 연습한다면, 어려움 없이 면접을 볼 수 있을 것이다.

1. 서울지역

(1) 시사질문

• 유동성비율 산출식을 말해 보시오.
• 흑자도산이 무엇인지 말해 보시오.
• 실리콘밸리 은행 파산의 원인과 해결방안에 대해 말해 보시오.
• 해당 금고의 경영 공시에 대해 말해 보시오.
• 최근 경제 동향에 대해 말해 보시오.
• 예금자 보호법에 관해 설명해 보시오.
• 신용창조이론은 무엇인가?
• 출자금과 주식 출자의 다른 점은 무엇인가?
• 재무제표 요소 4가지에 관해 설명해 보시오.
• LTV와 DTI에 대해 말해 보시오.
• 현재 한국은행의 금리는 어떻게 되는가?
• BIS 자기자본비율이 무엇인지 설명해 보시오.
• 방카슈랑스에 대해 설명해 보시오.
• 한중 FTA가 금융권에 미치는 영향에 대해 말해 보시오.
• 자본금융통합법에 대해 아는 대로 설명해 보시오.
• 한미 FTA에 대해 설명해 보시오.
• 한미 FTA가 새마을금고에 미치는 영향에 대해 설명해 보시오.
• 공제에 대해 설명해 보시오.

▸ 인성검사 모의테스트와 MG새마을금고 지역별 면접 기출 질문을 통해 한 권으로 채용 전반에 대비하도록 하였다.

Easy&Hard로 난이도별 시간 분배 연습

Easy 01

대표기출유형 04 기출응용문제

다음 글의 내용으로 적절하지 않은 것을 고르시오. [1~3]

저작자의 권익을 보호함으로써 활발한 저작 활동을 촉진하여 인류의 문화 발전에 기여하기 위한 것이다. 그러나 이렇게 공적 이익을 추구하기 위한 저작권이 현실에서는 일반적으로 지나치게 재산권을 행사하는 도구로 인식되고 있다. 저작물 이용자들의 권리를 보호하기 위해 마련한, 저작적 성격의 법조항도 법적 분쟁에서는 항상 사적 재산권의 논리에 밀려 왔다. 저작권 소유자 중심의 저작권 논리는 실제로 저작권이 담당해야 할 사회적 공유를 통한 문화 발전을 방해한다.
2015년 '애국가 저작권'에 대한 논란은 이러한 문제를 단적으로 보여준다. 저자 사후 50년 동안 적용되는 국내 저작권법에 따라, 애국가가 포함된 〈한국 환상곡〉의 저작권이 작곡가 안익태의 유족들에게 2015년까지 주어진다는 사실이 언론을 통해 알려진 것이다. 누구나 자유롭게 이용할 수 있는 국가(國歌)마저 공공재가 아닌 개인 소유라는 사실에 많은 사람들이 놀랐다. 창작은 백지 상태에서 완전히 새로운 것을 만드는 것이 아니라 저작자와 인류가 쌓은 지식 간의 상호 작용을 통해 이루어진다. '내가 남들보다 조금 더 멀리보고 있다면, 이는 내가 거인의 어깨 위에 올라서 있는 난쟁이이기 때문'이라는 뉴턴의 겸손은 바로 이를 말한다.
이렇듯 창작자의 저작물은 인류의 지적 자원에서 영감을 얻은 결과이다. 그러한 저작물을 다시 인류에게 되돌려주는 데 저작권의 의의가 있다. 이러한 생각은 이미 1960년대 프랑스 철학자들에 의해 형성되었다. 예컨대 기호학자인 바르트는 '저자의 죽음'을 거론하면서 저자가 만들어 내는 텍스트는 단지 인용의 조합일 뿐 어디에도 '오리지널'은 존재하지 않는다고 단언한다. 전자 복제 기술의 발전과 디지털 혁명은 정보나 자료의 공유가 지니는 의의를 잘 보여주고 있다. 인터넷과 같은 매체 환경의 변화는 원본을 무한히 복제하고 자유롭게 이용함으로써 누구나 창작의 주체로서 새로운 문화 창조에 기여할 수 있도록 돕는다. 인터넷 환경에서 이용자는 저작물을 자유롭게 교환할 뿐 아니라 수많은 사람들과 생각을 나눔으로써 새로운 창작물을 생산하고 있다. 이러한 상황은 저작권을 사적 재산권의 측면에서보다는 공익적 측면에서 바라볼 필요가 있음을 보여준다.

① 저작권 보호기간인 사후 50년이 지난 저작물은 누구나 자유롭게 이용할 수 있다.
② 공적 이익 추구를 위한 저작권이 사적 재산권보호를 위한 도구로 전락하였다.
③ 창작은 이미 존재하는 지적 자원의 영향을 받아 이루어진다.
④ 저작권의 의의는 전혀 새로운 문화를 창작한다는 데 있다.

Hard 04

M금고 상품기획팀 입사자 수는 2022년 하반기에 비해 20% 감소하였으며, 2023년 상반기 인사팀 입사자 수는 2022년 하반기 마케팅팀 입사자 수의 2배이고, 영업팀 입사자는 2022년 하반기보다 30명이 늘었다. 2023년 상반기 마케팅팀의 입사자 수는 2023년 상반기 인사팀의 입사자 수와 같다. 2023년 상반기 전체 입사자가 2022년 하반기 대비 25% 증가했을 때, 2022년 하반기 대비 2023년 상반기 인사팀 입사자의 증감률은?

〈M금고 입사자 수〉

(단위 : 명)

구분	마케팅	영업	상품기획	인사	합계
2022년 하반기 입사자 수	50		100		320

① −15%
② 0%
③ 15%
④ 25%

05 다음은 실업자 및 실업률 추이에 관한 그래프이다. 2022년 11월의 실업률은 2022년 2월 대비 얼마나 증감했는가?(단, 소수점 첫째 자리에서 반올림한다)

〈실업자 및 실업률 추이〉

(천 명) (%)
실업자 실업률
1,700 1,500 1,300 1,100 900
6.0 5.0 4.0 3.0 2.0
3.1 3.2 3.7 4.9 4.3 3.9 3.7 3.6 3.5 3.6 3.6 3.4 3.1 3.2
863 983 1,317 1,155 1,075 1,005 1,004 975 996 986 923 854 867

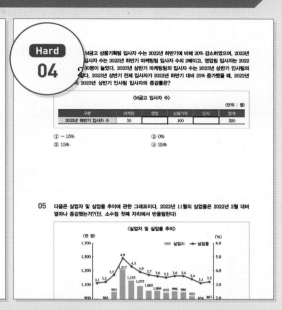

▸ Easy&Hard 표시로 문제별 난이도에 따라 시간을 적절하게 분배하여 풀이하는 연습이 가능하도록 하였다.

정답 및 해설로 혼자서도 완벽 학습

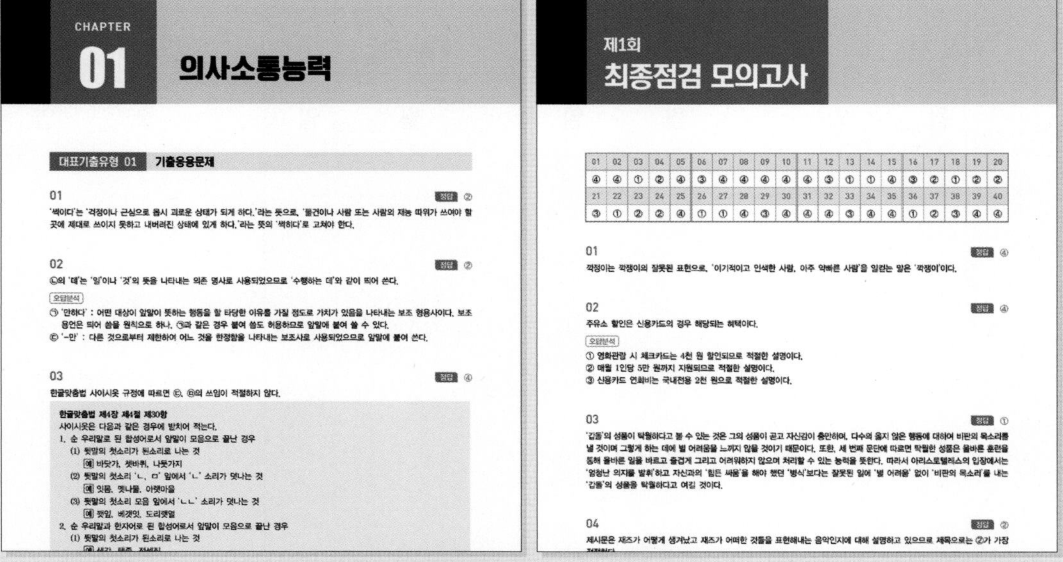
CHAPTER 01 의사소통능력

대표기출유형 01 기출응용문제

01 정답 ②
'썩이다'는 '걱정이나 근심으로 몹시 괴로운 상태가 되게 하다.'라는 뜻으로, '물건이나 사람 또는 사람의 재능 따위가 쓰여야 할 곳에 제대로 쓰이지 못하고 내버려진 상태에 있게 하다.'라는 뜻의 '썩히다'로 고쳐야 한다.

02 정답 ②
ⓒ의 '데'는 '일'이나 '것'의 뜻을 나타내는 의존 명사로 사용되었으므로 '수행하는 데'와 같이 띄어 쓴다.

오답분석
㉠ '안하다' : 어떤 대상이 앞말이 뜻하는 행동을 할 타당한 이유를 가질 정도로 가치가 있음을 나타내는 보조 형용사이다. 보조 용언은 띄어 씀을 원칙으로 하나, ㉠과 같은 경우 붙여 씀도 허용하므로 앞말에 붙여 쓸 수 있다.
ⓔ '-만' : 다른 것으로부터 제한하여 어느 것을 한정함을 나타내는 보조사로 사용되었으므로 앞말에 붙여 쓴다.

03 정답 ④
한글맞춤법 사이시옷 규정에 따르면 ⓒ, ⓔ의 쓰임이 적절하지 않다.

한글맞춤법 제4장 제4절 제30항
사이시옷은 다음과 같은 경우에 받치어 적는다.
1. 순 우리말로 된 합성어로서 앞말이 모음으로 끝난 경우
(1) 뒷말의 첫소리가 된소리로 나는 것
예 바닷가, 쳇바퀴, 나뭇가지
(2) 뒷말의 첫소리 'ㄴ, ㅁ' 앞에서 'ㄴ' 소리가 덧나는 것
예 잇몸, 멧나물, 아랫마을
(3) 뒷말의 첫소리 모음 앞에서 'ㄴㄴ' 소리가 덧나는 것
예 깻잎, 베갯잇, 도리깻열
2. 순 우리말과 한자어로 된 합성어로서 앞말이 모음으로 끝난 경우
(1) 뒷말의 첫소리가 된소리로 나는 것

제1회 최종점검 모의고사

01	02	03	04	05	06	07	08	09	10	11	12	13	14	15	16	17	18	19	20
④	④	①	②	④	③	④	④	④	④	④	③	①	①	④	③	②	①	②	②
21	22	23	24	25	26	27	28	29	30	31	32	33	34	35	36	37	38	39	40
③	①	②	②	④	①	①	④	③	④	④	④	③	④	④	①	②	③	④	④

01 정답 ④
깍정이는 깍쟁이의 잘못된 표현으로, '이기적이고 인색한 사람, 아주 약빠른 사람'을 일컫는 말은 '깍쟁이'이다.

02 정답 ④
주유소 할인은 신용카드의 경우 해당되는 혜택이다.

오답분석
① 영화관람 시 체크카드는 4천 원 할인되므로 적절한 설명이다.
② 매월 1인당 5만 원까지 지원되므로 적절한 설명이다.
③ 신용카드 연회비는 국내전용 2천 원으로 적절한 설명이다.

03 정답 ①
'갑돌'의 성품이 탁월하다고 볼 수 있는 것은 그의 성품이 곧고 자신감이 충만하여, 다수의 옳지 않은 행동에 대하여 비판의 목소리를 낼 것이며 그렇게 하는 데에 별 어려움을 느끼지 않을 것이기 때문이다. 또한, 세 번째 문단에 따르면 탁월한 성품은 올바른 훈련을 통해 올바른 일을 바르고 즐겁게 그리고 어려워하지 않으며 처리할 수 있는 능력을 뜻한다. 따라서 아리스토텔레스의 입장에서는 '엄청난 의지를 발휘'하고 자신과의 '힘든 싸움'을 해야 했던 '병식'보다는 잘못된 일에 '별 어려움' 없이 '비판의 목소리'를 내는 '갑돌'의 성품을 탁월하다고 여길 것이다.

04 정답 ②
제시문은 재즈가 어떻게 생겨났고 재즈가 어떠한 것들을 표현해내는 음악인지에 대해 설명하고 있으므로 제목으로는 ②가 가장 적절하다.

▸ 정답에 대한 상세한 해설과 오답분석으로 혼자서도 완벽하게 학습할 수 있도록 하였다.

STUDY PLAN

학습플랜

1주 완성 학습플랜

본서에 수록된 전 영역을 단기간에 끝낼 수 있도록 구성한 학습플랜이다. 한 번에 전 영역을 공부하지 않고, 한 영역을 집중적으로 공부할 수 있도록 하였다. 인성검사 및 필기시험에 대한 기초 학습은 되어 있으나, 학습 계획 세우기에 자신이 없는 분들이나 미리 시험에 대비하지 못해 단시간에 많은 분량을 봐야 하는 수험생에게 추천한다.

ONE WEEK STUDY PLAN

	1일 차 ☐	2일 차 ☐	3일 차 ☐
	____월 ____일	____월 ____일	____월 ____일
Start!			
4일 차 ☐	5일 차 ☐	6일 차 ☐	7일 차 ☐
____월 ____일	____월 ____일	____월 ____일	____월 ____일

STUDY CHECK BOX							
구분	1일 차	2일 차	3일 차	4일 차	5일 차	6일 차	7일 차
기출복원문제							
PART 1							
제1회 최종점검 모의고사							
제2회 최종점검 모의고사							
다회독 1회							
다회독 2회							
오답분석							

스터디 체크박스 활용법

1주 완성 학습플랜에서 계획한 학습량을 어느 정도 실천하였는지 표시하여 자신의 학습량을 효율적으로 관리한다.

구분	1일 차	2일 차	3일 차	4일 차	5일 차	6일 차	7일 차
PART 1	의사소통 능력	×	×	완료			

CONTENTS

이 책의 차례

Add+

2024년 상반기 기출복원문제

※ 기출복원문제는 수험생들의 후기를 통해 시대에듀에서 복원한 문제로 실제 문제와 다소 차이가 있을 수 있으며, 본 저작물의 무단전재 및 복제를 금합니다.

2024 상반기 기출복원문제

※ 정답 및 해설은 기출복원문제 바로 뒤 p.016에 있습니다.

01 다음 문단을 논리적 순서대로 바르게 나열한 것은?

(가) 이러한 수평적 연결은 사물인터넷 서비스로 새로운 성장 동력을 모색할 수 있다. 예를 들어, 스마트 컵인 프라임베실(개인에게 필요한 수분 섭취량을 알려줌), 스마트 접시인 탑뷰(음식의 양을 측정함), 스마트 포크인 해피포크(식사 습관 개선을 돕는 스마트 포크. 식사 속도와 시간, 1분간 떠먹는 횟수 등을 계산해 식사 습관을 분석함)를 연결하면 식생활 습관을 관리할 수 있을 것이다. 이를 식당, 병원, 헬스케어 센터에서 이용하면 고객의 식생활을 부가 서비스로 관리할 수 있다.

(나) 마치 100m 달리기를 하듯 각자의 트랙에서 목표를 향해 전력 질주하던 시대가 있었다. 선택과 집중의 논리로 수직 계열화를 통해 효율을 확보하고, 성능을 개선하고자 했었다. 그런데 세상이 변하고 있다. 고객 혹은 사용자를 중심으로 기존의 제품과 서비스가 재정의되고 있는 것이다. 이러한 산업의 패러다임적 전환을 신성장 동력이라 말한다.

(다) 기존의 가스 경보기를 만들려면 미세한 가스도 놓치지 않는 센서의 성능, 오래 지속되는 배터리, 크게 알릴 수 있는 알람 소리, 인테리어에 잘 어울리는 멋진 제품 디자인이 필요하다. 그런데 아무리 좋은 가스 경보기를 만들어도 사람의 안전을 담보하지는 못한다. 만약 집에서 가스 경보기가 울리면 아마 창문을 열어 환기시키고, 가스 밸브를 잠그고, 119에 신고를 해야 할 것이다. 사람의 안전을 담보하는, 즉 연결 지배성이 높은 가스 경보기는 이런 일을 모두 해내야 한다. 이런 가스 경보기를 만들려면 전기, 전자, 통신, 기계, 인테리어, 디자인 등의 도메인들이 사용자 경험을 중심으로 연결돼야 한다. 이를 수평적 연결이라 부른다.

(라) 똑똑한 사물인터넷은 점점 더 다양해진다. S텔레콤의 '누구'나 아마존 '에코' 같은 스마트 스피커는 사용자가 언제 어디든, 일상에서 인공 비서로 사용하는 시대가 되었다. 그리고 K보일러의 사물인터넷 서비스는 보일러 쪽으로 직접 가지 않아도 스마트폰 전용 앱으로 보일러를 관리한다. 이제 보일러가 언제, 얼마나, 어떻게 쓰이는지 그리고 보일러의 상태는 어떠한지, 사용하는 방식과 에너지 소모 등의 정보도 얻을 수 있다. 4차 산업혁명의 전진기지 역할을 하는 사물인터넷 서비스는 이제 거스를 수 없는 대세이다.

① (나) – (가) – (다) – (라)　　② (나) – (다) – (가) – (라)
③ (다) – (가) – (라) – (나)　　④ (다) – (나) – (가) – (라)

02 다음 글의 내용으로 가장 적절한 것은?

세계관은 세계의 존재와 본성, 가치 등에 관한 신념들의 체계이다. 세계를 해석하고 평가하는 준거인 세계관은 곧 우리 사고와 행동의 토대가 되므로, 우리는 최대한 정합성과 근거를 갖추도록 노력해야 한다. 모순되거나 일관되지 못한 신념은 우리의 사고와 행동을 혼란시킬 것이므로 세계관에 대한 관심과 검토는 중요하다. 세계관을 이루는 여러 신념 가운데 가장 근본적인 수준의 신념은 '세계는 존재한다.'이다. 이 신념이 성립해야만 세계에 관한 다른 신념, 이를테면 세계가 항상 변화한다든가 불변한다든가 하는 등의 신념이 성립하기 때문이다.

실재론은 이 근본적 신념에 덧붙여 세계가 '우리 정신과 독립적으로' 존재함을 주장한다. 내가 만들어 날린 종이비행기는 멀리 날아가 볼 수 없게 되었다 해도 여전히 존재한다. 이는 명확해서 논란의 여지가 없어 보이지만, 반실재론자는 이 상식에 도전한다. 유명한 반실재론자인 버클리는 세계의 독립적 존재를 부정한다. 그는 이를 바탕으로 세계에 관한 주장을 편다. 그에 의하면 '주관적' 성질인 색깔, 소리, 냄새, 맛 등은 물론, '객관적'으로 성립한다고 여겨지는 형태, 공간을 차지함, 딱딱함, 운동 등의 성질도 오로지 우리가 감각할 수 있을 때만 존재하는 주관적 속성이다. 세계 속의 대상과 현상이란 이런 속성으로 구성되므로 세계는 감각으로 인식될 때만 존재한다는 것이다.

버클리의 주장은 우리의 통념과 충돌한다. 당시 어떤 사람이 돌을 차면서 "나는 이렇게 버클리를 반박한다!"라고 외쳤다고 한다. 그는 날아간 돌이 엄연히 존재한다는 점을 근거로 버클리의 주장을 반박하고자 한 것이다. 그러나 버클리를 비롯한 반실재론자들이 부정한 것은 세계가 정신과 독립하여 그 자체로 존재한다는 신념이다. 따라서 돌을 찬 사람은 그들을 제대로 반박하지 못했다고 볼 수 있다.

최근까지도 새로운 형태의 반실재론이 제기되어 활발한 논의가 진행 중이다. 논증의 성패를 떠나 반실재론자는 타성에 젖은 실재론적 세계관의 토대에 대해 성찰할 기회를 제공한다. 또한 세계관에 대한 도전과 응전의 반복은 그 자체로 인간 지성이 상호 소통하면서 발전해가는 과정을 보여준다.

① 발로 찼을 때 날아간 돌은 실재론자의 주장이 옳다는 사실을 증명한다.
② 실재론자에게 있어서 세계는 감각할 수 있는 요소에 한정된다.
③ 실재론이나 반실재론 모두 세계는 존재한다는 공통적인 전제를 기반으로 한다.
④ 형태나 운동 등이 객관적인 속성을 갖췄다는 사실은 실재론자나 반실재론자 모두 인정하는 부분이다.

03 다음 글의 내용으로 적절하지 않은 것은?

스마트팩토리는 인공지능(AI), 사물인터넷(IoT) 등 다양한 기술이 융합된 자율화 공장으로, 제품 설계와 제조, 유통, 물류 등 산업 현장의 생산성 향상에 초점을 맞췄다. 이곳에서는 기계, 로봇, 부품 등의 상호 간 정보 교환을 통해 제조 활동을 하고, 모든 공정 이력이 기록되며, 빅데이터 분석으로 사고나 불량을 예측할 수 있다.

스마트팩토리에서는 컨베이어 생산 활동으로 대표되는 산업 현장의 모듈형 생산이 컨베이어를 대체하고 IoT가 신경망 역할을 한다. 센서와 기기 간 다양한 데이터를 수집하고, 이를 서버에 전송하면 서버는 데이터를 분석해 결과를 도출한다. 서버는 AI 기계학습 기술이 적용돼 빅데이터를 분석하고 생산성 향상을 위한 최적의 방법을 제시한다.

스마트팩토리의 대표 사례로는 고도화된 시뮬레이션 '디지털 트윈'을 들 수 있다. 이는 데이터를 기반으로 가상공간에서 미리 시뮬레이션하는 기술이다. 시뮬레이션을 위해 빅데이터를 수집하고 분석과 예측을 위한 통신 · 분석 기술에 가상현실(VR), 증강현실(AR)과 같은 기술을 얹는다. 이를 통해 산업 현장에서 작업 프로세스를 미리 시뮬레이션하고, VR · AR로 검증함으로써 실제 시행에 따른 손실을 줄이고, 작업 효율성을 높일 수 있다.

한편 '에지 컴퓨팅'도 스마트팩토리의 주요 기술 중 하나이다. 에지 컴퓨팅은 산업 현장에서 발생하는 방대한 데이터를 클라우드로 한 번에 전송하지 않고, 에지에서 사전 처리한 후 데이터를 선별해서 전송한다. 서버와 에지가 연동해 데이터 분석 및 실시간 제어를 수행하여 산업 현장에서 생산되는 데이터가 기하급수로 늘어도 서버에 부하를 주지 않는다. 현재 클라우드 컴퓨팅이 중앙 데이터 센터와 직접 소통하는 방식이라면 에지 컴퓨팅은 기기 가까이에 위치한 일명 '에지 데이터 센터'와 소통하며, 저장을 중앙 클라우드에 맡기는 형식이다. 이를 통해 데이터 처리 지연 시간을 줄이고 즉각적인 현장 대처를 가능하게 한다.

① 스마트팩토리에서는 제품 생산 과정에서 발생할 수 있는 사고를 미리 예측할 수 있다.
② 스마트팩토리에서는 AI 기계학습 기술을 통해 생산성을 향상시킬 수 있다.
③ 스마트팩토리에서는 작업을 시행하기 전에 앞서 가상의 작업을 시행해볼 수 있다.
④ 스마트팩토리에서는 발생 데이터를 중앙 데이터 센터로 직접 전송함으로써 데이터 처리 지연 시간을 줄일 수 있다.

04 다음 글의 주제로 가장 적절한 것은?

지구 내부는 끊임없이 운동하며 막대한 에너지를 지표면으로 방출하고, 이로 인해 지구 표면에서는 지진이나 화산 등의 자연 현상이 일어난다. 그런데 이러한 자연 현상을 예측하기란 매우 어렵다. 그 이유는 무엇일까?

지구 내부는 지각, 상부 맨틀, 하부 맨틀, 외핵, 내핵이 층상 구조를 이루고 있다. 지구 내부로 들어갈수록 온도가 증가하는데, 이 때문에 외핵은 액체 상태로 존재한다. 고온의 외핵이 하부 맨틀의 특정 지점을 가열하면 이 부분의 중심부 물질은 상승류를 형성하여 움직이기 시작한다. 아주 느린 속도로 맨틀을 통과한 상승류는 지표면 가까이에 있는 판에 부딪치게 된다. 판은 매우 단단한 암석으로 이루어져 있어 거대한 상승류도 쉽게 뚫지 못한다. 그러나 간혹 상승류가 판의 가운데 부분을 뚫고 곧바로 지표면으로 나오기도 하는데, 이곳을 열점이라 한다. 열점에서는 지진과 화산 활동이 활발히 일어난다.

한편 딱딱한 판을 만난 상승류는 꾸준히 판에 힘을 가하여 거대한 길이의 균열을 만들기도 한다. 결국 판이 완전히 갈라지면 이 틈으로 아래의 물질이 주입되어 올라오고, 올라온 물질은 지표면에서 옆으로 확장되면서 새로운 판을 형성한다. 상승류로 인해 판이 갈라지는 이 부분에서도 지진과 화산 활동이 일어난다.

새롭게 생성된 판은 오랜 세월 천천히 이동하는 동안 식으면서 밀도가 높아지는데, 이미 존재하고 있던 다른 판 중 밀도가 낮은 판과 충돌하면 그 아래로 가라앉게 된다. 가라앉는 판이 상부 맨틀의 어느 정도 깊이까지 들어가면 용융 온도가 낮은 일부 물질은 녹는데, 이 물질이 이미 존재하던 판의 지표면으로 상승하면서 지진을 동반한 화산 활동이 일어나기도 한다. 그러나 녹지 않은 대부분의 물질은 위에서 내리누르는 판에 의해 큰 흐름을 만들면서 맨틀을 통과한다. 이 하강류는 핵과 하부 맨틀 경계면까지 내려와 외핵의 한 부분을 누르게 된다. 외핵은 액체로 되어 있으므로 한 부분을 누르면 다른 부분에서 위로 솟아오르는데, 솟아오른 이 지점에서 또 다른 상승류가 시작된다. 그런데 하강류가 규칙적으로 발생하지 않으므로 상승류가 언제 어디서 발생하는지 알기 어렵다.

지금까지 살펴본 바처럼 화산과 지진 등의 자연 현상은 맨틀의 상승류와 하강류로 인해 일어난다. 맨틀의 상승류와 하강류는 흘러가는 동안 여러 장애물을 만나게 되고 이로 인해 그 흐름이 불규칙하게 진행된다. 그런데 현대과학 기술로 지구 내부에 있는 이 장애물의 성질과 상태를 모두 밝혀내기는 어렵다. 바로 이것이 지진이나 화산과 같은 자연 현상을 쉽게 예측할 수 없는 이유이다.

① 판의 분포
② 지각의 종류
③ 지구 내부의 구조
④ 내핵의 구성 성분

※ 다음 글을 읽고 추론한 내용으로 가장 적절한 것을 고르시오. [5~6]

05

사람의 눈은 지름 약 2.3cm의 크기로 앞쪽이 볼록 튀어나온 공처럼 생겼으며 탄력이 있다. 눈의 가장 바깥 부분은 흰색의 공막이 싸고 있으며 그 안쪽에 검은색의 맥락막이 있어 눈동자를 통해서만 빛이 들어가도록 되어 있다. 눈의 앞쪽은 투명한 각막으로 되어 있는데, 빛은 이 각막을 통과하여 그 안쪽에 있는 렌즈 모양의 수정체에 의해 굴절되어 초점이 맞추어져 망막에 상을 맺는다. 이 망막에는 빛의 자극을 받아들이는 시신경세포가 있다.

이 시신경세포는 원뿔 모양의 '원추세포'와 간상세포(桿狀細胞)로도 불리는 막대 모양의 '막대세포'라는 두 종류로 이루어진다. 원추세포는 눈조리개의 초점 부근 좁은 영역에 주로 분포되어 있으며, 그 세포 수는 막대세포에 비해 매우 적다. 이에 반해 막대세포는 망막 전체에 걸쳐 분포되어 있고 그 세포 수는 원추세포에 비해 매우 많다. 원추세포와 막대세포는 각각 다른 색깔의 빛에 민감한데, 원추세포는 파장이 500나노미터 부근의 빛(노랑)에, 막대세포는 파장이 560나노미터 부근의 빛(초록)에 가장 민감하다.

원추세포는 그 수가 많지 않으므로, 우리 눈은 어두운 곳에서 색을 인식하는 능력은 많이 떨어지지만 밝은 곳에서는 제 기능을 잘 발휘한다. 특히 노란색 근처의 빛(붉은색 – 주황색 – 노란색 구간)이 눈에 잘 띈다. 노란색이나 붉은색으로 경고나 위험 상황을 나타내는 것은 이 때문이다. 이 색들은 밝은 곳에서 눈에 잘 띄어 안전을 위해 효율적이지만 날이 어두워지면 무용지물이 될 수도 있다. 인간의 눈은 우리 주위에 가장 흔한 가시광선에 민감하도록 진화되어왔다고 할 수 있다. 즉, 우리 주위에 가장 흔하고 강한 노란빛에 민감하도록 진화해왔을 것이며, 따라서 우리가 노란색에 가장 민감함은 자연스러워 보인다. 그러나 시신경세포의 대부분은 막대세포들인데, 이 막대세포는 비타민 A에서 생긴 로돕신이라는 물질이 있어 빛을 감지할 수 있다. 로돕신은 빛을 받으면 분해되어 시신경을 자극하고, 이 자극이 대뇌에 전달되어 물체를 인식한다. 그 세포들은 비록 색을 인식하지는 못하지만, 초록색 빛을 더 민감하게 인식한다. 즉, 비록 색깔을 인식하지 못한다 할지라도 어두운 곳에서는 초록색 물체가 잘 보인다.

① 위험 지역에 노란색이나 붉은색의 경고등을 설치하는 것은 우리 눈의 막대세포의 수와 관련이 있다.

② 어두운 터널 내에는 노란색의 경고 표지판보다 초록색의 경고 표지판을 설치하는 것이 더 효과적이다.

③ 눈조리개의 초점 부근 좁은 영역에 분포하는 세포는 막대 모양을 하고 있다.

④ 시신경세포의 로돕신이 시신경을 자극함으로써 물체의 색을 인식할 수 있다.

06

효(孝)가 개인과 가족, 곧 일차적인 인간관계에서 일어나는 행위를 규정한 것이라면, 충(忠)은 가족이 아닌 사람들과의 관계, 곧 이차적인 인간관계에서 일어나는 사회적 행위를 규정한 것이었다. 그런데 언제부터인가 우리는 효를 순응적 가치관을 주입하는 봉건 가부장제 사회의 유습이라고 오해하는가 하면, 충과 효를 동일시하는 오류를 저지르는 경향이 많아졌다.

"부모에게 효도하고 형제를 사랑하는 사람은 윗사람의 명령을 거역하는 경우가 드물다. 또 윗사람의 명령을 어기지 않는 사람은 난동을 일으키는 경우도 드물다. 군자는 근본에 힘쓴다. 근본이 확립되면 도가 생기기 때문이다. 효도와 우애는 인(仁)의 근본이다."

위 구절에 담긴 입장을 기준으로 보면 효는 윗사람에 대한 절대 복종으로 연결된다. 곧 종족 윤리의 기본이 되는 연장자에 대한 예우는 물론이고 신분 사회의 엄격한 상하 관계까지 포괄적으로 인정하는 것이다. 하지만 이 구절만을 근거로 효를 복종의 윤리라고 보는 것은 성급한 판단이다. 왜냐하면 원래부터 효란 가족 윤리 또는 종족 윤리로서 사회 윤리였던 충보다 우선시되었을 뿐만 아니라, 유교의 기본 입장은 설사 부모의 명령이라 하더라도 옳고 그름을 가리지 않는 맹목적인 복종은 그 자체가 불효라고 보았기 때문이다. 유교에서는 부모와 자식의 관계가 자연에 의해서 결정된다고 한다. 이 때문에 부모와 자식의 관계는 인위적으로 끊을 수 없다고 본다. 이에 비해 임금과 신하의 관계는 공동의 목표를 위한 관계로서 의리에 의해서 맺어진 관계로 본다. 의리가 맞지 않는다면 언제라도 끊을 수 있다고 생각하는 것이다.

① 효는 봉건 가부장제 사회의 영향 아래 규정된 가족 관계에서의 행위이다.
② 인(仁)의 원리에 따르면 충을 다하면 효는 자연스럽게 따라온다.
③ 충은 상호 신뢰를 바탕으로 이루어진 임금과 신하 사이의 관계에서 지켜져야 한다.
④ 유교적 윤리에 따르면 부모와 윗사람의 명령은 거역할 수 없다.

※ 다음 글을 읽고 이어지는 질문에 답하시오. [7~8]

M금고 지역희망나눔재단은 이번 달 11일부터 내달 7일까지 희망나눔 청년주거 장학사업 내집(Home)잡(Job)기 7기를 모집한다고 밝혔다.

지원 대상은 주거비 지원이 필요한 청년 100명이다. 올해부터는 지속되는 경기불황과 물가상승으로 주거부담을 겪는 청년들의 어려움을 지원하기 위해 월 10만 원을 증액해 1인당 최대 35만 원씩 올해 5월부터 6개월 간 총 210만 원을 지원한다.

7기 신청자는 소득 및 주거 계약기준, 자기소개서 등 1차 서류심사와 2차 온라인 면접심사를 통해 최종 선발한다. 자세한 사항은 N포털사이트의 내집잡기 블로그(http://blog.N.com/mghouse_kfccf)에서 확인할 수 있으며, 신청서와 자기소개서 등 구비서류를 작성한 후 G포털사이트 폼(https://forms.G/kCCs6P28D6cgKgpE9)에 첨부한 뒤 신청하면 된다.

청년주거 장학사업은 M금고 지역희망나눔재단에서 2018년부터 매년 시행해 온 지속 사업으로, 만 18세 이상 청년이면 누구나 신청할 수 있다. 그러나 본인 명의로 주거 계약이 체결된 자에 한하며, 대학 또는 기업의 기숙사에 입실한 경우 지원이 불가하므로 유의해야 한다. 특히, 기초생활 수급자, 차상위세대, 아동복지시설 퇴소자, 장애인, 다문화, 소년소녀가장, 조손세대의 자녀 등 국가장학금 소득분위(1 ~ 5분위) 등 우대사항이 있으므로 자신이 해당되는 대상 조건이 있는지 신청 전 확인하는 것이 유리하다.

장학생으로 선정된 청년은 내집(Home)잡(Job)기 7기 발대식(5월 초중경) 필수 참가, 팀 봉사활동 8시간 및 개인 봉사활동 4시간 진행, 매월 1회 주거비 관련 정산내역서 제출, 활동수기 작성(활동 종료 시 1회), 해단식 참가 등의 필수 참가활동이 있다.

M금고 회장은 "청년들이 어려운 환경 속에서 설 자리를 찾는 것이 쉽지 않지만, M금고가 함께 고민하며 실질적인 도움을 통해 꿈과 미래를 설계할 수 있도록 지원하겠다."고 말했다.

07 윗글의 내용으로 적절하지 않은 것은?

① 내집(Home)잡(Job)기는 청년 계층을 대상으로 주거비를 지원하는 사업이다.
② 내집(Home)잡(Job)기 6기 장학생은 매달 최대 25만 원의 월세 비용을 지원받았다.
③ 온라인으로 모집 사항을 확인한 후 신청서를 작성하여 가까운 M금고에 제출해야 한다.
④ 장학생으로 선정되면 팀 및 개인 봉사활동을 총 12시간 진행해야 한다.

08 M금고 행원인 귀하는 윗글을 읽고 다음과 같은 홍보자료를 만들었다. 홍보자료의 내용 중 적절하지 않은 것은?

> 〈희망나눔 청년주거 장학사업 내집(Home)잡(Job)기 7기 모집〉
>
> ① 지원대상 : 주거비 지원이 필요한 전국 청년 100명
> ※ 만 18세 이상
> ※ 우대사항 : 기초생활 수급자, 차상위세대, 아동복지시설 퇴소자, 장애인, 다문화, 소년소녀가장, 조손세대의 자녀 등 국가장학금 소득분위(1 ~ 5분위) 적용
>
> ② 지원내용 : 주거비용(월세) 지원, 1인당 월 최대 35만 원씩 6회 지원(총 210만 원)
> ※ 단, 기숙사 입실자 지원 불가
>
> ③ 지원기간 : 6 ~ 12월
>
> ④ 신청방법 : 구비서류 첨부 후 G포털사이트 폼(https://forms.G/kCCs6P28D6cgKgpE9) 첨부
> – 자세한 사항은 네이버 내집잡기 블로그(http://blog.N.com/mghouse_kfccf)에서 신청서 및 자기소개서 확인 가능
>
> ■ 신청기간 : 3월 11일(월) ~ 4월 7일(일) 24:00
> ■ 서류 합격자 발표 : 4월 12일(금) 예정
> ■ 면접일정 : 4월 17일(수) ~ 19일(금), 온라인 면접 진행
> – 서류 합격자 대상 개별적으로 면접 시간 안내 예정
> ■ 최종 합격자 발표 : 4월 22일(월)
> ■ 장학생 활동사항
> – 발대식(5월 초중경) 필수 참가
> – 팀 및 개인 봉사활동 총 12시간 진행
> – 매월 주거비 관련 증빙서류 제출
> – 활동수기 작성
> – 해단식 참가
> ※ 세부 일정은 합격자 대상 별도 안내 예정

09 M중학교에서 배드민턴 경기가 열렸다. 총 50명이 참가하였으며 5명씩 리그전으로 경기를 진행하여 각 리그에서 1명씩 진출한 후 토너먼트 방식으로 최종 우승자를 가리기로 하였다. 최종 우승자가 나올 때까지 진행되는 경기의 수는?(단, 리그전은 대회에 참가한 모든 팀과 서로 한 번씩 겨루는 방식이고, 부전승은 주최 측에서 임의로 선정한다)

① 98회　　② 102회

③ 105회　　④ 109회

10 다음은 M전자 주식에 1월 2일에 100,000원을 투자한 후 매일 주가 등락률을 정리한 자료이다. 주식을 모두 매도했을 때의 결과로 옳은 것은?

〈전일 대비 주가 등락률〉

구분	1월 3일	1월 4일	1월 5일	1월 8일	1월 9일
등락률	10% 상승	20% 상승	10% 하락	20% 하락	10% 상승

① 1월 4일은 매도할 경우 이익률은 30%이다.
② 1월 5일에 매도할 경우 5,320원 이익이다.
③ 1월 8일에 매도할 경우 이익률은 －6.9%이다.
④ 1월 9일에 매도할 경우 주식 가격은 104,544원이다.

11 체육의 날을 맞이하여 기획개발팀 4명은 다른 팀 사원들과 15회씩 배드민턴 경기를 진행했다. 팀원들은 다음과 같은 점수 계산 방법에 따라 자신의 점수를 종합하여 결과를 발표했다. 결과표를 참고하여 기획개발팀의 팀원 중 거짓을 말한 사람을 고르면?

〈15회의 경기 후 발표한 점수 결과표〉

구분	A팀장	B대리	C대리	D연구원
점수	93점	90점	84점	79점

※ 점수 계산 방법 : 각 경기에서 이길 경우 ＋7점, 비길 경우 ＋3점, 질 경우 －4점을 얻음

① A팀장 ② B대리
③ C대리 ④ D연구원

12 **다음 제시된 명제가 모두 참일 때 반드시 참인 것은?**

- 아메리카노는 카페라테보다 많이 팔린다.
- 유자차는 레모네이드보다 덜 팔린다.
- 카페라테는 레모네이드보다 많이 팔리지만, 녹차보다는 덜 팔린다.
- 녹차는 스무디보다 덜 팔리지만, 아메리카노보다 많이 팔린다.

① 가장 많이 팔리는 음료는 스무디이다.
② 유자차는 가장 안 팔리지는 않는다.
③ 카페라테보다 덜 팔리는 음료는 3개이다.
④ 녹차가 가장 많이 팔린다.

13 **낮 12시경 M의 집에 도둑이 들었다. 목격자에 의하면 도둑은 1명이다. 이 사건의 용의자로는 A～E 5명이 있고, 이들의 진술 내용은 다음과 같다. 5명 중 2명이 거짓말을 하고 있고, 거짓말을 하는 2명 중 1명이 범인일 때 범인은?**

- A : 나는 사건이 일어난 낮 12시에 학교에 있었다.
- B : 그날 낮 12시에 나는 A, C와 함께 있었다.
- C : B는 그날 낮 12시에 A와 부산에 있었다.
- D : B의 진술은 참이다.
- E : C는 그날 낮 12시에 나와 단 둘이 함께 있었다.

① A ② C
③ D ④ E

14 M금고는 육아휴직으로 인한 결원을 보충하기 위해 경력사원을 특별채용했다. A ~ D지원자 4명의 정보와 점수 기준을 바탕으로 할 때, 합격자를 고르면?

〈M금고 경력사원 특별채용 지원자 정보〉

구분	인성검사 등급	필기시험 점수	면접전형 점수	보유 자격증	관련 근무 경력
A지원자	A	89	60	변리사, 세무사	20개월
B지원자	C	90	81	보험계리사	42개월
C지원자	B	91	87	–	33개월
D지원자	A	78	88	신용분석사	30개월

〈M금고 경력사원 특별채용 점수 기준〉

- 인성검사 등급별 점수
  A : 40점, B : 30점, C : 20점, D : 10점, E : 불합격
- 필기시험과 면접전형은 영역별 점수가 가장 높은 사람에게 50점을 부여하고, 다음 등수부터 10점씩 차감한 점수를 부여한다.
- 금융권 관련 자격증 보유 시 자격증 1개당 10점을 부여한다.
  ※ 금융권 관련 자격증 : 공인노무사, 세무사, 감정평가사, 변리사, 보험계리사, 신용분석사
- 근무 경력 1년당 5점을 부여한다.
- 가점 적용 후 점수가 가장 높은 1명을 채용한다.
- 가점 적용 후 동점자 발생 시 관련 근무 경력이 높은 사람을 채용한다.

① A　　② B
③ C　　④ D

15 M금고는 A ~ D 사원과 연봉 협상을 하고 있다. 연봉은 전년도 성과지표에 따라서 결정되고 사원들의 성과지표가 다음과 같을 때, 가장 많은 연봉을 받을 사원은 누구인가?

〈성과지표별 가중치〉

(단위 : 원)

구분	수익 실적	업무 태도	영어 실력	동료 평가	발전 가능성
가중치	3,000,000	2,000,000	1,000,000	1,500,000	1,000,000

〈사원별 성과지표 결과〉

구분	수익 실적	업무 태도	영어 실력	동료 평가	발전 가능성
A사원	3	3	4	4	4
B사원	3	3	3	4	4
C사원	5	2	2	3	2
D사원	3	3	2	2	5

※ (당해 연도 연봉)=3,000,000원+(성과급)

※ 성과금은 각 성과지표와 그에 해당하는 가중치를 곱한 뒤 모두 더함

※ 성과지표의 평균이 3.5 이상인 경우 당해 연도 연봉에 1,000,000원이 추가됨

① A사원
② B사원
③ C사원
④ D사원

16 다음은 어느 금융기관의 비전이다. 이에 대한 설명으로 적절하지 않은 것은?

21C선진종합금융 협동조합

① 조직이 궁극적으로 도달하고자 하는 미래 모습이다.
② 비전 달성을 위해 경영자는 독단적인 의사결정을 해야 한다.
③ 경영자는 조직의 비전을 모든 구성원에게 정확히 전달해야 한다.
④ 미래지향적이지만 현재 조직 행동의 방향을 결정해주는 역할을 한다.

※ 다음은 M기업의 조직도이다. 이어지는 질문에 답하시오. [17~18]

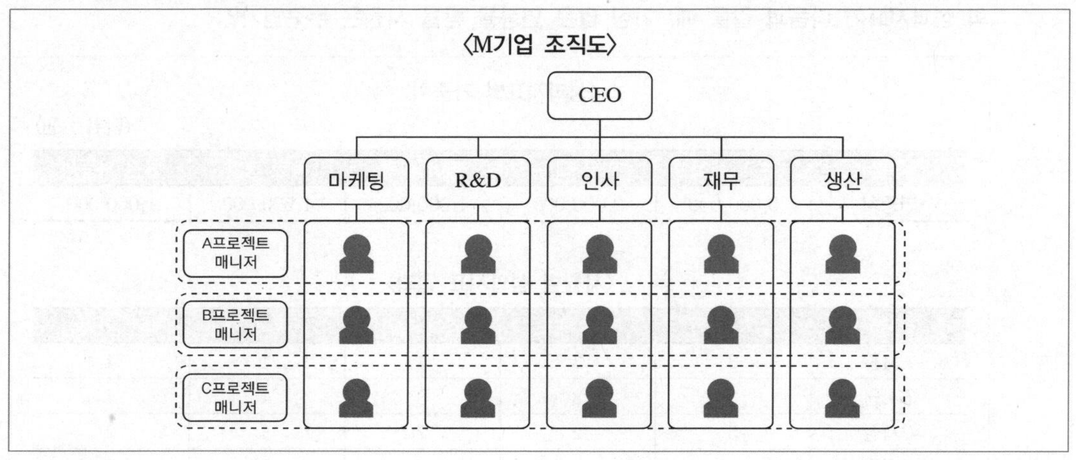

17 다음 중 M기업의 조직 구조로 가장 적절한 것은?

① 네트워크 조직
② 유기적 조직
③ 비공식 조직
④ 매트릭스 조직

18 다음 중 17번에 따른 M기업의 조직 구조에 대한 특징으로 옳지 않은 것은?

① 수평적 연결이 강한 조직 구조이다.
② 조직원에게 정보와 보고체계의 혼란을 줄 수 있다.
③ 1명의 상사에게만 보고하는 명령일원화의 원칙을 지닌다.
④ 조직 기능 간 높은 상호의존성이 있을 때 적합한 조직 구조이다.

19 김부장과 박대리는 M금고의 고객지원실에서 근무하고 있다. 다음 상황에서 김부장이 박대리에게 지시할 사항으로 가장 적절한 것은?

〈부서별 업무분장〉

- 인사혁신실 : 신규 채용, 부서/직무별 교육계획 수립/시행, 인사고과 등
- 기획조정실 : 조직문화 개선, 예산사용계획 수립/시행, 대외협력, 법률지원 등
- 총무지원실 : 사무실 · 사무기기 관리, 차량 등 업무지원 등

〈상황〉

박대리 : 고객지원실에서 사용하는 A4 용지와 볼펜이 부족해서 비품을 신청해야 할 것 같습니다. 그리고 지난번에 말씀하셨던 고객 상담 관련 사내 교육 일정이 이번에 확정되었다고 합니다. 고객지원실 직원들에게 관련 사항을 전달하려면 교육 일정 확인이 필요할 것 같습니다.

김부장 : ______________________________

① 박대리, 기획조정실에 가서 교육 일정 확인하고, 인사혁신실에 가서 비품 신청하고 오도록 해요.
② 박대리, 총무지원실에 가서 교육 일정 확인하고, 간 김에 비품 신청도 하고 오세요.
③ 박대리, 총무지원실에 전화해서 비품 신청하고, 인사혁신실에서 교육 일정 확인해서 나한테 알려줘요.
④ 박대리, 인사혁신실에 전화해서 비품 신청하고, 전화한 김에 교육 일정도 확인해서 나한테 알려줘요.

20 다음 중 M금고의 행원인 귀하가 신입사원을 교육하기 위해 고객 응대 태도를 정리한 내용으로 적절하지 않은 것은?

① 고객을 응대할 때는 눈을 정면으로 마주친다.
② 수수료 발생 등 고객에게 비용 부담이 되는 사항은 미리 고지해야 한다.
③ 자신의 담당인 고객을 맞이할 때에는 자리에서 일어서서 인사해야 한다.
④ 고객 응대 중 업무 관련 전화가 왔을 때는 사적인 통화가 아니기 때문에 전화를 받으면서 일처리를 해도 무방하다.

2024 상반기 기출복원문제

01	02	03	04	05	06	07	08	09	10
②	③	④	③	②	③	③	③	④	④
11	12	13	14	15	16	17	18	19	20
③	①	④	③	①	②	④	③	③	④

01

정답 ②

수직 계열화에서 사용자 중심으로 산업 패러다임이 변화되고 있음을 제시하는 (나) 문단이 가장 먼저 오는 것이 적절하며, 그 다음으로 가스경보기를 예로 들어 수평적 연결에 대해 설명하는 (다) 문단이 적절하다. 그 뒤로 이러한 수평적 연결이 사물인터넷 서비스로 새롭게 성장한다는 (가) 문단이, 마지막으로는 다양해지는 사물인터넷 서비스에 대해 설명하는 (라) 문단이 이어지는 것이 적절하다.

02

정답 ③

실재론은 세계가 정신과 독립적으로 존재함을, 반실재론은 세계가 감각적으로 인식될 때만 존재함을 주장하므로 두 이론 모두 세계는 존재한다는 전제를 기반으로 한다.

오답분석

① 세 번째 문단에서 어떤 사람이 버클리의 주장을 반박하기 위해 돌을 발로 차서 날아간 돌이 존재한다는 사실을 증명하려고 하였으나, 반실재론을 제대로 반박한 것은 아니라고 하였다. 따라서 실재론자의 주장이 옳다는 사실을 증명하는 것은 아니다.
② 세계가 감각으로 인식될 때만 존재한다는 것은 반실재론자의 입장이다.
④ 버클리는 객관적 성질이라고 여겨지는 것들도 우리가 감각할 수 있을 때만 존재하는 주관적 속성이라고 하였다.

03

정답 ④

스마트팩토리의 주요 기술 중 하나인 에지 컴퓨팅은 중앙 데이터 센터와 직접 소통하는 클라우드 컴퓨팅과 달리 산업 현장에서 발생하는 데이터를 에지 데이터 센터에서 사전 처리한 후 선별하여 전송하기 때문에 데이터 처리 지연 시간을 줄일 수 있다.

04

정답 ③

두 번째 문단에서 지구의 내부가 지각, 상부 맨틀, 하부 맨틀, 외핵, 내핵으로 이루어진 층상 구조라고 밝힌 것에서 지구 내부의 구조를 확인할 수 있으며, 제시문은 이에 대한 내용이다.

05

정답 ②

우리 눈은 원추세포를 통해 밝은 곳에서의 노란색 빛을 인식하고, 어두운 곳에서는 막대세포를 통해 초록색 물체를 더 민감하게 인식한다. 또한 밝은 곳에서 눈에 잘 띄던 노란색 경고 표지판은 날이 어두워지면 무용지물이 될 수도 있으므로 어두운 터널 내에는 초록색의 경고 표지판을 설치하는 것이 더 효과적일 것이다.

오답분석

① 우리 눈에는 파장이 500나노미터 부근인 노랑 빛에 민감한 원추세포의 수가 많지 않아 어두운 곳보다 밝은 곳에서 인식 기능이 더 잘 발휘된다. 따라서 밝은 곳에서 눈에 잘 띄는 노란색이나 붉은색으로 경고나 위험 상황을 나타내는 것은 막대세포가 아닌 원추세포의 수와 관련이 있다.
③ 눈조리개의 초점 부근 좁은 영역에 주로 분포되어 있는 세포는 원뿔 모양의 원추세포이다.
④ 막대세포의 로돕신은 빛을 받으면 분해되어 시신경을 자극하고, 이 자극이 대뇌에 전달되어 초록색 빛을 민감하게 인식하지만, 색을 인식하지는 못한다.

06

정답 ③

인간관계에서 일어나는 사회적 행위를 규정한 것이 '충'이므로 충은 임금과 신하 사이의 관계에서 지켜져야 할 사회 윤리이다. 이러한 임금과 신하의 관계는 공동의 목표를 위한 관계로서 의리에 의해서 맺어진 관계이므로 임금과 신하의 관계는 상호 신뢰를 바탕으로 이루어짐을 알 수 있다.

07

정답 ③

세 번째 문단에 따르면 N포털사이트의 내집잡기 블로그에서 모집 관련 자세한 사항을 확인할 수 있으며, G포털사이트 폼에 신청서와 자기소개서 등 구비서류를 작성하여 첨부한 뒤 신청하면 된다. 따라서 가까운 M금고에 방문하여 제출하는 것아 아니라, 온라인으로 신청해야 한다는 것을 알 수 있다.

08

정답 ③

두 번째 문단에 따르면 '올해 5월부터 6개월간 총 210만 원을 지원한다.'고 하였다. 따라서 지원기간은 5 ~ 10월 6개월간임을 알 수 있다.

09

정답 ④

50개의 팀을 5명씩 묶어서 리그전으로 진행하면 10개의 리그가 만들어 진다. 한 리그에 속한 5명이 서로 한 번씩 경기를 진행하면 4+3+2+1=10회의 경기가 진행된다. 즉, 리그전으로 진행되는 경기 수는 10×10=100회이다.
다음으로 토너먼트 방식으로 경기를 진행하면 10명의 사람이 경기에 참가하게 된다. 토너먼트 경기 수는 참가 팀이 n팀일 때 $(n-1)$번이므로 총 10−1=9회의 경기가 진행된다.
따라서 최종 우승자가 나올 때까지 진행되는 경기의 수는 100+9=109회이다.

10

정답 ④

투자한 100,000원에 대한 주가 등락률과 그에 따른 주식가격을 계산하면 다음과 같다.

구분	등락률	주식가격
1월 3일	×1.1	100,000×1.1=110,000
1월 4일	×1.2	110,000×1.2=132,000
1월 5일	×0.9	132,000×0.9=118,800
1월 8일	×0.8	118,800×0.8=95,040
1월 9일	×1.1	95,040×1.1=104,544

오답분석

① 1월 4일 주식가격은 132,000원이므로, 매도할 경우 이익률은 $\frac{132,000-100,000}{100,000}\times100=32\%$이다.
② 1월 5일 주식가격은 118,800원이므로, 매도할 경우 118,800−100,000=18,800원 이익이다.
③ 1월 8일 주식 가격은 95,040원이므로, 매도할 경우 100,000−95,040=4,960원 손실이며, 1월 2일 대비 주식가격 감소율(이익률)은 $\frac{100,000-95,040}{100,000}\times100=$ 4.96%이다.

11

정답 ③

기획개발팀 팀원 1명이 15경기에서 모두 이긴 경우, 105점을 받는다.
이때 이긴 경기 대신 비긴 경기 혹은 진 경기가 있는 경우, 최고점인 105점에서 비긴 경기 1경기당 7−3=4점씩 감소하며, 진 경기가 있는 경우 진 경기 1경기당 7−(−4)=11점씩 감소한다.
그러므로 결과로 가능한 점수는 105−{4×(비긴 경기 수)+11×(진 경기 수)}뿐이다.
팀원들의 경기 성적을 표로 나타내면 다음과 같다.

구분	이긴 경기	비긴 경기	진 경기
A팀장(93점)	12	3	0
B대리(90점)	13	1	1
D연구원(79점)	12	1	2

따라서 발표한 결과가 위 수식으로 도출 불가능한 점수인 사람은 C대리뿐이다.

12

정답 ①

아메리카노를 A, 카페라테를 B, 유자차를 C, 레모네이드를 D, 녹차를 E, 스무디를 F로 기호화하여 각각의 조건을 비교해 보면 'A>B', 'D>C', 'E>B>D', 'F>E>A'가 된다. 이를 정리하면 'F>E>A>B>D>C'가 되므로 가장 많이 팔리는 음료는 F, 즉 스무디임을 알 수 있다.

13

정답 ④

B와 D는 동시에 참 또는 거짓을 말한다. A와 C의 장소에 대한 진술이 모순되기 때문에 B와 D는 참을 말하고 있다. 그러므로 B, D와 진술 내용이 다른 E는 거짓을 말하고, 거짓을 말하는 사람은 2명이므로 A와 C 중 1명은 거짓을 말하고 있다.
A가 거짓말을 하는 경우 A, B, C 모두 부산에 있었고, D는 참을 말하였으므로 범인은 E가 된다. 또한 C가 거짓말을 하는 경우 A, B, C는 모두 학교에 있었고, D는 참을 말하였으므로 범인은 E가 된다.
따라서 범인은 E이다.

14

정답 ③

지원자 정보를 점수로 환산하면 다음과 같다.

(단위 : 점)

구분	인성검사등급	필기시험점수	면접전형점수	보유자격증	관련근무경력	총점
A	40	30	20	20	5	115
B	20	40	30	10	15	115
C	30	50	40	0	10	130
D	40	20	50	10	10	130

C와 D는 총점 130점으로 동점이지만, C의 근무 경력이 D보다 높다.
따라서 C를 채용한다.

15

정답 ①

사원별 성과지표의 평균을 구하면 다음과 같다.

- A사원 : (3+3+4+4+4)÷5=3.6
- B사원 : (3+3+3+4+4)÷5=3.4
- C사원 : (5+2+2+3+2)÷5=2.8
- D사원 : (3+3+2+2+5)÷5=3

A사원만 당해 연도 연봉에 1,000,000원이 추가된다.
각 사원의 당해 연도 연봉을 구하면 다음과 같다.

- A사원 : 300만+(3×300만)+(3×200만)+(4×100만)+(4×150만)+(4×100만)+100만=33,000,000원
- B사원 : 300만+(3×300만)+(3×200만)+(3×100만)+(4×150만)+(4×100만)=31,000,000원
- C사원 : 300만+(5×300만)+(2×200만)+(2×100만)+(3×150만)+(2×100만)=30,500,000원
- D사원 : 300만+(3×300만)+(3×200만)+(2×100만)+(2×150만)+(5×100만)=28,000,000원

따라서 가장 많은 연봉을 받을 사원은 A사원이다.

16

정답 ②

조직의 비전은 조직이 궁극적으로 도달하고자 하는 미래 모습으로, 현재 조직 행동의 방향을 결정해주는 역할을 한다. 따라서 경영자는 조직의 비전을 모든 구성원에게 정확히 전달하여 동기와 참여의식을 유발할 수 있도록 해야 한다. 즉, 경영자가 효과적으로 조직의 비전을 달성하기 위해서는 구성원들과 소통하며 비전을 함께 공유해야 한다.

17

정답 ④

M기업의 조직도는 마케팅, R&D, 인사 등 전통적인 기능적 계층 구조와 프로젝트 구조가 동시에 구성되어 있다. 따라서 M기업의 조직 구조로 가장 적절한 것은 매트릭스 조직이다.

오답분석

① 네트워크 조직 : 본사가 핵심 기능을 담당하고, 다른 기능은 외부 조직에 위임하는 조직이다. M기업은 CEO로부터 부서(기능)별 장과 그 하부 직원으로 구성되어 있으므로, 지시감독을 받는 하위 조직이 없는 네트워크 조직 구조는 아니다.

② 유기적 조직 : 낮은 수준의 공식화(적은 규칙과 규정), 분권적 권한, 높은 팀워크를 특징으로 하는 조직이다. 따라서 기능적 위계질서가 있는 M기업의 조직 구조는 아니다.

③ 비공식 조직 : 조직 구성원의 욕구를 충족시키기 위하여 자발적으로 형성된 집단이다. M기업은 직무, 책임, 권한을 중심으로 인위적인 기능적 위계질서를 가지고 있는 기업이므로 공식 조직에 해당한다.

18

정답 ③

M기업의 조직 구조는 매트릭스 조직 구조로, 기능적 위계질서를 가지면서도 프로젝트별로 각 기능의 직원들이 묶여 있다. 이와 같은 매트릭스 조직에서 구성원은 2명의 상사를 가지게 된다(기능적 상사, 프로젝트 매니저).

오답분석

① 매트릭스 조직은 수직적 연결과 함께 수평적 연결 또한 강한 조직 구조이다.

② 매트릭스 조직은 2상사 시스템으로 인해 보고를 여러 번 해야 하므로 정보와 보고체계가 혼란스러운 단점이 있다.

④ 매트릭스 조직은 서로 다른 기능별 직원이 프로젝트로 함께 묶여 있으므로 조직 기능 간 상호의존성이 높은 곳에서 적합한 조직 구조이다.

19

정답 ③

비품은 기관의 비품이나 차량 등을 관리하는 총무지원실에 신청해야 하며, 교육 일정은 사내 직원의 교육 업무를 담당하는 인사혁신실에서 확인해야 한다.

오답분석

① 기획조정실은 전반적인 조직 경영과 조직문화 형성, 예산 업무, 이사회, 국회 협력 업무, 법무 관련 업무를 담당한다.

20

정답 ④

아무리 사적인 통화가 아닌 업무 관련 전화라고 하더라도 응대받고 있는 고객 입장에서는 자신을 무시하고 있다는 생각에 불쾌할 수 있다. 고객을 응대하고 있지 않은 다른 행원에게 통화를 부탁하거나, 꼭 자신이 해야 하는 것이면 나중에 다시 걸 것을 약속하고 전화를 끊는 것이 적절한 고객 응대 태도이다.

PART 1
NCS 직업기초능력평가

CHAPTER 01

의사소통능력

합격 CHEAT KEY

의사소통능력을 평가하지 않는 금융권이 없을 만큼 필기시험에서 중요도가 높은 영역이다. 또한, 의사소통능력의 문제 출제 비중은 가장 높은 편이다. 이러한 점을 볼 때, 의사소통능력은 NCS를 준비하는 수험생이라면 반드시 정복해야 하는 과목이다.

국가직무능력표준에 따르면 의사소통능력의 세부 유형은 문서이해, 문서작성, 의사표현, 경청, 기초외국어로 나눌 수 있다. 문서이해 · 문서작성과 같은 제시문에 대한 주제찾기, 내용일치 문제의 출제 비중이 높으며, 공문서 · 기획서 · 보고서 · 설명서 등 문서의 특성을 파악하는 문제도 출제되고 있다. 따라서 이러한 분석을 바탕으로 전략을 세우는 것이 매우 중요하다.

01 문제에서 요구하는 바를 먼저 파악하라!

의사소통능력에서 가장 중요한 것은 제한된 시간 안에 빠르고 정확하게 답을 찾아내는 것이다. 그러기 위해서는 우리가 의사소통능력을 공부하는 이유를 잊지 말아야 한다. 우리는 지식을 쌓기 위해 의사소통능력 지문을 보는 것이 아니다. 의사소통능력에서는 지문이 아니라 문제가 주인공이다. 지문을 보기 전에 문제를 먼저 파악해야 한다. 주제찾기 문제라면 첫 문장과 마지막 문장 또는 접속어를 주목하자. 내용일치 문제라면 지문과 문항의 일치 / 불일치 여부만 파악한 뒤 빠져나오자. 지문에 빠져드는 순간 소중한 시험 시간은 속절없이 흘러 버린다.

02 잠재되어 있는 언어능력을 발휘하라!

세상에 글은 많고 우리가 학습할 수 있는 시간은 한정적이다. 이를 극복할 수 있는 방법은 다양한 글을 접하는 것이다. 실제 시험장에서 어떤 내용의 지문이 나올지 아무도 예측할 수 없다. 따라서 평소에 신문, 소설, 보고서 등 여러 글을 접하는 것이 필요하다. 잠재되어 있는 글에 대한 안목이 시험장에서 빛을 발할 것이다.

03 상황을 가정하라!

업무 수행에 있어 상황에 따른 언어 표현은 중요하다. 같은 말이라도 상황에 따라 다르게 해석될 수 있기 때문이다. 그런 의미에서 자신의 의견을 효과적으로 전달할 수 있는 능력을 평가하는 것은 당연하다. 따라서 다양한 상황에서의 언어표현능력을 함양하기 위한 연습의 과정이 요구된다. 업무를 수행하면서 발생할 수 있는 여러 상황을 가정하고 그에 따른 올바른 언어표현을 정리하는 것이 필요하다. 의사표현 영역의 경우 출제 빈도가 높지는 않지만 상황에 따른 판단력을 평가하는 문항인 만큼 대비하는 것이 필요하다.

04 말하는 이의 입장에서 생각하라!

잘 듣는 것 또한 하나의 능력이다. 상대방의 이야기에 귀 기울이고 공감하는 태도는 업무를 수행하는 관계 속에서 필요한 요소이다. 그런 의미에서 다양한 상황에서의 듣는 능력을 평가하는 것이다. 말하는 이가 요구하는 듣는 이의 태도를 파악하고, 이에 따른 판단을 할 수 있도록 언제나 말하는 사람의 입장이 되는 연습이 필요하다.

05 반복만이 살길이다!

학창 시절 외국어를 공부하던 때를 떠올려 보자. 셀 수 없이 많은 표현들을 익히기 위해 얼마나 많은 반복의 과정을 거쳤는가? 의사소통능력 역시 그러하다. 하나의 문제 유형을 마스터하기 위해 가장 중요한 것은 바로 여러 번, 많이 풀어 보는 것이다.

대표기출유형

01 어법 · 맞춤법

| 유형분석 |

- 주어진 문장이나 지문에서 잘못 쓰인 단어 · 표현을 바르게 고칠 수 있는지 평가한다.
- 띄어쓰기, 동의어 · 유의어 · 다의어 또는 관용적 표현 등을 찾는 문제가 출제될 가능성이 있다.

다음 밑줄 친 단어 중 문맥상 쓰임이 옳지 않은 것은?

① 어려운 문제의 답을 맞혀야 높은 점수를 받을 수 있다.
② 공책에 선을 반듯이 긋고 그 선에 맞춰 글을 쓰는 연습을 해.
③ 생선을 간장에 10분 동안 졸이면 요리가 완성된다.
④ 미안하지만 지금은 바쁘니까 이따가 와서 얘기해.

정답 ③

'졸이다'는 '찌개를 졸이다.'와 같이 국물의 양을 적어지게 하는 것을 의미한다. 반면에 '조리다'는 '양념을 한 고기나 생선, 채소 따위를 국물에 넣고 바짝 끓여서 양념이 배어들게 하다.'의 의미를 지닌다. 따라서 ③의 경우 문맥상 '졸이다'가 아닌 '조리다'가 사용되어야 한다.

오답분석

① 맞히다 : 문제에 대한 답을 틀리지 않게 하다.
　맞추다 : 둘 이상의 일정한 대상들을 나란히 놓고 비교하여 살피다.
② 반듯이 : 비뚤어지거나 기울거나 굽지 않고 바르게
　반드시 : 틀림없이 꼭, 기필코
④ 이따 : 조금 지난 뒤에
　있다 : 어느 곳에서 떠나거나 벗어나지 않고 머물다. 또는 어떤 상태를 계속 유지하다.

유형풀이 Tip

자주 틀리는 맞춤법

틀린 표현	옳은 표현	틀린 표현	옳은 표현
몇일	며칠	선생으로써	선생으로서
웬지	왠지	그리고 나서	그러고 나서
왠만하면	웬만하면	미소를 띠다	미소를 띠다
안되	안돼	돼고 싶다	되고 싶다
어떻해	어떻게 해 / 어떡해	병이 낳았다	병이 나았다
금새	금세	내일 뵈요	내일 봬요
구지	굳이	고르던지 말던지	고르든지 말든지
서슴치	서슴지	합격하길 바래요	합격하길 바라요

대표기출유형 01 기출응용문제

Easy

01 **다음 중 밑줄 친 단어의 맞춤법이 옳지 않은 것은?**

① 우리는 첨단산업을 개발하고 육성해야 한다.
② 기술자가 없어서 고가의 장비를 썩이고 있다.
③ 생선 장수들이 좌판을 벌이고 손님을 맞아들였다.
④ 메모지를 벽에 덕지덕지 붙여 놓아 지저분해 보인다.

02 **다음 중 띄어쓰기가 옳지 않은 것을 모두 고르면?**

> M기관은 다양한 분야에서 ㉠ 괄목할만한 성과를 거두고 있다. 그러나 타 기관들이 단순히 이를 벤치마킹한다고 해서 반드시 우수한 성과를 거둘 수 있는 것은 아니다. M기관의 성공 요인은 주어진 정책 과제를 수동적으로 ㉡ 수행하는데 머무르지 않고, 대국민 접점에서 더욱 다양하고 복잡해지고 있는 수요를 빠르게 인지하고 심도 깊게 파악하여 그 개선점을 내놓기 위해 노력하는 일련의 과정을 ㉢ 기관만의 특색으로 바꾸어 낸 것이다.

① ㉠　　② ㉡
③ ㉢　　④ ㉠, ㉡

03 **다음 중 밑줄 친 단어의 쓰임이 적절하지 않은 것을 모두 고르면?**

> ㉠ 일이 하도 많아 밤샘 작업이 예삿일로 되어 버렸다.
> ㉡ 아이는 등굣길에 문구점에 잠깐 들른다.
> ㉢ 지하 전셋방에서 살림을 시작한 지 10년 만에 집을 장만하였다.
> ㉣ 조갯살로 국물을 내어 칼국수를 끓이면 시원한 맛이 일품이다.
> ㉤ 우리는 저녁을 어디서 먹을까 망설이다가 만장일치로 피잣집에 갔다.

① ㉠, ㉡　　② ㉠, ㉢
③ ㉡, ㉣　　④ ㉢, ㉤

대표기출유형

02 문장삽입

| 유형분석 |

- 논리적인 흐름에 따라 글을 이해할 수 있는지 평가한다.
- 한 문장뿐 아니라 여러 개의 문장이나 문단을 삽입하는 문제가 출제될 가능성이 있다.

다음 글에서 〈보기〉의 문장이 들어갈 위치로 가장 적절한 곳은?

스마트시티란 ICT를 기반으로 주거·교통·편의 인프라를 완벽히 갖추고, 그 안에 사는 모두가 편리하고 쾌적한 삶을 누릴 수 있는 똑똑한 도시를 말한다. (가) 최근 세계 각국에서는 각종 도시 문제를 해결하고, 삶의 질을 개선할 수 있는 지속가능한 도시발전 모델로 스마트시티를 주목하고 있다. (나) 특히 IoT, 클라우드, 빅데이터, AI 등 4차 산업혁명 기술을 활용한 스마트시티 추진에 전방위적인 노력을 기울이고 있다. (다) K시는 행정중심복합도시 전체를 스마트시티로 조성하고자 다양한 시민 체감형 서비스를 도입하고 있으며, 특히 K시 H리 일원 2.7km^2 면적을 스마트시티 국가 시범도시로 조성하고 있다. (라) 각종 첨단 기술을 집약한 미래형 스마트시티 선도 모델인 K시 국가 시범도시는 스마트 모빌리티 등 7대 혁신 요소를 도입하여 도시 공간을 조성하고 혁신적인 스마트인프라 및 서비스를 제공할 계획이다.

보기

이에 발맞춰 K시 역시 해외사업 지속 확대, 남북협력사업 수행 등과 함께 스마트시티를 주요 미래사업 분야로 정했다.

① (가) ② (나)
③ (다) ④ (라)

정답 ③

보기에서 K시는 '이에 발맞춰' 스마트시티를 주요 미래사업 분야로 정했으므로 '이'가 가리키는 내용은 스마트시티를 주요 미래사업 분야로 정하게 된 원인이 되어야 한다. 따라서 보기는 세계 각국에서 스마트시티 추진에 전방위적인 노력을 기울이고 있다는 내용의 뒤인 (다)에 들어가는 것이 가장 적절하다.

유형풀이 Tip

- 보기를 먼저 읽고, 선택지로 주어진 빈칸의 앞·뒤 문장을 읽어 본다. 그리고 빈칸 부분에 보기를 넣었을 때 그 흐름이 어색하지 않은 위치를 찾는다.
- 보기 문장의 중심이 되는 단어가 빈칸의 앞뒤에 언급되어 있는지 확인하도록 한다.

대표기출유형 02 기출응용문제

※ 다음 글에서 〈보기〉의 문단이 들어갈 위치로 가장 적절한 곳을 고르시오. [1~3]

01

글을 잘 짓는 사람은 병법을 잘 알고 있는 것이로다. 글자는 말하자면 군사요, 뜻은 말하자면 장수에 해당한다.

제목은 적국이요, 전거(典據)로 삼을 지식은 전장(戰場)의 보루(堡壘)와 같다. 글자를 묶어서 구로 만들고 구를 합해서 문장을 이루는 것은 대열을 짓고 진을 짜는 것과 같으며, 운을 가다듬어 소리를 내고 수사로써 빛을 내는 것은 북과 종을 울리고 깃발을 펄럭이는 것과 같은 것이다. (가) 전투를 잘하는 사람에게는 버릴 군사가 없고 글을 잘 짓는 사람에게는 쓰지 못할 글자가 없다. 만약에 적당한 장수만 얻는다면 괭이, 자루, 막대기만 든 농군이 날래고 사나운 군사가 될 수 있다. (나) 마찬가지로 나름대로 이치를 담고만 있다면 집안에서 나누는 일상 대화도 교과서에 실을 수 있고 아이들 노래와 속담도 훌륭한 고전의 사전에 넣을 수 있다. 그러므로 글이 정교하지 못한 것이 글자의 탓은 아니다.

글 지을 줄 모르는 사람이 속으로 아무런 요량도 없이 갑자기 글 제목을 만났다고 하자. 겹겹에 산 위의 풀과 나무에 지레 걸려 넘어지듯 눈앞의 붓과 먹이 다 결딴나고, 머릿속에 기억하고 외우던 문자조차 쓸모없이 흩어져서 남는 것이 없으리라. 그래서 글을 짓는 사람의 걱정은 언제나 제풀에 갈팡질팡 길을 잃고 요령(要領)을 잡지 못하는 데 있는 것이다. (다) 길을 잃어버리고 나면 한 글자도 어떻게 쓸 줄 모르는 채 더디고 까다로움만을 고되게 여기게 되고, 글의 전체 핵심을 잡지 못하면 겹겹으로 꼼꼼히 둘러싸 놓고서도 글이 허술하게 된다. (라) 한마디의 말만 가지고도 요점을 찌르며 나가면 마치 적의 아성(牙城)으로 감쪽같이 쳐들어가는 격이요, 단 한 구절의 말만 가지고도 핵심을 끌어낸다면 마치 적의 힘이 다 할 때를 기다렸다가 드디어 그 진지를 함락시키는 것과 같다. 글 짓는 묘리(妙理)는 바로 이와 같아야 최상이라 할 수 있다.

보기

비유해 말하자면 아무리 맹장이라도 군대가 한 번 제 길을 잃어버릴 때에는 최후의 운명을 면치 못하며, 적의 움직임을 파악하지 못하면 아무리 물샐 틈 없이 포위한 때에라도 적이 빠져 도망칠 틈이 있는 것과 같다.

① (가) ② (나)
③ (다) ④ (라)

02

피타고라스학파는 사실 학파라기보다는 오르페우스(Orpheus)교라는 신비주의 신앙을 가진 하나의 종교 집단이었다고 한다. 피타고라스가 살던 당시 그리스에서는 막 철학적 사유가 싹트고 있었다. 당시 철학계에서는 이 세상의 다양한 사물과 변화무쌍한 현상 속에서 변하지 않는 어떤 '근본적인 것(Arkhe)'을 찾는 것이 유행이었다. 어떤 사람은 그것을 '물'이라 하고, 어떤 사람은 '불'이라 했다. 그런데 피타고라스는 특이하게도 그런 눈에 보이는 물질이 아니라 추상적인 것, 곧 '수(數)'가 만물의 근원이라고 생각했다. (가)
피타고라스학파가 신봉하던 오르페우스는 인류 최초의 음악가였다. 이 때문에 그들은 음악에서도 수적 비례를 찾아냈다. 음의 높이는 현(絃)의 길이와 비례 관계로 설명된다. 현의 길이를 1/3만 줄이면 음은 정확하게 5도 올라가고 반으로 줄이면 한 옥타브 올라간다. 여러 음 사이의 수적 비례는 아름다운 화음을 만들어 낸다. (나)
이 신비주의자들이 밤하늘에 빛나는 별의 신비를 그냥 지나쳤을 리 없다. 하늘에도 수의 조화가 지배하고 있다. 별은 예정된 궤도를 따라 움직이고 일정한 시간에 나타나 일정한 시간에 사라진다. 그래서 그들에게 별의 움직임은 리드미컬한 춤이었다. 재미있게도 그들은 별들이 현악기 속에 각자의 음을 갖고 있다고 믿었다. 그렇다면 천체의 운행 자체가 거대한 교향곡이 아닌가. (다)
아득한 옛날 사람들은 우리와는 다른 태도로 자연과 세계를 대했다. 그들은 세상의 모든 것에 생명이 있다고 믿었고, 그 생명과 언제든지 교감할 수 있었다. 무정한 밤하늘에서조차 그들은 별들이 그려내는 아름다운 그림을 보고, 별들이 연주하는 장엄한 곡을 들었다. (라)

보기

세상의 모든 것은 '수(數)'로 표시된다. 수를 갖지 않는 사물은 없다. 그러면 모든 것에 앞서 존재하는 것이 바로 수가 아닌가. 수는 모든 것에 앞서 존재하며 혼돈의 세계에 질서를 주고 형체 없는 것에 형상을 준다. 따라서 수를 연구하는 것이 바로 존재의 가장 깊은 비밀을 탐구하는 것이었다. 그러므로 수학 연구는 피타고라스 교단에서 지켜야 할 계율 가운데 가장 중요한 것으로 여겨졌다.

① (가)　　② (나)
③ (다)　　④ (라)

03

생물학에서 이기주의와 이타주의에 대한 문제는 학문적으로 흥미로울 뿐 아니라 인간사 일반에서도 중요한 의미를 갖는다. 예를 들어 사랑과 증오, 다툼과 도움, 주는 것과 훔치는 것 그리고 욕심과 자비심 등이 모두 이 문제와 밀접히 연관되어 있다. 만약 인간 사회를 지배하는 유일한 원리가 인간 유전자의 철저한 이기주의라면 이 세상은 매우 삭막한 곳이 될 것이다. 그럼에도 불구하고 우리가 원한다고 해서 인간 유전자의 철저한 이기성이 사라지는 것도 아니다. 인간이나 원숭이나 모두 자연의 선택 과정을 거쳐 진화해 왔다. 그리고 자연이 제공하는 선택 과정의 살벌함을 이해한다면 그 과정을 통해서 살아남은 모든 개체는 이기적일 수밖에 없음을 알게 될 것이다. (가)
따라서 만약 우리가 인간, 원숭이 혹은 어떤 살아있는 개체를 자세히 들여다보면 그들의 행동양식이 매우 이기적일 것이라고 예상할 수 있다. 우리의 이런 예상과 달리, 인간의 행동양식이 진정한 이타주의를 보여준다면 이는 상당히 놀라운 일이며 뭔가 새로운 설명을 필요로 한다. (나)
이 문제에 대해서는 이미 많은 연구와 저서가 있었다. 그러나 이 연구들은 대부분 진화의 원리를 정확히 이해하지 못해서 잘못된 결론에 도달했다. 즉, 기존의 이기주의 – 이타주의 연구에서는 진화에 있어서 가장 중요한 것이 개체의 살아남음이 아니라 종 전체 혹은 어떤 종에 속하는 한 그룹의 살아남음이라고 가정했다. (다)
진화론의 관점에서 이기주의 – 이타주의의 문제를 들여다보는 가장 타당한 견해는 자연의 선택이 유전의 가장 기본적인 단위에서 일어난다고 생각하는 것이다. 즉, 나는 자연의 선택이 일어나는 근본 단위는 혹은 생물의 이기주의가 작동하는 기본 단위는, 종이나 종에 속하는 한 그룹 혹은 개체가 아니며 바로 유전자라고 주장한다. (라)

보기

나는 성공적인 유전자가 갖는 가장 중요한 특성은 이기주의이며 이러한 유전자의 이기성은 개체의 행동 양식에 철저한 이기주의를 심어주었다고 주장한다. 물론 어떤 특별한 경우에 유전자는 그 이기적 목적을 달성하기 위해서 개체로 하여금 제한된 형태의 이타적 행태를 보이도록 하기도 한다. 그럼에도 불구하고 조건 없는 사랑이나 종 전체의 이익이라는 개념은, 우리에게 그런 개념들이 아무리 좋아 보이더라도, 진화론과는 상충되는 생각들이다.

① (가) ② (나)
③ (다) ④ (라)

※ 다음 글에서 〈보기〉의 문장 ㉠, ㉡이 들어갈 위치로 가장 적절한 곳을 고르시오. [4~5]

Easy

04

현대 사회가 다원화되고 복잡해지면서 중앙 정부는 물론, 지방 자치 단체 또한 정책 결정 과정에서 능률성과 효과성을 우선시하는 경향이 커져 왔다. 이로 인해 전문적인 행정 담당자를 중심으로 한 정책 결정이 빈번해지고 있다. 그러나 지방 자치 단체의 정책 결정은 지역 주민의 의사와 무관하거나 배치되어서는 안 된다는 점에서 이러한 정책 결정은 지역 주민의 의사에 보다 부합하는 방향으로 보완될 필요가 있다. (가)

행정 담당자 주도로 이루어지는 정책 결정의 문제점을 극복하기 위해 그동안 지방 자치 단체 자체의 개선 노력이 없었던 것은 아니다. (나) 이 둘은 모두 행정 담당자 주도의 정책 결정을 보완하기 위해 시장 경제의 원리를 부분적으로 받아들였다는 점에서는 공통되지만, 운영 방식에는 차이가 있다. 민간화는 지방 자치 단체가 담당하는 특정 업무의 운영권을 민간 기업에 위탁하는 것으로, 기업 선정을 위한 공청회에 주민들이 참여하는 등의 방식으로 주민들의 요구를 반영하는 것이다. (다) 하지만 민간화를 통해 수용되는 주민들의 요구는 제한적이므로 전체 주민의 이익이 반영되지 못하는 경우가 많고, 민간 기업의 특성상 공익의 추구보다는 기업의 이익을 우선한다는 한계가 있다. 경영화는 민간화와는 달리, 지방 자치 단체가 자체적으로 민간 기업의 운영 방식을 도입하는 것을 말한다. 주민들을 고객으로 대하며 주민들의 요구를 충족하고자 하는 것이다. (라)

이러한 한계를 해소하고 지방 자치 단체의 정책 결정 과정에서 지역 주민 전체의 의견을 보다 적극적으로 반영하기 위해서는 주민 참여 제도의 활성화가 요구된다. 현재 우리나라의 지방 자치 단체가 채택하고 있는 간담회, 설명회 등의 주민 참여 제도는 주민들의 의사를 간접적으로 수렴하여 정책에 반영하는 방식인데, 주민들의 의사를 더욱 직접적으로 반영하기 위해서는 주민 투표, 주민 소환, 주민 발안 등의 직접 민주주의 제도를 활성화하는 방향으로 주민 참여 제도가 전환될 필요가 있다.

보기

㉠ 지역 주민의 요구를 수용하기 위해 도입한 '민간화'와 '경영화'가 대표적인 사례이다.

㉡ 그러나 주민 감시나 주민자치위원회 등을 통한 외부의 적극적인 견제가 없으면 행정 담당자들이 기존의 관행에 따라 업무를 처리하는 경향이 나타나기도 한다.

	㉠	㉡		㉠	㉡
①	(가)	(나)	②	(가)	(다)
③	(나)	(다)	④	(나)	(라)

Hard

05

흔히 어떤 대상이 반드시 가져야만 하고 그것을 다른 대상과 구분해 주는 속성을 본질이라고 한다. X의 본질이 무엇인지 알고 싶으면 X에 대한 필요 충분한 속성을 찾으면 된다. 다시 말해서 모든 X에 대해 그리고 오직 X에 대해서만 해당되는 것을 찾으면 된다. 예컨대 모든 까투리가 그리고 오직 까투리만이 꿩이면서 동시에 암컷이므로, '암컷인 꿩'은 까투리의 본질이라고 생각된다. 그러나 암컷인 꿩은 애초부터 까투리의 정의라고 우리가 규정한 것이므로 그것을 본질이라고 말하기에는 허망하다. 다시 말해서 본질은 따로 존재하여 우리가 발견한 것이 아니라 까투리라는 낱말을 만들면서 사후적으로 구성된 것이다.

서로 다른 개체를 동일한 종류의 것이라고 판단하고 의사소통에 성공하기 위해서는 개체들이 공유하는 무엇인가가 필요하다. 본질주의는 그것이 우리와 무관하게 개체 내에 본질로서 존재한다고 주장한다. (가) 반면에 반(反)본질주의는 그런 본질이란 없으며, 인간이 정한 언어 약정이 본질주의에서 말하는 본질의 역할을 충분히 달성할 수 있다고 주장한다. (나)

'본질'이 존재론적 개념이라면 거기에 언어적으로 상관하는 것은 '정의'이다. 그런데 어떤 대상에 대해서 약정적이지 않으면서 완벽하고 정확한 정의를 내리기 어렵다는 사실은 반본질주의의 주장에 힘을 실어 준다. (다) 사람을 예로 들어 보자. '이성적 동물'은 사람에 대한 정의로 널리 알려져 있다. 그러면 이성적이지 않은 갓난아이를 사람의 본질에 대한 반례로 제시할 수 있다. 이번에는 '사람은 사회적 동물이다.'라고 정의를 제시할 수도 있다. 그러나 사회를 이루고 산다고 해서 모두 사람인 것은 아니다. 개미나 벌도 사회를 이루고 살지만 사람은 아니다.

서양의 철학사는 본질을 찾는 과정이라고 말할 수 있다. 본질주의는 사람뿐만 아니라 자유나 지식 등의 본질을 찾는 시도를 계속해 왔지만, 대부분의 경우 아직까지 본질적인 것을 명확히 찾는 데 성공하지 못했다. (라) 우리가 본질을 명확히 찾지 못하는 까닭은 우리의 무지 때문이 아니라 그런 본질이 있다는 잘못된 가정에서 출발했기 때문이라는 것이다. 사물의 본질이라는 것은 단지 인간의 가치가 투영된 것에 지나지 않는다는 것이 반본질주의의 주장이다.

보기

㉠ 이른바 본질은 우리가 관습적으로 부여하는 의미를 표현한 것에 불과하다는 것이다.

㉡ 그래서 숨겨진 본질을 밝히려는 철학적 탐구는 실제로는 부질없는 일이라고 반본질주의로부터 비판을 받는다.

	㉠	㉡		㉠	㉡
①	(가)	(나)	②	(가)	(다)
③	(나)	(다)	④	(나)	(라)

대표기출유형

03 빈칸추론

| 유형분석 |

- 글의 전반적인 흐름을 파악하고 있는지 평가한다.
- 첫 문장, 마지막 문장 또는 글의 중간 등 다양한 위치에 빈칸이 주어질 수 있다.

다음 글의 빈칸에 들어갈 내용으로 가장 적절한 것은?

경기적 실업이란 경기 침체의 영향으로 기업 활동이 위축되고 이로 인해 노동에 대한 수요가 감소하여 고용량이 줄어들어 발생하는 실업이다. 다시 말해 경기적 실업은 노동 시장에서 노동의 수요와 공급이 균형을 이루고 있는 상태라고 가정할 때, 경기가 침체되어 물가가 하락하게 되면 ______________________ 경기적 실업은 다른 종류의 실업에 비해 생산량 측면에서 경제적으로 큰 손실을 발생시킬 수 있기에 경제학자들은 이를 해결하기 위한 정부의 역할을 촉구한다.

① 기업은 생산량을 줄이게 되고, 이로 인해 노동에 대한 공급이 감소하여 발생한다.
② 기업은 생산량을 늘리게 되고, 이로 인해 노동에 대한 수요가 증가하여 발생한다.
③ 기업은 생산량을 늘리게 되고, 이로 인해 노동에 대한 공급이 감소하여 발생한다.
④ 기업은 생산량을 줄이게 되고, 이로 인해 노동에 대한 수요가 감소하여 발생한다.

정답 ④

첫 번째 문장에서 경기적 실업이란 '노동에 대한 수요가 감소하여 고용량이 줄어들어 발생하는 실업'이라고 하였으므로, 빈칸에는 기업이 생산량을 줄임으로써 노동에 대한 수요가 감소한다는 내용이 들어가야 한다.

유형풀이 Tip

- 글을 모두 읽고 풀기에는 시간이 부족하다. 따라서 빈칸의 앞·뒤 문장만을 통해 내용을 파악할 수 있어야 한다.
- 주어진 문장을 각각 빈칸에 넣었을 때 그 흐름이 어색하지 않은지 확인하도록 한다.

대표기출유형 03 기출응용문제

※ 다음 글의 빈칸에 들어갈 내용으로 가장 적절한 것을 고르시오. [1~3]

Easy

01

고대 희랍의 누드 조각, 르네상스의 누드화, 인상파, 로댕, 피카소 등에 이르기까지 서양의 에로티시즘은 생명을 새롭게 파악하여 현실의 여러 의미를 보여 준다. 발가벗은 인체를 예술의 소재로 삼는다는 것은 우리 인간의 생명의 비밀을 직시하려는 태도의 표명이며, 삶의 근원을 찾아내려는 모색의 과정이다. 또한 에로티시즘의 조형화(造型化)는 삶의 단순한 향유가 아니라 현실의 재확인이다. 그러므로 대중들이 즐기고 욕망하는 현실 감정이 가장 쉽게 그리고 직접적으로 누드에 반영된다.

우리의 미술사에서도 어느 정도 이러한 점을 확인할 수 있다. 성(性)을 경원시하고 남녀유별(男女有別)에 철저했던, 유교적 도덕으로 무장한 조선의 풍토에서 혜원 신윤복의 존재는 무엇을 말해주는가? 왜 혜원의 춘의도(春意圖)가 그 시대 산수도보다 대중들에게 잘 수용되었던가? 그것은 그가 당대의 사회적 풍토로 인해 억압되어 있었던 ________________을 잘 드러냈기 때문이다.

그런데 근래의 우리 누드 화가들은 어떠한가? 누드를 통해 어떤 현실을 인식시키고 어떤 진실을 표현하려 하였던가? 가령 김승인의 「나부(裸婦)」를 놓고 보자. 이국적인 용모를 지닌 풍요한 여체가 옆면으로 등을 보이면서 소파 위에 앉아 있다. 주위의 실내 배경은 서구 스타일의 장식으로 간략히 정돈된 고전풍이다. 그에 따라 나부가 효과적으로 중심을 드러낸다. 기법은 인상주의 이전의 사실주의 수법으로 객관미를 표출하고 있다. 그럼에도 그의 누드는 우리에게 위화감을 불러일으킨다. 무엇 때문인가?

우리는 그의 누드 속의 인물, 즉 이국적 호사 취미에 알맞은 장식적 인물에서 그 단서를 발견할 수 있다. 우리가 보아온 누드 어디에 그 같은 취향이 있었던가? 이 누드의 풍요성과 같은 안정된 현실을 어느 시대에서 향유할 수 있었단 말인가? 결국 그의 누드에 담긴 장식적 현실은 부르주아적 모방 취미가 아닐 수 없다. 그런 누드화는 부유층의 수요에 의하여 생산되는 사치품에 불과하다. 이처럼 근래의 우리 누드화는 민중의 현실 속으로 파고들지 못했다.

① 도덕적 불감증　　② 전통적인 가치관

③ 지배층의 물질적 욕망　　④ 보편적인 감정의 진실

02

얼음의 녹는점이 0°C라는 사실은 누구나 알고 있는 보편적인 상식이다. 그런데 얼음이 녹아내리는 과정은 어떠할까? 아마도 대부분의 사람들은 주위의 온도가 0°C보다 높아야 얼음이 녹기 시작하며 물이 될 때까지 지속적으로 녹아내린다고 생각할 것이다. 하지만 실제로 얼음이 녹는 과정의 양상은 이러한 생각과는 조금 다르다.
약 150년 전, 영국의 과학자 마이클 패러데이(Michael Faraday)는 0°C 이하의 온도에서 얼음의 표면에 액체와 비슷한 얇은 층이 존재한다는 것을 처음 밝혀냈다. 이후 얼음이 미끄러지고 빙하가 움직이는 데 이 층이 중요한 역할을 한다는 사실과 0°C에서는 이 층의 두께가 약 45nm까지 두꺼워지는 것이 밝혀졌다. 하지만 최근까지도 이 층이 몇 °C에서 생기는지, 온도에 따라 두께가 어떻게 달라지는지에 대해서는 알 수 없었다.
그런데 2016년 12월 독일의 막스플랑크 고분자연구소 엘렌 바쿠스 그룹리더팀이 이 문제에 대한 중요한 연구결과를 발표하였다. 연구팀은 단결정 얼음의 표면에서 분자들의 상호작용을 관찰하기 위해 고체일 때보다 액체일 때 물 분자의 수소결합이 약하다는 점을 이용해 얼음 표면에 적외선을 쏜 뒤 온도에 따라 어떻게 달라지는지를 분석하였다.
그 결과 연구팀은 −38°C에서 이미 얼음 표면의 분자 층 하나가 준 액체로 변해 있는 것을 발견했다. 온도를 더 높이자 −16°C에서 두 번째 분자 층이 준 액체로 변했다. 우리가 흔히 생각하는 것과는 달리 영하의 온도에서 이미 얼음의 표면은 녹아내리기 시작하며 그것이 지속적으로 녹는 것이 아니라 ＿＿＿＿＿＿＿＿＿＿＿＿＿＿＿＿

① 특정 온도에 도달할 때마다 한 층씩 녹아내린다는 것이다.
② −38℃와 −16℃ 그리고 0℃에서 각각 녹는다는 것이다.
③ −38℃와 −16℃ 사이에서만 지속적으로 녹지 않는다는 것이다.
④ 준 액체 상태로 유지된다는 것이다.

03

흔히들 과학적 이론이나 가설을 표현하는 엄밀한 물리학적 언어만을 과학의 언어라고 생각한다. 그러나 과학적 이론이나 가설을 검사하는 과정에는 이러한 물리학적 언어 외에 우리의 감각적 경험을 표현하는 일상적 언어도 사용될 수밖에 없다. 그런데 우리의 감각적 경험을 표현하는 일상적 언어에는 과학적 이론이나 가설을 표현하는 물리학적 언어와는 달리 매우 불명료하고 엄밀하게 정의될 수 없는 용어들이 포함되어 있다. 어떤 학자는 이러한 용어들을 '발룽엔'이라고 부른다.
이제 과학적 이론이나 가설을 검사하는 과정에 발룽엔이 개입된다고 해보자. 이 경우 우리는 증거와 가설 사이의 논리적 관계가 무엇인지 결정할 수 없게 될 것이다. 즉, 증거가 가설을 논리적으로 뒷받침하고 있는지 아니면 논리적으로 반박하고 있는지에 관해 미결정적일 수밖에 없다는 것이다. 그 이유는 증거를 표현할 때 포함될 수밖에 없는 발룽엔을 어떻게 해석할 것인지에 따라 증거와 가설 사이의 논리적 관계에 대한 다양한 해석이 나오게 될 것이기 때문이다. 발룽엔의 의미는 본질적으로 불명료할 수밖에 없다. 즉, 발룽엔을 아무리 상세하게 정의하더라도 그것의 의미를 정확하고 엄밀하게 규정할 수는 없다는 것이다.
논리실증주의자들이나 포퍼는 증거와 가설 사이의 관계를 논리적으로 정확하게 판단할 수 있고 이를 통해 가설을 정확히 검사할 수 있다고 생각했다. 그러나 증거와 가설이 상충하면 가설이 퇴출된다는 식의 생각은 너무 단순한 것이다. 증거와 가설의 논리적 관계에 대한 판단을 위해서는 증거가 의미하는 것이 무엇인지 파악하는 것이 선행되어야 하기 때문이다. 따라서 우리가 발룽엔의 존재를 염두에 둔다면, '______________________________'라고 결론지을 수 있다.

① 과학적 가설과 증거의 논리적 관계를 정확하게 판단할 수 있다는 생각은 잘못된 것이다.
② 과학적 가설을 정확하게 검사하기 위해서는 우리의 감각적 경험을 배제해야 한다.
③ 과학적 가설을 검사하기 위한 증거를 표현할 때 발룽엔을 사용해서는 안 된다.
④ 과학적 가설을 표현하는 데에도 발룽엔이 포함될 수밖에 없다.

PART 1

04 다음 제시된 대화의 빈칸에 들어갈 내용으로 가장 적절한 것은?

갑 : 2023년에 A보조금이 B보조금으로 개편되었다고 들었습니다. 2022년에 A보조금을 수령한 민원인이 B보조금의 신청과 관련하여 문의하였습니다. 민원인이 중앙부처로 바로 연락하였다는데 B보조금 신청 자격을 알 수 있을까요?

을 : B보조금 신청 자격은 A보조금과 같습니다. 해당 지자체에 농업경영정보를 등록한 농업인이어야 하고 지급 대상 토지도 해당 지자체에 등록된 농지 또는 초지여야 합니다.

갑 : 네. 민원인의 자격 요건에 변동 사항은 없다는 것을 확인했습니다. 그 외에 다른 제한 사항은 없을까요?

을 : 대상자 및 토지 요건을 모두 충족하더라도 전년도에 A보조금을 부정한 방법으로 수령했다고 판정된 경우에는 B보조금을 신청할 수가 없어요. 다만 부정한 방법으로 수령했다고 해당 지자체에서 판정하더라도 수령인은 일정 기간 동안 중앙부처에 이의를 제기할 수 있습니다. 이의 제기 심의 기간에는 수령인이 부정한 방법으로 수령하지 않은 것으로 봅니다.

갑 : 우리 중앙부처의 2022년 A보조금 부정 수령 판정 현황이 어떻게 되죠?

을 : 2022년 A보조금 부정 수령 판정 이의 제기 신청 기간은 만료되었습니다. 부정 수령 판정이 총 15건이 있었는데, 그중 11건에 대한 이의 제기 신청이 들어왔고 1건은 심의 후 이의 제기가 받아들여져 인용되었습니다. 9건은 이의 제기가 받아들여지지 않아 기각되었고 나머지 1건은 아직 이의 제기 심의 절차가 진행 중입니다.

갑 : 그렇다면 제가 추가로 ________________만 확인하고 나면 다른 사유를 확인하지 않고서도 민원인이 현재 B보조금 신청 자격이 되는지를 바로 알 수 있겠네요.

① 민원인의 부정 수령 판정 여부, 민원인의 이의 제기 여부, 이의 제기 심의 절차 진행 중인 건이 민원인이 제기한 건인지 여부

② 민원인의 부정 수령 판정 여부, 민원인의 이의 제기 여부, 이의 제기 기각 건에 민원인이 제기한 건이 포함되었는지 여부

③ 민원인의 농업인 및 농지 등록 여부, 민원인의 이의 제기 여부, 이의 제기 심의 절차 진행 중인 건의 심의 완료 여부

④ 민원인의 부정 수령 판정 여부, 민원인의 이의 제기 여부, 이의 제기 인용 건이 민원인이 제기한 건인지 여부

Hard

05 다음 글의 빈칸 ㉠, ㉡에 들어갈 내용으로 가장 적절한 것은?

사람들은 모국어의 '음소'가 아닌 소리를 들으면, 그 소리를 변별적으로 인식하지 못한다. 가령, 물리적으로 다르지만 유사하게 들리는 음성 [x]와 [y]가 있다고 가정해 보자. 이때 우리는 [x]와 [y]가 서로 다르다고 인식할 수도 있고 다르다는 것을 인식하지 못할 수도 있다. [x]와 [y]가 다르다고 인식할 때 우리는 두 소리가 서로 변별적이라고 하고, [x]와 [y]가 다르다는 것을 인식하지 못할 때 두 소리가 서로 비변별적이라고 한다. 변별적으로 인식하는 소리를 음소라고 하고, 변별적으로 인식하지 못하는 소리를 이음 또는 변이음이라고 한다.

우리가 [x]와 [y]를 변별적으로 인식한다면, [x]와 [y]는 둘 다 음소로서의 지위를 갖는다. 반면 [x]와 [y] 가운데 하나는 음소이고 다른 하나가 음소가 아니라면, [x]와 [y]를 서로 변별적으로 인식하지 못한다. 다시 말해 ＿＿＿㉠＿＿＿

여기서 변별적이라는 것은 달리 말하면 대립을 한다는 것을 뜻한다. 어떤 소리가 대립을 한다는 말은 그 소리가 단어의 뜻을 갈라내는 기능을 한다는 것을 의미한다. 비변별적이라는 것은 대립을 하지 못한다는 것을 뜻한다. 그러므로 대립을 하는 소리는 당연히 변별적이고, 대립을 하지 못하는 소리는 비변별적이다.

인간이 발성 기관을 통해 낼 수 있는 소리의 목록은 비록 언어가 다르더라도 동일하다고 가정하지만, 변별적으로 인식하는 소리, 즉 음소의 수와 종류는 언어마다 다르다. 언어가 문화적 산물이라는 사실을 이해하면 이는 당연한 일이다. 나라마다 문화가 다르듯이 언어 역시 문화적 산물이므로 차이가 나는 것은 당연하고, 언어를 구성하는 가장 작은 단위인 음소의 수와 종류에도 차이가 나는 것은 당연하다. 우리가 다른 문화권의 사람이라는 것을 인지하는 가장 기본적인 요소 중의 하나가 언어라면, 언어가 다르다고 인지하는 가장 핵심적인 요소 중의 하나가 바로 음소 목록의 차이이다. 그렇기 때문에 모국어의 음소 목록에 포함되어 있지 않은 소리를 들었다면, ＿＿＿㉡＿＿＿

① ㉠ : [x]를 들어도 [y]로 인식한다면 [x]는 음소이다.
　㉡ : 소리는 들리지만 그 소리가 무슨 소리인지 알 수 없다.

② ㉠ : [y]를 들어도 [x]로 인식한다면 [y]는 음소이다.
　㉡ : 그 소리를 모국어에 존재하는 음소 중의 하나로 인식하게 된다.

③ ㉠ : [x]를 들어도 [y]로 인식한다면 [x]는 [y]의 변이음이다.
　㉡ : 그 소리를 모국어에 존재하는 음소 중의 하나로 인식하게 된다.

④ ㉠ : [x]를 들어도 [y]로 인식한다면 [x]는 [y]의 변이음이다.
　㉡ : 그 소리를 듣고 모국어에 존재하는 유사한 음소들의 중간음으로 인식하게 된다.

대표기출유형

04 내용일치

| 유형분석 |

- 짧은 시간 안에 글의 내용을 정확하게 이해할 수 있는지 평가한다.
- 은행 금융상품 관련 글을 읽고 이해하기, 고객 문의에 답변하기 등의 유형이 빈번하게 출제된다.

다음 글의 내용으로 적절하지 않은 것은?

> 물가 상승률은 일반적으로 가격 수준의 상승 속도를 나타내며 소비자 물가지수(CPI)와 같은 지표를 사용하여 측정된다. 물가 상승률이 높아지면 소비재와 서비스의 가격이 상승하고, 돈의 구매력이 감소한다. 이는 소비자들이 더 많은 돈을 지출하여 물가 상승에 따른 가격 상승을 감수해야 함을 의미한다.
> 물가 상승률은 경제에 다양한 영향을 미친다. 먼저 소비자들의 구매력이 저하되므로 가계소득의 실질 가치가 줄어든다. 이는 소비 지출의 감소와 경기 둔화를 초래할 수 있다. 또한 물가 상승률은 기업의 의사결정에도 영향을 준다. 높은 물가 상승률은 이자율의 상승과 함께 대출 조건을 악화시키므로 기업은 생산 비용 상승과 이로 인한 이윤 감소에 직면하게 되는 것이다.
> 정부와 중앙은행은 물가 상승률을 통제하기 위해 다양한 금융 정책을 사용하며 대표적으로 세금 조정, 통화량 조절, 금리 조정 등이 있다. 물가 상승률은 경제 활동에 큰 영향을 주는 중요한 요소이므로 정부, 기업, 투자자 및 개인은 이를 주의 깊게 모니터링하고 경제 전망을 평가하는 데 활용해야 한다. 또한 소비자의 구매력과 경기 상황에 직·간접적인 영향을 주므로 경제 주체들은 물가 상승률의 변동에 대응하기 위하여 적절한 전략을 수립해야 한다.

① 지나친 물가 상승은 소비 심리를 위축시킨다.
② 정부와 중앙은행이 실행하는 금융 정책의 목적은 물가 안정성을 유지하는 것이다.
③ 중앙은행의 금리 조정으로 지나친 물가 상승을 진정시킬 수 있다.
④ 소비재와 서비스의 가격이 상승하므로 기업의 입장에서는 물가 상승률이 커질수록 이득이다.

정답 ④

두 번째 문단에 따르면 높은 물가 상승률은 이자율의 상승과 함께 대출 조건을 악화시키므로 기업은 생산 비용 상승과 이로 인한 이윤 감소에 직면하게 된다.

오답분석

① 높은 물가는 가계의 실질 소비력을 약화시키므로 소비 심리를 위축시켜 경기 둔화를 초래할 수 있다.
②·③ 세금 조정, 통화량 조절, 금리 조정 등 여러 금융 정책의 목적은 물가 상승률을 통제하여 안정성을 확보하는 것이다.

유형풀이 Tip

- 글을 읽기 전에 문제와 선택지를 먼저 읽어보고 글의 주제를 대략적으로 파악해야 한다.
- 선택지를 통해 글에서 찾아야 할 정보가 무엇인지 먼저 인지한 후 글을 읽어야 문제 풀이 시간을 단축할 수 있다.

대표기출유형 04 기출응용문제

※ 다음 글의 내용으로 적절하지 않은 것을 고르시오. [1~3]

Easy

01

저작권은 저자의 권익을 보호함으로써 활발한 저작 활동을 촉진하여 인류의 문화 발전에 기여하기 위한 것이다. 그러나 이렇게 공적 이익을 추구하기 위한 저작권이 현실에서는 일반적으로 지나치게 사적 재산권을 행사하는 도구로 인식되고 있다. 저작물 이용자들의 권리를 보호하기 위해 마련한, 공익적 성격의 법조항도 법적 분쟁에서는 항상 사적 재산권의 논리에 밀려 왔다. 저작권 소유자 중심의 저작권 논리는 실제로 저작권이 담당해야 할 사회적 공유를 통한 문화 발전을 방해한다.
2015년 '애국가 저작권'에 대한 논란은 이러한 문제를 단적으로 보여준다. 저자 사후 50년 동안 적용되는 국내 저작권법에 따라, 애국가가 포함된 〈한국 환상곡〉의 저작권이 작곡가 안익태의 유족들에게 2015년까지 주어진다는 사실이 언론을 통해 알려진 것이다. 누구나 자유롭게 이용할 수 있는 국가(國歌)마저 공공재가 아닌 개인 소유라는 사실에 많은 사람들이 놀랐다. 창작은 백지 상태에서 완전히 새로운 것을 만드는 것이 아니라 저작자와 인류가 쌓은 지식 간의 상호 작용을 통해 이루어진다. '내가 남들보다 조금 더 멀리보고 있다면, 이는 내가 거인의 어깨 위에 올라서 있는 난쟁이이기 때문'이라는 뉴턴의 겸손은 바로 이를 말한다.
이렇듯 창작자의 저작물은 인류의 지적 자원에서 영감을 얻은 결과이다. 그러한 저작물을 다시 인류에게 되돌려주는 데 저작권의 의의가 있다. 이러한 생각은 이미 1960년대 프랑스 철학자들에 의해 형성되었다. 예컨대 기호학자인 바르트는 '저자의 죽음'을 거론하면서 저자가 만들어 내는 텍스트는 단지 인용의 조합일 뿐 어디에도 '오리지널'은 존재하지 않는다고 단언한다. 전자 복제 기술의 발전과 디지털 혁명은 정보나 자료의 공유가 지니는 의의를 잘 보여주고 있다. 인터넷과 같은 매체 환경의 변화는 원본을 무한히 복제하고 자유롭게 이용함으로써 누구나 창작의 주체로서 새로운 문화 창조에 기여할 수 있도록 돕는다. 인터넷 환경에서 이용자는 저작물을 자유롭게 교환할 뿐 아니라 수많은 사람들과 생각을 나눔으로써 새로운 창작물을 생산하고 있다. 이러한 상황은 저작권을 사적 재산권의 측면에서보다는 공익적 측면에서 바라볼 필요가 있음을 보여준다.

① 저작권 보호기간인 사후 50년이 지난 저작물은 누구나 자유롭게 이용할 수 있다.
② 공적 이익 추구를 위한 저작권이 사적 재산권보호를 위한 도구로 전락하였다.
③ 창작은 이미 존재하는 지적 자원의 영향을 받아 이루어진다.
④ 저작권의 의의는 전혀 새로운 문화를 창작한다는 데 있다.

02

1678년 영의정 허적(許積)의 제의로 상평통보(常平通寶)가 주조・발행되어 널리 유통된 이유는 다음과 같다. 첫째, 국내적으로 조정이 운영하는 수공업이 쇠퇴하고 민간이 운영하는 수공업이 발전함으로써 국내 시장의 상품교류가 확대되고, 1645년 회령 지방을 시초로 국경무역이 활발해짐에 따라 화폐의 필요성이 제기되었기 때문이다. 둘째, 임진왜란 이후 국가 재정이 궁핍하였으나 재정 지출은 계속해서 증가함에 따라 재원 마련의 필요성이 있었기 때문이다.

1678년에 발행된 상평통보는 초주단자전(初鑄單字錢)이라 불리는데, 상평통보 1문(개)의 중량은 1전 2푼이고 화폐 가치는 은 1냥을 기준으로 400문으로 정하였으며 쌀 1되가 4문이었다.

1679년 조정은 상평통보의 규격을 변경하였다. 초주단자전을 대신하여 당이전(當二錢) 또는 절이전(折二錢)이라는 대형전을 주조・발행하였는데, 중량은 2전 5푼이었고 은 1냥에 대한 공인 교환율도 100문으로 변경하였다.

1678년부터 1680년까지 상평통보 주조・발행량은 약 6만 관으로 추정되고 있다. 당이전의 화폐 가치는 처음에는 제대로 유지되었지만 조정이 부족한 재원을 마련하기 위해 발행을 증대하면서 1689년에 이르러서는 은 1냥이 당이전 400 ~ 800문이 될 정도로 그 가치가 폭락하였다. 1681년부터 1689년까지의 상평통보 주조・발행량은 약 17만 관이었다.

1752년에는 훈련도감, 어영청, 금위영 등 중앙의 3개 군사 부서와 지방의 통영에서도 중형상평통보(中型常平通寶)를 주조・발행하도록 하였다. 중형상평통보의 액면 가치는 당이전과 동일하지만 중량이 약 1전 7푼(1757년에는 1전 2푼)으로 당이전보다 줄어들고 크기도 축소되었다.

※ 상평통보 묶음단위 : 1관=10냥=100전=1,000문

※ 중량단위 : 1냥=10전=100푼=1,000리=$\frac{1}{16}$근

① 초주단자전, 당이전, 중형상평통보 중 가장 무거운 것은 당이전이다.

② 은을 기준으로 환산할 때 상평통보의 가치는 경우에 따라 $\frac{1}{4}$ 이하로 떨어지기도 하였다.

③ 1678년부터 1689년까지 주조・발행된 상평통보는 약 2억 3,000만 문으로 추정된다.

④ 1678년을 기준으로 은 1근은 같은 해에 주조・발행된 상평통보 4,600문의 가치를 가진다.

03

M금고가 아프리카 우간다 농촌지역에서 디지털 전환을 통한 새로운 금융포용 패러다임을 개척하고 있다. M금고는 협력국 대상 최초로 우간다 봉골레패리시에서 우간다 M금고 디지털 금융시스템 론칭 행사를 개최했다.
론칭 행사에는 우간다 대한민국 대사관의 참사관, 우간다 코이카 사무소장, 미티야나주 주지사, 무역산업협동조합부 국장 등이 참석하여 축하의 메시지를 전달했다. 특히 우간다 현지 관계자들은 한국 M금고의 발전경험이 우간다 농촌지역 주민들의 빈곤감소와 금융 접근성을 제고하는 자랑스러운 성과를 만들어 내고 있다며 감사의 마음을 전했다.
우간다 M금고는 디지털 전환을 통해 낮은 비용으로 편리하게 금융서비스에 접근할 수 있게 되었다. 단순히 기존의 금융시스템을 바꾸는 기술적 변화가 아닌, 금융소외 계층을 포용하면서 지속가능한 개발이라는 사회적 가치에도 부합한다는 점에서 그 성과를 더욱 인정받고 있다.
구체적으로는, 경영정보시스템(MIS) 도입을 통한 회계 투명성 개선은 물론 모바일 뱅킹을 통한 저축 및 대출서비스까지 가능하게 됐다. USSD 코드를 통해 손쉽게 모바일 머니와 연계가 가능하고, 통장 잔액도 확인할 수 있다. 게다가 POS기를 활용한 금융서비스는 파출수납 서비스까지 가능하게 되었다.
'누구도 소외되지 않게 한다(No One Left Behind).'라는 지속가능 개발목표의 핵심원칙 아래에서 한국 M금고는 금융포용 모델의 해답을 제시한다. 우간다 M금고는 지난 2018년 10월, 우간다 농촌지역 마을주민 30명에서 시작했지만 지금은 약 8,600명의 회원들에게 양질의 금융서비스를 제공하는 지역대표 금융협동조합으로 자리매김하고 있다.
M금고 회장은 "우간다 M금고 디지털 전환으로 농촌 지역사회 내에서 선순환 하는 자금은 더욱 증가할 것이다. 우간다 내 관계기관들과 협력강화를 통해 한국을 대표하는 ODA모델로 성장할 수 있기를 기대한다."라고 전했다.

① 디지털 금융시스템으로 금융포용 효과가 더욱 확대되었다.
② 디지털 금융시스템을 통해 금융서비스 접근이 편리해졌다.
③ M금고의 협력국 대상 디지털 금융시스템 론칭은 우간다가 최초이다.
④ 디지털 전환을 통해 M금고는 우간다 농촌지역에 금융협동조합을 론칭하였다.

Hard

04 다음 글을 근거로 판단할 때, 〈보기〉에서 옳은 것을 모두 고르면?

방사선은 원자핵이 분열하면서 방출되는 것으로 우리의 몸속을 비집고 들어오면 인체를 구성하는 분자들에 피해를 준다. 인체에 미치는 방사선 피해 정도는 'rem'이라는 단위로 표현된다. 1rem은 몸무게 1g당 감마선 입자 5천만 개가 흡수된 양으로 사람의 몸무게를 80kg으로 가정하면 4조 개의 감마선 입자에 해당한다. 감마선은 방사선 중에 관통력이 가장 강하다. 체르노빌 사고 현장에서 소방대원의 몸에 흡수된 감마선 입자는 각종 보호 장구에도 불구하고 400조 개 이상이었다.

만일 우리 몸이 방사선에 100rem 미만으로 피해를 입는다면 별다른 증상이 없다. 이처럼 가벼운 손상은 몸이 스스로 짧은 시간에 회복할 뿐만 아니라, 정상적인 신체 기능에 거의 영향을 미치지 않는다. 이 경우 '문턱효과'가 있다고 한다. 일정량 이하의 바이러스가 체내에 들어오는 경우 우리 몸이 스스로 바이러스를 제거하여 질병에 걸리지 않는 것은 문턱효과의 예라 할 수 있다. 방사선에 200rem 정도로 피해를 입는다면 머리카락이 빠지기 시작하고, 몸에 기운이 없어지고 구역질이 난다. 항암 치료로 방사선 치료를 받는 사람에게 이런 증상이 나타나는 것을 본 적이 있을 것이다. 300rem 정도라면 수혈이나 집중적인 치료를 받지 않는 한 방사선 피폭에 의한 사망 확률이 50%에 달하고, 1,000rem 정도면 한 시간 내에 행동불능 상태가 되어 어떤 치료를 받아도 살 수 없다.

※ 모든 감마선 입자의 에너지는 동일하다.

보기

㉠ 몸무게 120kg 이상인 사람은 방사선에 300rem 정도로 피해를 입은 경우 수혈이나 치료를 받지 않아도 사망할 확률이 거의 없다.

㉡ 몸무게 50kg인 사람이 500조 개의 감마선 입자에 해당하는 방사선을 흡수한 경우 머리카락이 빠지기 시작하고 구역질을 할 것이다.

㉢ 인체에 유입된 일정량 이하의 유해 물질이 정상적인 신체 기능에 거의 영향을 주지 않으면서 우리 몸에 의해 자연스럽게 제거되는 경우 문턱효과가 있다고 할 수 있다.

㉣ 체르노빌 사고 현장에 투입된 몸무게 80kg의 소방대원 A씨가 입은 방사선 피해는 100rem 이상이었다.

① ㉠, ㉡
② ㉡, ㉢
③ ㉠, ㉡, ㉣
④ ㉡, ㉢, ㉣

05 다음은 M금고에서 여신거래 시 활용하는 기본약관의 일부이다. 약관의 내용을 적절하게 이해하지 못한 직원은 누구인가?

> 제3조 이자 등과 지연배상금
>
> ① 이자·보증료·수수료 등(이하 "이자 등"이라고 함)의 이율·계산방법·지급의 시기 및 방법에 관해, 은행은 법령이 허용하는 한도 내에서 정할 수 있으며 채무자가 해당사항을 계약 체결 전에 상품설명서 및 홈페이지 등에서 확인할 수 있도록 합니다.
>
> ② 이자 등의 율은 거래계약 시에 다음의 각 호 중 하나를 선택하여 적용할 수 있습니다.
> 1. 채무의 이행을 완료할 때까지 은행이 그 율을 변경할 수 없음을 원칙으로 하는 것
> 2. 채무의 이행을 완료할 때까지 은행이 그 율을 수시로 변경할 수 있는 것
>
> ③ 제2항 제1호를 선택한 경우에 채무이행 완료 전에 국가경제·금융사정의 급격한 변동 등으로 계약 당시에 예상할 수 없는 현저한 사정변경이 생긴 때에는 은행은 채무자에 대한 개별통지에 의하여 그 율을 인상·인하할 수 있기로 합니다. 이 경우 변경요인이 없어진 때에는 은행은 없어진 상황에 부합되도록 변경하여야 합니다.
>
> ④ 제2항 제2호를 선택한 경우에 이자 등의 율에 관한 은행의 인상·인하는 건전한 금융관행에 따라 합리적인 범위 내에서 이루어져야 합니다.
>
> ⑤ 채무자가 은행에 대한 채무의 이행을 지체한 경우에는, 곧 지급하여야 할 금액에 대하여 법령이 정하는 제한 내에서 은행이 정한 율로, 1년을 365일(윤년은 366일)로 보고 1일 단위로 계산한 지체일수에 해당하는 지연배상금을 지급하기로 하되, 금융사정의 변화, 그 밖의 상당한 사유로 인하여 법령에 의하여 허용되는 한도 내에서 율을 변경할 수 있습니다. 다만, 외국환거래에 있어서는 국제관례·상관습 등에 따릅니다.
>
> ⑥ 은행이 이자 등과 지연배상금의 계산방법·지급의 시기 및 방법을 변경하는 경우에, 그것이 법령에 의하여 허용되는 한도 내이고 금융사정 및 그 밖의 여신거래에 영향을 미치는 상황의 변화로 인하여 필요한 것일 때에는 변경 후 최초로 이자를 납입하여야 할 날부터 그 변경된 사항이 적용됩니다.
>
> ⑦ 제4항, 제5항 및 제6항에 따라 변경하는 경우 은행은 그 변경 기준일로부터 1개월간 모든 영업점 및 은행이 정하는 전자매체 등에 이를 게시하여야 합니다. 다만, 특정 채무자에 대하여 개별적으로 변경하는 경우에는 개별통지를 해야 합니다.
>
> … 생략 …

① A사원 : 은행에서 율을 변경할 수 없는 것을 원칙으로 하는 것은 고정금리를, 수시로 변경할 수 있다고 하는 것은 변동금리를 적용한다는 의미이네.

② B주임 : 은행이 율을 변경할 수 없는 조건으로 계약했다고 하더라도 국가경제가 급격하게 변화하면 율을 인상·인하할 수 있구나.

③ C대리 : 지연배상금이라 하면 보통 연체이자를 의미하는데, 1년을 365일로 보고 지체일수에 해당하는 만큼 은행에서 규정한 연체이자율에 의해 지급하도록 하고 있구나.

④ D주임 : 대출 취급 시 적용하는 이자 등과 지연배상금이 변경될 경우에는 변경 기준일로부터 40일간 모든 전자매체 등에 게시해야 하는구나.

대표기출유형

05 나열하기

| 유형분석 |

- 글의 논리적인 전개 구조를 파악할 수 있는지 평가한다.
- 첫 문단(단락)이 제시되지 않은 문제가 출제될 가능성이 있다.

다음 글을 논리적 순서대로 바르게 나열한 것은?

(가) 인간이 타고난 그대로의 자연스러운 본능이 성품이며, 인간이 후천적인 노력을 통하여 만들어 놓은 것이 인위이다.

(나) 따라서 인간의 성품은 악하나, 인위로 인해 선하게 된다.

(다) 즉, 배고프면 먹고 싶고 피곤하면 쉬고 싶은 것이 성품이라면, 배고파도 어른에게 양보하고 피곤해도 어른을 대신해 일하는 것은 인위이다.

(라) 그러므로 자연스러운 본능을 따르게 되면 반드시 다투고 빼앗는 결과를 초래하게 되지만, 스승의 교화를 받아 예의 법도를 따르게 되면 질서가 유지된다.

① (가) – (나) – (라) – (다)
② (가) – (다) – (나) – (라)
③ (가) – (다) – (라) – (나)
④ (가) – (라) – (다) – (나)

정답 ③

제시문은 성품과 인위를 정의하고 이것에 대한 구체적인 예를 통해 인간의 원래 성품과 선하게 되는 원리를 설명하는 글이다. 따라서 (가) 성품과 인위의 정의 – (다) 성품과 인위의 예 – (라) 성품과 인위의 결과 – (나) 이를 통해 알 수 있는 인간의 성질 순으로 나열되어야 한다.

유형풀이 Tip

- 각 문단에 위치한 지시어와 접속어를 살펴본다. 문두에 접속어가 오거나 문장 중간에 지시어가 나오는 경우 글의 첫 번째 문단이 될 수 없다.
- 각 문단의 첫 문장과 마지막 문장에 집중하면서 글의 순서를 하나씩 맞춰 나간다.
- 선택지를 참고하여 문단의 순서를 생각해 보는 것도 시간을 단축하는 좋은 방법이 될 수 있다.

대표기출유형 05 기출응용문제

※ 다음 글을 논리적 순서대로 바르게 나열한 것을 고르시오. [1~3]

Easy

01

(가) 이처럼 사대부들의 시조는 심성 수양과 백성의 교화라는 두 가지 주제로 나타난다. 이는 사대부들이 재도지기(載道之器), 즉 문학을 도(道)를 싣는 수단으로 보는 효용론적 문학관에 바탕을 두었기 때문이다. 이때 도(道)란 수기의 도와 치인의 도라는 두 가지 의미를 지니는데, 강호가류의 시조는 수기의 도를, 오륜가류의 시조는 치인의 도를 표현한 것이라 할 수 있다.

(나) 한편, 오륜가류는 백성들에게 유교적 덕목인 오륜을 실생활 속에서 실천할 것을 권장하려는 목적으로 창작한 시조이다. 사대부들이 관직에 나아가면 남을 다스리는 치인(治人)을 위해 최선을 다했고, 그 방편으로 오륜가류를 즐겨 지었던 것이다. 오륜가류는 쉬운 일상어를 활용하여 백성들이 일상생활에서 마땅히 행하거나 행하지 말아야 할 것들을 명령이나 청유 등의 어조로 노래하였다. 이처럼 오륜가류는 유교적 덕목인 인륜을 실천함으로써 인간과 인간이 이상적 조화를 이루고, 이를 통해 천하가 평화로운 상태까지 나아가는 것을 주요 내용으로 하였다.

(다) 조선시대 시조 문학의 주된 향유 계층은 사대부들이었다. 그들은 '사(士)'로서 심성을 수양하고 '대부(大夫)'로서 관직에 나아가 정치 현실에 참여하는 것을 이상으로 여겼다. 세속적 현실 속에서 나라와 백성을 위한 이념을 추구하면서 동시에 심성을 닦을 수 있는 자연을 동경했던 것이다. 이러한 의식의 양면성에 기반을 두고 시조 문학은 크게 강호가류(江湖歌類)와 오륜가류(五倫歌類)의 두 가지 경향으로 발전하게 되었다.

(라) 강호가류는 자연 속에서 한가롭게 지내는 삶을 노래한 것으로, 시조 가운데 작품 수가 가장 많다. 강호가류가 크게 성행한 시기는 사화와 당쟁이 끊이질 않았던 16 ~ 17세기였다. 세상이 어지러워지자 정치적 이상을 실천하기 어려웠던 사대부들은 정치 현실을 떠나 자연으로 회귀하였다. 이때 사대부들이 지향했던 자연은 세속적 이익과 동떨어진 검소하고 청빈한 삶의 공간이자 안빈낙도(安貧樂道)의 공간이었다. 그 속에서 사대부들은 강호가류를 통해 자연과 인간의 이상적 조화를 추구하며 자신의 심성을 닦는 수기(修己)에 힘썼다.

① (다) – (나) – (가) – (라)
② (다) – (라) – (나) – (가)
③ (라) – (나) – (가) – (다)
④ (라) – (다) – (나) – (가)

Hard

02

(가) '정합설'은 관념과 대상의 일치가 불가능하다는 반성에서 출발한다. 새로운 경험이나 지식이 옳은지 그른지 실재에 비추어 보아서는 확인할 수 없으므로, 이미 가지고 있는 지식의 체계 중 옳다고 판별된 체계에 비추어 볼 수밖에 없다는 것이다. 즉, 새로운 지식이 기존의 지식 체계에 모순됨이 없이 들어맞는지 여부에 의해 지식의 옳고 그름을 가릴 수밖에 없다는 주장이 바로 정합설이다. '모든 사람은 죽는다.'라는 것은 우리가 옳다고 믿는 명제이지만, '모든 사람' 속에는 우리의 경험이 미치지 못하는 사람들도 포함된다. 이처럼 감각적 판단으로 확인할 수 없는 전칭 판단*이나 고차적인 과학적 판단들의 진위를 가려내는 데 적합한 이론이 정합설이다.

(나) 우리가 일상생활, 특히 학문적 활동에서 추구하고 있는 진리란 어떤 것인가? 도대체 어떤 조건을 갖춘 지식을 진리라고 할 수 있을까? 여기에 대해서는 세 가지 학설이 있다.

(다) 실용주의자들은 대응설이나 정합설과는 아주 다른 관점에서 진리를 고찰한다. 그들은 지식을 그 자체로 다루지 않고 생활상의 수단으로 본다. 그래서 지식이 실제 생활에 있어서 만족스러운 결과를 낳거나 실제로 유용할 때 '참'이라고 한다. 관념과 생각 그 자체는 참도 아니고 거짓도 아니며, 행동을 통해 생활에 적용되어 유용하면 비로소 진리가 되고 유용하지 못하면 거짓이 되는 것이다.

(라) 그러나 진리가 행동과 관련되어 있다는 것은, 행동을 통한 실제적인 결과를 기다려야 비로소 옳고 그름의 판단이 가능하다는 뜻이 된다. 하지만 언제나 모든 것을 다 실행해 볼 수는 없다. 또한 '만족스럽다'든가 '실제로 유용하다'든가 하는 개념은 주관적이고 상대적이어서 옳고 그름을 가리는 논리적 기준으로는 불명확하다. 바로 이 점에서 실용설이 지니는 한계가 분명하게 드러나는 것이다.

(마) 하지만 정합설에도 역시 한계가 있다. 어떤 명제가 기존의 지식 체계와 정합**할 때 '참'이라고 하는데, 그렇다면 기존의 지식 체계의 진리성은 어떻게 확증할 수 있을까? 그것은 또 그 이전의 지식 체계와 정합해야 하는데, 이 과정은 무한히 거슬러 올라가 마침내는 더 이상 소급할 수 없는 단계에까지 이르고, 결국 기존의 지식 체계와 비교할 수 없게 된다.

(바) '대응설'에서는 어떤 명제나 생각이 사실이나 대상에 들어맞을 때 그것을 진리라고 주장한다. 우리는 특별한 장애가 없는 한 대상을 있는 그대로 정확하게 파악한다고 믿는다. 가령 앞에 있는 책상이 모나고 노란색이라고 할 때 우리의 시각으로 파악된 관념은 앞에 있는 대상이 지닌 있는 성질을 있는 그대로 반영한 것으로 생각한다.

(사) 그러나 우리의 감각은 늘 거울과 같이 대상을 있는 그대로 모사하는 것일까? 조금만 생각해 보아도 우리의 감각이 언제나 거울과 같지는 않다는 것을 알 수 있다. 감각 기관의 생리적 상태, 조명, 대상의 위치 등 모든 것이 정상적이라 할지라도 감각 기관의 능력에는 한계가 있다. 그래서 인간의 감각은 외부의 사물을 있는 그대로 모사하지는 못한다.

*전칭 판단 : 대상의 모든 범위에 걸쳐서 긍정하거나 부정하는 판단

**정합 : 모순이 없이 꼭 들어맞음

① (가) – (마) – (나) – (사) – (다) – (라) – (바)

② (나) – (바) – (사) – (가) – (마) – (다) – (라)

③ (나) – (사) – (바) – (다) – (라) – (마) – (가)

④ (바) – (사) – (마) – (나) – (가) – (다) – (라)

03

(가) 이에 따라 오픈뱅킹시스템의 기능을 확대하고, 보안성을 강화하기 위한 정책적 노력이 필요할 것으로 판단된다. 오픈뱅킹시스템이 금융 인프라로서 지속성, 안정성, 확장성 등을 가지기 위해서는 오픈뱅킹시스템에 대한 법적 근거가 필요하다. 법제화와 함께 오픈뱅킹시스템에서 발생할 수 있는 사고에 대한 신속하고 효율적인 해결 방안에 대해 이해관계자 간의 긴밀한 협의도 필요하다. 오픈뱅킹시스템의 리스크를 경감하고, 사고 발생 시 신속하고 효율적으로 해결하는 체계를 갖춰 소비자의 신뢰를 얻는 것이 오픈뱅킹시스템, 나아가 마이데이터업을 포함하는 오픈뱅킹의 성패를 좌우할 열쇠이기 때문이다.

(나) 우리나라 정책 당국도 은행뿐만 아니라 모든 금융회사가 보유한 정보를 개방하는 오픈뱅킹을 선도해서 추진하고 있다. 먼저 은행권과 금융결제원이 공동으로 구축한 오픈뱅킹시스템이 지난해 전면 시행되었다. 은행 및 핀테크 사업자는 오픈뱅킹시스템을 이용해 은행계좌에 대한 정보 조회와 은행계좌로부터의 이체 기능을 편리하게 개발하였다. 현재 저축은행 등의 제2금융권 계좌에 대한 정보 조회와 이체 기능을 추가하는 방안이 논의 중이다.

(다) 핀테크의 발전과 함께 은행이 보유한 정보를 개방하는 오픈뱅킹 정책이 각국에서 추진되고 있다. 오픈뱅킹은 은행이 보유한 고객의 정보에 해당 고객의 동의를 받아 다른 금융회사 및 핀테크 사업자 등 제3자가 접근할 수 있도록 허용하는 정부의 정책 또는 은행의 자발적인 활동을 의미한다.

(라) 한편 올해 1월에 개정된 신용정보법이 7월에 시행됨에 따라 마이데이터 산업이 도입되었다. 마이데이터란 개인이 각종 기관과 기업에 산재하는 신용정보 등 자신의 개인정보를 확인하여 직접 관리하고 활용할 수 있는 서비스를 말한다. 향후 마이데이터 사업자는 고객의 동의를 받아 금융회사가 보유한 고객의 정보에 접근하는 오픈뱅킹업을 수행할 예정이다.

① (나) – (가) – (다) – (라)
② (나) – (다) – (라) – (가)
③ (다) – (가) – (라) – (나)
④ (다) – (나) – (라) – (가)

※ 다음 제시된 글을 읽고, 이어질 문단을 논리적 순서대로 바르게 나열하시오. [4~5]

04

자유 무역과 시장 개방이 크게 확대되고 있지만, 여전히 많은 국가들은 국내 산업 보호를 위해 노력을 기울이고 있다. 특히 세계적으로 경쟁이 치열해지고 거대 다국적 기업의 위협이 커지면서 최근 들어 세계 각국의 국내 산업 보호를 위한 움직임이 강화되고 있다. 일반적으로 정부가 국내 산업 보호를 위해 사용할 수 있는 조치들은 크게 관세 조치와 비관세 조치로 나누어 볼 수 있다.

(가) 관세 조치는 같은 수입품이라도 수입품의 종류와 가격, 수량 등에 따라 관세 부과 방법을 선택적으로 사용함으로써 관세 수입을 늘려 궁극적으로 국내 산업을 보호할 수 있다. 관세의 부과 방법에는 크게 종가세 방식과 종량세 방식이 있다. 먼저 종가세란 가격을 기준으로 세금을 부과하는 관세를 말한다. 즉, 종가세는 수입 상품 하나하나에 세금을 부과하는 것이 아니라 수입품 가격이 설정된 기준 가격을 넘을 때마다 정해진 세금을 부과하는 것이다. 따라서 종가세 방식은 상품의 종류에 따라 기준 가격을 달리함으로써 관세 부담을 조절할 수 있고, 수입품의 가격 변동에 대한 대응이 용이하다는 장점이 있다. 그래서 종가세는 주로 고가의 상품이나 사치품들의 수입을 억제하고 관련 제품을 제조하는 국내 산업을 보호하는 효과가 있다.

(나) 먼저 관세 조치는 국경을 통과하는 재화에 대해 부과하는 조세인 관세를 조절하여 국내 산업을 보호하는 방식이다. 일반적으로 수입품에 관세를 부과하면 그 수입품은 수입 시 부과된 관세만큼 가격이 인상되기 때문에 국내에서 생산된 제품에 비해 가격 경쟁력이 낮아져 수입이 억제된다. 반면에 국내에서 생산된 제품은 가격 경쟁력이 상승하게 되어 판매량이 유지되거나 늘어나고 결과적으로 관련 국내 산업이 보호된다.

(다) 이에 비해 종량세는 수입품의 중량, 용적, 면적 또는 개수 등 재화의 수량을 기준으로 세율을 화폐액으로 명시해 부과하는 관세이다. 종량세 방식은 수입품 단위당 일정 금액의 관세를 부과하므로 세액 결정이 용이하고, 수입품 하나하나에 관세를 부과함으로써 수입품의 양을 직접적으로 규제할 수 있는 장점이 있다. 그래서 종량세는 주로 외국으로부터 저가에 대량 유입되는 공산품이나 농수산물의 수입을 억제하여 해당 분야의 국내 산업을 보호하는 효과가 있다.

(라) 국내 산업 보호를 위해 사용되는 또 다른 조치로 비관세 조치를 들 수 있다. 전 세계적으로 자유 무역 협정이 확대되면서 무역 상대국 간의 관세가 철폐되거나 매우 낮은 수준에 머물러 관세를 통한 국내 산업 보호 기능이 약화되고 있다. 그래서 최근에는 국내 산업 보호를 위한 비관세 조치가 정교화되거나 강화되고 있는 추세이다. 국내 산업 보호를 위해 활용되고 있는 비관세 조치로는 위생 및 식물 검역 조치와 기술 장벽, 통관 지연 등이 있다. 먼저 위생 및 식물 검역 조치는 식음료나 식물 수입 시 국민의 건강 보호라는 명분을 내세워 검역 기준이나 조건을 까다롭게 함으로써 수입을 제한하는 조치를 말한다. 또 기술 장벽은 제품의 기술 표준을 국내산 제품에 유리하게 설정하거나 기술 적합성 평가 절차 등을 까다롭게 하여 수입을 제한하거나 수입품의 제조비용을 상승시켜 가격 경쟁력을 낮추는 조치이다. 마지막으로 통관 지연은 수입품에 대한 통관 절차와 서류 등을 복잡하게 하고 선적 검사나 전수 조사 등의 까다로운 검사 방법 등을 통해 수입품의 통관을 지연하는 것으로 수입품의 판매시기를 늦춰 수입품의 경쟁력을 저하시키는 기능을 한다.

(마) 또 종가세와 종량세를 혼합 적용하여, 두 가지 세금 부과 방식의 장점을 동시에 추구하는 복합세 부과 방식도 있다. 일반적으로 관세 수입이 클수록 수입품의 가격 경쟁력이 낮아져 국내 산업을 보호하는 효과도 커진다. 그런데 종량세는 수입품의 가격이 낮은 경우에, 종가세는 수입품의 가격이 높은 경우에 관세 수입이 늘어나는 효과가 있으므로, 수입품의 가격이 일정 수준에 이르기까지는 종량세를 부과하고 가격이 일정 수준을 넘어서는 경우에는 종가세를 부과하여 관세 수입을 극대화하기도 한다. 또 가격이 비싼 제품의 경우 종가세를 먼저 적용한 후, 수입품의 가격이 하락할 경우 종량세를 적용하여 관세 수입을 극대화하기도 하는데, 이러한 관세 부과의 방법을 복합세 부과 방식이라고 한다.

① (가) – (다) – (나) – (마) – (라)
② (가) – (라) – (나) – (마) – (다)
③ (나) – (가) – (다) – (마) – (라)
④ (나) – (다) – (라) – (마) – (가)

05

먼저 고전학파에서는 시장에서 임금이나 물가 등의 가격 변수가 완전히 탄력적으로 작용하기 때문에 경기적 실업을 자연스럽게 해소될 수 있는 일시적 현상으로 본다.

(가) 이렇게 실질임금이 상승하게 되면 경기적 실업으로 인해 실업 상태에 있던 노동자들은 노동 시장에서 일자리를 적극적으로 찾으려고 하고, 이로 인해 노동의 초과공급이 발생하게 된다. 그래서 노동자들은 노동 시장에서 경쟁하게 되고 이러한 경쟁으로 인해 명목임금은 탄력적으로 하락하게 된다. 명목임금의 하락은 실질임금의 하락으로 이어지게 되고 실질임금은 경기가 침체되기 이전과 동일한 수준으로 돌아간다.

(나) 이들에 의하면 노동자들이 받는 화폐의 액수를 의미하는 명목임금이 변하지 않은 상태에서, 경기 침체로 인해 물가가 하락하게 되면 명목임금을 물가로 나눈 값, 즉 임금의 실제 가치를 의미하는 실질임금은 상승하게 된다. 예를 들어 물가가 10% 정도 하락하게 되면 명목임금으로 구매할 수 있는 재화의 양이 10% 정도 늘어날 수 있고, 이는 물가가 하락하기 전보다 실질임금이 10% 정도 상승했다는 의미이다.

(다) 결국 기업에서는 명목임금이 하락한 만큼 노동의 수요량을 늘릴 수 있게 되므로 노동의 초과공급은 사라지고 실업이 자연스럽게 해소된다. 따라서 고전학파에서는 인위적 개입을 통해 경기적 실업을 감소시키려는 정부의 역할에 반대한다.

① (가) – (나) – (다)
② (가) – (다) – (나)
③ (나) – (가) – (다)
④ (다) – (가) – (나)

대표기출유형

06 주제 · 제목찾기

| 유형분석 |

- 글의 목적이나 핵심 주장을 정확하게 구분할 수 있는지 평가한다.
- 문단별 주제 · 화제, 글쓴이의 주장 · 생각, 표제와 부제 등 다양한 유형으로 출제될 수 있다.

다음 글의 제목으로 적절한 것은?

> 많은 경제학자는 제도의 발달이 경제 성장의 중요한 원인이라고 생각해 왔다. 예를 들어 재산권 제도가 발달하면 투자나 혁신에 대한 보상이 잘 이루어져 경제 성장에 도움이 된다는 것이다. 그러나 이를 입증하기는 쉽지 않다. 제도의 발달 수준과 소득 수준 사이에 상관관계가 있다 하더라도, 제도는 경제 성장에 영향을 줄 수 있지만 경제 성장으로부터 영향을 받을 수도 있으므로 그 인과관계를 판단하기 어렵기 때문이다.

① 경제 성장과 소득 수준
② 경제 성장과 제도 발달
③ 경제 성장과 투자 혁신
④ 소득 수준과 제도 발달

정답 ②

제시문은 재산권 제도의 발달에 따른 경제 성장을 예로 들어 제도의 발달과 경제 성장의 상관관계에 대해 설명하고 있다. 더불어 제도가 경제 성장에 영향을 줄 수는 있지만 동시에 경제 성장으로부터 영향을 받을 수도 있다는 점에서 그 인과관계를 판단하기 어렵다는 한계점을 제시하고 있다. 따라서 제목으로 적절한 것은 '경제 성장과 제도 발달'이다.

유형풀이 Tip

- 글의 중심이 되는 내용은 주로 글의 맨 앞이나 맨 뒤에 위치한다. 따라서 글의 첫 문단과 마지막 문단을 먼저 확인한다.
- 첫 문단과 마지막 문단에서 실마리가 잡히지 않은 경우 그 문단을 뒷받침해주는 부분을 읽어가면서 제목이나 주제를 파악해 나간다.

대표기출유형 06 기출응용문제

Easy

01 다음 글의 제목으로 가장 적절한 것은?

보건복지부에 따르면 현재 등록 장애인만 250만 명이 넘는다. 여기에 비등록 장애인까지 포함시킨다면 실제 장애인 수는 400만 명에 다다를 것으로 예상된다.

특히 이들 가정은 경제적 · 사회적 어려움에 봉착해 있을 뿐만 아니라, 많은 장애인 자녀들이 부모의 돌봄 없이는 일상생활 유지가 어려운 상황인데, 특히 법적인 부분에서 훨씬 더 문제가 된다. 부모 사망 이후, 장애인 자녀가 상속인으로서 제대로 된 권리를 행사하기 어려울 뿐만 아니라, 본인도 모르게 유산 상속 포기 절차가 진행되는 경우가 이에 해당한다.

따라서 장애인 자녀의 부모들은 상속과정에서 자녀들이 부딪힐 문제들에 대해 더 꼼꼼하게 대비해야 할 필요성이 있는데, 이에 해당하는 내용을 크게 두 가지로 살펴볼 수 있다. 자녀의 생활 안정 및 유지를 위한 '장애인 신탁'과 상속 시의 세금혜택인 '장애인 보험금 비과세'가 그것이다.

먼저 장애인 신탁은 직계존비속이나 일정 범위 내 친족으로부터 재산을 증여받은 장애인이 증여세 신고기한 이내에 신탁회사에 증여받은 재산을 신탁하고, 그 신탁의 이익 전부에 대해 장애인이 수익자가 되면 재산가액 5억 원까지 증여세를 면제해주는 제도로 이를 통해 장애인은 생계유지와 안정적인 자산 이전을 받을 수 있다.

다음으로 수익자가 장애인 자녀인 보험에 가입한 경우 보험금의 4,000만 원까지는 상속세 및 증여세법에 의해 과세하지 않는다. 이는 후견인 등이 보험금을 가로챌 수 있는 여지를 차단하기 위해 중도 해지가 불가능하고 평생 동안 매월 연금으로 수령할 수 있는 종신형 연금보험을 선택하는 것이 장애인 자녀의 생활 안정에 유리할 것이다.

① 부모 사망 시 장애인 자녀의 유산 상속 과정
② 부모 사망 시 장애인 자녀가 받을 수 있는 혜택
③ 부모 사망 시 장애인 자녀가 직면한 사회적 문제
④ 부모 사망 시 장애인 자녀의 생활안정 및 세금혜택

02 다음은 M금고 홈페이지에 게시된 금융소비자 보호의 의미를 설명하는 자료이다. 빈칸 (가) ~ (라)에 들어갈 소제목으로 적절하지 않은 것은?

금융소비자 보호란?

소비자의 권익을 보호하고 금융거래에서 불이익을 받지 않도록 하기 위한 전반적인 활동을 말합니다.

(가)	(나)
– 정보보호 표준관리체계 마련 – 전산시스템 및 데이터 보호를 위한 보안 조치 및 위험관리	– 상품판매 절차와 운영기준 마련 – 판매직원에 대한 모니터링, 교육 등 예방 활동 – 상품개발 및 마케팅 등 금융소비자 권익 침해요소 점검
(다)	**(라)**
– 전자금융사기 방어장치 마련 – 각종 사기유형 대고객 안내 – 대포통장 발생 방지 – 전화사기 피해금 환급	– 신속한 민원처리 및 개선 – 원활한 금융소비자 피해구제를 위한 분쟁조정심의회 운영 – 금융소비자 중심의 적극적 제도개선을 위한 금융소비자 보호 협의회 운영

① 불완전판매 예방

② 재무현황 안내

③ 개인정보 보호

④ 금융사기로부터 보호

※ 다음 글의 논지로 가장 적절한 것을 고르시오. [3~4]

03

근대적 공론장의 형성을 중시하는 연구자들은 아렌트와 하버마스의 공론장 이론을 적용하여 한국적 근대 공론장의 원형을 찾는다. 이들은 유럽에서 18 ~ 19세기에 우후죽순처럼 등장한 신문, 잡지 등이 시민들의 대화와 토론에 의거한 부르주아 공론장을 형성하였다는 사실에 착안하여 『독립신문』이 근대적 공론장의 역할을 하였다고 주장한다. 또한 만민공동회라는 새로운 정치 권력이 만들어낸 근대적 공론장을 통해, 공화정의 근간인 의회와 한국 최초의 근대적 헌법이 등장하는 결정적 계기가 마련되었다고 인식한다.

그런데 공론장의 형성을 근대 이행의 절대적 특징으로 이해하는 태도는 근대 이행의 다른 길들에 대한 불신과 과소평가로 이어지기도 한다. 당시 사회의 개혁을 위해서는 갑신정변과 같은 소수 엘리트 주도의 혁명이나 동학농민운동과 같은 민중봉기가 아니라, 만민공동회와 같은 다수 인민에 의한 합리적인 토론과 공론에 의거한 민주적 개혁이 올바른 길이라고 주장하는 것이 대표적 예이다. 나아가 이러한 태도는 당시 고종이 만민공동회의 주장을 수용하여 입헌군주제나 공화제를 채택했더라면 국권박탈이라는 비극만은 면할 수 있었으리라는 비약으로 이어진다.

이러한 생각의 배경에는 개인의 자각에 근거한 공론장과 평화적 토론을 통한 공론의 형성, 그리고 공론을 정치에 실현시킬 제도적 장치가 마련되어 있는 체제가 바로 '근대'라는 확고한 인식이 자리 잡고 있다. 그들은 시민세력으로 성장할 가능성을 지닌 인민들의 행위가 근대적 정치를 표현하고 있었다는 점만 중시하고, 공론 형성의 주체인 시민이 아직 형성되지 못한 시대 상황은 특수한 것으로 평가한다. 또한, 근대적 정치행위가 실패한 것은 인민들의 한계가 아니라, 전제황실 권력의 탄압이나 개혁파 지도자 내부의 권력투쟁 때문이라고 설명한다.

이러한 인식으로는 농민들을 중심으로 한 반봉건 민중운동의 지향점, 그리고 토지문제 해결을 통한 근대 이행이라는 고전적 과제에 답할 수가 없다. 또한 근대적 공론장에 기반한 근대국가가 수립되었을지라도 제국주의 열강들의 위협을 극복할 수 있었겠는지, 그 극복이 농민들의 지지 없이 가능했을지에 대한 문제의식은 들어설 여지가 없게 된다. 더 큰 문제는 이런 인식이 농민운동을 근대 이행을 방해하는 역사의 반역으로 왜곡할 소지가 있다는 것이다. 이러한 의문들이 적극적으로 해명되지 않는다면 근대 공론장 이론은 설득력을 갖기 어려울 것이다.

① 『독립신문』은 근대적 공론장의 역할을 하지 못하였다.
② 농민운동이 한국의 근대 이행을 방해했다고 볼 수 없다.
③ 제국주의 열강의 위협이 한국의 근대 공론장 형성을 가속화하였다.
④ 고종이 만민공동회의 주장을 채택하였다면 국권박탈의 비극은 없었을 것이다.

Hard

04

물리학의 근본 법칙들은 실재 세계의 사실들을 정확하게 기술하는가? 이 질문에 확신을 가지고 그렇다고 대답할 사람은 많지 않을 것이다. 사실 다양한 물리 현상들을 설명하는 데 사용되는 물리학의 근본 법칙들은 모두 이상적인 상황만을 다루고 있는 것 같다. 정말로 물리학의 근본 법칙들이 이상적인 상황만을 다루고 있다면 이 법칙들이 실재 세계의 사실들을 정확히 기술한다는 생각에는 문제가 있는 듯하다.

가령 중력의 법칙을 생각해 보자. 중력의 법칙은 "두 개의 물체가 그들 사이의 거리의 제곱에 반비례하고 그 둘의 질량의 곱에 비례하는 힘으로 서로 당긴다."는 것이다. 이 법칙은 두 물체의 운동을 정확하게 설명할 수 있는가? 그렇지 않다는 것은 분명하다. 만약 어떤 물체가 질량뿐만이 아니라 전하를 가지고 있다면 그 물체들 사이에 작용하는 힘은 중력의 법칙만으로 계산된 것과 다를 것이다. 즉, 위의 중력의 법칙은 전하를 가지고 있는 물체의 운동을 설명하지 못한다.

물론 사실을 정확하게 기술하는 형태로 중력의 법칙을 제시할 수 있다. 가령, 중력의 법칙은 "중력 이외의 다른 어떤 힘도 없다면, 두 개의 물체가 그들 사이의 거리의 제곱에 반비례하고 그 둘의 질량의 곱에 비례하는 힘으로 서로 당긴다."로 수정될 수 있다. 여기서 '중력 이외의 다른 어떤 힘도 없다면'이라는 구절이 추가된 것에 주목하자. 일단, 이렇게 바뀐 중력의 법칙이 참된 사실을 표현한다는 것은 분명해 보인다. 그러나 이렇게 바꾸면 한 가지 중요한 문제가 발생한다.

어떤 물리 법칙이 유용한 것은 물체에 작용하는 힘들을 통해 다양하고 복잡한 현상을 설명할 수 있기 때문이다. 물리 법칙은 어떤 특정한 방식으로 단순한 현상만을 설명하는 것을 목표로 하지 않는다. 중력의 법칙 역시 마찬가지다. 그것이 우리가 사는 세계를 지배하는 근본적인 법칙이라면 중력이 작용하는 다양한 현상들을 설명할 수 있어야 한다. 하지만 '중력 이외의 다른 어떤 힘도 없다면'이라는 구절이 삽입되었을 때, 중력의 법칙이 설명할 수 있는 영역은 무척 협소해진다. 즉, 그것은 오로지 중력만이 작용하는 아주 특수한 상황만을 설명할 수 있을 뿐이다. 결과적으로 참된 사실들을 진술하기 위해 삽입된 구절은 설명력을 현저히 감소시킨다. 이 문제는 거의 모든 물리학의 근본 법칙들이 가지고 있다.

① 물리학의 근본 법칙은 그 영역을 점점 확대하는 방식으로 발전해 왔다.

② 물리적 자연 현상이 점점 복잡하고 다양해짐에 따라 물리학의 근본 법칙도 점점 복잡해진다.

③ 더 많은 실재 세계의 사실들을 기술하는 물리학의 법칙이 그렇지 않은 법칙보다 뛰어난 설명력을 가진다.

④ 참된 사실을 정확하게 기술하려고 물리 법칙에 조건을 추가하면 설명 범위가 줄어 다양한 물리 현상을 설명하기 어려워진다.

05 다음 글의 중심 화제로 가장 적절한 것은?

경제학에서는 한 재화나 서비스 등의 공급이 기업에 집중되는 양상에 따라 시장 구조를 크게 독점시장, 과점시장, 경쟁시장으로 구분하고 있다. 소수의 기업이 공급의 대부분을 차지할수록 독점시장에 가까워지고, 다수의 기업이 공급을 나누어 가질수록 경쟁시장에 가까워진다. 이렇게 시장 구조를 구분하기 위해서 사용하는 지표 중의 하나가 바로 '시장집중률'이다.

시장집중률을 이해하기 위해서는 먼저 '시장점유율'에 대한 이해가 있어야 한다. 시장점유율이란 시장 안에서 특정 기업이 차지하고 있는 비중을 의미하는데, 생산량·매출액 등을 기준으로 측정할 수 있다. Y기업의 시장점유율을 생산량 기준으로 측정한다면 '(Y기업의 생산량)÷(시장 내 모든 기업의 생산량의 총합)×100'으로 나타낼 수 있다.

시장점유율이 시장 내 한 기업의 비중을 나타내 주는 수치라면, 시장집중률은 시장 내 일정 수의 상위 기업들이 차지하는 비중을 나타내 주는 수치, 즉 일정 수의 상위 기업의 시장점유율을 합한 값이다. 몇 개의 상위 기업을 기준으로 삼느냐는 나라마다 자율적으로 결정하고 있는데, 우리나라에서는 상위 3대 기업의 시장점유율을 합한 값을, 미국에서는 상위 4대 기업의 시장점유율을 합한 값을 시장집중률로 채택하여 사용하고 있다.

이렇게 산출된 시장집중률을 통해 시장 구조를 구분해 볼 수 있는데, 시장집중률이 높으면 그 시장은 공급이 소수의 기업에 집중되어 있는 독점시장으로 구분하고, 시장집중률이 낮으면 공급이 다수의 기업에 의해 분산되어 있는 경쟁시장으로 구분한다. 한국개발연구원에서는 어떤 산업에서의 시장집중률이 80% 이상이면 독점시장, 60% 이상 ~ 80% 미만이면 과점시장, 60% 미만이면 경쟁시장으로 구분하고 있다.

시장집중률을 측정하는 기준에는 여러 가지가 있기 때문에 어느 것을 기준으로 삼느냐에 따라 측정 결과에 차이가 생기며, 이에 대한 경제학적인 해석도 달라진다. 어느 시장의 시장집중률을 '생산량' 기준으로 측정했을 때 A, B, C기업이 상위 3대 기업이고 시장집중률이 80%로 측정되었다고 하더라도, '매출액' 기준으로 측정했을 때는 D, E, F기업이 상위 3대 기업이 되고 시장집중률이 60%가 될 수도 있다. 이처럼 시장집중률은 시장 구조를 구분하는 데 매우 유용한 지표이며, 이를 통해 시장 내의 공급이 기업에 집중되는 양상을 파악해 볼 수 있다.

① 시장 구조의 변천사
② 시장집중률의 개념과 의의
③ 독점시장과 경쟁시장의 비교
④ 우리나라 시장점유율의 특성

대표기출유형

07 비판 · 반박하기

| 유형분석 |

- 글의 주장과 논점을 파악하고, 이에 대립하는 내용을 판단할 수 있는지 평가한다.
- 서로 상반되는 주장 두 개를 제시하고, 하나의 관점에서 다른 하나를 비판 · 반박하는 문제 유형이 출제될 수 있다.

다음 글에서 주장하는 정보화 사회의 문제점에 대한 반대 입장으로 적절하지 않은 것은?

정보화 사회에서 지식과 정보는 부가가치의 원천이다. 지식과 정보에 접근할 수 없는 사람들은 소득을 얻는 데 불리할 수밖에 없다. 고급 정보에 대한 접근이 용이한 사람들은 부를 쉽게 축적하고, 그 부를 바탕으로 고급 정보 획득에 많은 비용을 투입할 수 있다. 이렇게 벌어진 정보 격차는 시간이 갈수록 심화될 가능성이 높아지고 있다. 정보나 지식이 독점되거나 진입 장벽을 통해 이용이 배제되는 경우도 문제이다. 특히 정보가 상품화됨에 따라 정보를 둘러싼 불평등은 더욱 심화될 것이다.

① 인터넷이나 컴퓨터 유지비 측면에서의 격차 발생
② 정보의 확산으로 기존의 자본주의에 의한 격차 완화 가능성
③ 정보 기기의 보편화로 인한 정보 격차 완화
④ 인터넷의 발달에 따라 전 계층의 고급 정보 접근 용이

정답 ①

제시문에서 정보화 사회의 문제점으로 다루고 있는 것은 '정보 격차'로, 지식과 정보에 접근할 수 없는 사람들이 소득을 얻는 데 불리할 수밖에 없다고 주장한다. 또한 정보가 상품화됨에 따라 정보를 둘러싼 불평등은 더욱 심화될 것이라고 전망하고 있다. 따라서 인터넷이나 컴퓨터 유지비 측면에서의 격차 발생은 글의 주장을 강화하는 것으로, 글의 주장에 대한 반대 입장이 될 수 없다.

유형풀이 Tip

- 대립하는 두 의견의 쟁점을 찾은 후, 제시문 또는 보기에서 양측 주장의 근거를 찾아 각 주장에 연결하며 답을 찾는다.
- 문제의 난도를 높이기 위해 글의 후반부에 주장을 뒷받침할 수 있는 근거를 제시하고 선택지에 그 근거에 대한 반박을 실어 놓는 경우도 있다. 하지만 주의할 점은 제시문의 '주장'에 대한 반박을 찾는 것이지, 이를 뒷받침하기 위해 제시된 '근거'에 대한 반박을 찾는 것이 아니라는 것이다.

대표기출유형 07 기출응용문제

Easy

01 다음 글에 대한 반론으로 가장 적절한 것은?

> 어떤 모델이든지 상품의 특성에 적합한 이미지를 갖는 인물이어야 광고 효과가 제대로 나타날 수 있다. 예를 들어, 자동차, 카메라, 공기 청정기, 치약과 같은 상품의 경우에는 자체의 성능이나 효능이 중요하므로 대체로 전문성과 신뢰성을 갖춘 모델이 적합하다. 이와 달리 상품이 주는 감성적인 느낌이 중요한 보석, 초콜릿, 여행 등과 같은 상품은 매력성과 친근성을 갖춘 모델이 잘 어울린다. 그런데 유명인이 그들의 이미지에 상관없이 여러 유형의 상품 광고에 출연하면 모델의 이미지와 상품의 특성이 어울리지 않는 경우가 많아 광고 효과가 나타나지 않을 수 있다.
>
> 유명인의 중복 출연이 소비자가 모델을 상품과 연결시켜 기억하기 어렵게 한다는 점도 광고 효과에 부정적인 영향을 미친다. 유명인의 이미지가 여러 상품으로 분산되면 광고 모델과 상품 간의 결합력이 약해질 것이다. 이는 유명인 광고 모델의 긍정적인 이미지를 광고 상품에 전이하여 얻을 수 있는 광고 효과를 기대하기 어렵게 만든다.
>
> 또한 유명인의 중복 출연 광고는 광고 메시지에 대한 신뢰를 얻기 힘들다. 유명인 광고 모델이 여러 광고에 중복하여 출연하면, 그 모델이 경제적인 이익만을 추구한다는 이미지가 소비자에게 강하게 각인된다. 그러면 소비자들은 유명인 광고 모델의 진실성을 의심하게 되어 광고 메시지가 객관성을 결여하고 있다고 생각하게 될 것이다.
>
> 유명인 모델의 광고 효과를 높이기 위해서는 유명인이 자신과 잘 어울리는 한 상품의 광고에만 지속적으로 나오는 것이 좋다. 이렇게 할 경우 상품의 인지도가 높아지고, 상품을 기억하기 쉬워지며, 광고 메시지에 대한 신뢰도가 제고된다. 유명인의 유명세가 상품에 전이되고 소비자가 유명인이 진실하다고 믿게 되기 때문이다.

① 광고 효과를 높이기 위해서는 제품의 이미지와 맞는 모델을 골라야 한다.

② 연예인이 여러 광고의 모델일 경우 소비자들은 광고 브랜드에 대한 신뢰를 잃게 된다.

③ 유명 연예인이 많은 광고에 출연하게 되면 소비자들은 모델과 상품 간의 연관성을 찾지 못한다.

④ 사람들은 특정 인물이 광고에 출연한 것만으로 브랜드를 선택하는 경향이 있다.

02 다음 글에 대한 비판으로 가장 적절한 것은?

"향후 은행 서비스(Banking)는 필요하지만 은행(Bank)은 필요 없을 것이다." 최근 4차 산업혁명으로 대변되는 빅데이터, 사물인터넷, AI, 블록체인 등 신기술이 금융업을 강타하면서 빌 게이츠의 20년 전 예언이 화두로 부상했다. 모든 분야에서 초연결화, 초지능화가 진행되고 있는 4차 산업혁명이 데이터 주도 경제를 열어가면서 데이터에 기반을 둔 금융업에도 변화의 물결이 밀려들고 있다. 이미 전통적인 은행, 증권, 보험, 카드업 등 전 분야에서 금융기술기업인 소위 '핀테크(Fintech)'가 출현하면서 금융서비스의 가치 사슬이 해체되기 시작한 것이다. 이전에는 상상조차 하지 못했던 IT 등 이종 업종의 금융업 진출도 활발하게 이루어지면서 전통 금융회사들을 위협하고 있다.
빅데이터, 사물인터넷, 인공지능, 블록체인 등 새로운 기술로 무장한 4차 산업혁명으로 인해 온라인 플랫폼을 통한 크라우드 펀딩 등 P2P 금융의 출현, 로보 어드바이저에 의한 저렴한 자산관리서비스의 등장, 블록체인 기술 기반의 송금 등 다양한 가치 거래의 탈중계화가 진행되면서 금융 중계, 자산관리, 위험 관리, 지급 결제 등 금융의 본질적인 요소들이 변화하고 있는 것은 아닌지 의구심이 일어나고 있는 것이다. 혹자는 이들 변화의 종점에 금융의 정체성(Identity) 상실이 기다리고 있다며 금융업 종사자의 입장에서 보면 우울한 전망마저 내놓고 있다. 금융도 디지털카메라의 등장으로 사라진 필름회사 코닥과 같은 비운을 피하기 어렵다며 금융의 종말(The Demise of Banking), 은행의 해체(Unbundling the Banks), 탈중계화, 플랫폼 혁명(Platform Revolution) 등 다양한 화두가 미디어의 전면에 등장하고 있다.

① 가치 거래의 탈중계화는 금융 거래의 보안성에 심각한 위협 요인으로 작용할 것이다.
② 금융 발전의 미래를 위해 금융업에 있어 인공지능의 도입을 막아야 한다.
③ 기술 발전은 금융업에 있어 효율성 향상이라는 제한적인 틀에서 크게 벗어나지 못했다.
④ 로보어드바이저에 의한 자산관리서비스는 범죄에 악용될 위험이 크다.

03 다음 (가)와 (나)에 대한 평가로 적절한 것만을 〈보기〉에서 모두 고르면?

(가) 어린 시절 과학 선생님에게 가을에 단풍이 드는 까닭을 물어본 적이 있다면, 단풍은 "나무가 겨울을 나려고 잎을 떨어뜨리다 보니 생기는 부수적인 현상"이라는 답을 들었을 것이다. 보통 때는 초록빛을 내는 색소인 엽록소가 카로틴, 크산토필 같은 색소를 가리므로 우리는 잎에서 다른 빛깔을 보지 못한다. 가을이 오면, 잎을 떨어뜨리고자 잎자루 끝에 떨켜가 생기면서 가지와 잎 사이의 물질 이동이 중단된다. 이에 따라 엽록소가 파괴되면서 감춰졌던 다른 색소들이 자연스럽게 드러나서 잎이 노랗거나 주홍빛을 띠게 된다. 요컨대 단풍은 나무가 월동 준비 과정에서 우연히 생기는 부산물이다.

(나) 생물의 내부를 들여다보면 화려한 색은 거의 눈에 띄지 않는다. 물론 척추동물의 몸 속에 흐르는 피는 예외이다. 상처가 난 당사자에게 피의 강렬한 색이 사태의 시급성을 알려 준다면, 피의 붉은 색깔은 특정한 목적을 가지고 진화적으로 출현했다고 볼 수 있다. 마찬가지로 타는 듯한 가을 단풍은 나무가 해충에 보내는 경계 신호라고 볼 수 있다. 진딧물처럼 겨울을 나기 위해 가을에 적당한 나무를 골라서 알을 낳는 곤충들을 향해 나무가 자신의 경계 태세가 얼마나 철저한지 알려 주는 신호가 가을 단풍이라는 것이다. 단풍의 색소를 만드는 데는 적지 않은 비용이 따르므로, 오직 건강한 나무만이 진하고 뚜렷한 가을 빛깔을 낼 수 있다. 진딧물은 이러한 신호들에 반응해서 가장 형편없이 단풍이 든 나무에 내려앉는다. 휘황찬란한 단풍은 나무와 곤충이 진화하면서 만들어 낸 적응의 결과물이다.

보기

㉠ 단풍이 드는 나무 중에서 떨켜를 만들지 않는 종이 있다는 연구 결과는 (가)의 주장을 강화한다.
㉡ 식물의 잎에서 주홍빛을 내는 색소가 가을에 새롭게 만들어진다는 연구 결과는 (가)의 주장을 강화한다.
㉢ 가을에 인위적으로 어떤 나무의 단풍색을 더 진하게 만들었더니 그 나무에 알을 낳는 진딧물의 수가 줄었다는 연구 결과는 (나)의 주장을 강화한다.

① ㉠ ② ㉢
③ ㉠, ㉡ ④ ㉡, ㉢

04 다음 밑줄 친 (가)와 (나)에 대한 평가로 적절한 것을 〈보기〉에서 모두 고르면?

연역과 귀납, 이 두 종류의 방법은 지적 작업에서 사용될 수 있는 모든 추론을 포괄한다. 철학과 과학을 비롯한 모든 지적 작업에 연역적 방법이 필수적이라는 것을 부정하는 사람은 아무도 없다. 귀납적 방법의 경우 사정은 크게 다르다. 귀납적 방법이 철학적 작업에 들어설 여지가 없다고 믿는 사람이 있는가 하면, 한 걸음 더 나아가 어떠한 지적 작업에도 귀납적 방법이 불필요하다고 주장하는 사람들도 있다.

(가) 귀납적 방법이 철학이라는 지적 작업에서 불필요하다는 견해는 독단적인 철학관에 근거한다. 이런 견해에 따르면 철학적 주장의 정당성은 선험적인 것으로, 경험적 지식을 확장하기 위해 사용되는 귀납적 방법에 의존할 수 없다. 그러나 이런 견해는 철학적 주장이 경험적 가설에 의존해서는 안 된다는 부당하게 편협한 철학관과 '귀납적 방법'의 모호성을 딛고 서 있다. 실제로 철학사에 나타나는 목적론적 신 존재 증명이나 외부 세계의 존재에 관한 형이상학적 논증 가운데는 귀납적 방법인 유비 논증과 귀추법을 교묘히 적용하고 있는 것도 있다.

(나) 모든 지적 작업에서 귀납적 방법의 필요성을 부정하는 견해는 중요한 철학적 성과를 낳기도 하였다. 포퍼의 철학이 그런 사례 가운데 하나이다. 포퍼는 귀납적 방법의 정당화 가능성에 관한 회의적 결론을 받아들이고, 과학의 탐구가 귀납적 방법으로 진행된다는 견해는 근거가 없음을 보인다. 그에 따르면, 과학의 탐구 과정은 연역 논리 법칙에 따라 전개되는 추측과 반박의 작업으로 이루어진다. 이런 포퍼의 이론은 귀납적 방법의 필요성에 대한 전면적인 부정이 낳을 수 있는 흥미로운 결과 가운데 하나라고 할 수 있다.

보기

㉠ 과학의 탐구가 귀납적 방법에 의해 진행된다는 주장은 (가)를 반박한다.
㉡ 철학의 일부 논증에서 귀추법의 사용이 불가피하다는 주장은 (나)를 반박한다.
㉢ 연역 논리와 경험적 가설 모두에 의존하는 지적 작업이 있다는 주장은 (가), (나) 모두 반박한다.

① ㉠
② ㉡
③ ㉠, ㉢
④ ㉡, ㉢

Hard

05 다음 글에 제시된 갑 ~ 병에 대한 판단으로 적절한 것을 〈보기〉에서 모두 고르면?

다음 두 삼단논법을 보자.

(1) 모든 춘천시민은 강원도민이다.
모든 강원도민은 한국인이다.
따라서 모든 춘천시민은 한국인이다.

(2) 모든 수학 고득점자는 우등생이다.
모든 과학 고득점자는 우등생이다.
따라서 모든 수학 고득점자는 과학 고득점자이다.

(1)은 타당한 삼단논법이지만 (2)는 부당한 삼단논법이다. 하지만 어떤 사람들은 (2)도 타당한 논증이라고 잘못 판단한다. 왜 이런 오류가 발생하는지 설명하기 위해 세 가지 입장이 제시되었다.

갑 : 사람들은 '모든 A는 B이다'를 '모든 B는 A이다'로 잘못 바꾸는 경향이 있다. '어떤 A도 B가 아니다'나 '어떤 A는 B이다'라는 형태에서는 A와 B의 자리를 바꾸더라도 아무런 문제가 없다. 하지만 '모든 A는 B이다'라는 형태에서는 A와 B의 자리를 바꾸면 논리적 오류가 생겨난다.

을 : 사람들은 '모든 A는 B이다'를 약한 의미로 이해해야 하는데도 강한 의미로 이해하는 잘못을 저지르는 경향이 있다. 여기서 약한 의미란 그것을 'A는 B에 포함된다'로 이해하는 것이고, 강한 의미란 그것을 'A는 B에 포함되고 또한 B는 A에 포함된다'는 뜻에서 'A와 B가 동일하다'로 이해하는 것이다.

병 : 사람들은 전제가 모두 '모든 A는 B이다'라는 형태의 명제로 이루어진 것일 경우에는 결론도 그런 형태이기만 하면 타당하다고 생각하고, 전제 가운데 하나가 '어떤 A는 B이다'라는 형태의 명제로 이루어진 것일 경우에는 결론도 그런 형태이기만 하면 타당하다고 생각하는 경향이 있다.

보기

㉠ 대다수의 사람이 "어떤 과학자는 운동선수이다. 어떤 철학자도 과학자가 아니다."라는 전제로부터 "어떤 철학자도 운동선수가 아니다."를 타당하게 도출할 수 있는 결론이라고 응답했다는 심리 실험 결과는 갑에 의해 설명된다.

㉡ 대다수의 사람이 "모든 적색 블록은 구멍이 난 블록이다. 모든 적색 블록은 삼각 블록이다."라는 전제로부터 "모든 구멍이 난 블록은 삼각 블록이다."를 타당하게 도출할 수 있는 결론이라고 응답했다는 심리 실험 결과는 을에 의해 설명된다.

㉢ 대다수의 사람이 "모든 물리학자는 과학자이다. 어떤 컴퓨터 프로그래머는 과학자이다."라는 전제로부터 "어떤 컴퓨터 프로그래머는 물리학자이다."를 타당하게 도출할 수 있는 결론이라고 응답했다는 심리 실험 결과는 병에 의해 설명된다.

① ㉠
② ㉢
③ ㉠, ㉡
④ ㉡, ㉢

대표기출유형

08 추론하기

| 유형분석 |

- 문맥을 통해 글에 명시적으로 드러나 있지 않은 내용을 유추할 수 있는지 평가한다.
- 글 뒤에 이어질 내용 찾기, 글을 뒷받침할 수 있는 근거 찾기 등 다양한 유형으로 출제될 수 있다.

다음 글을 읽고, 밑줄 친 ㉠의 사례가 아닌 것을 고르면?

> ㉠ 닻내림 효과란 닻을 내린 배가 크게 움직이지 않듯 처음 접한 정보가 기준점이 돼 판단에 영향을 미치는 일종의 편향(왜곡) 현상을 말한다. 즉, 사람들이 어떤 판단을 하게 될 때 초기에 접한 정보에 집착해 합리적 판단을 내리지 못하는 현상을 일컫는 행동경제학 용어이다. 대부분의 사람은 제시된 기준을 그대로 받아들이지 않고, 기준점을 토대로 약간의 조정과정을 거치기는 하나, 그런 조정과정이 불완전하므로 최초 기준점에 영향을 받는 경우가 많다.

① 연봉 협상 시 본인의 적정 기준보다 더 높은 금액을 제시한다.
② 원래 1만 원이던 상품에 2만 원의 가격표를 붙이고 50% 할인한 가격에 판매한다.
③ 명품 매장에서 최고가 상품들의 가격표를 보이게 진열하여 다른 상품들이 그다지 비싸지 않은 것처럼 느끼게 만든다.
④ 홈쇼핑에서 '이번 시즌 마지막 세일', '오늘 방송만을 위한 한정 구성', '매진 임박' 등의 표현을 사용하여 판매한다.

정답 ④

④는 밴드왜건 효과(편승 효과)의 사례이다. 밴드왜건 효과란 유행에 따라 상품을 구입하는 소비현상을 뜻하는 경제용어로, 기업은 이러한 현상을 충동구매 유도 마케팅 전략으로 활용하고, 정치계에서는 특정 유력 후보를 위한 선전용으로 활용한다.

유형풀이 Tip

글에 명시적으로 드러나 있지 않은 부분을 추론하여 답을 도출해야 하는 유형이기 때문에 자신의 주관적인 판단보다는 제시된 글에 대한 이해를 기반으로 문제를 풀어야 한다.

추론하기 문제는 다음 두 가지 유형으로 구분할 수 있다.

1) 세부적인 내용을 추론하는 유형 : 주어진 선택지를 먼저 읽고 지문을 읽으면서 답이 아닌 선택지를 지워나가는 방법이 효율적이다.
2) 글쓴이의 주장 / 의도를 추론하는 유형 : 글에 나타난 주장·근거·논증 방식을 파악하는 유형으로, 주장의 타당성을 평가하여 글쓴이의 관점을 이해하며 읽는다.

대표기출유형 08 기출응용문제

※ 다음 글을 읽고 추론한 내용으로 적절하지 않은 것을 고르시오. [1~2]

Easy

01

멜서스는『인구론』에서 인구는 기하급수적으로 증가하지만 식량은 산술급수적으로 증가한다고 주장했다. 먹지 않고 살 수 있는 인간은 없는 만큼, 이것이 사실이라면 어떤 방법으로든 인구 증가는 억제될 수밖에 없다. 그 어떤 방법에 포함되는 가장 유력한 항목이 바로 기근, 전쟁, 전염병이다. 식량이 부족해지면 사람들이 굶어 죽거나, 병들어 죽게 된다는 것이다. 이런 불행을 막으려면 인구 증가를 미리 억제해야 한다. 따라서 멜서스의 이론은 사회적 불평등을 해소하려는 모든 형태의 이상주의 사상과 사회운동에 대한 유죄 선고 판결문이었다. 멜서스가 보기에 인간의 평등과 생존권을 옹호하는 모든 사상과 이론은 '자연법칙에 위배되는 유해한' 것이었다. 사회적 불평등과 불공정을 비판하는 이론은 존재하지 않는 자연법적 권리를 존재한다고 착각하는 데에서 비롯된 망상의 산물일 뿐이었다. 그러나 멜서스의 주장은 빗나간 화살이었다. 멜서스의 주장 이후 유럽 산업국 노동자의 임금은 자꾸 올라가 최저 생존 수준을 현저히 넘어섰지만 인구가 기하급수적으로 증가하지는 않았다. 그리고 '하루 벌어 하루 먹고사는 하류계급'은 성욕을 억제하지 못해서 임신과 출산을 조절할 수 없다고 했지만, 그가 그 이론을 전개한 시점에서 유럽 산업국의 출산율은 이미 감소하고 있었다.

① 멜서스에게 인구 증가는 국가 부흥의 증거이다.
② 멜서스는 인구 증가를 막기 위해 적극적인 억제방식을 주장한다.
③ 멜서스는 사회구조를 가치 있는 상류계급과 가치 없는 하류계급으로 나눴을 것이다.
④ 멜서스는 대중을 빈곤에서 구해내는 방법을 찾는 데 열중했던 사람들에게 비판받았을 것이다.

PART 1

02

헤로도토스의 앤드로파기(=식인종)나 신화나 전설적 존재들인 반인반양, 켄타우루스, 미노타우로스 등은 아무래도 역사적인 구체성이 크게 결여된 편이다. 반면에 르네상스의 야만인 담론에 등장하는 야만인들은 서구의 전통 야만인관에 의해 각색되는 것은 여전하지만 이전과는 달리 현실적 구체성을 띠고 나타난다. 하지만 이때도 문명의 시각이 작동하기는 마찬가지며 야만인이 저질 인간으로 인식되는 것도 마찬가지다. 다만, 이제 이런 인식은 서구 중심의 세계체제 형성과 관련을 맺는다. 르네상스 야만인상은 서구인의 문명건설 과업과 관련하여 만들어진 것이다. '신대륙 발견'과 더불어 '문명'과 '야만'의 접촉이 빈번해지자 야만인은 더는 신화적·상징적·문화적 이해 대상이 아니다. 이제 그는 실제 경험의 대상으로서 서구인의 일상생활에까지 모습을 드러내는 존재이다.
특히 주목해야 할 점은 콜럼버스의 '신대륙 발견' 이후로 야만인 담론은 유럽인이 '발견'한 지역의 원주민들과 직접 그리고 집단으로 만나는 실제 체험과 관련되어 있다는 사실이다. 르네상스 이전이라고 해서 이방의 원주민들을 만나지 않았을 리 없겠지만 그때에는 원주민에 관한 정보가 직접 경험에 의한 것이라기보다는 뜬소문에 근거하거나 아니면 순전히 상상의 산물인 경우가 많았다. 반면에 르네상스 시대 야만인은 그냥 원주민이 아니다. 이때 원주민은 식인종이며 바로 이 점 때문에 문명인의 교화를 받거나 정복과 절멸의 대상이 된다. 이 점은 코르테스가 정복한 아즈테카 제국인 멕시코를 생각하면 쉽게 이해할 수 있다. 멕시코는 당시 거대한 제국으로서 유럽에서도 유례를 찾아보기 힘들 정도로 거대한 인구 25만의 도시를 건설한 '문명국'이었지만 코르테스를 수행하여 멕시코 정벌에 참여하고 나중에 이 경험에 관한 회고록으로 『뉴스페인 정복사』를 쓴 베르날 디아즈에 따르면 멕시코 원주민들은 지독한 식인습관을 가진 것으로 매도된다. 멕시코 원주민들이 식인종으로 규정되고 나면 그들이 아무리 스페인 정복군이 눈이 휘둥그레질 정도로 발달된 문화를 가지고 있어도 소용이 없다. 집단으로 '식인' 야만인으로 규정됨으로써 정복의 대상이 되고 또 이로 말미암아 세계사의 흐름에 큰 변화가 오게 된다. 거대한 대륙의 주인이 바뀌는 것이다.

① 고대에 형성된 야만인 이미지들은 경험에 의한 것이기보다 허구의 산물이었다.
② 르네상스 이후 서구인의 야만인 담론은 전통적인 야만인관과 단절을 이루었다.
③ 르네상스 이후 야만인은 서구의 세계 제패 전략의 관점에서 인식되고 평가되었다.
④ 스페인 정복군에 의한 아즈테카 문명의 정복은 서구 야만인 담론을 통해 합리화되었다.

03 다음 글을 읽고 추론한 내용으로 가장 적절한 것은?

지식의 본성을 다루는 학문인 인식론은 흔히 지식의 유형을 나누는 데에서 이야기를 시작한다. 지식의 유형은 '안다'는 말의 다양한 용례들이 보여주는 의미 차이를 통해서 드러나기도 한다. 예컨대 '그는 자전거를 탈 줄 안다.'와 '그는 이 사과가 둥글다는 것을 안다.'에서 '안다'가 바로 그런 경우이다. 전자의 '안다'는 능력의 소유를 의미하는 것으로 '절차적 지식'이라 부르고, 후자의 '안다'는 정보의 소유를 의미하는 것으로 '표상적 지식'이라고 부른다.
어떤 사람이 자전거에 대해서 많은 정보를 갖고 있다고 해서 자전거를 탈 수 있게 되는 것은 아니며, 자전거를 탈 줄 알기 위해서 반드시 자전거에 대해서 많은 정보를 갖고 있어야 하는 것도 아니다. 아무 정보 없이 그저 넘어지거나 다치거나 하는 과정을 거쳐 자전거를 탈 줄 알게 될 수도 있다. 자전거 타기와 같은 절차적 지식을 갖기 위해서는 훈련을 통하여 몸과 마음을 특정한 방식으로 조직화해야 한다. 그러나 정보를 마음에 떠올릴 필요는 없다.
반면, '이 사과는 둥글다.'는 것을 알기 위해서는 둥근 사과의 이미지가 되었건 '이 사과는 둥글다.'는 명제가 되었건 어떤 정보를 마음속에 떠올려야 한다. '마음속에 떠올린 정보'를 표상이라고 할 수 있으므로, 이러한 지식을 표상적 지식이라고 부른다. 그런데 어떤 표상적 지식을 새로 얻게 됨으로써 이전에 할 수 없었던 어떤 것을 하게 될지는 분명하지 않다. 이런 점에서 표상적 지식은 절차적 지식과 달리 특정한 일을 수행하는 능력과 직접 연결되어 있지 않다.

① 표상적 지식은 특정 능력의 습득에 전혀 도움을 주지 못한다.
② '이 사과는 둥글다.'라는 지식은 이미지 정보에만 해당한다.
③ 절차적 지식은 정보가 없음에도 습득할 수 있다.
④ 인식론은 머릿속에서 처리되는 정보의 유형만을 다루는 학문이다.

04 다음 글에 제시된 실험 결과를 통해 추론할 수 있는 것은?

> 연구자 K는 동물의 뇌 구조 변화가 일어나는 방식을 규명하기 위해 다음의 실험을 수행했다. 실험용 쥐를 총 세 개의 실험군으로 나누었다. 실험군 1의 쥐에게는 운동은 최소화하면서 학습을 시키는 '학습 위주 경험'을 하도록 훈련시켰다. 실험군 2의 쥐에게는 특별한 기술을 학습할 필요 없이 수행할 수 있는 쳇바퀴 돌리기를 통해 '운동 위주 경험'을 하도록 훈련시켰다. 실험군 3의 쥐에게는 어떠한 학습이나 운동도 시키지 않았다.
>
> 〈실험 결과〉
>
> - 뇌 신경세포 한 개당 시냅스의 수는 실험군 1의 쥐에서 크게 증가했고 실험군 2와 3의 쥐에서는 거의 변하지 않았다.
> - 뇌 신경세포 한 개당 모세혈관의 수는 실험군 2의 쥐에서 크게 증가했고 실험군 1과 3의 쥐에서는 거의 변하지 않았다.
> - 실험군 1의 쥐에서는 대뇌 피질의 지각 영역에서 구조 변화가 나타났고, 실험군 2의 쥐에서는 대뇌 피질의 운동 영역과 더불어 운동 활동을 조절하는 소뇌에서 구조 변화가 나타났다. 실험군 3의 쥐에서는 뇌 구조 변화가 거의 나타나지 않았다.

① 대뇌 피질의 구조 변화는 학습 위주 경험보다 운동 위주 경험에 더 큰 영향을 받는다.

② 학습 위주 경험은 뇌의 신경세포당 시냅스의 수에, 운동 위주 경험은 뇌의 신경세포당 모세혈관의 수에 영향을 미친다.

③ 학습 위주 경험과 운동 위주 경험은 뇌의 특정 부위에 있는 신경세포의 수를 늘려 그 부위의 뇌 구조를 변하게 한다.

④ 특정 형태의 경험으로 인해 뇌의 특정 영역에 발생한 구조 변화가 뇌의 신경세포당 모세혈관 또는 시냅스의 수를 변화시킨다.

Hard

05 다음 글에 나타난 A ~ C에 대한 판단으로 가장 적절한 것은?

정책 네트워크는 다원주의 사회에서 정책 영역에 따라 실질적인 정책 결정권을 공유하고 있는 집합체이다. 정책 네트워크는 구성원 간의 상호 의존성, 외부로부터 다른 사회 구성원들의 참여 가능성, 의사결정의 합의 효율성, 지속성의 특징을 고려할 때 다음 세 가지 모형으로 분류될 수 있다.

특징 / 모형	상호 의존성	외부 참여 가능성	합의 효율성	지속성
A	높음	낮음	높음	높음
B	보통	보통	보통	보통
C	낮음	높음	낮음	낮음

A는 의회의 상임위원회, 행정 부처, 이익집단이 형성하는 정책 네트워크로서 안정성이 높아 마치 소정부와 같다. 행정부 수반의 영향력이 작은 정책 분야에서 집중적으로 나타나는 형태이다. A에서는 참여자 간의 결속과 폐쇄적 경계를 강조하며, 배타성이 매우 강해 다른 이익집단의 참여를 철저하게 배제하는 것이 특징이다.

B는 특정 정책과 관련해 이해관계를 같이하는 참여자들로 구성된다. B가 특정 이슈에 대해 유기적인 연계 속에서 기능하면, 전통적인 관료제나 A의 방식보다 더 효과적으로 정책 목표를 달성할 수 있다. B의 주요 참여자는 정치인, 관료, 조직화된 이익집단, 전문가 집단이며, 정책 결정은 주요 참여자 간의 합의와 협력에 의해 일어난다.

C는 특정 이슈를 중심으로 이해관계나 전문성을 가진 이익집단, 개인, 조직으로 구성되고, 참여자는 매우 자율적이고 주도적인 행위자이며 수시로 변경된다. 배타성이 강한 A만으로 정책을 모색하면 정책 결정에 영향을 미칠 수 있는 C와 같은 개방적 참여자들의 네트워크를 놓치기 쉽다. C는 관료제의 영향력이 작고 통제가 약한 분야에서 주로 작동하는데, 참여자가 많아 합의가 어려워 결국 정부가 위원회나 청문회를 활용하여 의견을 조정하려는 경우가 종종 발생한다.

① 외부 참여 가능성이 높은 모형은 관료제의 영향력이 작고 통제가 약한 분야에서 나타나기 쉽다.
② 상호 의존성이 보통인 모형에서는 배타성이 강해 다른 이익집단의 참여를 철저하게 배제한다.
③ 합의 효율성이 높은 모형이 가장 효과적으로 정책 목표를 달성할 수 있다.
④ A에 참여하는 이익집단의 정책 결정 영향력이 B에 참여하는 이익집단의 정책 결정 영향력보다 크다.

CHAPTER 02
수리능력

합격 CHEAT KEY

수리능력은 사칙연산 · 통계 · 확률의 의미를 정확하게 이해하고 이를 업무에 적용하는 능력으로, 기초연산과 기초통계, 도표분석 및 작성의 문제 유형으로 출제된다. 수리능력 역시 채택하지 않는 금융권이 거의 없을 만큼 필기시험에서 중요도가 높은 영역이다.

수리능력은 NCS 기반 채용을 진행한 거의 모든 기업에서 다루었으며, 문항 수는 전체의 평균 16% 정도로 많이 출제되었다. 특히, 난이도가 높은 금융권의 시험에서는 도표분석, 즉 자료해석 유형의 문제가 많이 출제되고 있고, 응용수리 역시 꾸준히 출제하는 기업이 많기 때문에 기초연산과 기초통계에 대한 공식의 암기와 자료해석능력을 기를 수 있는 꾸준한 연습이 필요하다.

01 응용수리능력의 공식은 반드시 암기하라!

응용수리능력은 지문이 짧지만, 풀이 과정은 긴 문제도 자주 볼 수 있다. 그렇기 때문에 응용수리능력의 공식을 반드시 암기하여 문제의 상황에 맞는 공식을 적절하게 적용하여 답을 도출해야 한다. 따라서 문제에서 묻는 것을 정확하게 파악하여 그에 맞는 공식을 적절하게 적용하는 꾸준한 노력과 공식을 암기하는 연습이 필요하다.

02 통계에서의 사건이 동시에 발생하는지 개별적으로 발생하는지 구분하라!

통계에서는 사건이 개별적으로 발생했을 때, 경우의 수는 합의 법칙, 확률은 덧셈정리를 활용하여 계산하며, 사건이 동시에 발생했을 때, 경우의 수는 곱의 법칙, 확률은 곱셈정리를 활용하여 계산한다. 특히, 기초통계능력에서 출제되는 문제 중 순열과 조합의 계산 방법이 필요한 문제도 다수이므로 순열(순서대로 나열)과 조합(순서에 상관없이 나열)의 차이점을 숙지하는 것 또한 중요하다. 통계 문제에서의 사건 발생 여부만 잘 판단하여도 계산과 공식을 적용하기가 수월하므로 문제의 의도를 잘 파악하는 것이 중요하다.

03 자료의 해석은 자료에서 즉시 확인할 수 있는 지문부터 확인하라!

대부분의 수험생들이 어려워 하는 영역이 수리영역 중 도표분석, 즉 자료해석능력이다. 자료는 표 또는 그래프로 제시되고, 쉬운 지문은 증가 혹은 감소 추이, 간단한 사칙연산으로 풀이가 가능한 문제 등이 있고, 자료의 조사기간 동안 전년 대비 증가율 혹은 감소율이 가장 높은 기간을 찾는 문제들도 있다. 따라서 일단 증가·감소 추이와 같이 눈으로 확인이 가능한 지문을 먼저 확인한 후 복잡한 계산이 필요한 지문을 확인하는 방법으로 문제를 풀이한다면, 시간을 조금이라도 아낄 수 있다. 특히, 그래프와 같은 경우에는 그래프에 대한 특징을 알고 있다면, 그래프의 길이 혹은 높낮이 등으로 대강의 수치를 빠르게 확인이 가능하므로 이에 대한 숙지도 필요하다. 또한, 여러 가지 보기가 주어진 문제 역시 지문을 잘 확인하고 문제를 풀이한다면 불필요한 계산을 생략할 수 있으므로 항상 지문부터 확인하는 습관을 들이기를 바란다.

04 도표작성능력에서 지문에 작성된 도표의 제목을 반드시 확인하라!

도표작성은 하나의 자료 혹은 보고서와 같은 수치가 표현된 자료를 도표로 작성하는 형식으로 출제되는데, 대체로 표보다는 그래프를 작성하는 형태로 많이 출제된다. 지문을 살펴보면 각 지문에서 주어진 도표에도 소제목이 있는 경우가 대부분이다. 이때, 자료의 수치와 도표의 제목이 일치하지 않는 경우 함정이 존재하는 문제일 가능성이 높으므로 도표의 제목을 반드시 확인하는 것이 중요하다. 도표작성의 경우 대부분 비율 계산이 많이 출제되는데, 도표의 제목과는 다른 수치로 작성된 도표가 존재하는 경우가 있다. 그렇기 때문에 지문에서 작성된 도표의 소제목을 먼저 확인하는 연습을 하여 간단하지 않은 비율 계산을 두 번 하는 일이 없도록 해야 한다.

대표기출유형

01 거리 · 속력 · 시간

| 유형분석 |

- (거리)=(속력)×(시간), (속력)=$\frac{(거리)}{(시간)}$, (시간)=$\frac{(거리)}{(속력)}$
- 기차와 터널의 길이, 물과 같이 속력이 있는 장소 등 추가적인 거리 · 속력 · 시간에 관한 조건과 결합하여 난도 높은 문제로 출제될 수 있다.

A사원은 회사 근처 카페에서 거래처와 미팅을 갖기로 했다. 처음에는 4km/h로 걸어가다가 약속 시간에 늦을 것 같아서 10km/h로 뛰어서 24분 만에 미팅 장소에 도착했다. 회사에서 카페까지의 거리가 2.5km일 때, A사원이 뛴 거리는?

① 0.6km ② 0.9km
③ 1.2km ④ 1.5km

정답 ④

A사원이 회사에서 카페까지 걸어간 거리를 $x$km, 뛴 거리를 $y$km라고 하자.
회사에서 카페까지의 거리는 2.5km이므로 걸어간 거리 $x$km와 뛴 거리 $y$km를 합하면 2.5km이다.

$x+y=2.5$ … ㉠

A사원이 회사에서 카페까지 24분이 걸렸으므로 걸어간 시간$\left(\frac{x}{4}\text{시간}\right)$과 뛰어간 시간$\left(\frac{y}{10}\text{시간}\right)$을 합치면 24분이다.

이때 속력은 시간 단위이므로 '분'으로 바꾸어 계산한다.

$\frac{x}{4}\times60+\frac{y}{10}\times60=24 \rightarrow 5x+2y=8$ … ㉡

㉠과 ㉡을 연립하여 ㉡−(2×㉠)을 하면 $x=1$이고, 구한 x의 값을 ㉠에 대입하면 $y=1.5$이다.
따라서 A사원이 뛴 거리는 $y$km이므로 1.5km이다.

유형풀이 Tip

- 미지수를 정할 때에는 문제에서 묻는 것을 정확하게 파악해야 한다.
- 속력과 시간의 단위를 처음부터 정리하여 계산하면 실수 없이 풀이할 수 있다.
  예 1시간=60분=3,600초
  예 1km=1,000m=100,000cm

대표기출유형 01 기출응용문제

Easy

01 학교에서 도서관까지 시속 40km로 갈 때와 시속 45km로 갈 때 걸리는 시간이 10분 차이난다면 학교에서 도서관까지의 거리는?

① 50km ② 60km
③ 70km ④ 80km

PART 1

02 민솔이가 박물관에 가는 데 자전거로 시속 12km로 가면 2시 50분에 도착하고, 시속 6km로 걸어 가면 3시 20분에 도착한다고 한다. 정각 3시에 도착하려면, 시속 몇 km로 가야 하는가?

① 7.8km/h ② 8.5km/h
③ 9km/h ④ 9.5km/h

03 철수와 영희가 5 : 3 비율의 속력으로 A지점에서 출발하여 B지점으로 향했다. 영희가 30분 먼저 출발했을 때 철수가 영희를 따라잡은 시간은 철수가 출발하고 나서 몇 분 만인가?

① 30분 ② 35분
③ 40분 ④ 45분

대표기출유형

02 농도

| 유형분석 |

- (농도)=$\frac{\text{(용질의 양)}}{\text{(용액의 양)}}\times 100$, (소금물의 양)=(물의 양)+(소금의 양)
- 소금물 대신 설탕물로 출제될 수 있으며, 증발된 소금물·농도가 다른 소금물 간 계산 문제 등으로 응용될 수 있다.

소금물 500g이 있다. 이 소금물에 농도가 3%인 소금물 200g을 온전히 섞었더니 소금물의 농도는 7%가 되었다. 500g의 소금물에 녹아 있던 소금의 양은?

① 31g ② 37g

③ 43g ④ 49g

정답 ③

500g의 소금물에 녹아 있던 소금의 양을 xg이라고 하면, 농도가 3%인 소금물 200g에 녹아 있던 소금의 양은 $\frac{3}{100}\times 200=6$g이다.

소금물 500g에 농도가 3%인 소금물 200g을 섞었을 때 소금물의 농도가 주어졌으므로 농도를 기준으로 식을 세우면 다음과 같다.

$\frac{x+6}{500+200}\times 100=7$

→ $(x+6)\times 100=7\times(500+200)$

→ $(x+6)\times 100=4,900$

→ $100x+600=4,900$

→ $100x=4,300$

∴ $x=43$

따라서 500g의 소금물에 녹아 있던 소금의 양은 xg이므로 43g이다.

유형풀이 Tip

- 숫자의 크기를 최대한 간소화해야 한다. 특히, 농도의 경우 분수와 정수가 같이 제시되고, 최근에는 비율을 활용한 문제가 많이 출제되고 있으므로 통분이나 약분을 통해 수를 간소화시켜 계산 실수를 줄일 수 있도록 한다.
- 항상 미지수를 구해서 그 값을 계산하여 풀이해야 하는 것은 아니다. 문제에서 원하는 값은 정확한 미지수를 구하지 않아도 풀이 과정에서 답이 제시되는 경우가 있으므로 문제에서 묻는 것을 명확히 해야 한다.

대표기출유형 02 기출응용문제

01 농도가 40%인 소금물 100g에 깨끗한 물 60g을 넣었을 때 소금물의 농도는?

① 20% ② 21%
③ 24% ④ 25%

Hard

02 농도가 15%인 소금물을 5% 증발시킨 후 농도가 30%인 소금물 200g을 섞어서 농도가 20%인 소금물을 만들었다. 증발 전 농도가 15%인 소금물의 양은?

① 350g ② 400g
③ 450g ④ 500g

03 농도가 10%인 A소금물 200g과 농도가 20%인 B소금물 300g이 있다. A소금물에 ag의 물을 첨가하고, B소금물은 bg을 버렸다. 늘어난 A소금물과 줄어든 B소금물을 합친 결과, 농도가 10%인 500g의 소금물이 되었을 때, A소금물에 첨가한 물의 양은?

① 100g ② 120g
③ 150g ④ 180g

대표기출유형

03 일의 양

| 유형분석 |

- $(\text{일률})=\frac{(\text{작업량})}{(\text{작업기간})}$, $(\text{작업기간})=\frac{(\text{작업량})}{(\text{일률})}$, $(\text{작업량})=(\text{일률})\times(\text{작업기간})$
- 전체 일의 양을 1로 두고 풀이하는 유형이다.
- 분이나 초 단위 계산이 가장 어려운 유형으로 출제되고 있다.

한 공장에서는 기계 2대를 운용하고 있다. 이 공장의 전체 작업을 수행할 때 A기계로는 12시간이 걸리며, B기계로는 18시간이 걸린다. 이미 절반의 작업이 수행된 상태에서 A기계로 4시간 동안 작업하다가 이후로는 A, B 두 기계를 모두 동원해 작업을 수행했다고 할 때 A, B 두 기계를 모두 동원해 작업을 수행하는 데 소요된 시간은?

① 1시간
② 1시간 12분
③ 1시간 20분
④ 1시간 30분

정답 ②

전체 일의 양을 1이라고 하면, A기계가 한 시간 동안 작업할 수 있는 일의 양은 $\frac{1}{12}$이고, B기계가 한 시간 동안 작업할 수 있는 일의 양은 $\frac{1}{18}$이다. 이미 절반의 작업이 수행되었으므로 남은 일의 양은 $1-\frac{1}{2}=\frac{1}{2}$이다.

이 중 A기계로 4시간 동안 작업을 수행했으므로 A기계와 B기계가 함께 작업해야 하는 일의 양은 $\frac{1}{2}-\left(\frac{1}{12}\times4\right)=\frac{1}{6}$이다.

따라서 A, B 두 기계를 모두 동원해 남은 $\frac{1}{6}$을 수행하는 데는 $\frac{\frac{1}{6}}{\left(\frac{1}{12}+\frac{1}{18}\right)}=\frac{\frac{1}{6}}{\frac{5}{36}}=\frac{6}{5}$시간, 즉 1시간 12분이 걸린다.

유형풀이 Tip

- 전체의 값을 모르는 상태에서 비율을 묻는 문제의 경우 전체를 1이라고 하면 쉽게 풀이할 수 있다.
  예 1개의 일을 끝내는 데 3시간이 걸린다. 1개의 일을 1이라고 하면, 1시간에 $\frac{1}{3}$만큼의 일을 끝내는 것이다.
- 난도가 높은 문제의 경우 전체 일의 양을 막대 그림으로 표현하면서 풀이하면 한눈에 파악할 수 있다.
  예

$\frac{1}{2}$ 수행됨	A기계로 4시간 동안 작업	A, B 두 기계를 모두 동원해 작업

대표기출유형 03 기출응용문제

01 밭을 가는 데 갑이 혼자하면 12일, 을이 혼자하면 10일이 걸린다고 한다. 일주일 안으로 밭을 다 갈기 위해 둘이 같이 며칠을 일하다가 을이 아파 나머지는 갑이 혼자 했더니 딱 일주일 만에 밭을 다 갈았다. 둘이 같이 일한 날은 며칠인가?(단, 조금이라도 일을 한 경우, 그 날은 일을 한 것으로 간주한다)

① 2일
② 3일
③ 4일
④ 5일

Easy

02 K빌딩 시설관리팀은 건물 화단 보수를 두 팀으로 나누어 진행하기로 하였다. 한 팀은 작업 하나를 마치는 데 15분이 걸리지만 작업을 마치면 5분 동안 도구 교체를 해야 한다. 다른 한 팀은 작업 하나를 마치는 데 30분이 걸리지만 한 작업을 마치면 도구 교체 없이 바로 다른 작업을 시작한다고 한다. 오후 1시부터 두 팀이 쉬지 않고 작업한다고 할 때, 두 팀이 세 번째로 동시에 작업을 시작하는 시각은?

① 오후 3시 30분
② 오후 4시
③ 오후 4시 30분
④ 오후 5시

03 정대리는 박주임보다 일을 처리하는 시간이 20% 적게 걸린다. 박주임이 프로젝트 A를 혼자 처리할 때 10일 걸린다면, 프로젝트 A를 정대리와 함께 처리하면 며칠이 걸리는가?

① $\frac{38}{9}$일
② $\frac{40}{9}$일
③ $\frac{42}{9}$일
④ $\frac{44}{9}$일

대표기출유형

04 금액

| 유형분석 |

- (정가)=(원가)+(이익), (이익)=(정가)−(원가)
  a원에서 b% 할인한 가격$=a\times\left(1-\frac{b}{100}\right)$
- 원가, 정가, 할인가, 판매가 등의 개념을 명확히 한다.

원가의 20%를 추가한 금액을 정가로 하는 제품을 15% 할인해서 50개를 판매한 금액이 127,500원일 때, 이 제품의 원가는?

① 1,500원 ② 2,000원
③ 2,500원 ④ 3,000원

정답 ③

제품의 원가를 x원이라고 하면, 제품의 정가는 $(1+0.2)x=1.2x$원이고, 판매가는 $1.2x(1-0.15)=1.02x$원이다.
50개를 판매한 금액이 127,500원이므로, 다음 식이 성립한다.
$1.02x\times50=127,500$
$\rightarrow 1.02x=2,550$
$\therefore x=2,500$
따라서 제품의 원가는 2,500원이다.

유형풀이 Tip

- 전체 금액을 구하는 것이 아니라 할인된 금액을 구하면 수의 크기도 작아지고, 풀이 과정을 단축시킬 수 있다.
- 난이도가 어려운 편은 아니지만, 비율을 활용한 계산 문제이기 때문에 실수하지 않도록 유의한다.

대표기출유형 04 기출응용문제

01 대학 서적을 도서관에서 빌리면 10일간 무료이고 그 이상은 하루에 100원의 연체료가 부과되며 연체료가 부과되는 시점부터 한 달마다 연체료는 두 배로 늘어난다. 1학기 동안 대학 서적을 도서관에서 빌려 사용하는 데 얼마의 비용이 드는가?(단, 1학기의 기간은 15주이고, 한 달은 30일이다)

① 18,000원
② 20,000원
③ 23,000원
④ 25,000원

02 가정에서 전기를 사용하는 데 100kW 단위로 누진세가 70%씩 증가한다. 누진세가 붙지 않게 사용하였을 때 1시간에 300원이라면, 240kW까지 전기를 사용하면 얼마를 내야 하는가?(단, 10분에 20kW씩 증가하며, 처음에는 0kW로 시작한다)

① 963원
② 964원
③ 965원
④ 966원

Hard

03 C는 올해 초에 3,000만 원짜리 자동차를 구입하였다. 처음에 현금 1,200만 원을 내고 나머지 금액은 올해 말부터 연말마다 일정한 금액으로 6회에 걸쳐 갚으려고 한다. 이때 매년 얼마씩 갚아야 하는가?(단, $1.01^6 \fallingdotseq 1.06$, 연이율 1%, 1년마다 복리로 계산한다)

① 300만 원
② 306만 원
③ 312만 원
④ 318만 원

대표기출유형

05 날짜 · 요일

| 유형분석 |

- 1일=24시간=1,440(=24×60)분=86,400(=1,440×60)초
- 월별 일수 : 31일 – 1, 3, 5, 7, 8, 10, 12월
  30일 – 4, 6, 9, 11월
  28일 또는 29일(윤년, 4년에 1회) – 2월
- 날짜 · 요일 단위별 기준이 되는 숫자가 다르므로 실수하지 않도록 유의한다.

어느 달의 3월 2일은 금요일일 때, 한 달 후인 4월 2일은 무슨 요일인가?

① 월요일 ② 화요일
③ 수요일 ④ 목요일

정답 ①

3월은 31일까지 있고 일주일은 7일이므로, 31÷7=4 … 3
따라서 4월 2일은 금요일부터 3일이 지난 월요일이다.

유형풀이 Tip

- 일주일은 7일이므로, 전체 일수를 구한 뒤 7로 나누면 빠르게 해결할 수 있다.
- 날짜와 요일의 단위를 처음부터 정리하여 계산하면 실수 없이 풀이할 수 있다.

대표기출유형 05 기출응용문제

01 소민이는 7일 일한 후 2일 쉬고 민준이는 10일 일하고 2일 쉰다고 한다. 두 사람이 같은 날 일을 시작한 후 처음으로 동시에 2일 연속 쉬는 날은 며칠 후인가?

① 31일 후 ② 32일 후
③ 33일 후 ④ 34일 후

02 A회사와 B회사의 휴무 간격은 각각 5일, 7일이다. 일요일인 오늘 두 회사가 함께 휴일을 맞았다면, 앞으로 4번째로 함께하는 휴일은 무슨 요일인가?

① 수요일 ② 목요일
③ 금요일 ④ 토요일

Hard

03 M금고는 주 5일 평일에만 근무하는 것이 원칙이며, 재작년의 휴일 수는 105일이었다. 작년은 재작년과 같은 날만큼 쉬었으며 윤년이었다고 한다. 올해 M금고의 휴일 수는 며칠인가?(단, 휴일은 주말을 뜻한다)

① 103일 ② 104일
③ 105일 ④ 106일

대표기출유형

06 경우의 수

| 유형분석 |

- ${}_{n}\mathrm{P}_{m}=n\times(n-1)\times\cdots\times(n-m+1)$

  ${}_{n}\mathrm{C}_{m}=\frac{{}_{n}\mathrm{P}_{m}}{m!}=\frac{n\times(n-1)\times\cdots\times(n-m+1)}{m!}$
- 벤 다이어그램을 활용한 문제가 출제되기도 한다.

M금고는 토요일에 2명의 사원이 당직 근무를 서도록 사칙으로 규정하고 있다. M금고의 A팀에는 8명의 사원이 있다. A팀이 앞으로 3주 동안 토요일 당직 근무를 선다고 할 때, 가능한 모든 경우의 수는?(단, 모든 사원은 당직 근무를 2번 이상 서지 않는다)

① 1,520가지 ② 2,520가지

③ 5,040가지 ④ 10,080가지

정답 ②

8명을 2명씩 3개의 그룹으로 나누는 경우의 수는 ${}_{8}\mathrm{C}_{2}\times{}_{6}\mathrm{C}_{2}\times{}_{4}\mathrm{C}_{2}\times\frac{1}{3!}=28\times15\times6\times\frac{1}{6}=420$가지이다.

3개의 그룹을 각각 A, B, C라 하면, 3주 동안 토요일에 근무자를 배치하는 경우의 수는 A, B, C를 일렬로 나열하는 방법의 수와 같으므로 3개의 그룹을 일렬로 나열하는 경우의 수는 $3\times2\times1=6$가지이다.

따라서 가능한 모든 경우의 수는 $420\times6=2,520$가지이다.

유형풀이 Tip

경우의 수의 합의 법칙과 곱의 법칙 등에 관해 명확히 한다.

1) 합의 법칙
   ① 두 사건 A, B가 동시에 일어나지 않을 때, A가 일어나는 경우의 수를 m, B가 일어나는 경우의 수를 n이라고 하면, 사건 A 또는 B가 일어나는 경우의 수는 $m+n$이다.
   ② '또는', '~이거나'라는 말이 나오면 합의 법칙을 사용한다.
2) 곱의 법칙
   ① A가 일어나는 경우의 수를 m, B가 일어나는 경우의 수를 n이라고 하면, 사건 A와 B가 동시에 일어나는 경우의 수는 $m\times n$이다.
   ② '그리고', '동시에'라는 말이 나오면 곱의 법칙을 사용한다.

대표기출유형 06 기출응용문제

01 M회사의 해외사업부, 온라인 영업부, 영업지원부에서 각각 2명, 2명, 3명이 대표로 회의에 참석하기로 하였다. 자리 배치는 원탁 테이블에 같은 부서 사람이 옆자리로 앉는다고 할 때, 7명이 앉을 수 있는 경우의 수는?

① 24가지
② 27가지
③ 36가지
④ 48가지

Easy

02 0 ~ 9까지의 숫자가 적힌 카드를 세 장 뽑아서 홀수인 세 자리의 수를 만들려고 할 때, 가능한 경우의 수는?

① 280가지
② 300가지
③ 320가지
④ 340가지

03 10명의 각 나라 대표들이 모여 당구 경기를 진행하려고 한다. 경기 진행방식은 토너먼트 방식으로 다음과 같이 진행될 때, 만들어질 수 있는 대진표의 경우의 수는?

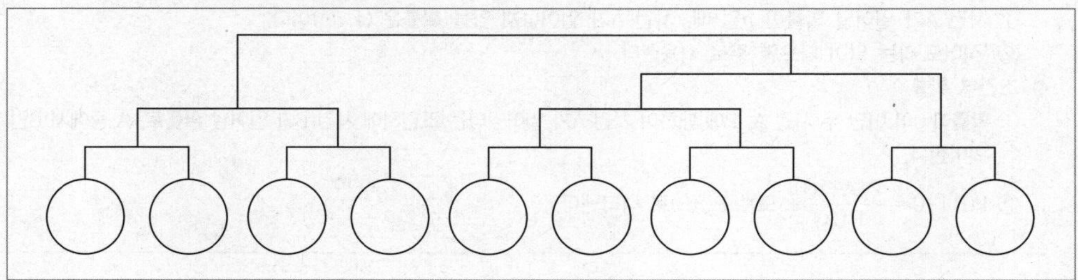

① 27,200가지
② 27,560가지
③ 28,000가지
④ 28,350가지

PART 1

대표기출유형

07 확률

| 유형분석 |

- 줄 세우기, 대표 뽑기, 경기 수, 최단 경로 수 등의 유형으로 출제될 가능성이 있다.
- 확률의 덧셈 법칙을 활용해야 하는 문제인지 곱셈 법칙을 활용해야 하는 문제인지 정확히 구분한다.
- 여사건 또는 조건부 확률 문제가 출제되기도 한다.

주머니에 1부터 10까지의 숫자가 적힌 카드 10장이 들어있다. 주머니에서 카드를 세 번 뽑는다고 할 때, 1, 2, 3이 적힌 카드 중 하나 이상을 뽑을 확률은?(단, 꺼낸 카드는 다시 넣지 않는다)

① $\frac{7}{24}$　　② $\frac{5}{8}$

③ $\frac{17}{24}$　　④ $\frac{5}{6}$

정답 ③

(1, 2, 3이 적힌 카드 중 하나 이상을 뽑을 확률)$=1-$(세 번 모두 $4\sim10$이 적힌 카드를 뽑을 확률)

세 번 모두 $4\sim10$이 적힌 카드를 뽑을 확률은 $\frac{7}{10}\times\frac{6}{9}\times\frac{5}{8}=\frac{7}{24}$이다.

따라서 1, 2, 3이 적힌 카드 중 하나 이상을 뽑을 확률은 $1-\frac{7}{24}=\frac{17}{24}$이다.

유형풀이 Tip

1) 확률의 덧셈
두 사건 A, B가 동시에 일어나지 않을 때, A가 일어날 확률을 p, B가 일어날 확률을 q라고 하면, 사건 A 또는 B가 일어날 확률은 $p+q$이다.

2) 확률의 곱셈
A가 일어날 확률을 p, B가 일어날 확률을 q라고 하면, 사건 A와 B가 동시에 일어날 확률은 $p\times q$이다.

3) 여사건 확률
① 사건 A가 일어날 확률이 p일 때, 사건 A가 일어나지 않을 확률은 $(1-p)$이다.
② '적어도'라는 말이 나오면 주로 사용한다.

4) 조건부 확률
① 확률이 0이 아닌 두 사건 A, B에 대하여 사건 A가 일어났다는 조건하에 사건 B가 일어날 확률로, A 중에서 B인 확률을 의미한다.
② $P(B|A)=\frac{P(A\cap B)}{P(A)}$ 또는 $P_A(B)$로 나타낸다.

대표기출유형 07 기출응용문제

01 A계열사와 B계열사의 제품 생산량의 비율은 3 : 7이고, 각각의 불량률은 2%, 3%이다. 부품을 선정하여 불량품이 나왔을 때, 그 불량품이 B계열사의 불량품일 확률은?

① $\frac{1}{9}$ ② $\frac{5}{9}$

③ $\frac{7}{9}$ ④ $\frac{8}{9}$

Hard

02 흰색 탁구공 7개와 노란색 탁구공 5개가 들어 있는 주머니에서 4개의 탁구공을 동시에 꺼낼 때, 흰색 탁구공이 노란색 탁구공보다 많을 확률은?

① $\frac{10}{33}$ ② $\frac{14}{33}$

③ $\frac{17}{33}$ ④ $\frac{20}{33}$

03 동전을 던져 앞면이 나오면 +2만큼 이동하고, 뒷면이 나오면 −1만큼 이동하는 게임을 하려고 한다. 동전을 5번 던져서 다음 수직선 위의 A가 4지점으로 이동할 확률은?

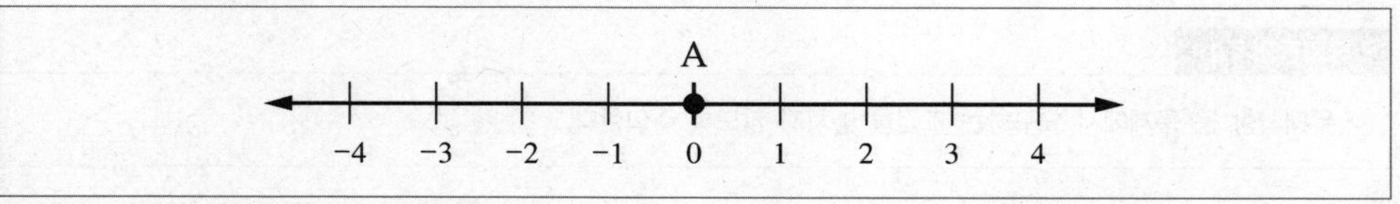

① $\frac{3}{32}$ ② $\frac{5}{32}$

③ $\frac{1}{4}$ ④ $\frac{5}{16}$

대표기출유형

08 환율

| 유형분석 |

- $(\text{환율}) = \frac{(\text{자국 화폐 가치})}{(\text{외국 화폐 가치})}$
- (자국 화폐 가치)=(환율)×(외국 화폐 가치)
- $(\text{외국 화폐 가치}) = \frac{(\text{자국 화폐 가치})}{(\text{환율})}$

수인이는 베트남 여행을 위해 환전하기로 하였다. 다음은 K환전소의 환전 당일 환율 및 수수료를 나타낸 자료이다. 수인이가 한국 돈으로 베트남 현금 1,670만 동을 환전한다고 할 때, 수수료까지 포함하여 필요한 돈은 얼마인가?(단, 모든 계산과정에서 구한 값은 일의 자리에서 버림한다)

〈K환전소 환율 및 수수료〉

- 베트남 환율 : 483원/만 동
- 수수료 : 0.5%
- 우대사항 : 50만 원 이상 환전 시 70만 원까지 수수료 0.4%로 인하 적용
  100만 원 이상 환전 시 총금액 수수료 0.4%로 인하 적용

① 808,840원　　② 808,940원
③ 809,840원　　④ 809,940원

정답 ④

베트남 현금 1,670만 동을 환전하기 위해 필요한 한국 돈은 수수료를 제외하고 1,670만 동×483원/만 동=806,610원이다.
우대사항에 따르면 50만 원 이상 환전 시 70만 원까지 수수료가 0.4%로 낮아지므로,
70만 원에는 수수료가 0.4% 적용되고 나머지는 0.5%가 적용되어 총수수료를 구하면 700,000×0.004+(806,610−700,000)×0.005=2,800+533.05≒3,330원이다.
따라서 수수료와 수인이가 원하는 금액을 환전하는 데 필요한 총금액은 806,610+3,330=809,940원이다.

유형풀이 Tip

- 우대사항 등 문제에서 요구하는 조건을 놓치지 않도록 주의한다.

대표기출유형 08 기출응용문제

01 K씨는 지난 영국출장 때 사용하고 남은 1,400파운드를 주거래 은행에서 환전해 이번 독일출장 때 가지고 가려고 한다. 은행에서 고시한 환율은 1파운드당 1,500원, 1유로당 1,200원일 때, K씨가 환전한 유로화는 얼마인가?(단, 국내 은행에서 파운드화에서 유로화로 환전 시 이중환전을 해야 하며, 환전 수수료는 고려하지 않는다)

① 1,700유로　② 1,750유로
③ 1,800유로　④ 1,850유로

Easy

02 M기업은 해외 기업으로부터 대리석을 수입하여 국내 건설업체에 납품하고 있다. 최근 파키스탄의 H기업과 대리석 1톤을 수입하는 거래를 체결하였다. 수입대금으로 내야 할 금액은 원화로 얼마인가?

- 환율정보
  - 1달러=100루피
  - 1달러=1,160원
- 대리석 10kg당 가격 : 35,000루피

① 3,080만 원　② 3,810만 원
③ 4,060만 원　④ 4,600만 원

03 O씨는 구매대행사인 M사에서 신용카드를 사용하여 청소기와 영양제를 직구하려고 한다. 이 직구 사이트에서 청소기와 영양제의 가격이 각각 540달러, 52달러이고, 각각 따로 주문하였을 때 원화로 낼 금액은 얼마인가?

- 200달러 초과 시 20% 관세 부과
- 배송비 : 30,000원
- 구매 당일 환율(신용카드 사용 시 매매기준율을 적용) : 1,128원/달러

① 845,600원　② 846,400원
③ 848,200원　④ 849,600원

대표기출유형

09 금융상품 활용

| 유형분석 |

- 금융상품을 정확하게 이해하고 문제에서 요구하는 답을 도출해낼 수 있는지 평가한다.
- 단리식, 복리식, 이율, 우대금리, 중도해지, 만기해지 등 조건에 유의해야 한다.

M금고는 '더 커지는 적금'을 새롭게 출시하였다. A씨는 이 적금의 모든 우대금리조건을 만족하여 이번 달부터 이 상품에 가입하려고 한다. 만기 시 A씨가 얻을 수 있는 이자는 얼마인가?(단, $1.024^{\frac{1}{12}}=1.0019$로 계산하고, 금액은 백의 자리에서 반올림한다)

〈더 커지는 적금〉

- 가입기간 : 12개월
- 가입금액 : 매월 초 200,000원 납입
- 적용금리 : 기본금리(연 2.1%)+우대금리(최대 연 0.3%p)
- 저축방법 : 정기적립식, 비과세
- 이자지급방식 : 만기일시지급식, 연복리식
- 우대금리조건
  - M금고 입출금통장 보유 시 : +0.1%p
  - 연 500만 원 이상의 K은행 예금상품 보유 시 : +0.1%p
  - 급여통장 지정 시 : +0.1%p
  - 이체실적이 20만 원 이상 시 : +0.1%p

① 131,000원　　② 132,000원
③ 138,000원　　④ 141,000원

정답 ①

모든 우대금리조건을 만족하므로 최대 연 0.3%p가 기본금리에 적용되어 2.1+0.3=2.4%가 된다.

n개월 후 연복리 이자는 (월납입금)$\times\dfrac{(1+r)^{\frac{n+1}{12}}-(1+r)^{\frac{1}{12}}}{(1+r)^{\frac{1}{12}}-1}$−(적립원금)이므로, 이에 따른 식은 다음과 같다.

$$200{,}000\times\frac{(1.024)^{\frac{13}{12}}-(1.024)^{\frac{1}{12}}}{(1.024)^{\frac{1}{12}}-1}-200{,}000\times12$$

$$=200{,}000\times1.0019\times\frac{1.024-1}{0.0019}-2{,}400{,}000$$

$$\fallingdotseq 2{,}531{,}000-2{,}400{,}000=131{,}000\text{원}$$

유형풀이 Tip

1) 단리
   ① 개념 : 원금에만 이자가 발생
   ② 계산 : 이율이 $r\%$인 상품에 원금 a를 총 n번 이자가 붙는 동안 예치한 경우 $a(1+nr)$
2) 복리
   ① 개념 : 원금과 이자에 모두 이자가 발생
   ② 계산 : 이율이 $r\%$인 상품에 원금 a를 총 n번 이자가 붙는 동안 예치한 경우 $a(1+r)^n$
3) 이율과 기간
   ① (월이율)$=\frac{(\text{연이율})}{12}$
   ② n개월$=\frac{n}{12}$년
4) 예치금의 원리합계
   원금 a원, 연이율 $r\%$, 예치기간 n개월일 때,
   - 단리 예금의 원리합계 : $a\left(1+\frac{r}{12}n\right)$
   - 월복리 예금의 원리합계 : $a\left(1+\frac{r}{12}\right)^n$
   - 연복리 예금의 원리합계 : $a(1+r)^{\frac{n}{12}}$
5) 적금의 원리합계
   월초 a원씩, 연이율 $r\%$일 때, n개월 동안 납입한다면
   - 단리 적금의 n개월 후 원리합계 : $an+a\times\frac{n(n+1)}{2}\times\frac{r}{12}$
   - 월복리 적금의 n개월 후 원리합계 : $\frac{a\left(1+\frac{r}{12}\right)\left\{\left(1+\frac{r}{12}\right)^n-1\right\}}{\frac{r}{12}}$
   - 연복리 적금의 n개월 후 원리합계 : $\frac{a(1+r)^{\frac{1}{12}}\left\{(1+r)^{\frac{n}{12}}-1\right\}}{(1+r)^{\frac{1}{12}}-1}$

대표기출유형 09 기출응용문제

01 M금고에 방문한 은경이는 목돈 5,000만 원을 정기예금에 맡기려고 한다. 은경이가 고른 상품은 월단리 예금상품으로 월이율 0.6%이며, 기간은 15개월이다. 은경이가 이 상품에 가입했을 경우 만기 시 받는 이자는 얼마인가?(단, 정기예금은 만기일시지급식이다)

① 450만 원
② 500만 원
③ 550만 원
④ 600만 원

02 올해가 입사한 지 16년째가 되는 김씨는 입사 첫 해에 3,000만 원의 연봉을 받았고, 그 후 해마다 직전 연봉에서 6%씩 인상된 금액을 연봉으로 받았다. 김씨는 입사 첫 해부터 매년 말에 그 해의 연봉의 50%를 연이율 6%의 복리로 저축하였다. 김씨가 입사 첫 해부터 올해 말까지 저축한 금액의 원리합계는?(단, $1.06^{15}=2.4$, $1.06^{16}=2.5$로 계산한다)

① 52,200만 원
② 54,000만 원
③ 55,800만 원
④ 57,600만 원

Easy

03 M금고에서 근무하는 A사원은 고객 甲에게 적금 만기를 통보하고자 한다. 甲의 가입 상품 정보가 다음과 같을 때, A사원이 甲에게 안내할 금액은?

- 상품명 : M금고 희망적금
- 가입자 : 甲(본인)
- 가입기간 : 24개월
- 가입금액 : 매월 초 200,000원 납입
- 적용금리 : 연 2.0%
- 저축방법 : 정기적립식, 비과세
- 이자지급방식 : 만기일시지급식, 단리식

① 4,225,000원
② 4,500,000원
③ 4,725,000원
④ 4,900,000원

04 A대리는 새 자동차 구입을 위해 적금 상품에 가입하고자 하며, 후보 적금 상품에 대한 정보는 다음과 같다. 후보 적금 상품 중 만기환급금이 더 큰 적금 상품에 가입한다고 할 때, A대리가 가입할 적금 상품과 상품의 만기환급금이 바르게 연결된 것은?

〈후보 적금 상품 정보〉

구분	직장인사랑적금	미래든든적금
가입자	개인실명제	개인실명제
가입기간	36개월	24개월
가입금액	매월 1일 100,000원 납입	매월 1일 150,000원 납입
적용금리	연 2.0%	연 1.5%
저축방법	정기적립식, 비과세	정기적립식, 비과세
이자지급방식	만기일시지급식, 단리식	만기일시지급식, 단리식

	적금 상품	만기환급금
①	직장인사랑적금	3,656,250원
②	직장인사랑적금	3,711,000원
③	미래든든적금	3,656,250원
④	미래든든적금	3,925,000원

Hard

05 2020년 1월 초, P대표가 아버지에게 10억을 상속받았다. 상속받은 돈을 어떻게 할까 고민하던 중 A와 B 두 친구의 조언을 듣게 되었다. 고민하던 P대표는 B의 조언을 따라 아파트를 사서 월세를 받기로 결정하였다. 매달 말 받는 월세는 1개월마다 복리로 계산하는 월이율 0.5%인 정기적금에 넣기로 하였다. 정기예금이 끝나는 2022년 12월 말을 기준으로 B의 조언을 따른 P대표가 경제적인 이익을 보기 위해 한 달에 월세를 최소 얼마 이상 받아야 하는가?(단, 이 기간 동안 아파트 가격은 매년 2%씩 증가하였으며, $1.005^{36}=1.2$, $1.01^{36}=1.43$, $1.02^{3}=1.06$으로 계산한다)

A : 은행에 정기예금으로 넣어! 3년 만기인 정기예금은 월이율이 1%이고 1개월마다 복리로 계산한대.
B : 아파트를 사서 월세를 받아!

① 9,250,000원 ② 9,260,000원
③ 9,270,000원 ④ 9,280,000원

대표기출유형

10 자료계산

| 유형분석 |

- 문제에 주어진 조건과 정보를 활용하여 빈칸에 알맞은 수를 계산해낼 수 있는지 평가한다.
- 빈칸이 여러 개인 경우 계산이 간단한 한두 개의 빈칸의 값을 먼저 찾고, 역으로 대입하여 풀이 시간을 단축한다.
- 금융권 NCS 수리능력의 경우 마지막 자리까지 정확하게 계산하는 것을 요구한다. 어림값을 구하여 섣불리 오답을 선택하는 오류를 범하지 않도록 주의한다.

다음은 시·군지역의 성별 비경제활동 인구에 관해 조사한 자료이다. 빈칸 (가), (다)에 들어갈 수가 바르게 연결된 것은?(단, 인구수는 백의 자리에서 반올림하고, 비중은 소수점 첫째 자리에서 반올림한다)

〈성별 비경제활동 인구〉

(단위 : 천 명, %)

구분	총계	남자		여자	
			비중		비중
시지역	7,800	2,574	(가)	5,226	(나)
군지역	1,149	(다)	33.5	(라)	66.5

	(가)	(다)		(가)	(다)
①	30	385	②	30	392
③	33	378	④	33	385

정답 ④

- (가) : $\frac{2,574}{7,800}\times 100=33\%$
- (다) : $1,149\times 0.335 \fallingdotseq 385$천 명

유형풀이 Tip

주요 통계 용어

1) 평균 : 자료 전체의 합을 자료의 개수로 나눈 값
2) 분산 : 변량이 평균으로부터 떨어져 있는 정도를 나타낸 값
3) 표준편차 : 통계집단의 분배정도를 나타내는 수치, 자료의 값이 얼마나 흩어져 분포되어 있는지 나타내는 산포도 값의 한 종류
4) 상대도수 : 도수분포표에서 도수의 총합에 대한 각 계급의 도수의 비율
5) 최빈값 : 자료의 분포 중에서 가장 많은 빈도로 나타나는 변량
6) 중앙값 : 자료를 크기 순서대로 배열했을 때 중앙에 위치하게 되는 값

대표기출유형 10 기출응용문제

Easy

01 다음은 연도별 투약일당 약품비에 대한 자료이다. 2022년의 총투약일수가 120일, 2023년의 총투약일수가 150일인 경우, 2023년의 상급종합병원의 총약품비와 2022년의 종합병원의 총약품비의 합은?

〈투약일당 약품비〉

(단위 : 원)

구분	전체	상급종합병원	종합병원	병원	의원
2019년	1,753	2,704	2,211	1,828	1,405
2020년	1,667	2,551	2,084	1,704	1,336
2021년	1,664	2,482	2,048	1,720	1,352
2022년	1,662	2,547	2,025	1,693	1,345
2023년	1,709	2,686	2,074	1,704	1,362

※ 투약 1일당 평균적으로 소요되는 약품비를 나타내는 지표

※ (투약일당 약품비)=(총약품비)÷(총투약일수)

① 630,900원　② 635,900원

③ 640,900원　④ 645,900원

Easy

02 다음은 M금고의 지역별 지점 수 증감과 관련한 자료이다. 2019년에 지점 수가 두 번째로 많은 지역의 지점 수는 몇 개인가?

〈지역별 지점 수 증감〉

(단위 : 개)

지역	2019년 대비 2020년 증감 수	2020년 대비 2021년 증감 수	2021년 대비 2022년 증감 수	2022년 지점 수
서울	2	2	−2	17
경기	2	1	−2	14
인천	−1	2	−5	10
부산	−2	−4	3	10

① 10개　② 12개

③ 14개　④ 16개

03 다음은 2023년도 연령별 인구수 현황을 나타낸 그래프이다. 다음 그래프를 볼 때, 각 연령대를 기준으로 남성 인구가 40% 이하인 연령대 (가)와 여성 인구가 50% 초과 60% 이하인 연령대 (나)가 바르게 연결된 것은?

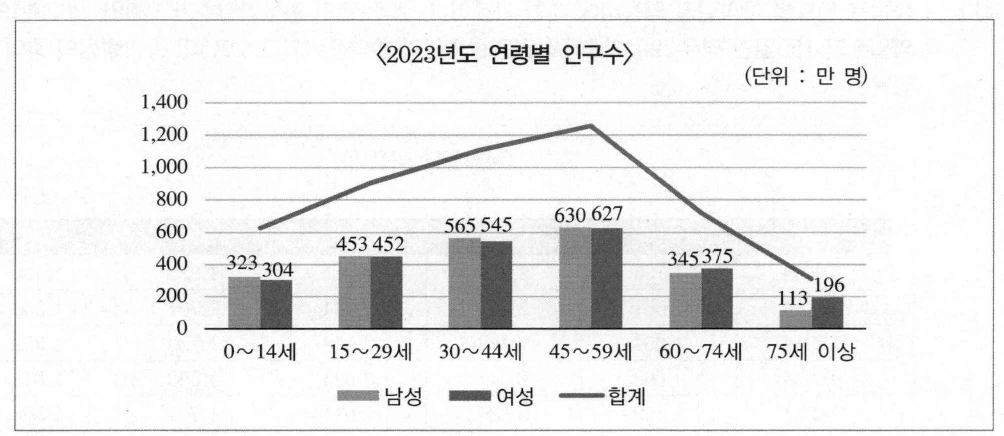

	(가)	(나)
①	0 ~ 14세	15 ~ 29세
②	30 ~ 44세	15 ~ 29세
③	45 ~ 59세	60 ~ 74세
④	75세 이상	60 ~ 74세

Hard

04 2023년 상반기 M금고 상품기획팀 입사자 수는 2022년 하반기에 비해 20% 감소하였으며, 2023년 상반기 인사팀 입사자 수는 2022년 하반기 마케팅팀 입사자 수의 2배이고, 영업팀 입사자는 2022년 하반기보다 30명이 늘었다. 2023년 상반기 마케팅팀의 입사자 수는 2023년 상반기 인사팀의 입사자 수와 같다. 2023년 상반기 전체 입사자가 2022년 하반기 대비 25% 증가했을 때, 2022년 하반기 대비 2023년 상반기 인사팀 입사자의 증감률은?

〈M금고 입사자 수〉

(단위 : 명)

구분	마케팅	영업	상품기획	인사	합계
2022년 하반기 입사자 수	50		100		320

① −15%
② 0%
③ 15%
④ 25%

05 다음은 실업자 및 실업률 추이에 관한 그래프이다. 2022년 11월의 실업률은 2022년 2월 대비 얼마나 증감했는가?(단, 소수점 첫째 자리에서 반올림한다)

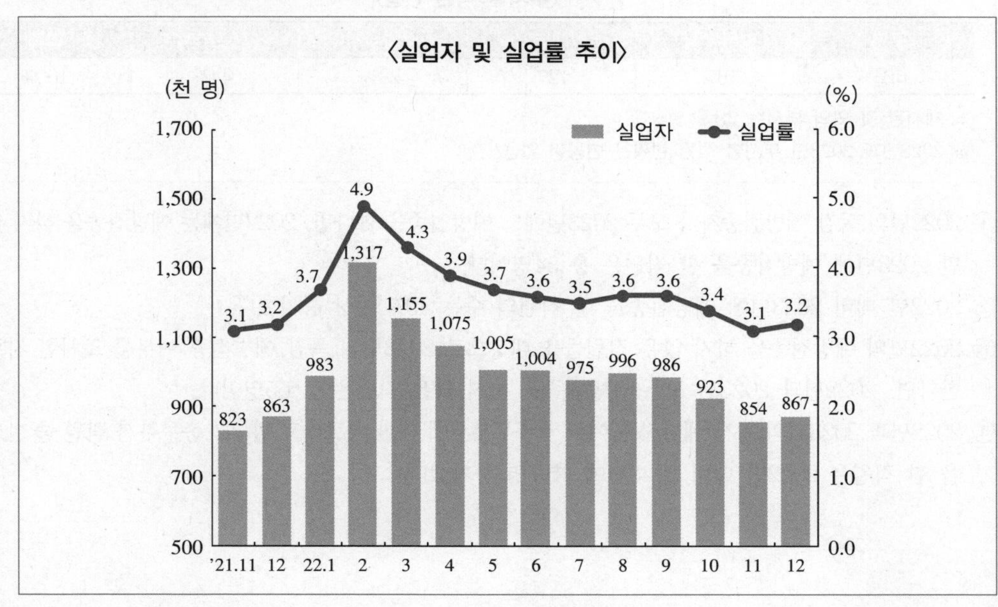

① −37%
② −36%
③ +35%
④ +37%

대표기출유형

11 자료추론

| 유형분석 |

- 문제에 주어진 상황과 정보를 적절하게 활용하여 잘못된 내용을 찾아낼 수 있는지 평가한다.
- 비율 · 증감폭 · 증감률 · 수익(손해)율 등의 계산을 요구하는 문제가 출제된다.

다음은 M기업 직원 250명을 대상으로 조사한 자료이다. 자료에 대한 설명으로 옳은 것은?(단, 소수점 첫째 자리에서 버림한다)

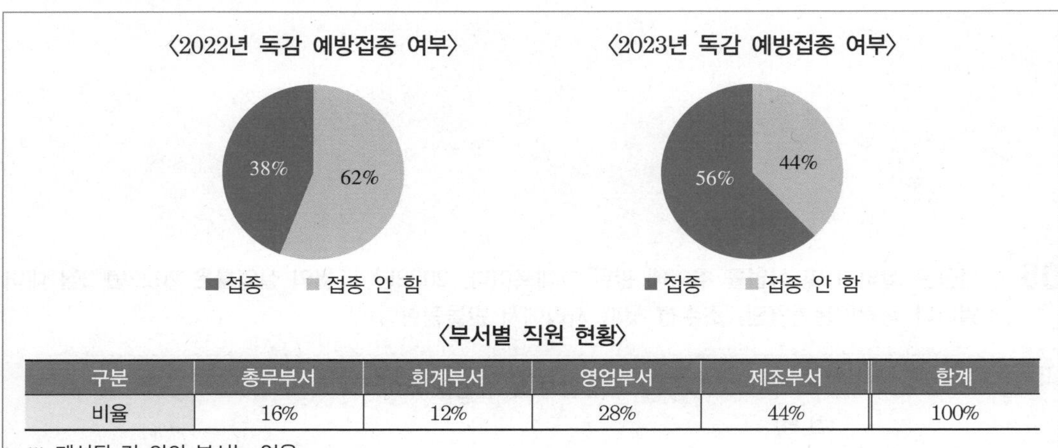

〈부서별 직원 현황〉

구분	총무부서	회계부서	영업부서	제조부서	합계
비율	16%	12%	28%	44%	100%

※ 제시된 것 외의 부서는 없음

※ 2022년과 2023년 부서별 직원 현황은 변동이 없음

① 2022년의 독감 예방접종자가 모두 2023년에도 예방접종을 했다면, 2022년에는 예방접종을 하지 않았지만 2023년에 예방접종을 한 직원은 총 54명이다.

② 2022년 대비 2023년에 예방접종을 한 직원의 수는 49% 이상 증가했다.

③ 2022년의 예방접종을 하지 않은 직원들을 대상으로 2023년의 독감 예방접종 여부를 조사한 자료라고 한다면, 2022년과 2023년 모두 예방접종을 하지 않은 직원은 총 65명이다.

④ 2022년과 2023년의 독감 예방접종 여부가 총무부서에 대한 자료라고 할 때, 총무부서 직원 중 예방접종을 한 직원은 2022년 대비 2023년에 약 7명 증가했다.

정답 ④

총무부서 직원은 총 250×0.16=40명이다. 2022년과 2023년의 독감 예방접종 여부가 총무부서에 대한 자료라면, 총무부서 직원 중 2022년과 2023년의 예방접종자 수의 비율 차는 56−38=18%p이다.
따라서 40×0.18=7.2이므로 2022년 대비 2023년에 약 7명 증가했다.

오답분석

① 2022년 독감 예방접종자 수는 250×0.38=95명, 2023년 독감 예방접종자 수는 250×0.56=140명이므로, 2022년에는 예방접종을 하지 않았지만, 2023년에는 예방접종을 한 직원은 총 140−95=45명이다.

② 2022년의 예방접종자 수는 95명이고, 2023년의 예방접종자 수는 140명이다. 따라서 $\frac{140-95}{95}\times100 \fallingdotseq 47\%$ 증가했다.

③ 2022년의 예방접종을 하지 않은 직원들을 대상으로 2023년의 독감 예방접종 여부를 조사한 자료라고 한다면, 2022년과 2023년 모두 예방접종을 하지 않은 직원은 총 250×0.62×0.44≒68명이다.

PART 1

유형풀이 Tip

• [증감률(%)] : $\frac{(\text{비교값})-(\text{기준값})}{(\text{기준값})}\times100$

예 M은행의 작년 신입사원 수는 500명이고, 올해는 700명이다. M은행의 전년 대비 올해 신입사원 수의 증가율은?

$\frac{700-500}{500}\times100=\frac{200}{500}\times100=40\%$ → 전년 대비 40% 증가하였다.

M은행의 올해 신입사원 수는 700명이고, 내년에는 350명을 채용할 예정이다. M은행의 올해 대비 내년 신입사원 수의 감소율은?

$\frac{350-700}{700}\times100=-\frac{350}{700}\times100-50\%$ → 올해 대비 50% 감소할 것이다.

대표기출유형 11 기출응용문제

01 다음은 2019 ~ 2023년 M사의 경제 분야 투자규모에 대한 자료이다. 이에 대한 설명으로 옳지 않은 것은?

〈M사의 경제 분야 투자규모〉

(단위 : 억 원, %)

구분	2019년	2020년	2021년	2022년	2023년
경제 분야 투자규모	16	20	15	12	16
총지출 대비 경제 분야 투자규모 비중	6.5	7.5	8	7	5

① 2023년 총지출은 300억 원 이상이다.

② 2020년 경제 분야 투자규모의 전년 대비 증가율은 25%이다.

③ 2021년과 2022년의 경제 분야 투자규모의 전년 대비 감소율의 차이는 3%p이다.

④ 2019 ~ 2023년 동안 경제 분야에 투자한 금액은 79억 원이다.

02 **다음은 M사의 등급별 인원 비율 및 1인당 상여급에 대한 자료이다. 마케팅부서의 인원은 20명이고, 영업부서의 인원은 10명일 때, 이 자료에 대한 설명으로 옳지 않은 것은?**

〈등급별 인원 비율 및 1인당 상여급〉

구분	S	A	B	C
인원 비율	10%	30%	40%	20%
1인당 상여금(만 원)	500	420	300	200

① 마케팅부서의 S등급 상여급을 받는 인원과 영업부서의 C등급 상여급을 받는 인원의 수가 같다.
② A등급 1인당 상여급은 B등급 1인당 상여급보다 40% 많다.
③ 영업부서 A등급의 인원은 마케팅부서 B등급의 인원보다 5명 적다.
④ 영업부서에 지급되는 S등급과 A등급의 상여급의 합은 B등급과 C등급의 상여급의 합보다 적다.

03 **A사원은 주요통화의 하반기 환율 변동추세를 보고하기 위해 자료를 찾아보았다. 다음은 월별 USD, EUR, JPY 100 환율을 나타낸 표이다. 통화별 환율을 고려한 설명으로 옳은 것은?**

〈하반기 월별 원/달러, 원/유로, 원/100엔 환율〉

환율 \ 월	7월	8월	9월	10월	11월	12월
원/달러	1,110.00	1,112.00	1,112.00	1,115.00	1,122.00	1,125.00
원/유로	1,300.50	1,350.00	1,450.00	1,380.00	1,400.00	1,470.00
원/100엔	1,008.00	1,010.00	1,050.00	1,050.00	1,075.00	1,100.00

① 8월부터 11월까지 원/달러 환율과 원/100엔 환율의 전월 대비 증감 추이는 동일하다.
② 유로/달러 환율은 11월이 10월보다 낮다.
③ 한국에 있는 A가 유학을 위해 학비로 준비한 원화를 9월에 환전한다면 미국보다 유럽으로 가는 것이 경제적으로 더 이득이다.
④ 12월에 원/100엔 환율은 7월 대비 10% 이상 상승하였다.

Hard

04 A씨는 2022년 말 미국기업, 중국기업, 일본기업에서 스카우트 제의를 받았다. 각 기업에서 제시한 연봉은 각각 3만 달러, 20만 위안, 290만 엔으로, 2023년부터 3년간 고정적으로 지급한다고 한다. 다음 제시된 예상환율을 참고하여 A씨가 이해한 내용으로 가장 적절한 것은?

〈2023 ~ 2025년 주요통화 예상환율〉

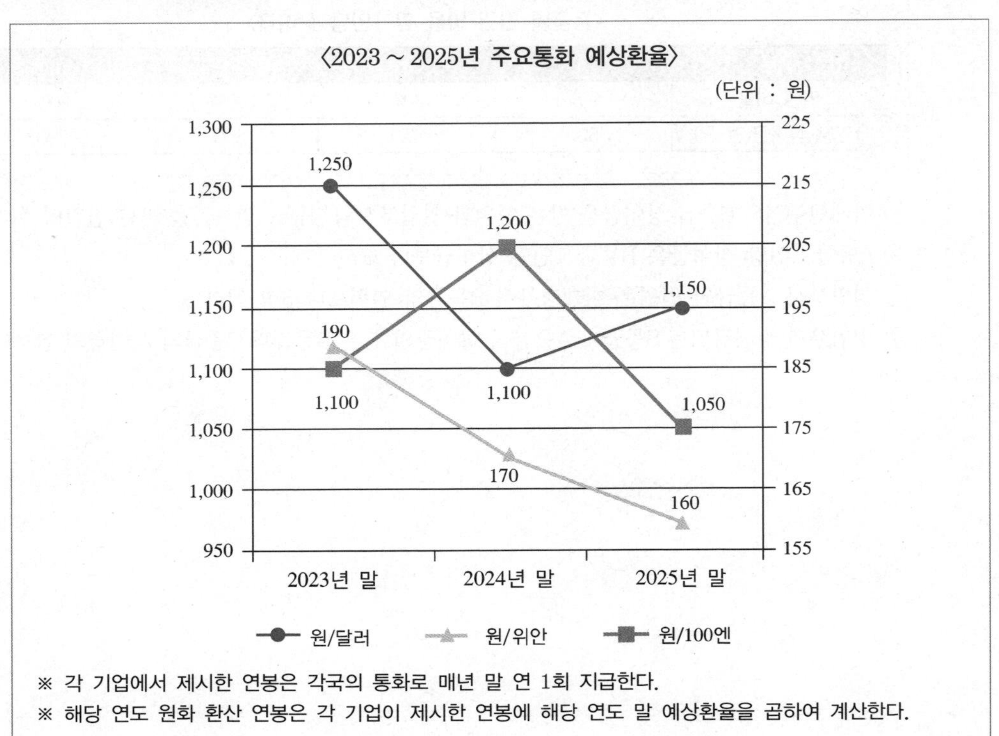

※ 각 기업에서 제시한 연봉은 각국의 통화로 매년 말 연 1회 지급한다.
※ 해당 연도 원화 환산 연봉은 각 기업이 제시한 연봉에 해당 연도 말 예상환율을 곱하여 계산한다.

① 2023년 원화 환산 연봉은 미국기업이 가장 많다.
② 2025년 원화 환산 연봉은 일본기업이 중국기업보다 많다.
③ 향후 3년간 가장 많은 원화 환산 연봉을 주는 곳은 중국기업이다.
④ 2024년 대비 2025년 중국기업의 원화 환산 연봉의 감소율은 2023년 대비 2025년 일본기업의 원화 환산 연봉의 감소율보다 크다.

05 다음은 전국 주택건설실적에 관한 자료이다. 이에 대한 설명으로 옳지 않은 것은?

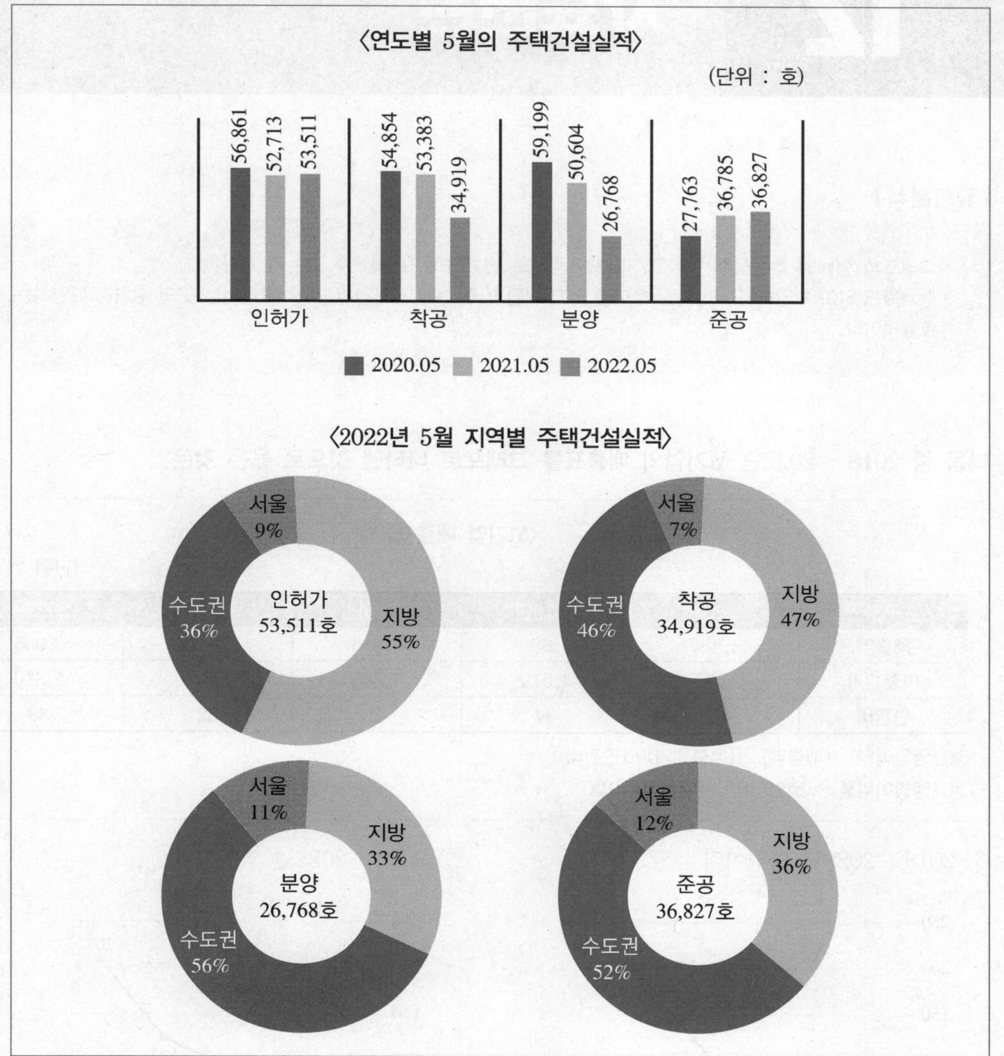

① 2022년 5월 분양 실적은 전년 동월 분양 실적보다 약 47.1% 감소하였다.

② 2022년 5월 지방의 인허가 호수는 약 29,431호이다.

③ 2022년 5월 지방의 준공 호수는 착공 호수보다 많다.

④ 전체 인허가 호수 대비 전체 준공 호수의 비중은 2021년 5월에 가장 컸다.

대표기출유형

12 자료변환

| 유형분석 |

- 그래프의 형태별 특징을 파악하고, 다양한 종류로 변환하여 표현할 수 있는지 평가한다.
- 수치를 일일이 확인하기보다 증감 추이를 먼저 판단한 후 그래프 모양이 크게 차이 나는 곳의 수치를 확인하는 것이 효율적이다.

다음 중 2018 ~ 2022년 M기업의 매출표를 그래프로 나타낸 것으로 옳은 것은?

〈M기업 매출표〉

(단위 : 억 원)

구분	2018년	2019년	2020년	2021년	2022년
매출액	1,485	1,630	1,410	1,860	2,055
매출원가	1,360	1,515	1,280	1,675	1,810
판관비	30	34	41	62	38

※ (영업이익)=(매출액)−[(매출원가)+(판관비)]

※ (영업이익률)=(영업이익)÷(매출액)×100

① 2018 ~ 2022년 영업이익

(억 원)
250
200
150
100
50
0
95
81
55
123
207
2018년 2019년 2020년 2021년 2022년

② 2018 ~ 2022년 영업이익

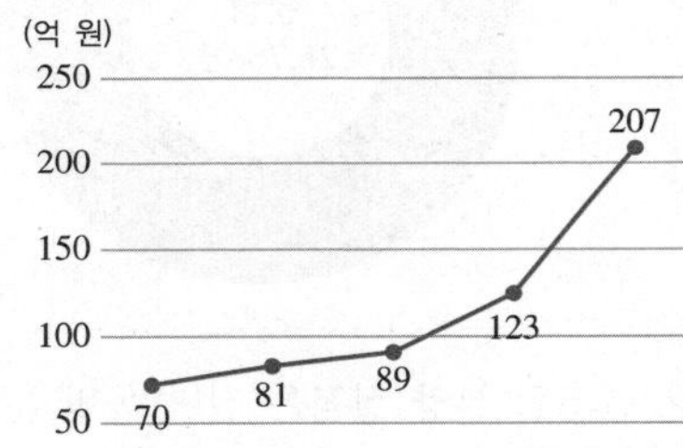

③ 2018 ~ 2022년 영업이익률

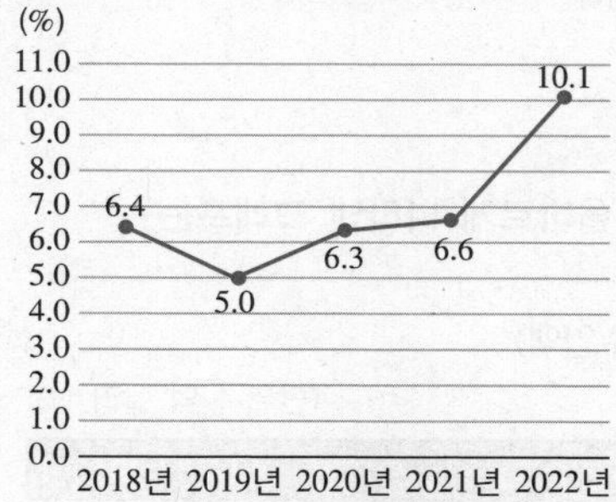

④ 2018 ~ 2022년 영업이익률

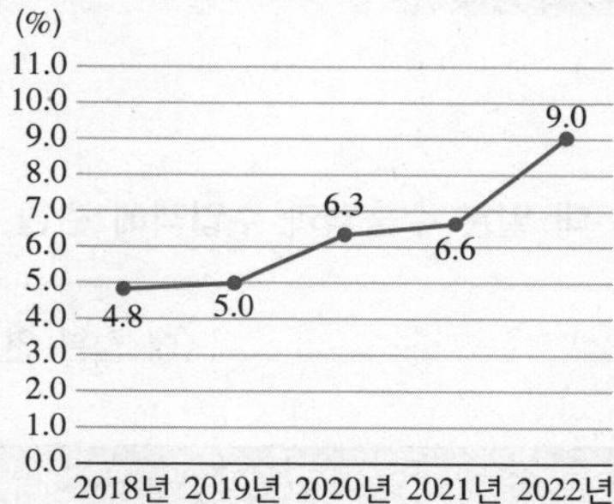

정답 ③

연도별 영업이익과 영업이익률은 다음과 같다.

(단위 : 억 원)

구분	2018년	2019년	2020년	2021년	2022년
매출액	1,485	1,630	1,410	1,860	2,055
매출원가	1,360	1,515	1,280	1,675	1,810
판관비	30	34	41	62	38
영업이익	95	81	89	123	207
영업이익률	6.4%	5.0%	6.3%	6.6%	10.1%

유형풀이 Tip

그래프의 종류

종류	내용
선 그래프	시간적 추이(시계열 변화)를 표시하고자 할 때 적합 예 연도별 매출액 추이 변화
막대 그래프	수량 간의 대소관계를 비교하고자 할 때 적합 예 영업소별 매출액
원 그래프	내용의 구성비를 분할하여 나타내고자 할 때 적합 예 제품별 매출액 구성비
층별 그래프	합계와 각 부분의 크기를 백분율로 나타내고 시간적 변화를 보고자 할 때 적합 예 상품별 매출액 추이
점 그래프	지역분포를 비롯한 기업 등의 평가나 위치, 성격을 표시하고자 할 때 적합 예 광고비율과 이익률의 관계
방사형 그래프	다양한 요소를 비교하고자 할 때 적합 예 매출액의 계절변동

Easy

01 다음은 대 일본 수출액과 수입액에 관한 자료이다. 이를 올바르게 나타낸 그래프는?

〈대 일본 연도별 수출액 및 수입액〉

(단위 : 억 달러, %)

구분	2010년	2011년	2012년	2013년	2014년	2015년	2016년	2017년	2018년	2019년
수출액	281	396	388	346	321	255	243	268	305	284
수출액 전년 대비 증감률	29	40.9	−2.0	−10.8	−7.2	−20.6	−4.7	10.3	13.8	−6.9
수입액	643	683	643	600	537	358	474	551	546	475
수입액 전년 대비 증감률	30	6.2	−5.9	−6.7	−10.5	−33.3	32.4	16.2	−0.9	−13.0

①

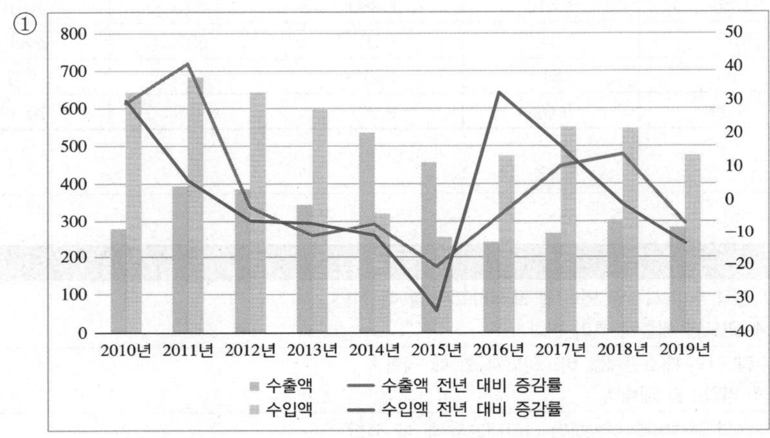

②

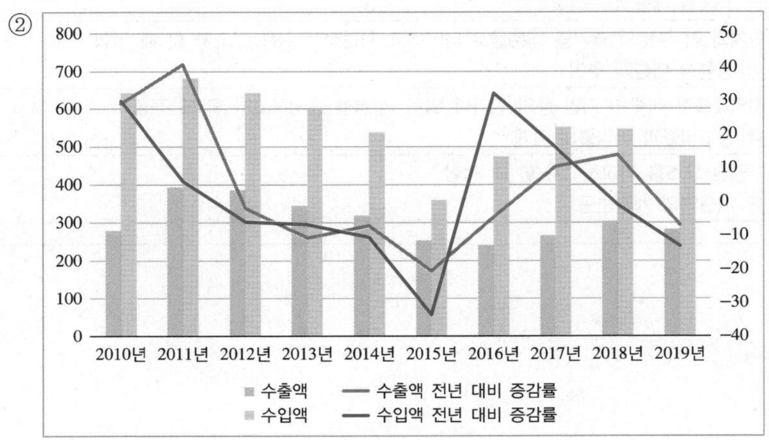

③

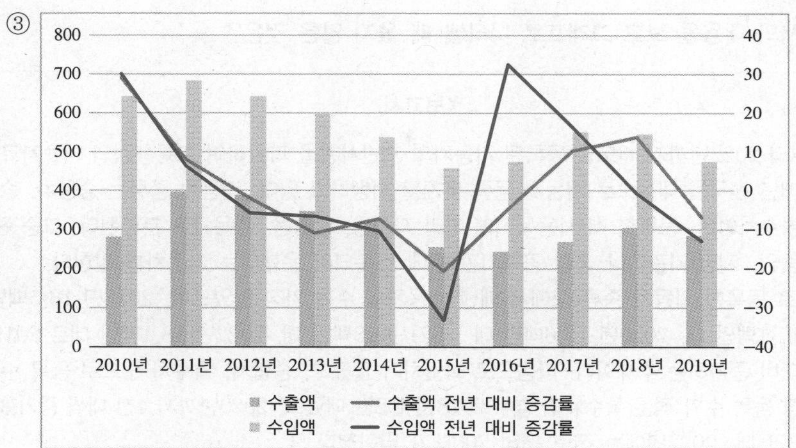
800
700
600
500
400
300
200
100
0
40
30
20
10
0
−10
−20
−30
−40
2010년 2011년 2012년 2013년 2014년 2015년 2016년 2017년 2018년 2019년
수출액
수입액
수출액 전년 대비 증감률
수입액 전년 대비 증감률

④

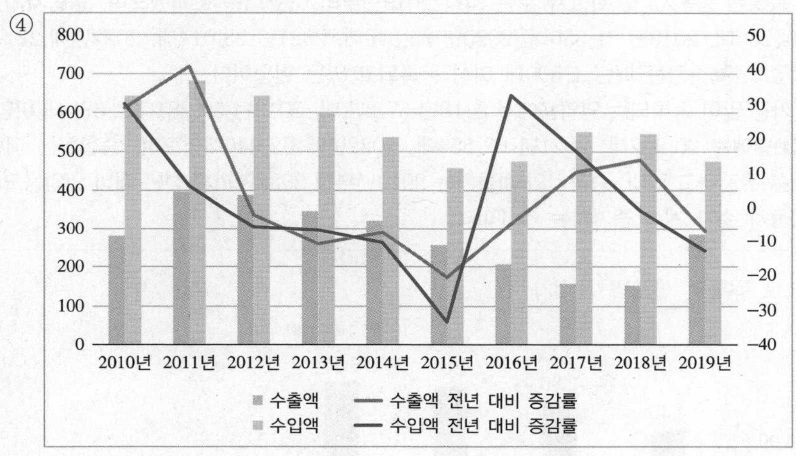
800
700
600
500
400
300
200
100
0
50
40
30
20
10
0
−10
−20
−30
−40
2010년 2011년 2012년 2013년 2014년 2015년 2016년 2017년 2018년 2019년
수출액
수입액
수출액 전년 대비 증감률
수입액 전년 대비 증감률

02 다음 보고서의 내용을 보고 그래프로 나타낼 때 옳지 않은 것은?

〈보고서〉

2018년부터 2022년까지 시도별 등록된 자동차의 제반사항을 파악하여 교통행정의 기초자료로 쓰기 위해 매년 전국을 대상으로 자동차 등록 통계를 시행하고 있다. 자동차 종류는 승용차, 승합차, 화물차, 특수차이며, 등록할 때 사용목적에 따라 자가용, 영업용, 관용차로 분류된다. 그중 관용차는 정부(중앙, 지방)기관이나 국립 공공기관 등에 소속되어 운행되는 자동차를 말한다.
자가용으로 등록한 자동차 종류 중에서 매년 승용차의 수가 가장 많았으며, 2018년 16.5백만 대, 2019년 17.1백만 대, 2020년 17.6백만 대, 2021년 18백만 대, 2022년 18.1백만 대로 2019년부터 전년 대비 증가하는 추세이다. 다음으로 화물차가 많았고, 승합차, 특수차 순으로 등록 수가 많았다. 가장 등록 수가 적은 특수차의 경우 2018년에 2만 대였고, 2020년까지 4천 대씩 증가했으며, 2021년 3만 대, 2022년에는 전년 대비 700대가 많아졌다.
관용차로 등록된 승용차 및 화물차 수는 각각 2019년부터 3만 대를 초과했으며, 승합차의 경우 2018년 20,260대, 2019년 21,556대, 2020년 22,540대, 2021년 23,014대, 2022년에 22,954대가 등록되었고, 특수차는 매년 2,500대 이상 등록되고 있는 현황이다.
특수차가 가장 많이 등록되는 영업용에서 2018년 57,277대, 2019년 59,281대로 6만 대 미만이었지만, 2020년에는 60,902대, 2021년 62,554대, 2022년에 62,946대였으며, 승합차는 매년 약 12.5만 대를 유지하고 있다. 승용차와 화물차는 2019년부터 2022년까지 전년 대비 영업용으로 등록되는 자동차 수가 계속 증가하는 추세이다.

① 자가용으로 등록된 연도별 특수차 수

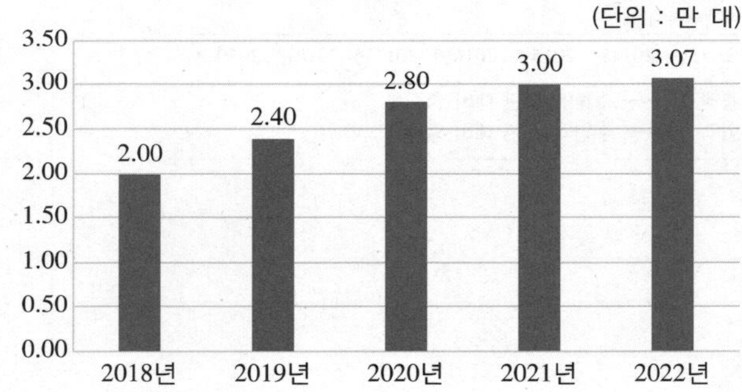

② 자가용으로 등록된 연도별 승용차 수

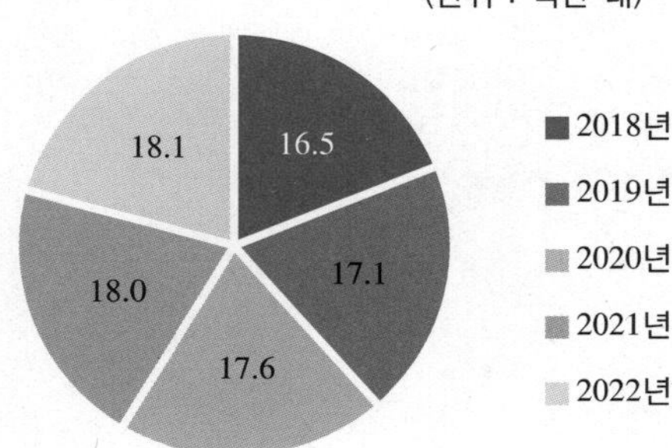

③ 영업용으로 등록된 연도별 특수차 수

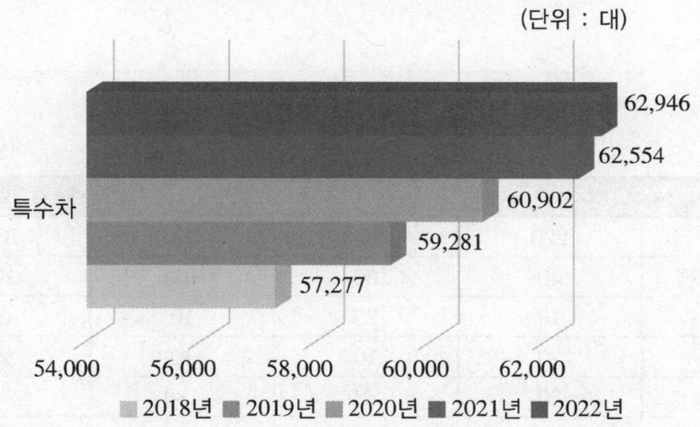

④ 2019 ~ 2022년 영업용으로 등록된 특수차의 전년 대비 증가량

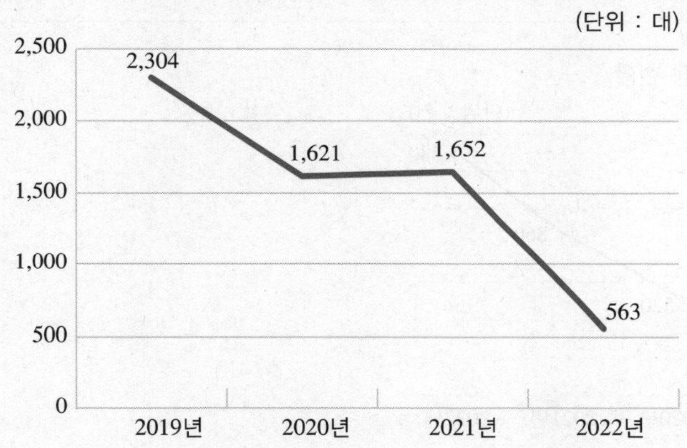

03 다음은 A지역의 연도별 아파트 분쟁신고 현황이다. 이에 대한 그래프로 옳은 것을 〈보기〉에서 모두 고르면?

〈연도별 아파트 분쟁신고 현황〉

(단위 : 건)

구분	2019년	2020년	2021년	2022년
관리비 회계 분쟁	220	280	340	350
입주자대표회의 운영 분쟁	40	60	100	120
정보공개 관련 분쟁	10	20	10	30
하자처리 분쟁	20	10	10	20
여름철 누수 분쟁	80	110	180	200
층간소음 분쟁	430	520	860	1,280

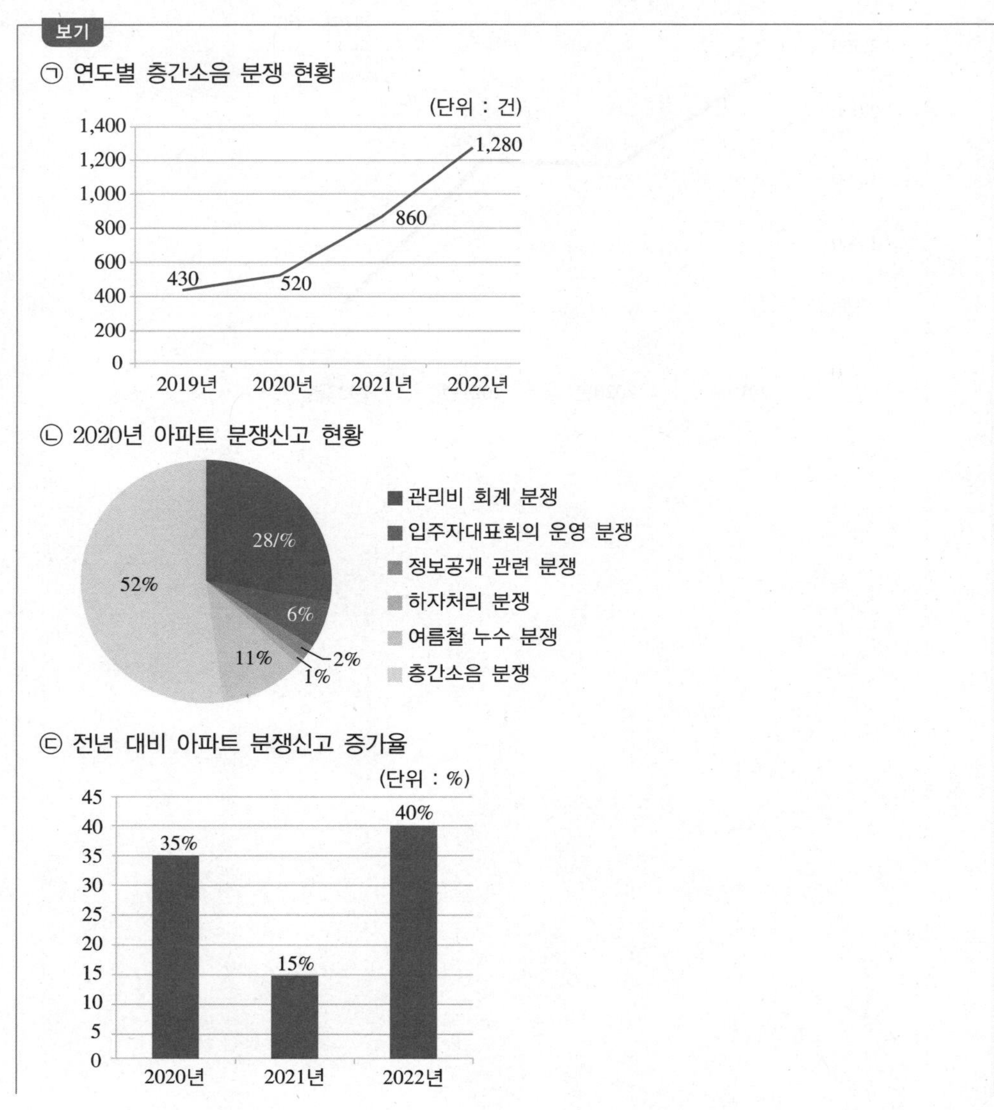

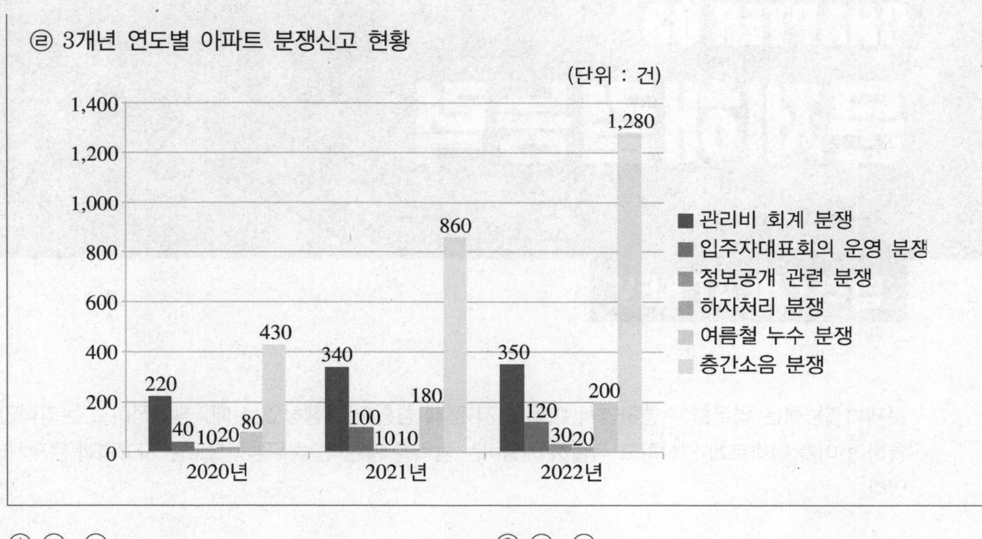
ⓔ 3개년 연도별 아파트 분쟁신고 현황
(단위 : 건)
1,400
1,200
1,000
800
600
400
200
0
220
40
10
20
80
430
340
100
10
10
180
860
350
120
30
20
200
1,280
2020년
2021년
2022년
관리비 회계 분쟁
입주자대표회의 운영 분쟁
정보공개 관련 분쟁
하자처리 분쟁
여름철 누수 분쟁
층간소음 분쟁

① ㉠, ㉡ ② ㉠, ㉢

③ ㉡, ㉢ ④ ㉡, ㉣

CHAPTER 03
문제해결능력

합격 CHEAT KEY

문제해결능력은 업무를 수행하면서 여러 가지 문제 상황이 발생하였을 때, 창의적이고 논리적인 사고를 통하여 이를 올바르게 인식하고 적절히 해결하는 능력을 말한다. 하위능력으로는 사고력과 문제처리능력이 있다.

문제해결능력은 NCS 기반 채용을 진행하는 대다수의 금융권에서 채택하고 있으며, 문항 수는 평균 24% 정도로 상당히 많이 출제되고 있다. 하지만 많은 수험생들은 더 많이 출제되는 다른 영역에 몰입하고 문제해결능력은 집중하지 않는 실수를 하고 있다. 다른 영역보다 더 많은 노력이 필요할 수는 있지만 그렇기에 차별화를 할 수 있는 득점 영역이므로 포기하지 말고 꾸준하게 노력해야 한다.

01 질문의 의도를 정확하게 파악하라!

문제해결능력은 문제에서 무엇을 묻고 있는지 정확하게 파악하여 먼저 풀이 방향을 설정하는 것이 가장 효율적인 방법이다. 특히, 조건이 주어지고 답을 찾는 창의적·분석적인 문제가 주로 출제되고 있기 때문에 처음에 정확한 풀이 방향이 설정되지 않는다면 시간만 허비하고 결국 문제도 풀지 못하게 되므로 첫 번째로 출제의도 파악에 집중해야 한다.

02 중요한 정보는 반드시 표시하라!

위에서 말한 출제의도를 정확히 파악하기 위해서는 문제의 중요한 정보는 반드시 표시나 메모를 하여 하나의 조건, 단서도 잊고 넘어가는 일이 없도록 해야 한다. 실제 시험에서는 시간의 압박과 긴장감으로 정보를 잘못 적용하거나 잊어버리는 실수가 많이 발생하므로 사전에 충분한 연습이 필요하다.

가령 명제 문제의 경우 주어진 명제와 그 명제의 대우를 본인이 한눈에 파악할 수 있도록 기호화, 도식화하여 메모하면 흐름을 이해하기가 더 수월하다. 이를 통해 자신만의 풀이 순서와 방향, 기준 또한 생길 것이다.

03 반복 풀이를 통해 취약 유형을 파악하라!

길지 않은 한정된 시간 동안 모든 문제를 다 푸는 것은 조금은 어려울 수도 있다. 따라서 고득점을 할 수 있는 효율적인 문제 풀이 방법을 찾아야 한다. 이때, 반복적인 문제 풀이를 통해 자신이 취약한 유형을 파악하는 것이 중요하다. 취약 유형 파악은 종료 시간이 임박했을 때 빛을 발할 것이다. 풀 수 있는 문제부터 빠르게 풀고 취약한 유형은 나중에 푸는 효율적인 문제 풀이를 통해 최대한의 고득점을 하는 것이 중요하다. 그러므로 본인의 취약 유형을 파악하기 위해서는 많은 문제를 풀어 봐야 한다.

04 타고나는 것이 아니므로 열심히 노력하라!

대부분의 수험생들이 문제해결능력은 공부해도 실력이 늘지 않는 영역이라고 생각한다. 하지만 그렇지 않다. 문제해결능력이야말로 노력을 통해 충분히 고득점이 가능한 영역이다. 정확한 질문 의도 파악, 취약한 유형의 반복적인 풀이, 빈출유형 파악 등의 방법으로 충분히 실력을 향상시킬 수 있다. 자신감을 갖고 공부하기 바란다.

대표기출유형

01 명제

| 유형분석 |

• 연역추론을 활용해 주어진 문장을 치환하여 성립하지 않는 내용을 찾는 문제이다.

다음 명제가 모두 참일 때, 반드시 참인 명제는?

• 재현이가 춤을 추면 서현이나 지훈이가 춤을 춘다.
• 재현이가 춤을 추지 않으면 종열이가 춤을 춘다.
• 종열이가 춤을 추지 않으면 지훈이도 춤을 추지 않는다.
• 종열이는 춤을 추지 않았다.

① 재현이만 춤을 추었다.
② 서현이만 춤을 추었다.
③ 지훈이만 춤을 추었다.
④ 재현이와 서현이 모두 춤을 추었다.

정답 ④

먼저 이름의 첫 글자만 이용하여 명제를 도식화한다(재 ○ → 서 or 지 ○, 재 × → 종 ○, 종 × → 지 ×, 종 ×).
세 번째, 네 번째 명제에 의해 종열이와 지훈이는 춤을 추지 않았고(종 × → 지 ×), 두 번째 명제의 대우(종 × → 재 ○)에 의해 재현이가 춤을 추었다. 마지막으로 첫 번째 명제에 따라 서현이가 춤을 추었다.
따라서 재현이와 서현이 모두 춤을 추었다.

유형풀이 Tip

• 명제 유형의 문제에서는 항상 '명제의 역은 성립하지 않지만, 대우는 항상 성립한다.'를 유념한다.
• 단어의 첫 글자나 알파벳을 이용하여 명제를 도식화한 후 명제의 대우를 활용하여 각 명제를 연결하여 답을 찾는다.

예 채식주의자라면 고기를 먹지 않을 것이다.
→ (역) 고기를 먹지 않으면 채식주의자이다.
→ (이) 채식주의자가 아니라면 고기를 먹을 것이다.
→ (대우) 고기를 먹는다면 채식주의자가 아닐 것이다.

명제의 역, 이, 대우

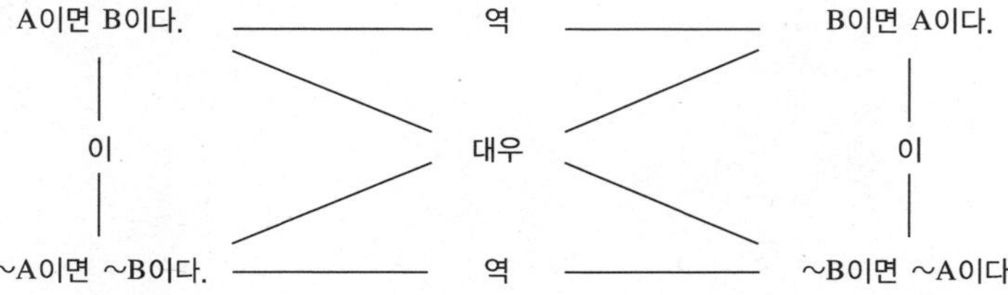

대표기출유형 01 기출응용문제

※ 다음 명제가 모두 참일 때, 빈칸에 들어갈 명제로 옳은 것을 고르시오. [1~2]

01

- 도서관에 간 날은 공부를 충분히 한 날이다.
- ____________________
- 집에 늦게 돌아온 날은 공부를 충분히 한 날이다.

① 도서관에 간 날은 집에 늦게 돌아온 날이다.
② 집에 늦게 돌아오지 않은 날은 도서관에 간 날이다.
③ 공부를 충분히 하지 않은 날은 집에 늦게 들어온 날이다.
④ 도서관에 가지 않은 날은 집에 늦게 돌아온 날이 아니다.

02

- 모든 1과 사원은 가장 실적이 많은 2과 사원보다 실적이 많다.
- 가장 실적이 많은 4과 사원은 모든 3과 사원보다 실적이 적다.
- 3과 사원 중 일부는 가장 실적이 많은 2과 사원보다 실적이 적다.
- 따라서 ____________________

① 1과 사원 중 가장 적은 실적을 올린 사원과 같은 실적을 올린 사원이 4과에 있다.
② 어떤 3과 사원은 가장 실적이 적은 1과 사원보다 실적이 적다.
③ 모든 2과 사원은 4과 사원 중 일부보다 실적이 적다.
④ 어떤 1과 사원은 가장 실적이 많은 3과 사원보다 실적이 적다.

PART 1

※ 다음 명제가 모두 참일 때, 반드시 참인 명제를 고르시오. [3~4]

Easy

03

> • 마케팅 팀의 사원은 기획 역량이 있다.
> • 마케팅 팀이 아닌 사원은 영업 역량이 없다.
> • 기획 역량이 없는 사원은 소통 역량이 없다.

① 마케팅 팀의 사원은 영업 역량이 있다.
② 소통 역량이 있는 사원은 마케팅 팀이다.
③ 영업 역량을 가진 사원은 기획 역량이 있다.
④ 기획 역량이 있는 사원은 소통 역량이 있다.

04

> • A가 외근을 나가면 B도 외근을 나간다.
> • A가 외근을 나가면 D도 외근을 나간다.
> • D가 외근을 나가면 E도 외근을 나간다.
> • C가 외근을 나가지 않으면 B도 외근을 나가지 않는다.
> • D가 외근을 나가지 않으면 C도 외근을 나가지 않는다.

① B가 외근을 나가면 A도 외근을 나간다.
② D가 외근을 나가면 C도 외근을 나간다.
③ A가 외근을 나가면 E도 외근을 나간다.
④ C가 외근을 나가지 않으면 D도 외근을 나가지 않는다.

05 M금고의 A ~ F팀은 월요일부터 토요일까지 하루에 2팀씩 함께 회의를 진행한다. 다음 〈조건〉을 참고할 때, 반드시 참인 것은?(단, 월요일부터 토요일까지 각 팀의 회의 진행 횟수는 서로 같다)

조건

- 오늘은 목요일이고 A팀과 F팀이 함께 회의를 진행했다.
- B팀은 A팀과 연이은 요일에 회의를 진행하지 않는다.
- B팀은 오늘을 포함하여 이번 주에는 더 이상 회의를 진행하지 않는다.
- C팀은 월요일에 회의를 진행했다.
- D팀과 C팀은 이번 주에 B팀과 한 번씩 회의를 진행한다.
- A팀과 F팀은 이번 주에 이틀을 연이어 함께 회의를 진행한다.

① E팀은 수요일과 토요일 하루 중에만 회의를 진행한다.
② 화요일에 회의를 진행한 팀은 B팀과 E팀이다.
③ C팀과 E팀은 함께 회의를 진행하지 않는다.
④ F팀은 목요일과 금요일에 회의를 진행한다.

PART 1

Hard

06 M금고의 부산 지점에서 근무 중인 A과장, B대리, C대리, D대리, E사원은 2명 또는 3명으로 팀을 이루어 세종특별시, 서울특별시, 광주광역시, 인천광역시 네 지역으로 출장을 가야 한다. 각 지역별로 출장을 가는 팀을 구성하는 〈조건〉이 다음과 같을 때, 항상 참이 되는 것은?(단, 모든 직원은 1회 이상의 출장을 가며, 지역별 출장일은 서로 다르다)

조건

- A과장은 네 지역으로 모두 출장을 간다.
- B대리는 모든 특별시로 출장을 간다.
- C대리와 D대리가 함께 출장을 가는 경우는 단 한 번뿐이다.
- 광주광역시에는 E사원을 포함한 2명의 직원이 출장을 간다.
- 한 지역으로만 출장을 가는 사람은 E사원뿐이다.

① B대리는 D대리와 함께 출장을 가지 않는다.
② B대리는 C대리와 함께 출장을 가지 않는다.
③ C대리는 특별시로 출장을 가지 않는다.
④ D대리는 E사원과 함께 출장을 가지 않는다.

대표기출유형

02 참 · 거짓

| 유형분석 |

- 주어진 문장을 토대로 논리적으로 추론하여 참 또는 거짓을 구분하는 문제이다.

어느 호텔 라운지에 둔 화분이 투숙자 중의 1명에 의하여 깨진 사건이 발생했다. 이 호텔에는 A ~ D 4명의 투숙자가 있었으며, 각 투숙자는 다음과 같이 세 가지 사실을 진술하였다. 4명의 투숙자 중 3명은 진실을 말하고, 1명이 거짓을 말하고 있다면 화분을 깬 사람은 누구인가?

- A : 나는 깨지 않았다. B도 깨지 않았다. C가 깨뜨렸다.
- B : 나는 깨지 않았다. C도 깨지 않았다. D도 깨지 않았다.
- C : 나는 깨지 않았다. D도 깨지 않았다. A가 깨뜨렸다.
- D : 나는 깨지 않았다. B도 깨지 않았다. C도 깨지 않았다.

① A　　② B
③ C　　④ D

정답 ①

제시된 문제에서 1명이 거짓말을 한다고 하였으므로, 각각 거짓말을 할 경우를 가정해 본다.
- A가 거짓말을 한다면 A가 깨뜨린 것이 된다.
- B가 거짓말을 한다면 1명은 C가 깼다고 말하고, 2명은 깨지 않았다고 말한 것이 된다.
- C가 거짓말을 한다면 1명은 C가 깼다고 말하고, 2명은 깨지 않았다고 말한 것이 된다.
- D가 거짓말을 한다면 1명은 C가 깼다고 말하고, 1명은 깨지 않았다고 말한 것이 된다.

따라서 거짓말을 한 사람은 A이고, A가 화분을 깨뜨렸다.

유형풀이 Tip

참 · 거짓 유형의 90% 이상은 다음 두 가지 방법으로 풀 수 있다.
주어진 진술을 빠르게 훑으며 다음 두 가지 중 어떤 경우에 해당하는지 확인한 후 문제를 풀어나간다.

1) 2명 이상의 발언 중 한쪽이 진실이면 다른 한쪽이 거짓인 경우
   ① A가 진실이고 B가 거짓인 경우, B가 진실이고 A가 거짓인 경우 두 가지로 나눌 수 있다.
   ② 두 가지 경우에서 각 발언의 진위 여부를 판단한다.
   ③ 주어진 조건과 비교한다(범인의 숫자가 맞는지, 진실 또는 거짓을 말한 인원수가 조건과 맞는지 등).
2) 2명 이상의 발언 중 한쪽이 진실이면 다른 한쪽도 진실인 경우와 한쪽이 거짓이면 다른 한쪽도 거짓인 경우
   ① A와 B가 모두 진실인 경우, A와 B가 모두 거짓인 경우 두 가지로 나눌 수 있다.
   ② 두 가지 경우에서 각 발언의 진위 여부를 판단한다.
   ③ 주어진 조건과 비교한다(범인의 숫자가 맞는지, 진실 또는 거짓을 말한 인원수가 조건과 맞는지 등).

대표기출유형 02 기출응용문제

01 A～C 3명 중 1명은 수녀이고, 1명은 왕이고, 1명은 농민이다. 수녀는 언제나 참을, 왕은 언제나 거짓을, 농민은 참을 말하기도 하고 거짓을 말하기도 한다. 이 세 사람이 다음과 같은 대화를 할 때, A～C를 각각 순서대로 바르게 나열한 것은?

- A : 나는 농민이다.
- B : A의 말은 진실이다.
- C : 나는 농민이 아니다.

① 농민, 왕, 수녀 ② 농민, 수녀, 왕
③ 수녀, 왕, 농민 ④ 왕, 농민, 수녀

02 함께 놀이공원에 간 A～E 5명 중 가장 겁이 많은 1명만 롤러코스터를 타지 않고 회전목마를 탔다. 이들은 집으로 돌아오는 길에 다음과 같은 대화를 나누었다. 5명 중 2명은 거짓을 말하고, 나머지 3명은 모두 진실을 말한다고 할 때, 롤러코스터를 타지 않은 사람은 누구인가?

- A : 오늘 탄 롤러코스터는 정말 재밌었어. 나는 같이 탄 E와 함께 소리를 질렀어.
- B : D는 회전목마를 탔다던데? E가 회전목마를 타는 D를 봤대. E의 말은 사실이야.
- C : D는 회전목마를 타지 않고 롤러코스터를 탔어.
- D : 나는 혼자서 회전목마를 타고 있는 B를 봤어.
- E : 나는 롤러코스터를 탔어. 손뼉을 칠 만큼 너무 완벽한 놀이기구야.

① A ② B
③ C ④ D

03 M금고 사무실에 도둑이 들었다. 범인은 2명이고, 용의자로 지목된 A ~ E가 다음과 같이 진술했다. 이 중 2명이 거짓말을 하고 있다고 할 때, 동시에 범인이 될 수 있는 사람으로 짝지어진 것은?

- A : B나 C 중에 1명만 범인이에요.
- B : 저는 확실히 범인이 아닙니다.
- C : 제가 봤는데 E가 범인이에요.
- D : A가 범인이 확실해요.
- E : 사실은 제가 범인이에요.

① A, B ② B, C
③ B, D ④ D, E

04 M회사는 제품 하나를 생산하기 위해서 원료 분류, 제품 성형, 제품 색칠, 포장의 단계를 거친다. 어느 날 제품에 문제가 발생해 직원들을 불러 책임을 물었다. 직원 중 1명은 거짓을 말하고 3명은 진실을 말할 때, 거짓을 말한 직원과 실수가 발생한 단계를 바르게 짝지은 것은?(단, A는 원료 분류, B는 제품 성형, C는 제품 색칠, D는 포장 단계에서 일하며, 실수는 한 곳에서만 발생했다)

- A : 나는 실수하지 않았다.
- B : 포장 단계에서 실수가 일어났다.
- C : 제품 색칠에서는 절대로 실수가 일어날 수 없다.
- D : 원료 분류 과정에서 실수가 있었다.

① A – 원료 분류 ② A – 포장
③ B – 포장 ④ D – 포장

05 **A～E사원이 강남, 여의도, 상암, 잠실, 광화문 다섯 지역에 각각 출장을 간다. 다음 대화에서 A～E 중 1명은 거짓말을 하고 나머지 4명은 진실을 말하고 있을 때, 반드시 거짓인 것은?**

> • A : B는 상암으로 출장을 가지 않는다.
> • B : D는 강남으로 출장을 간다.
> • C : B는 진실을 말하고 있다.
> • D : C는 거짓말을 하고 있다.
> • E : C는 여의도, A는 잠실로 출장을 간다.

① A는 광화문으로 출장을 가지 않는다.
② B는 여의도로 출장을 가지 않는다.
③ C는 강남으로 출장을 가지 않는다.
④ E는 상암으로 출장을 가지 않는다.

Hard

06 **5명이 이야기를 하고 있는데, 이 중 2명은 진실만을 말하고 3명은 거짓만을 말하고 있다. 지훈이가 거짓을 말할 때 진실만을 말하는 사람을 바르게 짝지은 것은?**

> • 동현 : 정은이는 지훈이와 영석이를 싫어해.
> • 정은 : 아니야. 난 둘 중 한 사람은 좋아해.
> • 선영 : 동현이는 정은이를 좋아해.
> • 지훈 : 선영이는 거짓말만 해.
> • 영석 : 선영이는 동현이를 싫어해.
> • 선영 : 맞아. 그런데 정은이는 지훈이와 영석이 둘 다 좋아해.

① 선영, 영석
② 정은, 영석
③ 동현, 영석
④ 정은, 선영

대표기출유형

03 순서추론

| 유형분석 |

- 조건을 토대로 순서·위치 등을 추론하여 배열·배치하는 문제이다.
- 방·숙소 배정하기, 부서 찾기, 날짜 찾기, 테이블 위치 찾기 등 다양한 유형의 문제가 출제된다.

A ~ E 5명이 다음 〈조건〉과 같이 일렬로 나란히 자리에 앉는다고 할 때, 바르게 추론한 것은?(단, 자리의 순서는 왼쪽을 기준으로 첫 번째 자리로 한다)

조건

- D는 A의 바로 왼쪽에 있다.
- B와 D 사이에 C가 있다.
- A는 마지막 자리가 아니다.
- A와 B 사이에 C가 있다.
- B는 E의 바로 오른쪽에 앉는다.

① D는 두 번째 자리에 앉을 수 있다.
② E는 네 번째 자리에 앉을 수 있다.
③ C는 두 번째 자리에 앉을 수 있다.
④ C는 E의 오른쪽에 앉을 수 있다.

정답 ②

첫 번째 조건에서 D는 A의 바로 왼쪽에 앉으며, 마지막 조건에서 B는 E의 바로 오른쪽에 앉으므로 'D－A', 'E－B'를 각각 한 묶음으로 생각할 수 있다. 두 번째 조건에서 C는 세 번째 자리에 앉아야 하며, 세 번째 조건에 의해 'D－A'는 각각 첫 번째, 두 번째 자리에 앉아야 한다. 이를 표로 정리하면 다음과 같다.

첫 번째 자리	두 번째 자리	세 번째 자리	네 번째 자리	다섯 번째 자리
D	A	C	E	B

오답분석

① D는 첫 번째 자리에 앉는다.
③ C는 세 번째 자리에 앉는다.
④ C는 E의 왼쪽에 앉는다.

유형풀이 Tip

- 주어진 조건을 자신만의 방법으로 도식화하여 빠르게 문제를 해결한다.
- 경우의 수가 여러 개인 조건보다 1 ~ 2개인 조건을 먼저 도식화하면, 그만큼 경우의 수가 줄어들어 문제를 빠르게 해결할 수 있다.

대표기출유형 03 기출응용문제

01 다음 〈조건〉을 참고할 때, A ~ F 6명 중 3번째로 키가 큰 사람은 누구인가?

조건

- A는 E보다 작다.
- D는 가장 작다.
- B는 E보다 작다.
- C는 D보다 크며 E보다 작다.
- A는 C보다 크며 B보다 작다.
- F는 E보다 크다.

① A ② B
③ C ④ E

Easy

02 M사의 사내 기숙사 3층에는 다음과 같이 크기가 모두 같은 10개의 방이 일렬로 나열되어 있다. A ~ E 5명의 신입사원을 10개의 방 중 5개의 방에 각각 배정하였을 때, 〈조건〉을 바탕으로 항상 참인 것은?(단, 신입사원이 배정되지 않은 방은 모두 빈방이다)

1	2	3	4	5	6	7	8	9	10

조건

- A와 B의 방 사이에 빈방이 아닌 방은 하나뿐이다.
- B와 C의 방 사이의 거리는 D와 E의 방 사이의 거리와 같다.
- C와 D의 방은 나란히 붙어 있다.
- B와 D의 방 사이에는 3개의 방이 있다.
- D는 7호실에 배정되었다.

① 1호실은 빈방이다. ② 4호실은 빈방이다.
③ 9호실은 빈방이다. ④ C는 6호실에 배정되었다.

03 M금고의 사내 체육대회에서 A ~ F 6명은 키가 큰 순서에 따라 2명씩 1팀, 2팀, 3팀으로 나뉘어 배치된다. 다음 〈조건〉에 따라 배치된다고 할 때, 키가 가장 큰 사람은 누구인가?

조건

- A, B, C, D, E, F의 키는 서로 다르다.
- 2팀의 B는 A보다 키가 작다.
- D보다 키가 작은 사람은 4명이다.
- A는 1팀에 배치되지 않는다.
- E와 F는 한 팀에 배치된다.

① A ② B
③ C ④ E

Hard

04 다음은 M사 제품의 생산 계획 현황을 나타낸 자료이다. 다음 상황에 따라 직원 갑 ~ 병이 실행하는 공정 순서로 가장 적절한 것은?

〈생산 공정 계획〉

공정	선행공정	소요시간(시간)
A	B	1
B	–	0.5
C	–	2
D	E	1.5
E	–	1

〈상황〉

- 선행공정을 제외한 생산 공정 순서는 상관없다.
- 선행공정은 선행공정이 필요한 공정 전에만 미리 실행한다.
- 2명 이상의 직원이 A공정을 동시에 실행할 수 없다.
- 을은 갑보다, 병은 을보다 1시간 늦게 시작한다.
- 생산 공정이 진행될 때 유휴시간 없이 다음 공정으로 넘어간다.

	갑	을	병
①	B–D–E–A–C	C–D–A–B–E	B–E–A–D–C
②	B–E–A–D–C	B–C–E–D–A	C–B–E–A–D
③	C–E–B–A–D	B–E–A–D–C	B–A–E–C–D
④	E–D–C–B–A	C–E–D–B–A	E–D–B–C–A

05 세미나에 참석한 A사원, B사원, C주임, D주임, E대리는 각자 숙소를 배정받았다. A사원, D주임은 여자이고, B사원, C주임, E대리는 남자이다. 제시된 〈조건〉과 같이 숙소가 배정되었을 때, 다음 중 항상 옳지 않은 것은?

조건

- 숙소는 5층이며 각 층마다 1명씩 배정한다.
- E대리의 숙소는 D주임의 숙소보다 위층이다.
- 1층에는 주임을 배정한다.
- 1층과 3층에는 남직원을 배정한다.
- 5층에는 사원을 배정한다.

① D주임은 2층에 배정된다.
② 5층에 A사원이 배정되면 4층에 B사원이 배정된다.
③ 5층에 B사원이 배정되면 4층에 A사원이 배정된다.
④ C주임은 1층에 배정된다.

06 M금고에 재직 중인 김대리는 10월에 1박 2일로 할머니댁을 방문하려고 한다. 다음 〈조건〉을 참고할 때, 다음 중 김대리가 시골로 내려가는 날짜로 가능한 날은?

조건

- 10월은 1일부터 31일까지이며, 1일은 목요일, 9일은 한글날이다.
- 10월 1일은 추석이며, 추석 다음 날부터 5일간 제주도 여행을 가고, 돌아오는 날이 휴가 마지막 날이다.
- 김대리는 이틀까지 휴가 외에 연차를 더 쓸 수 있다.
- 김대리는 셋째 주 화요일부터 4일간 외부출장이 있으며, 그 다음 주 수요일과 목요일은 프로젝트 발표가 있다.
- 제주도 여행에서 돌아오는 마지막 날이 있는 주가 첫째 주이다.
- 할머니댁에는 주말 및 공휴일에는 가지 않고, 따로 연차를 쓰고 방문할 것이다.

① 3 ~ 4일
② 6 ~ 7일
③ 12 ~ 13일
④ 21 ~ 22일

대표기출유형

04 문제처리

| 유형분석 |

- 상황과 정보를 토대로 조건에 적절한 것을 찾는 문제이다.
- 자원관리능력 영역과 결합한 계산 문제가 출제될 가능성이 있다.

다음은 M금고에서 진행하고 있는 이벤트 포스터이다. M금고의 행원인 A씨가 해당 이벤트를 고객에게 추천하기 전 사전에 확인해야 할 사항으로 적절하지 않은 것은?

〈M금고 가족사랑 패키지 출시 기념 이벤트〉

▲ 이벤트 기간 : 2024년 9월 2일(월) ~ 30일(월)

▲ 세부내용

대상	응모요건	경품
가족사랑 통장·적금·대출 신규 가입고객	① 가족사랑 통장 신규 ② 가족사랑 적금 신규 ③ 가족사랑 대출 신규	가입고객 모두에게 OTP 또는 보안카드 무료 발급
가족사랑 고객	가족사랑 통장 가입 후 다음 중 1가지 이상 충족 ① 급여이체 신규 ② 가맹점 결제대금 이체 신규 ③ 신용(체크)카드 결제금액 20만 원 이상 ④ 가족사랑 대출 신규(1천만 원 이상)	• 여행상품권(200만 원, 1명) • 최신 핸드폰(3명) • 한우세트(300명) • 연극 티켓 2매(전 고객)
국민행복카드 가입고객	국민행복카드 신규+당행 결제계좌 등록 (동 카드로 임신 출산 바우처 결제 1회 이상 사용)	어쩌다 엄마(도서, 500명)

▲ 당첨자 발표 : 2024년 10월 중순, 홈페이지 공지 및 영업점 통보

- 제세공과금은 M금고가 부담하며 본 이벤트는 당행의 사정으로 변경 또는 중단될 수 있습니다.
- 당첨고객은 추첨일 현재 대상상품 유지고객에 한하며, 당첨자 명단은 추첨일 기준 금월 중 M금고 홈페이지에서 확인하실 수 있습니다.
- 기타 자세한 내용은 인터넷 홈페이지(www.Mbank.com)를 참고하시거나 가까운 영업점, 고객센터(0000-0000)에 문의하시기 바랍니다.

※ 유의사항 : 상기이벤트 당첨자 중 핸드폰 등 연락처 불능, 수령 거절 등의 고객 사유로 1개월 이상 경품 미수령 시 당첨이 취소될 수 있음

① 가족사랑 패키지 출시 기념 이벤트는 9월 한 달 동안 진행되는구나.

② 가족사랑 대출을 신규로 가입했을 경우에 OTP나 보안카드를 무료로 발급받을 수 있구나.

③ 가족사랑 통장을 신규로 가입한 후, 급여이체를 설정하면 OTP가 무료로 발급되고 연극 티켓도 받을 수 있구나.

④ 2024년 10월에 이벤트 당첨자를 발표하는데, 별도의 통보가 없으니 영업점을 방문하시라고 설명해야 겠구나.

정답 ④

이벤트 포스터에 당첨자 명단은 홈페이지에서 확인할 수 있다고 명시되어 있다.

오답분석

① 이벤트 기간에서 확인할 수 있다.

② 세부내용 내 가족사랑 통장·적금·대출 신규 가입고객의 경품란에서 확인할 수 있다.

③ 세부내용 내 가족사랑 고객의 응모요건란에서 확인할 수 있다.

유형풀이 Tip

- 문제에서 묻는 것을 파악한 후, 필요한 상황과 정보를 활용하여 문제를 풀어간다.
- 전체적으로 적용되는 공통 조건과 추가로 적용되는 조건이 동시에 제시될 수 있다. 따라서 공통 조건이 무엇인지 먼저 판단한 후 경우에 따라 추가 조건을 고려하여 풀이한다.
- 추가 조건은 표 하단에 작은 글자로 제시될 수 있으며, 문제를 해결하는 데 중요한 변수가 될 수 있으므로 유의한다.

대표기출유형 04 기출응용문제

Easy

01 **다음은 미성년자(만 19세 미만)의 전자금융서비스 신규 · 변경 · 해지 신청에 필요한 서류와 관련된 자료이다. 이를 이해한 내용으로 가장 적절한 것은?**

구분	미성년자 본인 신청 (만 14세 이상)	법정대리인 신청 (만 14세 미만은 필수)
신청서류	• 미성년자 실명확인증표 • 법정대리인(부모) 각각의 동의서 • 법정대리인 각각의 인감증명서 • 미성년자의 가족관계증명서 • 출금계좌통장, 통장인감(서명)	• 미성년자의 기본증명서 • 법정대리인(부모) 각각의 동의서 • 내방 법정대리인 실명확인증표 • 미내방 법정대리인 인감증명서 • 미성년자의 가족관계증명서 • 출금계좌통장, 통장인감
	※ 유의사항 ① 미성년자 실명확인증표 : 학생증(성명 · 주민등록번호 · 사진 포함), 청소년증, 주민등록증, 여권 등(단, 학생증에 주민등록번호가 포함되지 않은 경우 미성년자의 기본증명서 추가 필요) ② 전자금융서비스 이용신청을 위한 법정대리인 동의서 법정대리인 미방문 시 인감 날인(단, 한부모가정인 경우 친권자 동의서 필요 – 친권자 확인 서류 : 미성년자의 기본증명서) ③ 법정대리인이 자녀와 함께 방문한 경우 법정대리인의 실명확인증표로 인감증명서 대체 가능 ※ 법정대리인 동의서 양식은 '홈페이지 → 고객센터 → 약관 · 설명서 · 서식 → 서식자료' 중 '전자금융게시' 내용 참고	

① 만 13세인 A가 전자금융서비스를 해지하려면 반드시 법정대리인이 신청해야 한다.

② 법정대리인이 자녀와 함께 방문하여 신청할 경우, 반드시 인감증명서가 필요하다.

③ 올해로 만 18세인 B가 전자금융서비스를 변경하려면 신청서류로 이름과 사진이 들어있는 학생증과 법정대리인 동의서가 필요하다.

④ 법정대리인 신청 시 동의서는 부모 중 한 명만 있으면 된다.

02 다음은 직원 A의 퇴직금 관련 자료이다. 자료에 따라 직원 A가 받을 퇴직금을 구하면?(단, 직원 A는 퇴직금 조건을 모두 만족하고, 주어진 조건 외에는 고려하지 않으며, 1,000원 미만은 절사한다)

〈퇴직금 산정 기준〉

- 근무한 개월에 따라 1년 미만이라도 정해진 기준에 따라 지급한다.
- 평균임금에는 기본급과 상여금, 기타 수당 등이 포함된다.
- 실비에는 교통비, 식비, 출장비 등이 포함된다.
- 1일 평균임금은 퇴직일 이전 3개월간에 지급받은 임금총액을 퇴직일 이전 3개월간의 근무일수의 합으로 나눠서 구한다.
- 1일 평균임금 산정기간과 총근무일수 중 육아휴직 기간이 있는 경우에는 그 기간과 그 기간 중에 지급된 임금은 평균임금 산정기준이 되는 기간과 임금의 총액에서 각각 뺀다.
- 실비는 평균임금에 포함되지 않는다.
- 퇴직금=1일 평균임금×30일×$\frac{\text{총근무일수}}{360}$

〈직원 A의 월급 명세서〉

(단위 : 만 원)

구분	월 기본급	상여금	교통비	식비	기타수당	근무일수	기타
1월	160	–	20	20	25	31일	–
2월	160	–	20	20	25	28일	–
3월	160	–	20	20	25	31일	–
4월	160	–	20	20	25	22일	–
5월	160	–	20	20	–	16일	육아휴직 (10일)
6월	160	160	20	20	25	22일	7월 1일 퇴직

① 1,145,000원　　② 1,289,000원

③ 1,376,000원　　④ 1,596,000원

03 다음은 A은행손해보험의 보험금 청구 절차 안내문이다. 이를 토대로 고객지원센터에 접수된 고객들의 질문에 답변할 때, 적절하지 않은 것은?

〈보험금 청구 절차 안내문〉

단 계	구 분	내 용
Step 1	사고 접수 및 보험금청구	피보험자, 가해자, 피해자가 사고발생 통보 및 보험금 청구를 합니다. 접수는 가까운 영업점에 관련 서류를 제출합니다.
Step 2	보상팀 및 보상담당자 지정	보상처리 담당자가 지정되어 고객님께 담당자의 성명, 연락처를 SMS로 전송해 드립니다. 자세한 보상관련 문의사항은 보상처리 담당자에게 문의하시면 됩니다.
Step 3	손해사정사법인 (현장확인자)	보험금 지급여부 결정을 위해 사고현장조사를 합니다. (병원 공인된 손해사정법인에게 조사업무를 위탁할 수 있음)
Step 4	보험금 심사 (심사자)	보험금 지급여부를 심사합니다.
Step 5	보험금 심사팀	보험금 지급여부가 결정되면 피보험자 예금통장에 보험금이 입금됩니다.

※ 3만 원 초과 10만 원 이하 소액통원의료비를 청구할 경우, 보험금 청구서와 병원영수증, 질병분류기호(질병명)가 기재된 처방전만으로 접수가 가능합니다.

※ 의료기관에서 환자가 요구할 경우 처방전 발급 시 질병분류기호(질병명)가 기재된 처방전 2부 발급이 가능합니다.

※ 온라인 접수 절차는 A은행손해보험 홈페이지에서 확인하실 수 있습니다.

① Q : 자전거를 타다가 팔을 다쳐서 병원비가 56,000원이 나왔습니다. 보험금을 청구하려고 하는데 제출할 서류가 어떻게 되나요?

A : 고객님의 의료비는 10만 원이 넘지 않는 관계로 보험금 청구서와 병원영수증, 진단서가 필요합니다.

② Q : 사고를 낸 당사자도 보험금을 청구할 수 있나요?

A : 네, 고객님. 사고의 가해자와 피해자 모두 보험금을 청구하실 수 있습니다.

③ Q : 사고 접수는 인터넷으로 접수가 가능한가요?

A : 네, 가능합니다. 자세한 접수 절차는 홈페이지에서 확인하실 수 있습니다.

④ Q : 질병분류기호가 기재된 처방전은 어떻게 발급하나요?

A : 처방전 발급 시 해당 의료기관에 질병분류기호를 포함해달라고 요청하시면 됩니다.

⑤ Q : 보험금은 언제쯤 지급받을 수 있을까요?

A : 보험금은 사고가 접수된 후에 사고현장을 조사하여 보험금 지급 여부를 심사한 다음 지급됩니다. 고객님마다 개인차가 있을 수 있으니 보다 정확한 사항은 보상 처리 담당자에게 문의바랍니다.

Hard

04 A회사는 창립 10주년을 맞이하여 전 직원 단합대회를 준비하고 있다. 이를 위해 사장 B는 여행상품 한 가지를 선정할 계획을 갖고 있는데, 직원 투표 결과를 참고하여 결정하려고 한다. 직원 투표 결과와 여행상품별 1인당 경비가 다음 표와 같이 주어져 있으며, 추가로 행사를 위한 부서별 고려 사항을 참고하여 선택할 경우 〈보기〉에서 옳은 것을 모두 고르면?

상품내용		투표 결과(명)					
여행상품	1인당 비용(원)	총무팀	영업팀	개발팀	홍보팀	공장 1	공장 2
A	500,000	2	1	2	0	15	6
B	750,000	1	2	1	1	20	5
C	600,000	3	1	0	1	10	4
D	1,000,000	3	4	2	1	30	10
E	850,000	1	2	0	2	5	5

〈여행 상품별 혜택 정리〉

상품명	날짜	장소	식사제공	차량지원	편의시설	체험시설
A	5/10 ~ 5/11	해변	O	O	×	×
B	5/10 ~ 5/11	해변	O	O	O	×
C	6/7 ~ 6/8	호수	O	O	O	×
D	6/15 ~ 6/17	도심	O	×	O	O
E	7/10 ~ 7/13	해변	O	O	O	×

〈부서별 고려 사항〉

- 총무팀 : 행사 시 차량 지원 가능함
- 영업팀 : 6월 초순에 해외 바이어와 가격 협상 회의 일정
- 공장 1 : 3일 연속 공장 비가동 시 품질 저하 예상됨
- 공장 2 : 7월 중순 공장 이전 계획 있음

보기

㉠ 총 여행상품 비용으로 1억 500만 원이 필요하다.
㉡ 가장 인기가 높은 여행 상품은 B이다.
㉢ 공장 1은 여행 상품 선택에 가장 큰 영향력을 발휘했다.

① ㉠　　② ㉠, ㉡
③ ㉠, ㉢　　④ ㉡, ㉢

대표기출유형

05 환경분석

| 유형분석 |

- 상황에 대한 환경분석을 통해 주요 과제 및 해결방안을 도출하는 문제이다.
- SWOT 분석뿐 아니라 3C 분석을 활용하는 문제가 출제될 수 있으므로, 해당 분석 도구에 대한 사전 학습이 요구된다.

국내 M금융그룹의 SWOT 분석 결과가 다음과 같을 때, 분석 결과에 대응하는 전략과 그 내용이 바르게 짝지어진 것은?

국내 M금융그룹 SWOT 분석	
S(강점)	W(약점)
• 탄탄한 국내시장 지배력 • 뛰어난 위기관리 역량 • 우수한 자산건전성 지표 • 수준 높은 금융 서비스	• 은행과 이자수익에 편중된 수익구조 • 취약한 해외 비즈니스와 글로벌 경쟁력 • 낙하산식 경영진 교체와 관치금융 우려 • 외화 자금 조달 리스크
O(기회)	T(위협)
• 해외 금융시장 진출 확대 • 기술 발달에 따른 핀테크의 등장 • IT 인프라를 활용한 새로운 수익 창출 • 계열사 간 협업을 통한 금융 서비스	• 새로운 금융 서비스의 등장 • 은행의 영향력 약화 가속화 • 글로벌 금융사와의 경쟁 심화 • 비용 합리화에 따른 고객 신뢰 저하

① SO전략 : 해외 비즈니스TF팀 신설로 상반기 해외 금융시장 진출 대비
② ST전략 : 금융 서비스를 다방면으로 확대해 글로벌 경쟁사와의 경쟁에서 우위 차지
③ WO전략 : 국내의 탄탄한 시장점유율을 기반으로 핀테크 사업 진출
④ WT전략 : 국내 금융사의 우수한 자산건전성 지표를 홍보하여 고객 신뢰 회복

정답 ②

수준 높은 금융 서비스를 통해 글로벌 경쟁에서 우위를 차지하는 것은 강점을 이용해 글로벌 금융사와의 경쟁 심화라는 위협을 극복하는 ST전략이다.

오답분석

① 해외 비즈니스TF팀을 신설해 해외 금융시장 진출을 확대하는 것은 글로벌 경쟁력이 낮다는 약점을 극복하고 해외 금융시장 진출 확대라는 기회를 활용하는 WO전략이다.
③ 탄탄한 국내 시장점유율이 국내 금융그룹의 핀테크 사업 진출의 기반이 되는 것은 강점을 통해 기회를 살리는 SO전략이다.
④ 우수한 자산건전성 지표를 홍보하여 고객 신뢰를 회복하는 것은 강점으로 위협을 극복하는 ST전략이다.

유형풀이 Tip

SWOT 분석

기업의 내부환경과 외부환경을 분석하여 강점(Strength), 약점(Weakness), 기회(Opportunity), 위협(Threat) 요인을 규정하고 이를 토대로 경영전략을 수립하는 기법으로, 미국의 경영컨설턴트인 알버트 험프리(Albert Humphrey)에 의해 고안되었다. SWOT 분석의 가장 큰 장점은 기업의 내·외부환경 변화를 동시에 파악할 수 있다는 것이다. 기업의 내부환경을 분석하여 강점과 약점을 찾아내며, 외부환경 분석을 통해서는 기회와 위협을 찾아낸다. SWOT 분석은 외부로부터의 기회는 최대한 살리고 위협은 회피하는 방향으로 자신의 강점은 최대한 활용하고 약점은 보완한다는 논리에 기초를 두고 있다. SWOT 분석에 의한 경영전략은 다음과 같이 정리할 수 있다.

Strength 강점 기업 내부환경에서의 강점 (S)	Weakness 약점 기업 내부환경에서의 약점 (W)
Opportunity 기회 기업 외부환경으로부터의 기회 (O)	Threat 위협 기업 외부환경으로부터의 위협 (T)

3C 분석

자사(Company)	고객(Customer)	경쟁사(Competitor)
• 자사의 핵심역량은 무엇인가? • 자사의 장단점은 무엇인가? • 자사의 다른 사업과 연계되는가?	• 주 고객군은 누구인가? • 그들은 무엇에 열광하는가? • 그들의 정보 습득 / 교환은 어디에서 일어나는가?	• 경쟁사는 어떤 회사가 있는가? • 경쟁사의 핵심역량은 무엇인가? • 잠재적인 경쟁사는 어디인가?

대표기출유형 05 기출응용문제

Easy

01 **H공사는 필리핀의 신재생에너지 시장에 진출하려고 한다. 전략기획팀의 M대리는 3C 분석 방법을 통해 다음과 같은 결과를 도출하였다. 다음 중 H공사의 필리핀 시장 진출에 대한 판단으로 가장 적절한 것은?**

3C	상황분석
고객(Customer)	• 아시아국가 중 전기요금이 높은 편에 속함 • 태양광, 지열 등 훌륭한 자연환경 조건 기반 • 신재생에너지 사업에 대한 정부의 적극적 추진 의지
경쟁사(Competitor)	• 필리핀 민간 기업의 투자 증가 • 중국 등 후발국의 급속한 성장 • 체계화된 기술 개발 부족
자사(Company)	• 필리핀 화력발전사업에 진출한 이력 • 필리핀의 태양광 발전소 지분 인수 • 현재 미국, 중국 등 4개국에서 풍력과 태양광 발전소 운영 중

① 필리핀은 전기요금이 높아 국민들의 전력 사용량이 많지 않을 것으로 예상되며, 열악한 전력 인프라로 신재생에너지 시장의 발전 가능성 또한 낮을 것으로 예상되므로 자사의 필리핀 시장 진출은 바람직하지 않다.

② 필리핀은 정부의 적극적 추진 의지로 신재생에너지 시장이 급성장하고 있으나, 민간 기업의 투자와 다른 아시아국가의 급속한 성장으로 경쟁이 치열하므로 자사는 비교적 경쟁이 덜한 중국 시장으로 진출하는 것이 바람직하다.

③ 풍부한 자연환경 조건을 가진 필리핀 신재생에너지 시장의 성장 가능성은 높지만, 경쟁사에 비해 체계적이지 못한 자사의 기술 개발 역량이 필리핀 시장 진출에 걸림돌이 될 것이다.

④ 훌륭한 자연환경 조건과 사업에 대한 정부의 추진 의지를 바탕으로 한 필리핀의 신재생에너지 시장에서는 필리핀 민간 기업이나 후발국과의 치열한 경쟁이 예상되나, 자사의 진출 이력을 바탕으로 경쟁력을 확보할 수 있을 것이다.

02 다음은 SWOT 분석에 대한 설명과 유전자 관련 업무를 수행 중인 A사의 SWOT 분석 결과 자료이다. 자료를 참고하여 〈보기〉의 ㉠～㉣ 중 빈칸 (가), (나)에 들어갈 내용으로 적절한 것을 고르면?

SWOT 분석은 기업의 내부환경과 외부환경을 분석하여 강점(Strength), 약점(Weakness), 기회(Opportunity), 위협(Threat) 요인을 규정하고 이를 토대로 경영전략을 수립하는 기법으로, 미국의 경영컨설턴트인 알버트 험프리(Albert Humphrey)에 의해 고안되었다.

- 강점(Strength) : 내부환경(자사 경영자원)의 강점
- 약점(Weakness) : 내부환경(자사 경영자원)의 약점
- 기회(Opportunity) : 외부환경(경쟁, 고객, 거시적 환경)에서 비롯된 기회
- 위협(Threat) : 외부환경(경쟁, 고객, 거시적 환경)에서 비롯된 위협

〈A사 SWOT 분석 결과〉

강점(Strength)	약점(Weakness)
• 유전자 분야에 뛰어난 전문가로 구성 • ______(가)______	• 유전자 실험의 장기화
기회(Opportunity)	**위협(Threat)**
• 유전자 관련 업체 수가 적음 • ______(나)______	• 고객들의 실험 부작용에 대한 두려움 인식

보기

㉠ 투자 유치의 어려움
㉡ 특허를 통한 기술 독점 가능
㉢ 점점 증가하는 유전자 의뢰
㉣ 높은 실험 비용

	(가)	(나)
①	㉠	㉢
②	㉠	㉣
③	㉡	㉠
④	㉡	㉢

03 **다음 수제 초콜릿에 대한 분석 기사를 읽고 〈보기〉에서 설명하는 SWOT 분석에 의한 마케팅 전략을 진행하고자 할 때, 적절하지 않은 설명은?**

> 오늘날 식품 시장을 보면 원산지와 성분이 의심스러운 제품들이 넘쳐 납니다. 이로 인해 소비자들은 고급스럽고 안전한 먹거리를 찾고 있습니다. 우리의 수제 초콜릿은 이러한 요구를 완벽하게 충족시켜주고 있습니다. 풍부한 맛, 고급 포장, 모양, 건강상의 혜택, 강력한 스토리텔링 모두 높은 품질을 원하는 소비자들의 요구를 충족시키는 요인들입니다. 사실 수제 초콜릿을 만드는 데에는 비용이 많이 듭니다. 각종 장비 및 유지 보수에서부터 값비싼 포장, 유통업체의 높은 수익을 보장해주다 보면 초콜릿을 생산하는 업체에게 남는 이익은 많지 않습니다. 또한 수제 초콜릿의 존재 자체를 많은 사람들이 알지 못하는 상황입니다. 하지만 보다 좋은 식품에 대한 인기가 높아짐에 따라 더 많은 업체들이 수제 초콜릿을 취급하기를 원하고 있습니다. 따라서 수제 초콜릿은 일반 초콜릿보다 더 높은 가격으로 판매될 수 있을 것입니다. 현재 초콜릿을 대량으로 생산하는 대형 기업들은 자신들의 일반 초콜릿과 수제 초콜릿의 차이를 줄이는 데 최선을 다하고 있습니다. 그리고 직접 맛을 보기 전에는 일반 초콜릿과 수제 초콜릿의 차이를 알 수 없기 때문에 소비자들은 굳이 초콜릿에 더 많은 돈을 지불해야 하는 이유를 알지 못할 수 있습니다. 따라서 수제 초콜릿의 효과적인 마케팅 전략이 필요한 시점입니다.

보기

〈SWOT 분석에 의한 마케팅 전략〉

- SO전략(강점 – 기회전략) : 강점을 살려 기회를 포착
- ST전략(강점 – 위협전략) : 강점을 살려 위협을 회피
- WO전략(약점 – 기회전략) : 약점을 보완하여 기회를 포착
- WT전략(약점 – 위협전략) : 약점을 보완하여 위협을 회피

① 수제 초콜릿의 값비싸고 과장된 포장을 바꾸고, 그 비용으로 안전하고 맛있는 수제 초콜릿을 홍보하면 어떨까.

② 수제 초콜릿을 고급 포장하여 수제 초콜릿의 스토리텔링을 더 살려보는 것은 어떨까.

③ 수제 초콜릿의 스토리텔링을 포장에 명시한다면 소비자들이 믿고 구매할 수 있을 거야.

④ 수제 초콜릿의 마케팅을 강화하는 방법으로 수제 초콜릿의 차이를 알려 대기업과의 경쟁에서 이겨야겠어.

Hard

04 레저용 차량을 생산하는 M기업에 대한 다음 SWOT 분석 결과를 참고하여, 〈보기〉 중 각 전략에 따른 대응으로 적절한 것을 모두 고르면?

〈M기업의 SWOT 분석 결과〉

강점(Strength)	약점(Weakness)
• 높은 브랜드 이미지 · 평판 • 훌륭한 서비스와 판매 후 보증수리 • 확실한 거래망, 딜러와의 우호적인 관계 • 막대한 R&D 역량 • 자동화된 공장 • 대부분의 차량 부품 자체 생산	• 한 가지 차종에만 집중 • 고도의 기술력에 대한 과도한 집중 • 생산설비에 막대한 투자 → 차량모델 변경의 어려움 • 한 곳의 생산 공장만 보유 • 전통적인 가족형 기업 운영
기회(Opportunity)	**위협(Threat)**
• 소형 레저용 차량에 대한 수요 증대 • 새로운 해외시장의 출현 • 저가형 레저용 차량에 대한 선호 급증	• 휘발유의 부족 및 가격의 급등 • 레저용 차량 전반에 대한 수요 침체 • 다른 회사들과의 경쟁 심화 • 차량 안전 기준의 강화

보기

㉠ ST전략 – 기술개발을 통해 연비를 개선한다.
㉡ SO전략 – 대형 레저용 차량을 생산한다.
㉢ WO전략 – 규제 강화에 대비하여 보다 안전한 레저용 차량을 생산한다.
㉣ WT전략 – 생산량 감축을 고려한다.
㉤ WO전략 – 국내 다른 지역이나 해외에 공장들을 분산 설립한다.
㉥ ST전략 – 경유용 레저 차량 생산을 고려한다.
㉦ SO전략 – 해외시장 진출보다는 내수 확대에 집중한다.

① ㉠, ㉢, ㉤, ㉥
② ㉠, ㉣, ㉤, ㉥
③ ㉡, ㉣, ㉤, ㉥
④ ㉡, ㉣, ㉥, ㉦

CHAPTER 04
조직이해능력

합격 CHEAT KEY

조직이해능력은 업무를 원활하게 수행하기 위해 조직의 체제와 경영을 이해하고 국제적인 추세를 이해하는 능력이다. 현재 많은 금융권에서 출제 비중을 높이고 있는 영역이기 때문에 미리 대비하는 것이 중요하다. 실제 업무 능력에서 조직이해능력을 요구하기 때문에 중요도는 점점 높아질 것이다.

국가직무능력표준 홈페이지 자료에 따르면 조직이해능력의 세부 유형은 조직체제이해능력 · 경영이해능력 · 업무이해능력 · 국제감각으로 나눌 수 있다. 조직도를 제시하는 문제가 출제되거나 조직의 체계를 파악해 경영의 방향성을 예측하고, 업무의 우선순위를 파악하는 문제가 출제된다. 조직이해능력은 NCS 기반 채용을 진행한 금융권 중 30% 정도가 다뤘으며, 문항 수는 전체에서 평균 15% 정도로 상대적으로 적게 출제되었다.

01 문제 속에 정답이 있다!

경력이 없는 경우 조직에 대한 이해가 낮을 수밖에 없다. 그러나 문제 자체가 실무적인 내용을 담고 있어도 문제 안에는 해결의 단서가 주어진다. 부담을 갖지 않고 접근하는 것이 중요하다.

02 경영 · 경제학원론 정도의 수준은 갖추도록 하라!

지원한 직군마다 차이는 있을 수 있으나, 경영 · 경제이론을 접목시킨 문제가 꾸준히 출제되고 있다. 따라서 기본적인 경영 · 경제이론은 익혀 둘 필요가 있다.

03 지원하는 기업의 조직도를 파악하자!

출제되는 문제는 각 기업의 세부내용일 경우가 많기 때문에 지원하는 기업의 조직도를 파악해두어야 한다. 조직이 운영되는 방법과 전략을 이해하고, 조직을 구성하는 체제를 파악하고 간다면 조직이해능력영역에서 조직도가 나올 때 단시간에 문제를 풀 수 있을 것이다.

04 실제 업무에서도 요구되므로 이론을 익혀두자!

각 기업의 직무 특성상 일부 영역에 필기시험의 중요도가 가중되는 경우가 있어서 많은 수험생들이 해당 영역에만 집중하는 경향이 있다. 그러나 실제 업무 능력에는 NCS 직업기초능력의 10개 영역이 골고루 요구되는 경우가 많으며, 필기시험에서 조직이해능력을 출제하는 기업의 비중이 늘어나고 있기 때문에 미리 이론을 익혀 둔다면 모듈형 문제에서 고득점을 노릴 수 있다.

CHAPTER

04 이론점검

01 조직이해능력

1. 조직이란?

(1) 조직의 개념과 조직이해의 필요성

① 조직의 의미

㉠ 조직 : 두 사람 이상이 공동의 목표를 달성하기 위해 의식적으로 구성되며 상호작용과 조정을 행하는 행동의 집합체

㉡ 조직은 목적을 가지고 있고, 구조가 있으며, 목적을 달성하기 위해 구성원들은 서로 협동적인 노력을 하고, 외부 환경과 긴밀한 관계를 이룸

㉢ 조직의 경제적 기능 : 재화나 서비스를 생산함

㉣ 조직의 사회적 기능 : 조직구성원들에게 만족감을 주고 협동을 지속시킴

② 기업이란?

㉠ 직장생활을 하는 대표적인 조직으로, 노동·자본·물자·기술 등을 투입해 제품·서비스를 산출하는 기관

㉡ 최소의 비용으로 최대의 효과를 얻음으로써 차액인 이윤을 극대화하기 위해 만들어진 조직

㉢ 고객에게 보다 좋은 상품과 서비스를 제공하고 잠재적 고객에게 마케팅을 하며 고객을 만족시키는 주체

③ 조직이해능력은 왜 필요한가?

㉠ 조직이해능력 : 직업인이 자신이 속한 조직의 경영과 체제를 이해하고, 직장생활과 관련된 국제감각을 가지는 능력

㉡ 조직의 구성원이 개인의 업무 성과를 높이고 조직 전체의 경영 효과를 높이려면 개개인과 긍정적인 인간관계를 갖는 것뿐만 아니라 조직의 체제와 경영 원리를 이해하는 것이 중요함

④ 조직의 유형

㉠ 공식성에 따른 분류 : 비공식조직으로부터 공식화가 진행되어 공식조직으로 발전되지만, 공식조직 내에서 인간관계를 지향하면서 비공식조직이 새롭게 생성되기도 함

- 공식조직 : 조직의 구조, 기능, 규정 등이 조직화되어 있는 조직
- 비공식조직 : 개인들의 협동과 상호작용(자발적인 인간관계)에 따라 형성된 자발적인 집단 조직

㉡ 영리성에 따른 분류

- 영리조직 : 기업과 같이 이윤을 목적으로 하는 조직
- 비영리조직 : 정부조직을 비롯해 공익을 추구하는 병원, 대학, 시민단체

㉢ 조직 규모에 따른 분류
- 소규모조직 : 가족 소유의 상점처럼 규모가 작은 조직
- 대규모조직 : 대기업처럼 규모가 큰 조직이며, 최근에는 동시에 둘 이상의 국가에서 법인을 등록하고 경영 활동을 벌이는 다국적 기업이 증가함

(2) 조직 체제의 구성

① 조직은 하나의 체제(System)이며, 체제는 특정한 방식이나 양식으로 서로 결합된 부분들의 총체를 의미한다.

② 체제(System)의 구성

㉠ 인풋(Input) : 시스템에 유입되는 것

㉡ 업무 프로세스(Process) : 시스템의 연결망, 즉 조직의 구조를 통해서 인풋이 아웃풋으로 전환되는 과정

㉢ 아웃풋(Output) : 업무 프로세스를 통해 창출된 시스템의 결과물

③ 조직 체제의 구성 요소

㉠ 조직의 목표
- 조직이 달성하려는 장래의 상태로, 조직이 존재하는 정당성 · 합법성을 제공
- 전체 조직의 성과, 자원, 시장, 인력 개발, 혁신과 변화, 생산성에 대한 목표를 포함

㉡ 조직의 구조 : 조직 내의 부문 사이에 형성된 관계로, 조직의 목표 달성을 위한 조직구성원들의 상호작용을 보여줌
- 조직의 구조는 의사결정권의 집중 정도, 명령 계통, 최고경영자의 통제, 규칙과 규제의 정도에 따라 달라짐
- 조직의 구조는 기계적 조직과 유기적 조직으로 구분
  - 기계적 조직 : 구성원들의 업무나 권한이 분명하게 정의된 조직
  - 유기적 조직 : 의사결정권이 하부 구성원들에게 많이 위임되고 업무가 고정적이지 않은 조직
- 조직도는 구성원들의 임무, 수행하는 과업, 일하는 장소 등을 파악하는 데 용이함

㉢ 업무 프로세스 : 조직에 유입된 인풋 요소들이 최종 산출물로 만들어지기까지 구성원 간의 업무 흐름이 어떻게 연결되는지를 보여주는 것

㉣ 조직문화 : 조직이 지속되게 되면 조직구성원들이 생활양식이나 가치를 공유하게 되는 것
- 조직문화는 조직구성원들의 사고 · 행동에 영향을 주며, 일체감 · 정체성을 부여하고 조직이 안정적으로 유지되게 함
- 최근 조직문화를 긍정적인 방향으로 조성하기 위한 경영층의 노력이 강조되고 있음

㉤ 조직의 규칙과 규정
- 조직의 목표나 전략에 따라 수립되어 조직구성원들이 활동 범위를 제약하고 일관성을 부여함
- 조직이 구성원들의 행동을 관리하기 위해 규칙 · 절차에 의존하므로 공식화 정도에 따라 조직의 구조가 결정되기도 함

(3) 조직 변화의 중요성

① 급변하는 환경에 맞춰 조직이 생존하려면 조직은 새로운 아이디어・행동을 받아들이는 조직 변화에 적극적이어야 한다.

② 조직 변화의 과정

㉠ 환경 변화 인지 : 환경 변화 중에 해당 조직에 영향을 미치는 변화를 인식하는 것

㉡ 조직 변화 방향 수립 : 조직의 세부 목표나 경영 방식을 수정하거나, 규칙・규정 등을 새로 제정하며, 특히 체계적으로 구체적인 추진 전략을 수립하고, 추진 전략별 우선순위를 마련함

㉢ 조직 변화 실행 : 수립된 조직 변화 방향에 따라 조직을 변화시킴

㉣ 변화 결과 평가 : 조직 개혁의 진행 사항과 성과를 평가

③ 조직 변화의 유형

㉠ 제품・서비스의 변화 : 기존 제품・서비스의 문제점을 인식하고 고객의 요구에 부응하기 위한 것으로, 고객을 늘리거나 새로운 시장을 확대하기 위한 변화

㉡ 전략・구조의 변화 : 조직의 목적 달성과 효율성 제고를 위해 조직 구조, 경영 방식, 각종 시스템 등을 개선함

㉢ 기술 변화 : 새로운 기술을 도입하는 것으로, 신기술이 발명되었을 때나 생산성을 높이기 위한 변화

㉣ 문화의 변화 : 구성원들의 사고방식・가치체계를 변화시키는 것으로, 조직의 목적과 일치시키기 위해 문화를 유도함

02 경영이해능력

1. 조직의 경영 원리와 방법

(1) 경영의 필요성 : 경영은 조직의 목적을 달성하기 위한 전략・관리・운영 활동을 뜻하며, 조직은 목적을 달성하기 위해 지속적인 관리와 운영이 요구된다.

(2) 조직은 다양한 유형이 있기 때문에 모든 조직에 공통적인 경영 원리를 적용하는 것은 어렵지만, 특정 조직에 적합한 특수경영 외에 일반경영은 조직의 특성에 관계없이 공통적으로 적용할 수 있는 개념이다.

(3) 경영의 구성 요소

① **경영 목적** : 조직의 목적을 어떤 과정과 방법을 택해 수행할 것인가를 구체적으로 제시해준다.

② **조직구성원** : 조직에서 일하고 있는 임직원들로, 이들이 어떠한 역량을 가지고 어떻게 직무를 수행하는지에 따라 경영 성과가 달라진다.

③ **자금** : 경영 활동에 사용할 수 있는 돈으로, 이윤 추구를 목적으로 하는 사기업에서 자금은 이를 통해 새로운 이윤을 창출하는 기초가 된다.

④ **경영 전략** : 기업 내 모든 인적・물적 자원을 경영 목적을 달성하기 위해 조직화하고, 이를 실행에 옮겨 경쟁우위를 달성하는 일련의 방침 및 활동이다.

(4) 경영의 과정

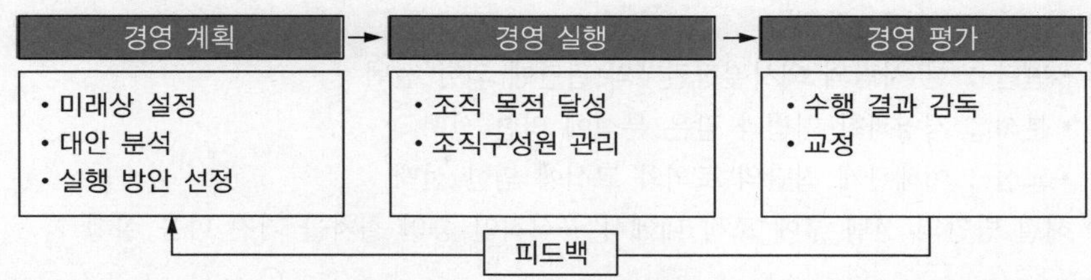

① **경영 계획** : 조직의 미래상을 결정하고 이를 달성하기 위한 대안을 분석하고 목표를 수립하며 실행 방안을 선정하는 과정이다.

② **경영 실행** : 조직 목적을 달성하기 위한 활동들과 조직구성원을 관리한다.

③ **경영 평가** : 경영 실행에 대한 평가로, 수행 결과를 감독하고 교정해 다시 피드백한다.

(5) 경영 활동의 유형

① **외부 경영 활동** : 조직 외부에서 조직의 효과성을 높이기 위해 이루어지는 활동, 즉 외적 이윤 추구 활동으로, 대표적으로 마케팅 활동이 있다.

② **내부 경영 활동** : 조직 내부에서 인적 · 물적 자원 및 생산 기술을 관리하는 것으로, 대표적으로 인사 · 재무 · 생산 관리 등이 있다.

(6) 경영참가 제도

① 의의 : 근로자 또는 노동조합을 경영의 파트너로 인정하는 협력적 노사관계가 중시됨에 따라 이들을 경영의사결정 과정에 참여시키는 것

② 목적 : 경영의 민주성 제고, 노사 간의 세력 균형 추구, 새로운 아이디어 제시 또는 현장에 적합한 개선방안 마련, 경영의 효율성 향상, 노사 간 상호 신뢰 증진

2. 조직의 의사결정

(1) 의사결정의 과정 : 조직에서의 의사결정 시에는 대부분 제한된 정보와 여러 견해들이 공존하게 된다. 또한 혁신적인 결정뿐만 아니라 현재의 체제 내에서 기존의 결정을 지속적으로 개선하는 방식이 자주 활용된다.

① **확인 단계** : 의사결정이 필요한 문제를 인식하고 이를 진단하는 단계

㉠ 문제의 중요도나 긴급도에 따라서 체계적으로 이루어지기도 하며 비공식적으로 이루어지기도 함

㉡ 문제를 신속히 해결할 필요가 있는 경우에는 진단시간을 줄이고 즉각 대응해야 함

㉢ 일반적으로는 다양한 문제를 리스트한 후 주요 문제를 선별하거나, 문제의 증상을 리스트한 후 그러한 증상이 나타나는 근본원인을 찾아야 함

② **개발 단계** : 확인된 문제의 해결 방안을 모색하는 단계

㉠ 탐색 : 조직 내의 기존 해결 방법 중에서 새로운 문제의 해결 방법을 찾는 과정(조직 내 관련자와의 대화나 공식적인 문서 등을 참고)

㉡ 설계 : 이전에 없었던 새로운 문제의 경우 이에 대한 해결안을 설계(시행착오적 과정을 거치면서 적합한 해결 방법 모색)

③ **선택 단계** : 실행 가능한 해결안을 선택하는 단계

㉠ 선택을 위한 3가지 방법

- 판단 : 한 사람의 의사결정권자의 판단에 의한 선택
- 분석 : 경영과학 기법과 같은 분석에 의한 선택
- 교섭 : 이해관계 집단의 토의와 교섭에 의한 선택

㉡ 해결 방안의 선택 후에 조직 내에서 공식적인 승인 절차를 거친 다음 실행

[점진적 의사결정 모형]

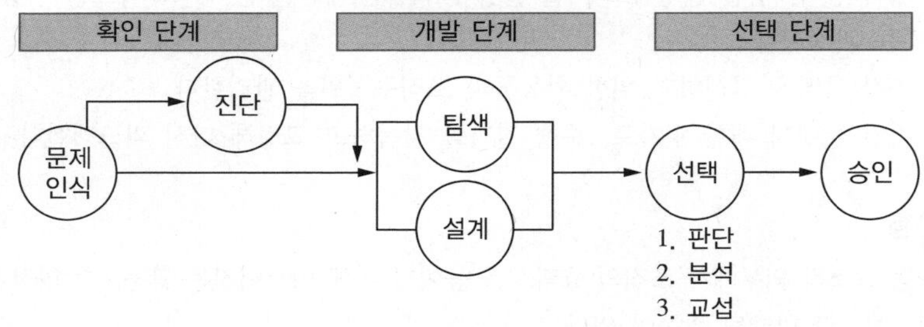

(2) 집단의사결정의 특징

① 집단의사결정은 한 사람보다 집단이 가지고 있는 지식·정보가 더 많으므로 효과적인 결정을 할 수 있다.

② 다양한 집단구성원이 각자 다른 시각에서 문제를 바라보므로 다양한 견해를 가지고 접근할 수 있다.

③ 집단의사결정을 할 경우 결정된 사항에 대해 의사결정에 참여한 사람들이 해결책을 수월하게 수용하고, 의사소통의 기회도 향상된다.

④ 의견이 불일치하는 경우 의사결정을 내리는 데 시간이 많이 소요되며, 특정 구성원에 의해 의사결정이 독점될 가능성이 있다.

(3) 브레인스토밍

① 여러 명이 한 가지의 문제를 놓고 아이디어를 비판 없이 제시해 그중에서 최선책을 찾아내는 방법

② **브레인스토밍의 규칙**

㉠ 다른 사람이 아이디어를 제시할 때에는 비판하지 않는다.

㉡ 문제에 대한 제안은 자유롭게 이루어질 수 있다.

㉢ 아이디어는 많이 나올수록 좋다.

㉣ 모든 아이디어들이 제안되고 나면 이를 결합하고 해결책을 마련한다.

③ **브레인라이팅(Brain Writing)** : 구두로 의견을 교환하는 브레인스토밍과 달리, 포스트잇 같은 메모지에 의견을 적은 다음 메모된 내용을 차례대로 공유하는 방법

3. 조직의 경영 전략

(1) 경영 전략의 개념

① 조직의 경영 전략은 조직이 환경에 적응해 목표를 달성할 수 있도록 경영 활동을 체계화해 나타내는 수단이 된다.

② 조직은 전략 목표를 설정하고 환경을 분석해 경영 전략을 도출할 수 있으며, 해당 사업에서 경쟁우위를 확보하기 위한 다양한 전략을 구사할 수 있다.

(2) 경영 전략의 추진 과정

① **전략 목표 설정 :** 경영 전략을 통해 도달하고자 하는 미래의 모습인 비전을 규명하고, 미션(전략 목표)을 설정

② **환경 분석 :** SWOT 분석 등의 기법으로 조직의 내부·외부 환경을 분석해 전략 대안들을 수립하고 실행·통제

[SWOT 분석 기법]

내부 환경 분석	조직이 우위를 점할 수 있는 장점 (Strength)	조직의 효과적인 성과를 방해하는 약점 (Weakness)
외부 환경 분석	조직 활동에 이점을 주는 기회 (Opportunity)	조직 활동에 불이익을 미치는 위협 (Threat)

↓

외적 요소 / 내적 요소	기회(O)	위협(T)
장점(S)	SO전략 (기회의 이점을 얻기 위해 강점을 활용)	ST전략 (위협을 회피하기 위해 강점을 활용)
약점(W)	WO전략 (강점을 살리면서 기회의 이점을 살림)	WT전략 (약점을 최소화하고 위협을 회피)

③ **경영전략 도출 :** 조직 전략, 사업 전략, 부문 전략 등은 위계적인 관계를 이룸(조직 전략이 가장 상위 단계)

㉠ 조직 전략 : 조직의 사명을 정의함

㉡ 사업 전략 : 사업 수준에서 각 사업의 경쟁적 우위를 점하기 위한 방향·방법을 다룸

㉢ 부문 전략 : 기능부서별로 사업 전략을 구체화해 세부적인 수행 방법을 결정함

④ **경영 전략 실행 :** 수립된 경영 전략을 실행해 경영 목적을 달성함

⑤ **평가 및 피드백 :** 경영 전략의 결과를 평가하고, 전략 목표 및 경영 전략을 재조정함

(3) 본원적 경쟁 전략의 유형

① **원가우위 전략** : 원가를 절감해 해당 산업에서 우위를 점하는 전략으로, 대량생산을 통해 단위 원가를 낮추거나 새로운 생산 기술을 개발해야 함(온라인 소매업체)

② **차별화 전략** : 생산품 · 서비스를 차별화해 고객에게 가치가 있고 독특하게 인식되도록 하는 전략으로, 연구 · 개발 · 광고를 통해 기술 · 품질 · 서비스 · 브랜드이미지를 개선해야 함(저가전략에 맞서 고품질의 프리미엄 제품으로 차별화)

③ **집중화 전략** : 특정 시장 · 고객에게 한정된 전략으로, 경쟁 조직들이 소홀히 하고 있는 한정된 시장을 원가우위나 차별화 전략을 써서 집중적으로 공략함(저가 항공사)

[본원적 경쟁 전략(Michael E. Porter)]

전략적 목표 \ 전략적 우위 요소	고객들이 인식하는 제품의 특성	원가우위
산업 전체	차별화	원가우위
산업의 특정 부문	집중화 (차별화+집중화)	집중화 (원가우위+집중화)

03 체제이해능력

1. 조직 목표

(1) 조직 목표의 개념 : 조직이 달성하려는 장래의 상태로, 미래지향적이지만 현재 조직 행동의 방향을 결정하는 역할을 한다.

(2) 조직 목표의 기능과 특징

① 조직 목표의 기능

㉠ 공식적 목표

- 조직의 존재 이유와 관련된 조직의 사명
- 조직의 사명 : 조직의 비전, 가치와 신념, 조직의 존재 이유 등을 공식적인 목표로 표현한 것으로, 조직이 존재하는 정당성과 합법성을 제공

㉡ 실제적 목표

- 조직의 사명을 달성하기 위한 세부 목표
- 세부 목표(운영 목표) : 조직이 실제적인 활동을 통해 달성하고자 하는 것으로, 사명에 비해 측정 가능한 형태로 기술되는 단기적인 목표
- 운영 목표는 조직이 나아갈 방향을 제시하고 조직구성원들이 여러 가지 행동 대안 중에서 적합한 것을 선택하고 의사결정하는 기준을 제시한다.

• 조직 목표는 조직구성원들이 공통된 조직 목표 아래서 소속감 · 일체감을 느끼고 행동 수행의 동기를 가지게 한다.
• 조직 목표는 조직구성원들의 수행을 평가하는 기준, 조직 체제를 구체화하는 조직 설계의 기준이 된다.

② 조직 목표의 특징

㉠ 조직이 추구하는 다수의 목표들은 위계적 상호관계가 있어서 서로 상하관계를 이루고 영향을 주고받는다.

㉡ 조직 목표들은 조직의 구조 · 전략 · 문화 등과 같은 조직 체제의 다양한 구성 요소들과 상호관계를 이룬다.

㉢ 조직 목표들은 가변적이어서 조직 내의 다양한 원인들에 의해 변동되거나 없어지고, 새로운 목표로 대치되기도 한다.

㉣ 조직 목표의 수정과 새로운 목표 형성에 영향을 미치는 요인
• 조직 내적 요인 : 조직 리더의 결단이나 태도의 변화, 조직 내 권력 구조의 변화, 목표 형성 과정의 변화 등
• 조직 외적 요인 : 경쟁업체의 변화, 조직 자원의 변화, 경제 정책의 변화 등

(3) 조직의 운영 목표의 분류(R. L. Daft)

① **전체 성과** : 영리 조직은 수익성, 사회복지기관은 서비스 제공과 같은 조직의 성장 목표

② **자원** : 조직에 필요한 재료와 재무 자원을 획득하는 것

③ **시장** : 시장점유율, 시장에서의 지위 향상 등의 조직 목표

④ **인력 개발** : 조직구성원에 대한 교육 · 훈련, 승진, 성장 등과 관련된 목표

⑤ **혁신과 변화** : 불확실한 환경 변화에 대한 적응 가능성을 높이고 내부의 유연성을 향상시키고자 수립하는 것

⑥ **생산성** : 투입된 자원에 대비한 산출량을 높이기 위한 목표로 단위생산 비용, 조직구성원 1인당 생산량 및 투입비용 등으로 산출 가능함

[조직 목표의 분류(Richard L. Daft)]

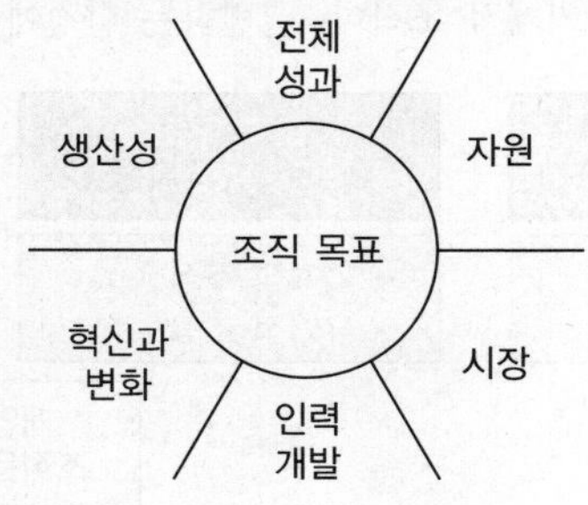

2. 조직의 구조

(1) 조직 구조 이해의 필요성 : 직업인은 조직의 한 구성원으로 조직 내의 다른 사람들과 상호작용해야 한다. 이때, 자신이 속한 조직 구조의 특징을 모르면 자신에게 주어진 업무와 권한의 범위는 물론 자신에게 필요한 정보를 누구에게서 어떤 방식으로 구해야 할지도 알지 못하게 된다. 따라서 직업인에게는 조직의 구조를 이해할 수 있는 능력이 필수적이다.

(2) 조직 구조도의 유용성 : 조직도를 통해 자신의 위치를 파악하고 조직구성원의 임무, 수행 과업, 장소 등의 체계를 파악할 수 있다.

(3) 조직 구조의 구분 : 의사결정 권한의 집중 정도, 명령 계통, 최고경영자의 통제, 규칙과 규제의 정도에 따라 구분

① **기계적 조직** : 구성원들의 업무가 분명히 정의되고, 규칙·규제들이 많으며, 상하 간 의사소통이 공식적인 경로를 통해 이루어지고, 위계질서가 엄격하다.

② **유기적 조직** : 의사결정 권한이 조직의 하부 구성원들에게 많이 위임되어 있고, 업무가 고정되지 않고 공유 가능하며, 비공식적인 상호 의사소통이 원활히 이루어지고, 규제나 통제의 정도가 낮아 변화에 따라 쉽게 변할 수 있다.

(4) 조직 구조의 결정 요인 : 조직의 전략, 규모, 기술, 환경

① **조직 전략** : 조직의 목적을 달성하기 위해 수립한 계획으로, 조직이 자원을 배분하고 경쟁적 우위를 달성하기 위한 주요 방침이다.

② **조직 규모** : 대규모조직은 소규모조직에 비해 업무가 전문화·분화되어 있고 많은 규칙과 규정이 있다.

③ **기술** : 조직이 투입 요소를 산출물로 전환시키는 지식·기계·절차 등을 뜻하며, 소량생산 기술을 가진 조직은 유기적 조직 구조를, 대량생산 기술을 가진 조직은 기계적 조직 구조를 이룬다.

④ **환경** : 조직은 환경의 변화에 적절하게 대응해야 하므로 환경에 따라 조직의 구조가 달라진다. 안정적이고 확실한 환경에서는 기계적 조직이, 급변하는 환경에서는 유기적 조직이 적합하다.

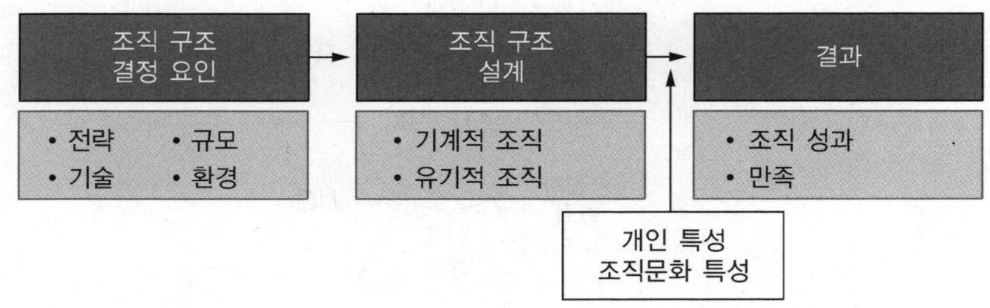

(5) 조직 구조의 형태

① 기능적 조직 구조 : 대부분의 조직은 조직의 CEO가 조직의 최상층에 있고, 조직구성원들이 단계적으로 배열되는 구조를 이룬다. 환경이 안정적이거나 일상적인 기술, 조직의 내부 효율성을 중요시하며 기업의 규모가 작을 때에는 업무의 내용이 유사하고 관련성이 있는 것들을 결합해서 기능적 조직 구조 형태를 이룬다.

[기능적 조직 구조 형태]

최고경영자
총무부
엔지니어링
재무
영업
생산

② 사업별 조직 구조 : 급변하는 환경 변화에 대응하고, 제품·지역·고객별 차이에 신속하게 적응하기 위해 분권화된 의사결정이 가능하다. 사업별 조직 구조는 개별 제품, 서비스, 제품 그룹, 주요 프로젝트·프로그램 등에 따라 조직화된다. 즉, 제품에 따라 조직이 구성되고 각 사업별 구조 아래 생산, 판매, 회계 등의 역할이 이루어진다.

[사업별 조직 구조 형태]

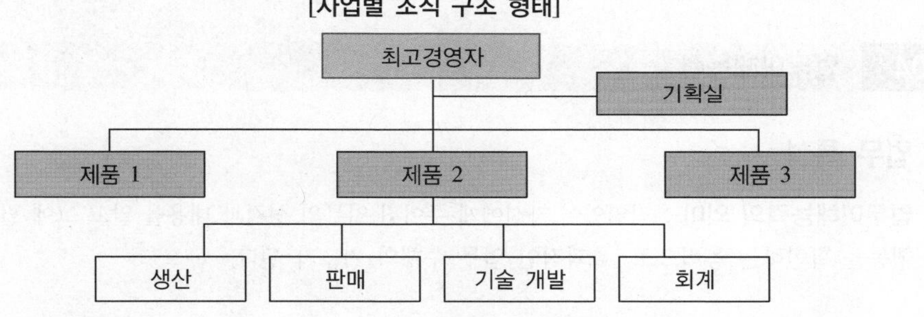

3. 조직 내 집단

(1) 조직 내 집단의 개념

① 조직 내 집단은 조직구성원들이 모여 일정한 상호작용의 체제를 이룰 때에 형성된다.
② 직업인들은 자신이 속한 집단에서 소속감을 느끼며, 필요한 정보를 얻고, 인간관계를 확장한다.
③ 최근에는 자율적인 환경에서 인적 자원을 효율적으로 활용하고 내부 유연성을 강화하기 위한 조직 형태인 팀제를 많이 활용하고 있다.

(2) 집단의 유형

① 공식적인 집단 : 조직의 공식적인 목표를 추구하기 위해 조직에서 의도적으로 만든 집단으로, 목표·임무가 비교적 명확하게 규정되어 있고, 참여하는 구성원들도 인위적으로 결정되는 경우가 많다.
② 비공식적인 집단 : 조직구성원들의 요구에 따라 자발적으로 형성된 집단으로, 공식적인 업무 수행 이외에 다양한 요구들에 의해 이루어진다.

(3) 집단 간 관계

① **집단 간 경쟁의 발생 원인** : 조직 내의 한정된 자원을 더 많이 가지려 하거나 서로 상반되는 목표를 추구하기 때문

② **집단 간 경쟁의 순기능** : 집단 내부에서는 응집성이 강화되고 집단의 활동이 더욱 조직화됨

③ **집단 간 경쟁의 역기능** : 경쟁이 과열되면 조직 내에서 자원의 낭비, 업무 방해, 비능률 등의 문제를 일으킴

(4) 팀의 역할과 성공 조건

① **팀의 의미** : 구성원들이 공동의 목표를 이루기 위해 기술을 공유하고 공동으로 책임을 지는 집단으로, 공동 목표의 추구를 위해 헌신해야 한다는 의식을 공유함

② 팀은 다른 집단에 비해 구성원들의 개인적 기여를 강조하고, 개인적 책임뿐만 아니라 상호 공동 책임을 중요시하며, 자율성을 가지고 스스로 관리하는 경향이 있음

③ 팀은 생산성을 높이고 의사를 신속하게 결정하며 구성원들의 다양한 창의성 향상을 도모하기 위해 조직됨

④ 팀이 성공적으로 운영되려면 조직구성원들의 협력과 관리자층의 지지가 필요함

04 업무이해능력

1. 업무 특성

(1) 업무이해능력의 의미 : 직업인이 자신에게 주어진 업무의 성격과 내용을 알고 그에 필요한 지식, 기술, 행동을 확인하는 능력으로, 효과적인 업무 수행의 기초가 된다.

(2) 업무의 의미 : 업무는 상품이나 서비스를 창출하기 위한 생산적인 활동으로, 조직의 목적 달성을 위한 중요한 근거가 된다. 또한 업무는 조직의 구조를 결정한다.

(3) 업무의 종류

① 조직의 목적·규모에 따라 업무는 다양하게 구성되며, 같은 규모의 조직도 업무의 종류·범위가 다를 수 있다.

② 업무의 종류를 세분화할 것인가, 업무의 수를 줄일 것인가의 문제도 조직에 따라 다양하게 결정될 수 있다.

③ 각 조직마다 외부 상황, 특유의 조직문화와 내부 권력 구조, 성공 여건 내지 조직의 강점·약점 등이 서로 다르기 때문에 업무의 종류도 달라질 수 있다.

부서	업무 예시
총무부	주주총회 및 이사회 개최 관련 업무, 의전 및 비서 업무, 집기·비품 및 소모품의 구입과 관리, 사무실 임차 및 관리, 차량 및 통신시설의 운영, 국내외 출장 업무 협조, 복리·후생 업무, 법률 자문과 소송 관리, 사내외 홍보·광고 업무
인사부	조직 기구의 개편 및 조정, 업무분장 및 조정, 인력 수급 계획 및 관리, 직무 및 정원의 조정 종합, 노사 관리, 평가 관리, 상벌 관리, 인사 발령, 교육 체계 수립 및 관리, 임금 제도, 복리·후생 제도 및 지원 업무, 복무 관리, 퇴직 관리
기획부	경영 계획 및 전략 수립, 전사 기획 업무 종합 및 조정, 중장기 사업 계획의 종합 및 조정, 경영 정보 조사 및 기획 보고, 경영 진단 업무, 종합예산 수립 및 실적 관리, 단기 사업 계획 종합 및 조정, 사업 계획, 손익 추정, 실적 관리 및 분석
회계부	회계 제도의 유지 및 관리, 재무 상태 및 경영 실적 보고, 결산 관련 업무, 재무제표 분석 및 보고, 법인세·부가가치세·국세·지방세 업무 자문 및 지원, 보험 가입 및 보상 업무, 고정자산 관련 업무
영업부	판매 계획, 판매 예산의 편성, 시장조사, 광고 선전, 견적 및 계약, 제조지시서의 발행, 외상매출금의 청구 및 회수, 제품의 재고 조절, 거래처로부터의 불만 처리, 제품의 애프터서비스, 판매원가 및 판매가격의 조사·검토

(4) 업무의 특성

① **공통된 목적 지향 :** 업무는 조직 목적의 효과적 달성을 위해 세분화된 것이므로 궁극적으로 같은 목적을 지향한다.

② **적은 재량권 :** 업무는 개인이 선호하는 업무를 임의로 선택할 수 있는 재량권이 매우 적다.

③ **다른 업무와 밀접한 관련성 :** 업무가 독립적으로 이루어지지만 업무 간에는 서열성이 있어서 순차적으로 이루어지기도 하며, 서로 정보를 주고받는다.

④ 조직이라는 전체로 통합되기 위해 개별 업무들은 필요한 지식·기술·도구가 다르고 이들 간 다양성도 다르다.

⑤ 어떤 업무는 일련의 주어진 절차를 거치는 반면, 어떤 업무는 재량권이 주어져 자율적·독립적으로 이루어진다.

⑥ **업무 권한 :** 조직의 구성원들이 업무를 공적으로 수행할 수 있는 힘을 말하며, 자신의 결정에 다른 사람들이 따르게 할 수 있게 하는 힘이기도 하다. 구성원들은 이 업무 권한에 따라 자신이 수행한 일에 대한 책임도 부여받는다.

2. 업무 수행 계획 수립의 절차

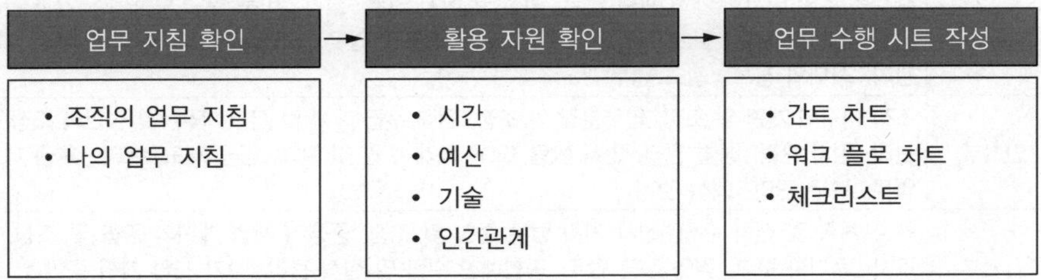

(1) 업무 지침 확인

① 조직의 업무 지침은 개인이 임의로 업무를 수행하지 않고 조직의 목적에 부합될 수 있도록 안내한다.

② 조직의 업무 지침을 토대로 작성하는 개인의 업무 지침은 업무 수행의 준거가 되고 시간 절약에 도움이 된다.

③ 개인의 업무 지침 작성 시에는 조직의 업무 지침, 장단기 목표, 경영 전략, 조직 구조, 규칙·규정 등을 고려한다.

④ 개인의 업무 지침은 3개월에 한 번 정도로 지속적인 개정이 필요하다.

(2) 활용 자원 확인

① 시간·예산·기술 등의 물적 자원과 조직 내부·외부에서 함께 일하는 인적 자원 등 업무 관련 자원을 확인한다.

② 자원은 무한정하지 않으므로 효과적으로 활용해야 한다.

③ 업무 수행에 필요한 지식·기술이 부족하면 이를 함양하기 위한 계획을 수립한다.

(3) 업무 수행 시트 작성

① 구체적인 업무 수행 계획을 수립한다.

② 업무 수행 시트 작성의 장점

㉠ 주어진 시간 내에 일을 끝낼 수 있다.

㉡ 세부적인 단계로 구분해 단계별로 협조를 구해야 할 사항과 처리해야 할 일을 체계적으로 알 수 있다.

㉢ 문제가 발생할 경우에는 발생 지점을 정확히 파악해 시간과 비용을 절약할 수 있다.

③ 업무 수행 시트의 종류

㉠ 간트 차트 : 단계별로 업무를 시작해서 끝내는 데 걸리는 시간을 바 형식으로 표시한다. 전체 일정을 한눈에 볼 수 있고, 단계별로 소요되는 시간과 각 업무 활동 사이의 관계를 파악할 수 있다.

[간트 차트의 예시]

업무		6월	7월	8월	9월
설계	자료 수집				
	기본 설계				
	타당성 조사 및 실시 설계				
시공	시공				
	결과 보고				

㉡ 워크 플로 차트 : 일의 흐름을 동적으로 보여주는 데 효과적이다. 사용하는 도형을 다르게 표현함으로써 주된 작업과 부차적인 작업, 혼자 처리할 수 있는 일과 타인의 협조가 필요한 일, 주의해야 할 일, 컴퓨터와 같은 도구를 사용해서 할 일 등을 구분해서 표현할 수 있다. 각 활동별로 소요시간을 표기하면 더욱 효과적이다.

[워크 플로 차트]

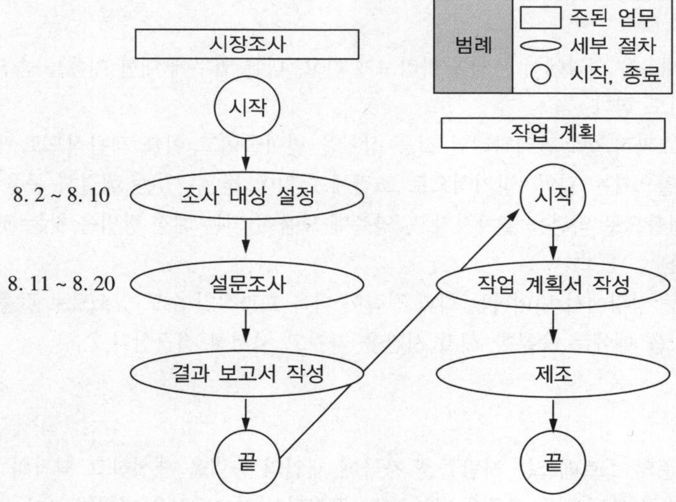

㉢ 체크리스트 : 업무의 각 단계를 효과적으로 수행했는지 자가 점검해볼 수 있다. 시간의 흐름을 표현할 때는 한계가 있지만, 업무를 세부적인 활동들로 나누고 각 활동별로 기대되는 수행 수준을 달성했는지를 확인하는 데에는 효과적이다.

[체크리스트의 예시]

업무		체크	
		YES	NO
고객관리	고객 대장을 정비했는가?		
	3개월에 한 번씩 고객 구매 데이터를 분석했는가?		
	고객의 청구 내용 문의에 정확하게 응대했는가?		
	고객 데이터를 분석해 판매 촉진 기획에 활용했는가?		

3. 업무의 방해 요인

(1) 방문, 인터넷, 전화, 메신저

① 타인의 방문, 인터넷, 전화, 메신저 등으로 인한 업무 방해를 막기 위해 무조건적으로 타인과 대화를 단절하는 것은 비현실적이며 바람직하지 않다.

② 타인의 방문, 인터넷, 전화, 메신저 등을 효과적으로 통제하는 제1의 원칙은 시간을 정해 놓는 것이다.

(2) 갈등 관리

① 갈등은 새로운 시각에서 문제를 바라보게 하고, 다른 업무에 대한 이해를 증진시키며, 조직의 침체를 예방하기도 한다.

② 갈등을 효과적으로 관리하려면 갈등 상황을 받아들이고 이를 객관적으로 평가해야 한다.

③ 갈등을 일으키는 원인, 장기적으로 조직에 이익이 될 수 있는 해결책 등을 생각해본다.

④ 대화·협상으로 의견을 일치시키고, 양측에 도움이 되는 해결 방법을 찾는 것이 갈등 해결에서 가장 중요하다.

⑤ 일단 갈등 상황에서 벗어나는 회피 전략이 더욱 효과적일 수도 있으므로 갈등의 해결이 분열을 초래할 수 있을 때에는 충분한 해결 시간을 가지고 서서히 접근한다.

(3) 스트레스

① 적정 수준의 스트레스는 사람들을 자극해 개인의 능력을 개선하고 최적의 성과를 내게 한다.

② 시간 관리를 통해 업무 과중을 극복하고, 긍정적인 사고방식을 가지며, 운동을 하거나 전문가의 도움을 받는다.

③ 조직 차원에서는 직무 재설계, 역할 재설정 등을 하고 심리적 안정을 찾을 수 있게 사회적 관계 형성을 장려한다.

05 국제감각

1. 국제감각의 필요성

(1) 국제감각의 의미 : 직장생활을 하는 중에 다른 나라의 문화를 이해하고 국제적인 동향을 이해하는 능력

(2) 국제감각의 중요성 : 세계는 이제 3Bs(Border, Boundary, Barrier)가 완화되고 있으며, 국제 간 자원의 이동이 자유롭고, 통신의 발달로 네트워크가 형성되었다. 이에 따라 조직에 대한 세계화의 영향력이 커지면서 국제동향을 고려해 자신의 업무 방식을 개선할 수 있는 국제감각이 필수적이다.

(3) 글로벌화의 의미 : 활동 범위가 세계로 확대되는 것으로, 경제나 산업 등의 측면에서 벗어나 문화・정치와 다른 영역까지 확대되는 개념으로 이해된다.

① 다국적・초국적 기업이 등장해 범지구적 시스템・네트워크 안에서 기업이 활동하는 국제경영이 중요해졌다.

② 글로벌화에 따른 변화

㉠ 세계적인 경제 통합 : 기업은 신기술을 확보해 세계적인 주도 기업으로 국경을 넘어 확장하고 있으며, 다국적 기업의 증가에 따라 국가 간 경제 통합이 강화되었다.

㉡ 국가 간 자유무역협정(FTA) 체결 등 무역장벽을 없애는 노력이 이어지고 있다.

③ 현대의 경제적인 변화는 정치적인 전망이나 산업에 대한 조직들의 태도 변화를 일으키고, 전 세계적으로 공기업을 민영화해 새로운 경쟁과 시장 환경이 조성되고 있다.

(4) 국제적 식견과 능력의 필요성

① 글로벌화가 이루어지면 조직은 경제적인 이익을 얻을 수 있지만, 그만큼 경쟁이 치열해지므로 국제감각을 가지고 세계화 대응 전략을 마련해야 한다.

② 조직의 시장이 세계로 확대되는 것에 맞춰 조직구성원들은 의식과 태도, 행동이 세계 수준에 이르러야 한다.

③ 국제감각은 세계를 하나의 공동체로 인식하고, 문화적 배경이 다른 사람과의 커뮤니케이션을 위해 각 국가의 문화적 특징・의식・예절 등 각국의 시장과 다양성에 적응할 수 있는 능력을 뜻한다. 또한 자신의 업무와 관련해 국제동향을 파악하고 이를 적용할 수 있는 능력을 의미한다.

2. 국제동향의 파악

(1) 국제감각은 외국의 문화를 이해하는 것뿐만 아니라 관련 업무의 국제동향을 이해하고 이를 업무에 적용하는 능력이며, 글로벌 시대에 성공하려면 국제감각을 길러야 한다.

(2) 국제동향 파악 방법

① 관련 분야의 해외 사이트에서 최신 이슈를 확인한다.
② 매일 신문의 국제면을 읽는다.
③ 업무와 관련된 국제 잡지를 정기구독한다.
④ 고용노동부, 한국산업인력공단, 산업통상자원부, 중소벤처기업부, 대한상공회의소, 산업별 인적자원개발 위원회 등의 사이트를 방문해 국제동향을 확인한다.
⑤ 국제 학술대회에 참석한다.
⑥ 업무와 관련된 주요 용어의 외국어를 알아둔다.
⑦ 해외 서점 사이트를 방문해 최신 서적 목록과 주요 내용을 파악한다.
⑧ 외국인 친구를 사귀고 대화를 자주 나눈다.

3. 외국인과의 커뮤니케이션

(1) 문화충격(Culture Shock)

① **문화충격** : 한 문화권에 속한 사람이 다른 문화를 접하게 되었을 때 체험하는 충격 → 이질적으로 상대 문화를 대하게 되고 불일치, 위화감, 심리적 부적응 상태를 경험
② 문화충격에 대비하려면 다른 문화에 대해 개방적인 태도를 견지해야 한다. 자문화의 기준으로 다른 문화를 평가하지 말고, 자신의 정체성은 유지하되 새롭고 다른 것을 경험하는 데 즐거움을 느끼도록 적극적 자세를 취한다.

(2) 이문화(Intercultural) 커뮤니케이션

① **이문화 커뮤니케이션** : 서로 상이한 문화 간 커뮤니케이션, 즉 직업인이 자신의 일을 수행하는 가운데 문화적 배경을 달리하는 사람과 커뮤니케이션하는 것
② **이문화 커뮤니케이션의 구분**
㉠ 언어적 커뮤니케이션은 의사를 전달할 때 직접적으로 이용되는 것으로, 외국어 사용 능력과 직결된다.
㉡ 국제관계에서는 언어적 커뮤니케이션 외에 비언어적 커뮤니케이션 때문에 문제를 겪는 경우가 많다. 외국어 능력이 유창해도 문화적 배경을 잘 모르면 언어에 내포된 의미를 오해하거나 수용하지 못할 수 있다.
㉢ 상대국의 문화적 배경에 입각한 생활양식, 행동 규범, 가치관 등을 사전에 이해하기 위한 노력을 지속적으로 해야 한다.

4. 글로벌 시대에 적합한 국제매너

(1) **국제매너의 필요성** : 조직을 대표해 파견된 직업인들의 실수는 조직 전체의 모습으로 비춰질 수 있으며, 이러한 실수의 결과는 업무 성과에 큰 영향을 미친다. 따라서 직업인은 다른 나라의 문화에 순응하고 그들의 관습을 존중해야 한다.

(2) 인사하는 방법

① 영미권에서 악수를 할 때는 일어서서, 상대방의 눈이나 얼굴을 보면서, 오른손으로 상대방의 오른손을 잠시 힘주어서 잡았다가 놓아야 한다.

② 미국에서는 상대방의 이름이나 호칭을 어떻게 부를지 먼저 물어보는 것이 예의이며, 인사나 이야기할 때에 너무 다가가지 않고 상대방의 개인 공간을 지켜줘야 한다.

③ 아프리카에서는 상대방과 시선을 마주보며 대화하면 실례이므로 코끝을 보면서 대화하도록 한다.

④ 러시아와 라틴아메리카에서는 친밀함의 표현으로 포옹을 하는데, 이를 이해하고 자연스럽게 받아주어야 한다.

⑤ 영미권의 업무용 명함은 악수를 한 이후 교환하며, 아랫사람이나 손님이 먼저 꺼내 오른손으로 상대방에게 주고, 받는 사람은 두손으로 받는 것이 예의이다. 받은 명함은 한번 보고나서 탁자 위에 보이게 놓은 채로 대화를 하거나, 명함지갑에 넣는다. 명함을 구기거나 계속 만지는 것은 실례이다.

(3) 시간 약속 지키기

① 미국인은 시간 엄수를 매우 중요하게 생각하여 시간을 지키지 않는 사람과는 같이 일을 하려고 하지 않는다.

② 라틴아메리카, 동유럽, 아랍 지역에서는 약속된 시간 정각에 나오는 법이 없다. 시간 약속은 형식적일 뿐이며, 상대방이 기다려줄 것으로 생각한다. 따라서 인내심을 가지고 기다려야 한다.

(4) 식사 예절

① 서양 요리에서 수프는 소리내면서 먹지 않으며 몸 쪽에서 바깥쪽으로 숟가락을 사용한다. 뜨거운 수프는 입으로 불지 말고 숟가락으로 저어서 식혀야 한다.

② 빵은 수프를 먹은 후부터 먹으며 디저트 직전 식사가 끝날 때까지 먹을 수 있다. 빵은 칼이나 치아로 자르지 않고 손으로 떼어 먹는다.

③ 음식 종류별로 생선 요리는 뒤집어 먹지 않고, 스테이크는 처음에 다 잘라놓지 않고 잘라가면서 먹는 것이 좋다.

대표기출유형

01 경영전략

| 유형분석 |

- 경영전략에서 대표적으로 출제되는 문제는 마이클 포터(Michael Porter)의 본원적 경쟁전략이다.

다음 사례에서 나타난 마이클 포터의 본원적 경쟁전략으로 가장 적절한 것은?

> 전자제품 시장에서 경쟁회사가 가격을 낮추는 저가 전략을 사용하여 점유율을 높이려 하자, 이에 맞서 오히려 고급 기술을 적용한 고품질 프리미엄 제품을 선보이고 서비스를 강화해 시장의 점유율을 높였다.

① 차별화 전략
② 원가우위 전략
③ 집중화 전략
④ 마케팅 전략

정답 ①

마이클 포터의 본원적 경쟁전략

- 차별화 전략 : 조직이 생산품이나 서비스를 차별화하여 고객에게 가치 있고 독특하게 인식되도록 하는 전략으로, 이를 활용하기 위해서는 연구개발이나 광고를 통하여 기술, 품질, 서비스, 브랜드 이미지를 개선할 필요가 있다.
- 원가우위 전략 : 원가절감을 통해 해당 산업에서 우위를 점하는 전략으로, 이를 위해서는 대량생산을 통해 단위 원가를 낮추거나 새로운 생산기술을 개발할 필요가 있다.
- 집중화 전략 : 특정 시장이나 고객에게 한정된 전략으로, 특정 산업을 대상으로 한다. 즉, 경쟁 조직들이 소홀히 하고 있는 한정된 시장을 원가우위나 차별화 전략을 써서 집중 공략하는 방법이다.

유형풀이 Tip

- 대부분의 기업들은 마이클 포터의 본원적 경쟁전략을 사용하고 있다. 각 전략에 해당하는 대표적인 기업을 연결하고, 그들의 경영전략을 상기하며 문제를 풀어보도록 한다.
- 본원적 경쟁전략의 기본적인 이해와 구조를 물어보는 문제가 자주 출제되므로, 전략별 특징 및 개념에 대한 이론 학습이 요구된다.

대표기출유형 01 기출응용문제

Easy

01 다음 중 경영전략 추진과정을 바르게 나열한 것은?

① 경영전략 도출 → 환경분석 → 전략목표 설정 → 경영전략 실행 → 평가 및 피드백
② 경영전략 도출 → 경영전략 실행 → 전략목표 설정 → 환경분석 → 평가 및 피드백
③ 전략목표 설정 → 환경분석 → 경영전략 도출 → 경영전략 실행 → 평가 및 피드백
④ 전략목표 설정 → 경영전략 도출 → 경영전략 실행 → 환경분석 → 평가 및 피드백

PART 1

02 다음은 경영전략 추진과정을 나타낸 내용이다. (가)에 대한 사례 중 그 성격이 다른 것은?

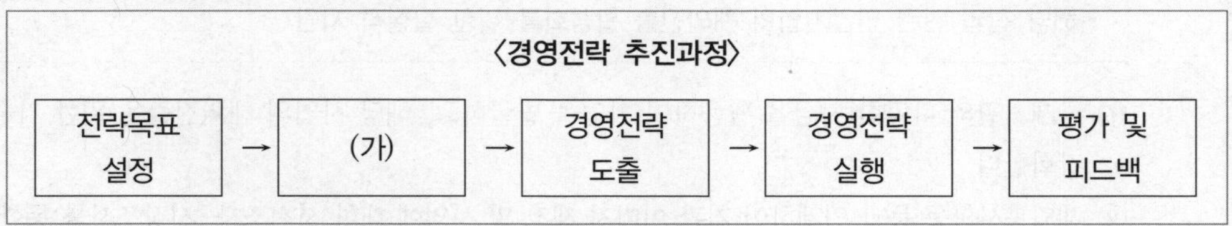

① 제품 개발을 위해 우리가 가진 예산의 현황을 파악해야 해.
② 우리 제품의 시장 개척을 위해 법적으로 문제가 없는지 확인해 봐야겠군.
③ 이번에 발표된 정부의 정책으로 우리 제품이 어떠한 영향을 받을 수 있는지 확인해 볼 필요가 있어.
④ 신제품 출시를 위해 경쟁사들의 동향을 파악해 봐야겠어.

03 조직의 유지와 발전에 책임을 지는 조직의 경영자는 다양한 역할을 수행해야 한다. 다음 중 조직 경영자의 역할로 적절하지 않은 것은?

① 대외적으로 조직을 대표한다.
② 대외적 협상을 주도한다.
③ 조직 내에서 발생하는 분쟁을 조정한다.
④ 외부 변화에 대한 정보를 기밀로 한다.

04 다음은 K기업의 해외시장 진출 및 지원 확대를 위한 전략과제의 필요성을 제시한 자료이다. 이를 통해 도출된 과제의 추진방향으로 적절하지 않은 것은?

〈전략과제 필요성〉

- 해외시장에서 기관이 수주할 수 있는 산업 발굴
- 국제사업 수행을 통한 경험축적 및 컨소시엄을 통한 기술·노하우 습득
- 해당 산업 관련 민간기업의 해외진출 활성화를 위한 실질적 지원

① 국제기관의 다양한 자금을 활용하여 사업을 발굴하고, 해당 사업의 해외진출을 위한 기술역량을 강화한다.
② 해외봉사활동 등과 연계하여 기관 이미지 제고 및 사업에 대한 사전조사, 시장조사를 통한 선제적 마케팅 활동을 추진한다.
③ 국제경쟁입찰의 과열 경쟁 심화와 컨소시엄 구성 시 민간기업과 업무배분, 이윤추구성향 조율에 어려움이 예상된다.
④ 해당 산업 민간(중소)기업을 대상으로 입찰 정보제공, 사업전략 상담, 동반 진출 등을 통한 실질적 지원을 확대한다.

※ **다음은 포터의 산업구조분석기법(5 Force Model)에 대한 자료이다. 이어지는 질문에 답하시오. [5~6]**

포터의 산업구조분석기법에 따르면 특정 산업의 수익성 및 매력도는 산업의 구조적 특성에 의해 영향을 받으며, 이는 5가지 힘에 의해 결정된다고 보았다.

	㉠ 공급자의 교섭력	
	↓	
㉡ 잠재적 진입 →	산업 내의 경쟁	← ㉣ 대체재의 위협
	↑	
	㉢ 구매자의 교섭력	

Hard

05 포터의 산업구조분석기법에 따라 반도체산업의 구조를 분석한다고 할 때, ㉠~㉣에 해당하는 사례로 적절하지 않은 것은?

① ㉠ : IT 시장의 지속적인 성장에 따라 반도체의 수요가 증가하면서 반도체산업의 수익률도 증가하고 있다.

② ㉡ : 생산설비 하나를 설치하는 데에도 막대한 비용이 발생하는 반도체산업에 투자할 수 있는 기업은 많지 않다.

③ ㉢ : 반도체산업에는 컴퓨터 제조업자와 같은 대형구매자가 존재한다.

④ ㉣ : 메모리형 반도체는 일상재로 품질과 디자인 면에서 어느 회사의 제품이든 별 차이가 없기 때문에 가격경쟁이 치열하다.

06 다음 중 구매자의 교섭력이 가장 높은 상황으로 적절한 것은?

① 구매자의 구매량이 판매자의 규모보다 작을 때

② 시장에 소수 기업의 제품만 존재할 때

③ 구매자가 공급자를 바꾸는 데 전환 비용이 발생할 때

④ 구매자가 직접 상품을 생산할 수 있을 때

대표기출유형

02 조직구조

| 유형분석 |

- 조직구조 유형에 대한 특징을 물어보는 문제가 자주 출제된다.
- 기계적 조직과 유기적 조직의 차이점과 사례 등을 숙지하고 있어야 한다.
- 조직구조 형태에 따라 기능적 조직, 사업별 조직으로 구분하여 출제되기도 한다.

다음 〈보기〉 중 조직구조에 대한 설명으로 적절하지 않은 것을 모두 고르면?

보기

㉠ 기계적 조직은 구성원들의 업무분장이 명확하게 이루어져 있는 편이다.
㉡ 기계적 조직은 조직 내 의사소통이 비공식적 경로를 통해 활발히 이루어진다.
㉢ 유기적 조직은 의사결정 권한이 조직 하부 구성원들에게 많이 위임되어 있으며, 업무내용이 명확히 규정되어 있는 것이 특징이다.
㉣ 유기적 조직은 기계적 조직에 비해 조직의 형태가 가변적이다.

① ㉠, ㉡ ② ㉠, ㉢
③ ㉡, ㉢ ④ ㉡, ㉣

정답 ③

㉡ 기계적 조직 내 의사소통은 비공식적 경로가 아닌 공식적 경로를 통해 주로 이루어진다.
㉢ 유기적 조직은 의사결정 권한이 조직 하부 구성원들에게 많이 위임되어 있으나, 업무내용은 기계적 조직에 비해 가변적이다.

오답분석

㉠ 기계적 조직은 위계질서 및 규정, 업무분장이 모두 명확하게 확립되어 있는 조직이다.
㉣ 유기적 조직에서는 비공식적인 상호 의사소통이 원활히 이루어지며, 규제나 통제의 정도가 낮아 변화에 따라 쉽게 변할 수 있는 특징을 가진다.

유형풀이 Tip

조직구조는 유형에 따라 기계적 조직과 유기적 조직으로 나눌 수 있다. 기계적 조직과 유기적 조직은 서로 상반된 특징을 가지고 있으며, 기계적 조직이 관료제의 특징과 비슷하다는 것을 파악하고 있다면, 이와 상반된 유기적 조직의 특징도 수월하게 파악할 수 있다.

1) 기계적 조직 : 구성원들의 업무나 권한이 분명하게 정의된 조직
2) 유기적 조직 : 의사결정권이 하부 구성원들에게 많이 위임되고 업무가 고정적이지 않은 조직

대표기출유형 02 기출응용문제

Easy

01 조직구조의 형태 중 사업별 조직구조는 제품이나 고객별로 부서를 구분하는 것이다. 다음 중 사업별 조직구조의 형태로 적절하지 않은 것은?

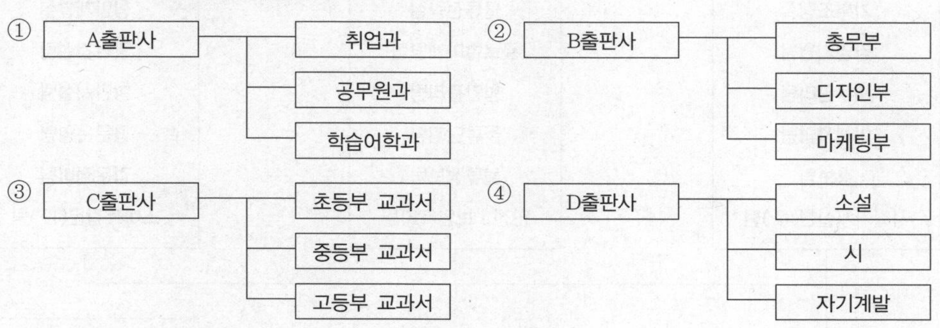

02 다음은 집단(조직)에 대한 자료이다. 이에 대한 설명으로 적절하지 않은 것은?

	구분	공식집단	비공식집단
①	개념	공식적인 목표를 추구하기 위해 조직에서 만든 집단	구성원들의 요구에 따라 자발적으로 형성된 집단
②	집단 간 경쟁의 장점	각 집단 내부의 응집성 강화, 활동 조직화 강화	
③	집단 간 경쟁의 단점	자원 낭비, 비능률	
④	예시	상설 위원회, 업무 수행을 위한 팀, 동아리	친목회, 스터디 모임, 임시 위원회

※ 다음은 M공사의 조직도이다. 이어지는 질문에 답하시오. [3~5]

조직 개편 방향 및 기준
□ 기능 중심의 조직 개편 ○ 건설본부의 갑문운영팀과 갑문정비팀을 갑문운영팀으로 통합 ○ 인사관리팀을 경영본부로 이동 ○ 마케팅본부를 신설하여 글로벌마케팅팀을 이동 후 글로벌마케팅 1 · 2팀으로 분리 ○ 국내마케팅팀을 신설하여 마케팅본부에 추가 ○ 경영본부의 홍보팀을 마케팅본부로 이동 ○ 조직위원회를 신설하여 항만위원회, 감사위원회와 함께 독립적인 팀으로 개편

03 조직 개편 방향에 따라 조직을 개편하였다. 다음 중 새롭게 신설되는 본부로 가장 적절한 것은?

① 마케팅본부 ② 행정본부

③ 갑문운영본부 ④ 물류본부

04 **다음 중 조직 개편 후 경영, 운영, 건설본부에 속한 팀의 개수가 바르게 짝지어진 것은?**

	경영본부	운영본부	건설본부
①	5팀	5팀	5팀
②	6팀	5팀	5팀
③	6팀	6팀	6팀
④	7팀	5팀	5팀

05 **다음 중 마케팅본부에 속하는 팀으로 적절하지 않은 것은?**

① 글로벌마케팅1팀
② 글로벌마케팅2팀
③ 글로벌홍보팀
④ 국내마케팅팀

대표기출유형

03 업무이해

| 유형분석 |

- 부서별 주요 업무에 대해 묻는 문제이다.
- 부서별 특징과 담당 업무에 대한 이해가 필요하다.

다음은 기업의 각 부서에서 하는 일이다. 일반적인 상황에서 부서와 그 업무를 바르게 연결한 것은?

㉠ 의전 및 비서업무	㉡ 업무분장 및 조정
㉢ 결산 관련 업무	㉣ 임금제도
㉤ 소모품의 구입 및 관리	㉥ 법인세, 부가가치세
㉦ 판매 예산 편성	㉧ 보험가입 및 보상 업무
㉨ 견적 및 계약	㉩ 국내외 출장 업무 협조
㉪ 외상매출금 청구	㉫ 직원수급 계획 및 관리

① 총무부 – ㉠, ㉤, ㉦
② 영업부 – ㉦, ㉨, ㉪
③ 회계부 – ㉢, ㉧, ㉪
④ 인사부 – ㉠, ㉡, ㉣

정답 ②

영업부의 업무로는 판매 계획, 판매 예산 편성(㉦), 견적 및 계약(㉨), 외상매출금 청구(㉪) 및 회수, 시장조사, 판매 원가 및 판매 가격의 조사 검토 등이 있다.

오답분석

① 총무부 – ㉠, ㉤, ㉩
③ 회계부 – ㉢, ㉥, ㉧
④ 인사부 – ㉡, ㉣, ㉫

유형풀이 Tip

- 조직은 목적을 달성하기 위해 업무를 효과적으로 분배하고 처리할 수 있는 구조를 확립하고 있으며, 조직의 목적이나 규모에 따라 업무의 종류는 다양하다.
- 대부분의 조직에서는 총무, 인사, 기획, 회계, 영업으로 부서를 나누어 업무를 담당하고 있다. 따라서 5가지 업무 종류에 대해서는 미리 숙지해야 한다.

대표기출유형 03 기출응용문제

Easy

01 **다음 상황에서 팀장의 지시를 적절히 수행하기 위하여 A대리가 거쳐야 할 부서명을 순서대로 바르게 나열한 것은?**

> A대리, 내가 내일 출장 준비 때문에 무척 바빠서 그러는데 자네가 좀 도와줘야 할 것 같군. 우선 B비서한테 가서 오후에 사장님 주최의 회의 자료를 좀 가져다 주게나. 오는 길에 지난주 기자단 간담회 자료 정리가 되었는지 확인해 보고 완료됐으면 한 부 챙겨 오고. 다음 주에 승진자 발표가 있을 것 같은데 우리 팀 승진 대상자 서류가 잘 전달되었는지 그것도 확인 좀 해 줘야겠어. 참, 오후에 바이어가 내방하기로 되어 있는데 공항 픽업 준비는 잘 해 두었지? 배차 예약 상황도 다시 한 번 점검해 봐야 할 거야. 그럼 수고 좀 해 주게.

① 기획팀 – 홍보팀 – 총무팀 – 경영관리팀
② 비서실 – 홍보팀 – 인사팀 – 총무팀
③ 인사팀 – 법무팀 – 총무팀 – 기획팀
④ 경영관리팀 – 법무팀 – 총무팀 – 인사팀

02 다음은 S공단의 보안업무취급 규칙에 따른 보안업무 책임자 및 담당자와 이들의 임무에 대한 자료이다. 이를 이해한 내용으로 적절하지 않은 것은?

〈보안업무 책임자 및 담당자〉

구분	이사장	총무국장	비서실장	팀장
보안책임관	○			
보안담당관		○		
비밀보관책임자				○
시설방호책임자	○			
시설방호부책임자		○		
보호구역관리책임자			○ (이사장실)	○ (지정보호구역)

〈보안업무 책임자 및 담당자의 임무〉

구분	수행임무
보안책임관	• 공단의 보안업무 전반에 대한 지휘, 감독총괄
보안담당관	• 자체 보안업무 수행에 대한 계획, 조정 및 감독 • 보안교육 및 비밀관리, 서약서 집행 • 통신보안에 관한 사항 • 비밀의 복제, 복사 및 발간에 대한 통제 및 승인 • 기타 보안업무 수행에 필요하다고 인정하는 사항 • 비밀취급인가
비밀보관책임자	• 비밀의 보관 및 안전관리 • 비밀관계부철의 기록 유지
시설방호책임자	• 자체 시설 방호계획 수립 및 안전관리 • 자위소방대 편성, 운영 • 시설방호 부책임자에 대한 지휘, 감독
시설방호부책임자	• 시설방호책임자의 보좌 • 자체 시설 방호계획 및 안전관리에 대한 실무처리 • 자위소방대 편성, 운영
보호구역관리책임자	• 지정된 보호구역의 시설안전관리 및 보안유지 • 보호구역내의 출입자 통제

① 비밀취급인가를 신청할 때 필요한 서약서는 이사장에게 제출해야 한다.

② 비밀관리기록부를 갱신할 때에는 담당부서 팀장의 확인을 받아야 한다.

③ 비서실장은 이사장실을 수시로 관리하고, 외부인의 출입을 통제해야 한다.

④ 이사장과 총무국장은 화재 예방을 위해 자위소방대를 편성·운영해야 한다.

※ 다음은 어떤 기관에서 공지한 교육 홍보물의 내용 중 일부를 발췌한 것이다. 홍보물을 참고하여 A사원의 업무를 유추한 뒤 이어지는 질문에 답하시오. [3~4]

… 상략 …

▶ 신청 자격 : 중소기업 재직자, 중소기업 관련 협회·단체 재직자
- 성공적인 기술 연구개발을 통해 기술 경쟁력을 강화하고자 하는 중소기업
- 정부의 중소기업 지원 정책을 파악하고 국가 연구개발 사업에 신청하고자 하는 중소기업

▶ 교육비용 : 100% 무료교육(교재 및 중식 제공)

▶ 교육일자 : 모든 교육과정은 2일 16시간 과정, 선착순 60명 마감

과정명	교육내용	교육일자	교육장소	접수마감
정규(일반)	연구개발의 성공을 보장하는 R&D 기획서 작성	5.19(목) ~ 20(금)	B대학교	5.18(수)
정규(종합)	R&D 기획서 작성 및 사업화 연계	5.28(토) ~ 29(일)	○○센터	5.23(월)

※ 선착순 모집으로 접수마감일 전 정원 초과 시 조기 마감될 수 있습니다.

본 교육과 관련하여 보다 자세한 정보를 원하시면 A사원(123-4567)에게 문의하여 주시기 바랍니다.

03 다음 중 A사원이 속해 있을 부서의 업무로 적절하지 않은 것은?

① 중소기업 R&D 지원 사업 기획 및 평가·관리
② R&D 교육 관련 전문 강사진 관리
③ 연구개발 기획 역량 개발 지원 사업 기획·평가·관리
④ R&D 관련 장비 활용 지원 사업 기획 및 평가·관리

04 다음 중 교육 홍보물에 공지한 교육과 관련된 고객의 질문에 대해 A사원이 대답하기 가장 어려운 질문은?

① 교육과정을 신청할 때 한 기업에서 참여할 수 있는 인원수 제한이 있습니까?
② 본 교육의 내용을 바탕으로 기획서를 작성한다면 저희 기업도 개발 지원이 가능합니까?
③ 접수 마감일인 18일 현재 신청이 마감되었습니까? 혹시 추가 접수도 가능합니까?
④ 이전 차수에서 동일한 교육과정을 이수했을 경우 이번 교육은 참여가 불가능합니까?

CHAPTER 05

대인관계능력

합격 CHEAT KEY

대인관계능력은 직장생활에서 접촉하는 사람들과 원만한 관계를 유지하고 조직구성원들에게 도움을 줄 수 있으며 조직 내부 및 외부의 갈등을 원만히 해결하고 고객의 요구를 충족시켜줄 수 있는 능력을 의미한다. 또한 직장생활을 포함한 일상에서 스스로를 관리하고 개발하는 능력을 말한다.

국가직무능력표준에 따르면 대인관계능력의 세부 유형은 팀워크 능력・갈등관리 능력・협상 능력・고객서비스 능력으로 나눌 수 있다. 대인관계능력은 NCS 기반 채용을 진행한 금융권 중 7% 정도가 다루었으며, 문항 수는 전체의 평균 12.5% 정도로 출제되었다.

01 일반적인 수준에서 판단하라!

일상생활에서의 대인관계를 생각하면서 문제에 접근하면 어렵지 않게 풀 수 있다. 그러나 수험생들 입장에서 직장 속 상황, 특히 역할(직위)에 따른 대인관계를 묻는 문제는 까다롭게 느껴질 수 있고 일상과는 차이가 있을 수 있기 때문에 이런 유형에 대해서는 따로 알아둘 필요가 있다.

02 이론을 먼저 익혀라!

대인관계능력 이론을 접목한 문제가 종종 출제된다. 물론 상식수준에서도 풀 수 있지만 정확하고 신속하게 해결하기 위해서는 이론을 정독한 후 자주 출제되는 부분들은 필히 암기해야 한다. 주로 리더십과 멤버십의 차이, 단계별 협상과정, 고객불만 처리 프로세스 등이 출제된다.

03 실제 업무에 대한 이해를 높여라!

출제되는 문제의 수는 많지 않으나, 고객과의 접점에 있는 서비스 직군 시험에 출제될 가능성이 높은 영역이다. 특히 상황제시형 문제들이 많이 출제되므로 실제 업무에 대한 이해를 높여야 한다.

04 애매한 유형의 빈출 문제, 선택지를 파악하라!

대인관계능력의 출제 문제들을 보면 이것도 맞고, 저것도 맞는 것 같은 선택지가 많다. 하지만 정답은 하나이다. 출제자들은 대인관계능력이란 공부를 통해 얻는 것이 아닌 본인의 독립적인 성품으로부터 자연스럽게 나오는 것이라고 생각한다. 수험생들이 선택하는 답안으로 그 수험생들을 파악한다. 그러므로 대인관계능력은 빈출 유형의 문제와 선택지를 파악하고 가는 것이 애매한 문제들의 정답률을 높이는 데 도움이 될 것이다. 내가 맞다고 생각하는 선택지가 답이 아닐 가능성이 있기 때문이다.

CHAPTER

05 이론점검

01 대인관계능력

(1) 대인관계능력

① 직장생활에서 타인과 협조적인 관계를 유지하고, 조직 내부 및 외부의 갈등을 원만히 해결하며, 고객의 요구를 충족시켜줄 수 있는 능력이다.
② 인간관계를 형성할 때 무엇을 말하고 어떻게 행동하느냐보다 사람됨이 가장 중요한 요소이다.
③ 대인관계능력은 팀워크능력, 리더십능력, 갈등관리능력, 협상능력, 고객서비스능력 등으로 구분된다.

(2) 대인관계 향상 방법

① 상대방에 대한 이해와 양보
② 사소한 일에 대한 관심
③ 약속의 이행
④ 칭찬하고 감사하는 마음
⑤ 언행일치
⑥ 진지한 사과

02 팀워크능력

(1) 팀워크(Teamwork)

① 팀워크란 팀 구성원이 공동의 목적을 달성하기 위하여 서로 협력하여 업무를 수행하는 것을 말한다.
② 단순히 모이는 것만을 중요시하는 것이 아니라 공동의 목표를 세우고 힘을 모으는 것이다.
③ 팀워크의 유형은 협력·통제·자율의 3가지로 구분되는데, 조직이나 팀의 목적, 추구하는 사업 분야에 따라 서로 다른 유형의 팀워크가 필요하다.

(2) 효과적인 팀의 특성

① 명확하게 기술된 사명과 목표
② 창조적인 운영
③ 결과에 초점 맞추기
④ 역할과 책임의 명료화
⑤ 조직화

⑥ 개인의 강점 활용
⑦ 리더십 역량 공유
⑧ 팀 풍토 발전
⑨ 의견의 불일치를 건설적으로 해결
⑩ 개방적인 의사소통
⑪ 객관적인 의사결정
⑫ 팀 자체의 효과성 평가

(3) 팀의 발전과정

① 형성기(Forming) : 팀 구축의 초기단계로서 팀원들은 팀에서 인정받기를 원하며, 다른 팀원들을 신뢰할 수 있는지 탐색한다.
② 격동기(Storming) : 팀원 간에 과제를 수행하면서 마찰이 일어나고, 리더십이나 구조・권한・권위에 대한 문제 전반에 걸쳐서 경쟁심과 적대감이 나타난다.
③ 규범기(Norming) : 팀원 간에 응집력이 생기고, 개인의 주장보다 공동체 형성과 팀의 문제해결에 더욱 집중한다.
④ 성취기(Performing) : 팀원들은 사기충천하고, 팀에 대한 충성심이 높으며, 팀의 역량과 인간관계의 깊이를 확장함으로써 가장 생산적인 팀의 모습으로 비춰진다.

(4) 멤버십(Membership)

① 멤버십이란 조직의 구성원으로서의 자격과 지위를 갖는 것으로, 훌륭한 멤버십은 팔로워십의 역할을 충실하게 잘 수행하는 것이다.
② 리더십과 멤버십 두 개념은 상호보완적인 관계이다.
③ **멤버십 유형**
   ㉠ 소외형 : 자립적인 사람으로, 일부러 반대의견 제시
   ㉡ 순응형 : 팀 플레이를 하며, 리더나 조직을 믿고 헌신함
   ㉢ 실무형 : 조직의 운영방침에 민감하고, 사건을 균형잡힌 시각으로 봄
   ㉣ 수동형 : 판단 및 사고를 리더에게만 의존하며, 지시가 있어야 행동함
   ㉤ 주도형 : 가장 이상적인 멤버십 유형

(5) 팀워크 촉진 방법

① 동료 피드백 장려하기
② 갈등을 해결하기
③ 창의력 조성을 위해 협력하기
④ 참여적으로 의사결정하기

(6) 팀워크 개발의 3요소

① 신뢰 쌓기
② 참여하기
③ 성과 내기

03 리더십능력

(1) 리더십의 의미

리더십이란 조직의 공통된 목적을 달성하기 위하여 리더가 조직원들에게 행사하는 영향력이다.

(2) 리더와 관리자의 비교

리더(Leader)	관리자(Manager)
• 새로운 상황 창조자 • 혁신지향적 • 내일에 초점 • 사람의 마음에 불을 지핀다. • 사람을 중시 • 정신적 • 계산된 위험(Risk)을 취한다. • '무엇을 할까?'를 생각한다.	• 상황에 수동적 • 유지지향적 • 오늘에 초점 • 사람을 관리한다. • 체제나 기구를 중시 • 기계적 • 위험(Risk)을 회피한다. • '어떻게 할까?'를 생각한다.

(3) 리더십 유형

① 독재자 유형

㉠ 통제 없이 방만한 상태 혹은 가시적인 성과물이 안 보일 때 효과적이다.

㉡ 특징 : 질문 금지, 모든 정보는 내 것이라는 생각, 실수를 용납하지 않음

② 민주주의에 근접한 유형

㉠ 혁신적이고 탁월한 부하직원들을 거느리고 있을 때 효과적이다.

㉡ 특징 : 참여 · 토론의 장려, 거부권

③ 파트너십 유형

㉠ 소규모 조직에서 경험과 재능을 소유한 조직원이 있을 때 효과적이다.

㉡ 특징 : 평등, 집단의 비전, 책임 공유

④ 변혁적 유형

㉠ 조직에 획기적인 변화가 요구될 때 효과적이다.

㉡ 특징 : 카리스마, 자기 확신, 존경심과 충성심, 풍부한 칭찬 · 감화

(4) 동기부여 방법

① 긍정적 강화법 활용

② 새로운 도전의 기회 부여

③ 창의적인 문제 해결법 찾기

④ 책임감으로 철저히 무장

⑤ 몇 가지 코칭을 하기

⑥ 변화를 두려워하지 않는 것

⑦ 지속적인 교육

(5) 코칭으로 구성원들의 리더십 역량 강화

① 코칭 활동은 직원들의 능력을 신뢰하며 확신하고 있다는 사실에 기초하며, 조직의 지속적인 성장과 성공을 만들어내는 리더의 능력이다.
② 직원들에게 질문을 던지는 한편, 직원들의 의견을 적극적으로 경청하고, 필요한 지원을 아끼지 않아 생산성을 높이고 기술 수준을 발전시키는 것이다.
③ 자기 향상을 도모하는 직원들에게 도움을 줌으로써 업무에 대한 만족감을 높이는 과정이라고 말할 수 있다.

(6) 임파워먼트(Empowerment)

① 조직구성원들을 신뢰하고, 그들의 잠재력을 믿으며, 그 잠재력의 개발을 통해 고성과(High Performance) 조직이 되도록 하는 일련의 행위이다.
② 임파워먼트의 충족 기준 : 여건의 조성, 재능과 에너지의 극대화, 명확하고 의미있는 목적에 초점

04 갈등관리능력

(1) 갈등의 의미와 원인

① 갈등이란 조직을 구성하는 개인·집단·조직 간에 잠재적 또는 현재적으로 대립하는 심리적 상태이다.
② 갈등은 의견 차이가 생기기 때문에 발생하는데 항상 부정적인 것만은 아니다.
③ 갈등수준이 적절(X1)할 때는 조직 내부적으로 생동감이 넘치고, 변화지향적이며, 문제해결능력이 발휘된다.

〈갈등과 조직성과〉

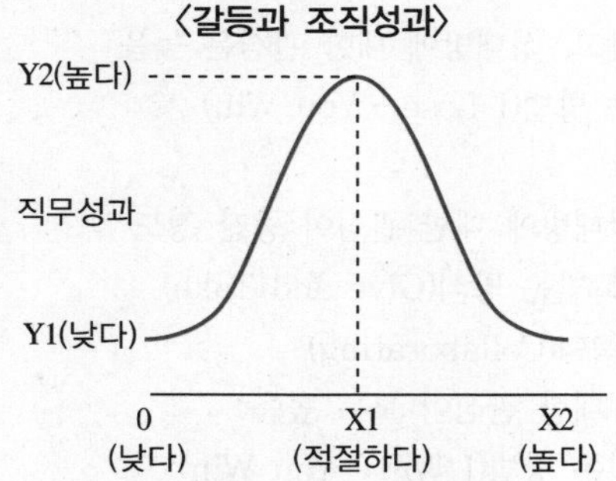

④ 갈등을 증폭시키는 원인에는 적대적 행동, 입장 고수, 감정적 관여 등이 있다.

(2) 갈등의 쟁점 및 유형

① 갈등의 두 가지 쟁점

㉠ 핵심 문제 : 역할 모호성, 방법·목표·절차·책임·가치·사실에 대한 불일치

㉡ 감정적 문제 : 공존할 수 없는 개인적 스타일, 통제나 권력 확보를 위한 싸움, 자존심에 대한 위협, 질투와 분노 등

② 갈등의 유형

㉠ 불필요한 갈등 : 개개인이 저마다 문제를 다르게 인식하거나 정보가 부족한 경우, 편견 때문에 발생한 의견 불일치로 적대적 감정이 생길 때 불필요한 갈등이 일어난다.

㉡ 해결할 수 있는 갈등 : 목표와 욕망, 가치, 문제를 바라보는 시각과 이해하는 시각이 다를 경우에 일어날 수 있는 갈등이다.

(3) 갈등의 과정

의견 불일치 → 대결 국면 → 격화 국면 → 진정 국면 → 갈등의 해소

(4) 갈등의 해결방법

① 회피형(Avoiding)

㉠ 자신과 상대방에 대한 관심이 모두 낮음

㉡ 나도 지고 너도 지는 방법(I Lose – You Lose)

② 경쟁형(Competing)＝지배형(Dominating)

㉠ 자신에 대한 관심은 높고, 상대방에 대한 관심은 낮음

㉡ 나는 이기고 너는 지는 방법(I Win – You Lose)

③ 수용형(Accommodating)

㉠ 자신에 대한 관심은 낮고, 상대방에 대한 관심은 높음

㉡ 나는 지고 너는 이기는 방법(I Lose – You Win)

④ 타협형(Compromising)

㉠ 자신에 대한 관심과 상대방에 대한 관심이 중간 정도

㉡ 서로가 타협적으로 주고받는 방식(Give and Take)

⑤ 통합형(Integrating)＝협력형(Collaborating)

㉠ 자신은 물론 상대방에 대한 관심이 모두 높음

㉡ 나도 이기고 너도 이기는 방법(I Win – You Win)

(5) 윈 – 윈(Win – Win) 갈등 관리법

윈 – 윈(Win – Win) 갈등 관리법이란 갈등과 관련된 모든 사람으로부터 의견을 받아서 문제의 본질적인 해결책을 얻는 것을 의미한다.

05 협상능력

(1) 협상의 의미

협상이란 갈등상태에 있는 이해 당사자들이 대화를 통해 서로를 설득하여 문제를 해결하려는 의사결정 과정이다.

(2) 협상의 과정

① 협상과정의 5단계

단계	내용
협상시작	• 협상 당사자들 사이에 상호 친근감을 쌓음 • 간접적인 방법으로 협상의사를 전달 • 상대방의 협상의지를 확인 • 협상진행을 위한 체제를 짬
상호이해	• 갈등문제의 진행상황과 현재의 상황을 점검 • 적극적으로 경청하고 자기주장을 제시 • 협상을 위한 협상대상 안건을 결정
실질이해	• 겉으로 주장하는 것과 실제로 원하는 것을 구분하여 실제로 원하는 바를 찾아 냄 • 분할과 통합 기법을 활용하여 이해관계를 분석
해결대안	• 협상 안건마다 대안들을 평가 • 개발한 대안들을 평가 • 최선의 대안에 대해서 합의하고 선택 • 대안 이행을 위한 실행계획 수립
합의문서	• 합의문 작성 • 합의문 상의 합의내용, 용어 등을 재점검 • 합의문에 서명

② 협상과정의 3단계

단계	내용
'협상 전' 단계	• 협상을 진행하기 위한 준비단계 • 협상기획 : 협상과정(준비, 집행, 평가 등)을 계획 • 협상준비 : 목표설정, 협상 환경분석, 협상 형태파악, 협상팀 선택과 정보수집, 자기분석, 상대방분석, 협상 전략과 전술수립, 협상 대표훈련
'협상 진행' 단계	• 협상이 실제로 진행되는 단계 • 협상진행 : 상호인사, 정보교환, 설득, 양보 등 협상전략과 전술구사 • 협상종결 : 합의 및 합의문 작성과 교환
'협상 후' 단계	• 합의된 내용을 집행하는 단계 • 협의내용 비준 • 협의내용 집행 : 실행 • 분석평가 : 평가와 피드백

(3) 협상전략의 종류

① **협력전략**(Cooperative Strategy) : I Win – You Win 전략

㉠ 협상 참여자들이 협동과 통합으로 문제를 해결하고자 하는 협력적 문제 해결 전략이다.

㉡ 문제를 해결하는 합의에 이르기 위해서 협상 당사자들이 서로 협력하는 것이다.

㉢ 전술 : 협동적 원인 탐색, 정보수집과 제공, 쟁점의 구체화, 대안 개발, 개발된 대안들에 대한 공동평가, 협동하여 최종안 선택 등

② **유화전략**(Smoothing Strategy) : I Lose – You Win 전략

㉠ 양보전략, 순응전략, 화해전략, 수용전략, 굴복전략이다.

㉡ 상대방이 제시하는 것을 일방적으로 수용하여 협상의 가능성을 높이려는 전략이다.

㉢ 전술 : 유화, 양보, 순응, 수용, 굴복, 요구사항의 철회 등

③ **회피전략**(Avoiding Strategy) : I Lose – You Lose 전략

㉠ 무행동전략, 협상 철수전략으로, 협상을 피하거나 잠정적으로 중단하거나 철수하는 전략이다.

㉡ 나도 손해보고 상대방도 피해를 입게 되어 모두가 손해를 보게 되는 전략이다.

㉢ 전술 : 협상을 회피·무시, 상대방의 도전에 대한 무반응, 협상안건을 타인에게 넘겨주기, 협상으로부터 철수 등

④ **강압전략**(Forcing Strategy) : I Win – You Lose 전략

㉠ 자신이 상대방보다 힘에 있어서 우위를 점유하고 있을 때 자신의 이익을 극대화하기 위한 공격적·경쟁전략이다.

㉡ 인간관계를 중요하게 여기지 않고, 어떠한 수단과 방법을 동원해서라도 자신의 입장과 이익 극대화를 관철시키고자 한다.

㉢ 전술 : 위압적인 입장 천명, 협박과 위협, 협박적 설득, 확고한 입장에 대한 논쟁, 협박적 회유와 설득, 상대방 입장에 대한 강압적 설명 요청 등

(4) 상대방 설득방법

① **See – Feel – Change 전략** : 시각화하여 상대방에게 직접 보고 느끼게 함으로써 설득에 성공하는 전략

② **상대방 이해 전략** : 상대방에 대한 이해를 바탕으로 갈등해결을 용이하게 하는 전략

③ **호혜관계 형성 전략** : 호혜관계 형성을 통해 협상을 용이하게 하는 전략

④ **헌신과 일관성 전략** : 협상 당사자 간에 기대하는 바에 일관성있게 헌신적으로 부응하여 행동함으로써 협상을 용이하게 하는 전략

⑤ **사회적 입증 전략** : 과학적인 논리보다 동료나 사람들의 행동에 의해서 상대방을 설득하는 전략

⑥ **연결 전략** : 갈등문제와 갈등관리자를 연결시키는 것이 아니라 갈등을 야기한 사람과 관리자를 연결시킴으로써 협상을 용이하게 하는 전략

⑦ **권위 전략** : 직위나 전문성, 외모 등을 활용하여 협상을 용이하게 하는 전략

⑧ **희소성 해결 전략** : 인적·물적자원 등의 희소성을 해결함으로써 협상 과정상의 갈등 해결을 용이하게 하는 전략

⑨ **반항심 극복 전략** : 억압하면 할수록 더욱 반항하게 될 가능성이 높아지므로 이를 피함으로써 협상을 용이하게 하는 전략

06 고객서비스능력

(1) 고객서비스의 의미

고객서비스란 다양한 고객의 요구를 파악하고 적절한 대응법을 마련함으로써 고객에게 양질의 서비스를 제공하는 것을 말한다.

(2) 고객의 불만표현 유형 및 대응 방안

불만표현 유형	대응 방안
거만형	자신의 과시욕을 드러내고 싶어 하는 고객으로, 자신의 과시욕이 채워지도록 뽐내든 말든 내버려 두며, 정중하게 대한다.
의심형	직원의 설명이나 제품의 품질에 대해 의심을 많이 하는 고객으로, 분명한 증거나 근거를 제시하여 스스로 확신을 갖도록 유도하고, 때로는 책임자가 응대하는 것도 좋다.
트집형	사소한 것에 트집을 잡는 까다로운 고객으로, 이야기를 경청하고, 맞장구치고, 추켜세우고, 설득해 가는 방법이 효과적이다.
빨리빨리형	성격이 급하고 확신있는 말이 아니면 잘 믿지 않는 고객으로, "글쎄요?", "아마…" 등의 애매한 화법을 피하고, 시원스럽게 처리하는 모습을 보이면 응대하기 쉽다.

(3) 고객불만 처리 프로세스 8단계

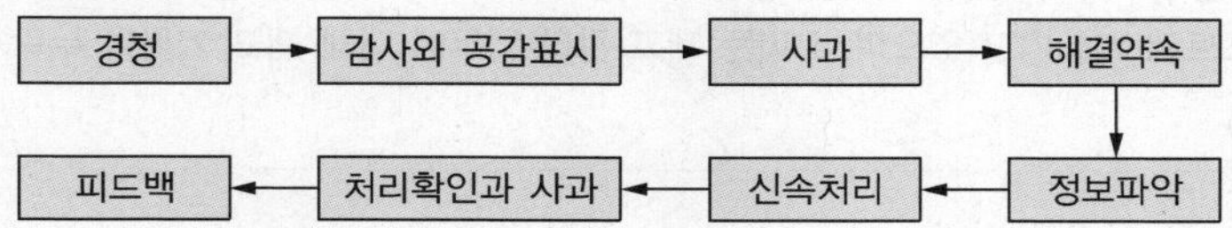

(4) 고객만족 조사계획의 수행

① 조사분야 및 대상 설정

조사 분야와 대상을 명확히 설정해야만 정확한 조사가 이루어질 수 있다.

② 조사목적 설정

전체적 경향의 파악, 고객에 대한 개별대응 및 고객과의 관계유지 파악, 평가 및 개선 등의 목적이 있다.

③ 조사방법 및 횟수

설문조사와 심층면접법이 주로 활용되며, 1회 조사가 아닌 연속조사를 권장한다.

④ 조사결과 활용 계획

조사목적에 맞게 구체적인 활용 계획을 작성한다.

대표기출유형

01 팀워크

| 유형분석 |

- 하나의 조직 안에서 구성원 간의 관계, 즉 '팀워크'에 대한 이해를 묻는 문제이다.
- 직장 내 상황 중에서도 주로 갈등이나 부족한 부분이 제시되고, 그 속에서 구성원으로서 어떤 결정을 해야 하는지를 묻는다.
- 상식으로도 풀 수 있지만, 개인의 가치가 개입될 가능성이 높기 때문에 객관적인 판단이 중요시된다.

다음 상황에 대하여 K부장에게 조언할 수 있는 말로 가장 적절한 것은?

> K부장은 얼마 전에 자신의 부서에 들어온 두 명의 신입사원 때문에 고민 중이다. 신입사원 A씨는 꼼꼼하고 차분하지만 대인관계가 서투르며, 신입사원 B씨는 사람들과 금방 친해지는 친화력을 가졌지만 업무에 세심하지 못한 모습을 보여주고 있다. 이러한 성격으로 인해 A씨는 현재 영업 업무를 맡아 자신에게 어려운 대인관계로 인해 스트레스를 받고 있으며, B씨는 재고 관리 업무에 대해 재고 기록을 누락시키는 등의 실수를 반복하고 있다.

① 조직 구조를 이해시켜야 한다.
② 의견의 불일치를 해결해야 한다.
③ 개인의 강점을 활용해야 한다.
④ 주관적인 결정을 내려야 한다.

정답 ③

팀 에너지를 최대로 활용하는 효과적인 팀을 위해서는 팀원들 개인의 강점을 인식하고 활용해야 한다. A씨의 강점인 꼼꼼하고 차분한 성격과 B씨의 강점인 친화력을 인식하여 A씨에게 재고 관리 업무를, B씨에게 영업 업무를 맡긴다면 팀 에너지를 향상시킬 수 있다.

오답분석

①·② 효과적인 팀을 위해서 필요하지만, K부장의 상황에 적절한 조언은 아니다.
④ 효과적인 팀의 조건으로는 문제 해결을 위해 모두가 납득할 수 있는 객관적인 결정이 필요하다.

유형풀이 Tip

- 실제 회사에서 한 번쯤 겪어볼 만한 상황이 문제로 제시된다.
- 자신이 문제 속의 입장이라고 생각하고 가장 모범적이며 이성적인 답이라고 생각되는 것을 찾아야 한다.

대표기출유형 01 기출응용문제

01 다음 두 사례를 보고 팀워크에 대해 적절하지 않게 분석한 사람은?

〈K사의 사례〉

K사는 1987년부터 1992년까지 품질과 효율향상은 물론 생산 기간을 50%나 단축시키는 성과를 내었다. 모든 부서에서 품질 향상의 경쟁이 치열했고, 그 어느 때보다 좋은 팀워크가 만들어졌다고 평가되었다. 가장 성과가 우수하였던 부서는 미국의 권위 있는 볼드리지(Baldrige) 품질대상을 수상하기도 하였다. 그런데 이러한 개별 팀의 성과가 회사 전체의 성과나 주주의 가치로 잘 연결되지 못했던 것으로 분석되었다. 시장의 PC 표준 규격을 반영하지 않은 새로운 규격으로 인해 호환성 문제가 대두되었고, 대중의 외면을 받아야만 했다. 한 임원은 "아무리 빨리, 제품을 잘 만들어도 고객의 가치를 반영하지 못하거나, 시장에서 고객의 접촉이 제대로 이루어지지 않으면 의미가 없다는 점을 배웠다."라고 말했다.

〈H병원의 사례〉

가장 정교하고 효과적인 팀워크가 요구되는 의료 분야에서 H병원은 최고의 의료 수준과 서비스로 명성을 얻고 있다. 이 병원의 조직 운영 기본 원칙에는 '우리 지역과 국가, 세계의 환자들의 니즈에 집중하는 최고의 의사, 연구원 및 의료 전문가의 협력을 기반으로 병원을 운영한다.'라고 명시되어 있다고 한다. 팀 간의 협력은 물론 전 세계의 고객을 지향하는 웅대한 가치를 공유하고 있는 것이다. H병원이 최고의 명성과 함께 노벨상을 수상하는 실력을 갖출 수 있었던 데에는 이러한 팀워크가 중요한 역할을 하였다고 볼 수 있다.

① A : 개별 팀의 팀워크가 좋다고 해서 반드시 조직의 성과로 이어지는 것은 아니군.
② B : 팀워크는 공통된 비전을 공유하고 있어야 해.
③ C : 개인의 특성을 이해하고 개인 간의 차이를 중시해야 해.
④ D : 팀워크를 지나치게 강조하다 보면 외부에 배타적인 자세가 될 수 있어.

※ 다음 글을 읽고 이어지는 질문에 답하시오. [2~4]

나는 M금고에 입사한 지 석 달 정도 된 신입사원 A이다. 우리 팀에는 타 팀원들과 교류가 거의 없는 선임이 한 명 있다. 다른 상사나 주변 동료들이 그 선임에 대해 주로 좋지 않은 이야기들을 많이 한다. 나는 그냥 그런 사람인가보다 하고는 특별히 그 선임과 가까워지려는 노력을 하지 않았다.
그러던 어느 날 그 선임과 함께 일을 할 기회가 생겼다. 사실 주변에서 들어온 이야기들 때문에 같이 일을 하는 것이 싫었지만 입사 석 달 차인 내가 그 일을 거절할 수는 없었다. 그런데 일을 하면서 대화를 나누게 된 선임은 내가 생각했던 사람과는 너무나 달랐다. 그 선임은 주어진 일도 정확하게 처리했고, 마감기한도 철저히 지켰다. 그리고 내가 어려워하는 듯한 모습을 보이면 무엇이 문제인지 지켜보다가 조용히 조언을 해 주었다. 그 이후로 나는 그 선임에게 적극적으로 다가갔고 이전보다 훨씬 가까운 사이가 되었다.
오늘은 팀 전체 주간회의가 있었던 날이었다. 회의가 끝난 후 동료들 몇 명이 나를 불렀다. 그리고는 그 선임과 가깝게 지내지 않는 것이 좋을 것이라고 일러주며, 주변에서 나를 이상하게 보는 사람들이 생기기 시작했다는 말도 들려주었다. 내가 경험한 그 선임은 그렇게 나쁜 사람이 아니었는데, 주변 사람들은 내가 그 선임과 함께 어울리는 것을 바라지 않는 눈치였다. 나는 이런 상황이 한 개인의 문제로 끝나는 것이 아니라 우리 팀에도 그다지 좋지 않은 영향을 미칠 것이라는 생각이 들었다.

02 윗글에서 신입사원 A가 선임과 가까워지게 된 핵심적인 계기는 무엇인가?

① 상대방에 대한 이해
② 사소한 일에 대한 관심
③ 진지한 사과
④ 언행일치

03 윗글에서 신입사원 A가 지금의 상황이 팀의 효과성을 창출하는 데 좋지 않은 영향을 미칠 수 있다고 판단하게 된 근거는 무엇인가?

① 팀원들이 일의 결과에는 초점을 맞추지 않고 과정에만 초점을 맞추는 모습을 보였기 때문에
② 팀 내 규약이나 방침이 명확하지 않으며, 일의 프로세스도 조직화되어 있지 않기 때문에
③ 개방적으로 의사소통하거나 의견 불일치를 건설적으로 해결하려는 모습을 보이지 않기 때문에
④ 팀이 더 효과적으로 기능할 수 있도록 팀의 운영 방식을 점검하려는 모습을 보이지 않기 때문에

04 윗글과 같은 상황에서 팀워크를 개발하기 위해 가장 먼저 실행해 볼 수 있는 팀워크 향상 방법은 무엇인가?

① 동료 피드백 장려하기
② 갈등 해결하기
③ 창의력 조성을 위해 협력하기
④ 참여적으로 의사결정하기

05 다음은 팀워크(Teamwork)와 응집력의 정의를 나타난 글이다. 팀워크의 사례로 적절하지 않은 것은?

> 팀워크(Teamwork)란 '팀 구성원이 공동의 목적을 달성하기 위하여 상호관계성을 가지고 협력하여 업무를 수행하는 것'으로 볼 수 있다. 반면 응집력은 '사람들로 하여금 집단에 머물도록 느끼게끔 만들고, 그 집단의 멤버로서 계속 남아 있기를 원하게 만드는 힘'으로 볼 수 있다.

① 다음 주 조별 발표 준비를 위해 같은 조원인 A와 C는 각자 주제를 나누어 조사하기로 했다.
② K사의 S사원과 C사원은 내일 진행될 행사 준비를 위해 함께 야근을 할 예정이다.
③ D고등학교 학생인 A와 B는 내일 있을 시험 준비를 위해 도서관에서 공부하기로 했다.
④ 같은 배에서 활약 중인 D와 E는 곧 있을 조정경기 시합을 위해 열심히 연습하고 있다.

대표기출유형

02 리더십

| 유형분석 |

- 하나의 조직 안에서 팀을 맡아 이끌어나가는 사람들의 능력, 즉 '리더십'에 대한 이해를 묻는 문제이다.
- 직장 내 주로 팀원들이 불평을 제기하거나 팀 자체의 불만이 속출하는 상황을 제시하고, 지도자로서 어떤 결정을 해야 하는지를 묻는다.
- 팀원으로서의 입장과 리더로서의 입장이 다르기 때문에 그 둘의 차이를 잘 구분하고 문제를 푸는 것이 중요하다.

다음 상황에서 B팀장이 부하직원 A씨에게 할 수 있는 효과적인 코칭 방법으로 가장 적절한 것은?

F사 관리팀에 근무하는 B팀장은 최근 부하직원 A씨 때문에 고민 중이다. B팀장이 보기에 A씨의 업무 방법은 업무의 성과를 내기에 부적절해 보이지만, 자존감이 강하고 자기결정권을 중시하는 A씨는 자기 자신이 스스로 잘하고 있다고 생각하며 B팀장의 조언이나 충고에 대해 반발심을 표현하고 있다.

① 징계를 통해 B팀장의 조언을 듣도록 유도한다.
② 대화를 통해 스스로 자신의 잘못을 인식하도록 유도한다.
③ A씨에 대한 칭찬을 통해 업무 성과를 극대화시킨다.
④ A씨를 더 강하게 질책하여 업무 방법을 개선시키도록 한다.

정답 ②

대화를 통해 부하직원인 A씨의 업무 방법이 잘못되었음을 인식시켜서 이를 해결할 방법을 스스로 생각하도록 해야 한다. 이후 B팀장이 조언하며 A씨를 독려한다면, B팀장은 A씨의 자존감과 자기결정권을 침해하지 않으면서도 A씨 스스로 책임감을 느끼고 문제를 해결할 가능성이 높아지게 할 수 있다.

오답분석

① 징계를 통해 억지로 조언을 듣도록 하는 것은 자존감과 자기결정권을 중시하는 A씨에게 적절하지 않다.
③ 칭찬은 A씨로 하여금 자신의 잘못을 인식하지 못하도록 할 수 있어 적절하지 않다.
④ 자존감과 자기결정권을 중시하는 A씨에게 강한 질책은 효과적이지 못하다.

유형풀이 Tip

- 팀에서 한 번쯤 일어날 만한 갈등 상황이 문제로 제시된다.
- 주어진 상황을 팀원들이 아닌 리더의 입장에서 어떻게 해결할지를 중점적으로 보아야 한다.

대표기출유형 02 기출응용문제

01 다음 중 리더십의 핵심 개념 중 하나로, 직원들에게 일정 권한을 위임하는 것은?

① 셀프리더십
② 서번트리더십
③ 임파워먼트
④ 슈퍼리더십

02 다음 중 리더와 관리자를 비교하여 분류한 내용으로 적절하지 않은 것은?

	리더	관리자
①	리스크(위험)를 수용한다.	리스크(위험)를 최대한 피한다.
②	'어떻게 할까'를 생각한다.	'무엇을 할까'를 생각한다.
③	사람을 중시한다.	체제・기구를 중시한다.
④	새로운 상황을 만든다.	현재 상황에 집중한다.

03 다음 〈보기〉 중 리더의 특징에 해당하는 것을 모두 고르면?

보기

㉠ 새로운 상황 창조자
㉡ 혁신지향적
㉢ 오늘에 초점을 맞춤
㉣ 사람을 중시함
㉤ '어떻게 할까?'를 생각함

① ㉠, ㉡, ㉣
② ㉠, ㉡, ㉤
③ ㉡, ㉢, ㉤
④ ㉢, ㉣, ㉤

Easy

04 다음 중 높은 성과를 내는 임파워먼트 환경의 특징으로 옳지 않은 것은?

① 학습과 성장의 기회
② 현상 유지와 순응
③ 개인들이 공헌하며 만족한다는 느낌
④ 도전적이고 흥미 있는 일

05 다음은 멤버십 유형별 특징을 정리한 자료이다. 이를 참고하여 각 유형의 멤버십을 가진 사원에 대한 리더의 대처방안으로 가장 적절한 것은?

〈멤버십 유형별 특징〉

소외형	순응형
• 조직에서 자신을 인정해주지 않음 • 적절한 보상이 없음 • 업무 진행에 있어 불공정하고 문제가 있음	• 기존 질서를 따르는 것이 중요하다고 생각함 • 리더의 의견을 거스르는 것은 어려운 일임 • 획일적인 태도와 행동에 익숙함
실무형	**수동형**
• 조직에서 규정준수를 강조함 • 명령과 계획을 빈번하게 변경함	• 조직이 나의 아이디어를 원치 않음 • 노력과 공헌을 해도 아무 소용이 없음 • 리더는 항상 자기 마음대로 함

① 소외형 사원은 팀에 협조하는 경우에 적절한 보상을 주도록 한다.
② 수동형 사원에 대해서는 자신의 업무에 대해 자신감을 주도록 한다.
③ 순응형 사원에 대해서는 조직을 위해 순응적인 모습을 계속 권장한다.
④ 실무형 사원에 대해서는 징계를 통해 규정준수를 강조한다.

06 다음 〈보기〉의 조직에 대한 감정 중 소외형에 해당하는 것을 모두 고르면?

보기

㉠ 조직이 나의 아이디어를 원하지 않는다고 느낀다.
㉡ 리더는 항상 자기 마음대로 한다고 느낀다.
㉢ 자신을 인정해 주지 않는다고 느낀다.
㉣ 적절한 보상이 없다고 느낀다.
㉤ 불공정하고 문제가 있다고 느낀다.

① ㉠, ㉡, ㉢　　② ㉠, ㉢, ㉣
③ ㉡, ㉢, ㉣　　④ ㉢, ㉣, ㉤

대표기출유형

03 갈등관리

| 유형분석 |

- 조직 내 갈등을 심화시키는 요인에 대한 이해를 묻는 문제이다.
- 여러 사람이 협력해야 하는 직장에서 구성원 간의 갈등은 불가피하고 실제로 흔히 찾아볼 수 있는 문제이기 때문에 기업에서도 중요시하고 출제 빈도도 높다.

다음 중 갈등 해결 방법으로 옳은 것을 〈보기〉에서 모두 고르면?

보기

㉠ 사람들이 당황하는 모습을 보는 것은 되도록 피한다.
㉡ 사람들과 눈을 자주 마주친다.
㉢ 어려운 문제는 피하지 말고 맞선다.
㉣ 논쟁을 통해 해결한다.
㉤ 어느 한쪽으로 치우치지 않는다.

① ㉠, ㉡, ㉣
② ㉠, ㉢, ㉤
③ ㉡, ㉢, ㉣
④ ㉡, ㉢, ㉤

정답 ④

올바른 갈등 해결 방법

- 다른 사람들의 입장을 이해한다.
- 어려운 문제는 피하지 말고 맞선다.
- 자신의 의견을 명확하게 밝히고 지속적으로 강화한다.
- 사람들과 눈을 자주 마주친다.
- 마음을 열어놓고 적극적으로 경청한다.
- 타협하려 애쓴다.
- 어느 한쪽으로 치우치지 않는다.
- 논쟁하고 싶은 유혹을 떨쳐낸다.
- 존중하는 자세로 사람들을 대한다.

유형풀이 Tip

- 갈등 발생 시 대처 방법에 대해서 반드시 숙지해야 한다.
- 갈등의 개념·특징은 상식으로도 충분히 풀 수 있으나, 전반적인 이론에 대해 알아둘 필요가 있다.

대표기출유형 03 기출응용문제

01 **다음 중 갈등에 대한 설명으로 옳지 않은 것은?**

① 적절한 갈등은 조직효과에 좋은 영향을 준다.
② 갈등이 일어나는 것은 피할 수 있다.
③ 갈등의 결과가 항상 부정적인 것만은 아니다.
④ 갈등 해결을 위해서는 갈등이 존재한다는 사실부터 인정해야 한다.

Easy

02 **다음 중 상대방을 설득하는 방법으로 적절하지 않은 것은?**

① 논쟁(Argument)을 적극적으로 유도하여 굴복시킨다.
② 상대방의 말을 중간에서 자르지 말고 그의 말을 끝까지 듣고 얘기한다.
③ 상대방의 잘못을 노골적으로 지적하지 않는다.
④ 이해관계가 직접적으로 얽혀지지 않는 제3자를 통해 말하는 것이 효과적일 수도 있다.

03 다음 중 Win－Win 전략에 의거한 갈등 해결 단계에 포함되지 않는 것은?

① 비판적인 패러다임을 전환하는 등 충실할 사전 준비를 한다.
② 갈등 당사자의 입장을 명확히 한다.
③ 서로가 받아들일 수 있도록 중간지점에서 타협적으로 주고받아 해결점을 찾는다.
④ 두 사람의 입장을 명확히 한다.

04 다음에서 설명하는 갈등 해결 방법은 무엇인가?

- 자신에 대한 관심은 높고 상대방에 대한 관심은 낮은 경우
- 제로섬(Zero-Sum) 개념

① 회피형(Avoiding)
② 경쟁형(Competing)
③ 수용형(Accommodating)
④ 통합형(Integrating)

05 다음 사례에서 유추할 수 있는 갈등처리 의도에 대해 바르게 설명한 사람을 〈보기〉에서 모두 고르면?

일반적으로 호텔에 미리 예약을 하지 않고 오는 손님들의 경우 예약을 한 손님보다 훨씬 더 많은 비용을 지불해야 하는데, Mandy씨의 호텔의 경우 그 예약을 받은 리셉션 직원에게 인센티브를 주는 제도가 있다고 한다. 따라서 리셉션에서 근무하는 직원들 간에 그 경쟁이 치열했는데, 특히 한국인 직원들과 중국인 직원들 간에 갈등이 생긴 상태에서 중국인 직원들이 한국인 직원들의 고객을 빼앗는 일이 여러 번 발생한 것이다. 한국인 직원들은 더 이상 참기 어렵다며 관련된 명확한 규정을 만들어 달라고 요구했지만, 상사로부터 돌아온 대답은 '알아서 하라.'는 것뿐이었다.
그러던 중 4년 이상 호텔을 이용해 온 한국인 고객이 아침 뷔페 메뉴에 대해 컴플레인 하는 일이 발생하였다. 그 호텔은 이미 몇 년 째 아침 뷔페 메뉴가 단 한 번도 바뀐 적이 없었던 것이다. 더욱이 그 질이 매우 떨어진다는 것도 문제였다. 빵 종류에는 아예 유통기한이라는 게 없었고, 전날 제공되었던 과일이 다음날 샐러드로 다시 제공되는 일도 빈번했다. 리셉션 부서 직원들은 직접 고객을 담당하고 상대하는 업무를 다루기에 이 문제에 대해 고객만큼 그 심각함을 인지하고 있었다.
이미 최근 1년간 리셉션 부서의 직원들은 그들의 상사인 GM에게 수차례 보고해왔지만, 시정의 기미조차 보이지 않았다. 우선 그가 문제 해결의 의지를 가지고 있지 않았고, 부서 직원들과 최상의 가치도 달랐기에 대면해결법이 전혀 효과가 없었던 것이다. GM은 매번 고려해 보겠다고는 했지만, 알고 보니 그것은 그 순간을 회피하기 위한 말일 뿐이었지 사실은 전혀 문제를 해결할 생각이 없었다고 한다. 왜냐하면 GM은 그의 최고 가치를 경제적 이익 창출에 두고 있었기 때문이다. 즉, 지금까지의 상태를 유지하고도 고객 수는 계속 증가하는 추세이고, 식사부와의 대립은 물론 관련 규정을 새로이 하는 데는 아주 많은 비용이 들기 때문에 할 수 없다는 것이었다.
그러던 중 한 중국인 직원이 Mandy씨에게 '당신이 오너에게 직접 말해보는 것은 어떻겠냐.'고 제안했다. 그녀와 같은 한국인 직원이라면, 오너와도 소통할 수 있었기 때문이다. 결국 모든 부서 사람들이 지지하는 가운데 Mandy씨를 비롯한 한국인 동료들은 리셉션 직원들의 뜻을 직접 오너에게 전했고, 결과는 성공적이었다. 적정한 수준에서 식사부에 변화가 일어났고, 과도하지 않은 요구와 오너의 적극적인 지원으로 예상했던 부서간의 갈등이나 또 다른 문제가 발생하지 않고도 잘 해결될 수 있었던 것이다.
이 사건 이후로 그간 한국인과 중국인 직원들끼리 갈등을 빚어왔던 리셉션 부서에도 변화가 생겼다. 더 이상 서로의 고객을 빼앗는 일도 없어졌고, 식사 또한 함께하게 된 것이다. 중국인 직원들은 한국인 직원들이 가진 특수성을 인정하게 되었고, 자신들에게 해로울 줄만 알았던 상황이 모두에게 어떻게 긍정적인 영향을 미칠 수 있는지를 아침 뷔페 사건을 통해 확인함으로써 그들 사이의 갈등은 자연스럽게 해결양상에 접어들었다.

보기

은영 : 갈등 당사자가 서로 상대방의 관심사를 만족시키기를 원하고 있어.
혜민 : 상대방이 받을 충격에 상관없이 자기 자신의 이익만을 만족시키려고 하고 있어.
권철 : 갈등의 당사자들이 서로 적당한 수준의 타협을 추구하고 있는 것 같아.
주하 : 상대방의 관심사를 자신의 관심사보다 우선시하고 있어.
승후 : 갈등으로부터 철회하거나 갈등을 억누르려고 하는 경우인 것 같아.

① 은영, 혜민　　② 주하, 승후
③ 혜민, 주하　　④ 은영, 권철

PART 1

대표기출유형

04 협상전략

| 유형분석 |

- 문제에서 특징을 제시하고 이에 해당하는 협상이 무엇인지 묻는 단순한 형태도 나오지만, 대부분 상황이 주어지는 경우가 더 많다.

다음은 헤밍웨이의 일화이다. 위스키 회사 간부가 헤밍웨이와 협상을 실패한 이유로 적절한 것은?

어느 날 미국의 한 위스키 회사 간부가 헤밍웨이를 찾아왔다. 헤밍웨이의 비서를 따라 들어온 간부는 헤밍웨이의 턱수염을 보고서 매우 감탄하며 말했다.
"선생님은 세상에서 가장 멋진 턱수염을 가지셨군요! 우리 회사에서 선생님의 얼굴과 이름을 빌려 광고하는 조건으로 4천 달러와 평생 마실 수 있는 술을 제공하려는데 허락해 주시겠습니까?"
그 말을 들은 헤밍웨이는 잠시 생각에 잠겼다. 그 정도 조건이면 훌륭하다고 판단했던 간부는 기다리기 지루한 듯 대답을 재촉했다.
"무얼 그리 망설이십니까? 얼굴과 이름만 빌려주면 그만인데…."
그러자 헤밍웨이는 무뚝뚝하게 말했다.
"유감이지만 그럴 수 없으니 그만 당신의 회사로 돌아가 주시기 바랍니다."
헤밍웨이의 완강한 말에 간부는 당황해하며 돌아가 버렸다. 그가 돌아가자 비서는 헤밍웨이에게 왜 허락하지 않았는지를 물었고, 헤밍웨이는 대답했다.
"그의 무책임한 말을 믿을 수 없었지. 얼굴과 이름을 대수롭지 않게 생각하는 회사에 내 얼굴과 이름을 빌려준다면 어떤 꼴이 되겠나?"

① 협상의 대상을 분석하지 못하였다.
② 자신의 특정 입장만을 고집하였다.
③ 상대방에 대해 너무 많은 염려를 하였다.
④ 협상의 통제권을 갖지 못하였다.

정답 ①

마지막 헤밍웨이의 대답을 통해 위스키 회사 간부가 협상의 대상인 헤밍웨이에 대해 제대로 분석하지 못하였음을 알 수 있다. 헤밍웨이의 특징, 성격 등을 파악하고 헤밍웨이로 하여금 신뢰감을 느낄 수 있도록 협상을 진행하였다면 협상의 성공률은 높아졌을 것이다.

유형풀이 Tip

- 제시된 사례를 읽으면서 키워드를 찾는다. 협상전략마다 특징이 있기 때문에 어떤 예시든 그 안에 특징이 제시되므로 이를 바탕으로 적절한 협상전략을 찾아 문제를 해결한다.
- 전략의 명칭과 각각의 예시가 섞여서 선택지로 제시되는 경우도 있으므로 미리 관련 이론을 숙지해야 한다.

대표기출유형 04 기출응용문제

01 다음 (가), (나)의 사례에 대한 상대방 설득방법으로 적절하지 않은 것은?

(가) A사의 제품은 현재 매출 1위이며 소비자들의 긍정적인 평판을 받고 있다. A사는 이 점을 내세워 B사와 다음 신제품과 관련하여 계약을 맺고 싶어 하지만 B사는 A사의 주장을 믿지 않아 계약이 보류된 상황이다. A사는 최근 신제품에 필요한 기술을 확보하고 있는 B사가 꼭 필요한 협력업체이기 때문에 고심하고 있다.

(나) 플라스틱을 제조하는 C사는 최근 테니스 라켓, 욕조, 배의 선체 등 다양한 곳에 사용되는 탄소섬유강화플라스틱 사업의 전망이 밝다고 생각하여 탄소섬유를 다루는 D사와 함께 사업하길 원하고 있다. 하지만 D사는 C사의 사업 전망에 대해 믿지 못하고 있는 상황이어서 사업은 보류된 상태이다.

① (가)의 경우 매출 1위와 관련된 데이터를 시각화하여 B사가 직접 보고 느끼게 해주는 게 좋을 것 같아.
② (나)의 경우 호혜관계를 설명하면서 D사가 얻을 수 있는 혜택도 설명해 주는 게 좋겠어.
③ (가)의 경우 A사 제품을 사용한 소비자들의 긍정적인 후기를 B사에게 보여주는 것은 어때?
④ (가)의 경우 B사에게 대기업인 점을 앞세워서 공격적으로 설득하는 것이 좋겠어.

※ 다음 글을 읽고 이어지는 질문에 답하시오. [2~3]

서희는 국서를 가지고 소손녕의 영문(營門)으로 갔다. 기를 꺾어 놓을 심산이었던 듯 소손녕은 "나는 대국의 귀인이니 그대가 나에게 뜰에서 절을 해야 한다."고 우겼다. 거란의 군사가 가득한 적진에서 서희는 침착하게 대답했다. "신하가 임금에게 대할 때는 절하는 것이 예법이나, 양국의 대신들이 대면하는 자리에서 어찌 그럴 수 있겠는가?" 소손녕이 계속 고집을 부리자 서희는 노한 기색을 보이며 숙소로 들어와 움직이지 않았다. 거란이 전면전보다 화의를 원하고 있다는 판단에 가능했던 행동이었다. 결국 소손녕이 서로 대등하게 만나는 예식 절차를 수락하면서 첫 번째 기싸움은 서희의 승리로 돌아갔다.

본격적인 담판이 시작되었다. 먼저 소손녕이 물었다. "당신네 나라는 옛 신라 땅에서 건국하였다. 고구려의 옛 땅은 우리나라에 소속되었는데, 어째서 당신들이 침범하였는가?" 광종이 여진의 땅을 빼앗아 성을 쌓은 일을 두고 하는 말이었다.

이 물음은 이번 정벌의 명분에 관한 것으로 고구려 땅을 차지하는 정당성에 관한 매우 중요한 논점이었다. 서희는 조목조목 반박했다. "그렇지 않다. 우리나라는 바로 고구려의 후예이다. 그러므로 나라 이름을 고려라 부르고, 평양을 국도로 정한 것 아닌가. 오히려 귀국의 동경이 우리 영토 안에 들어와야 하는데 어찌 거꾸로 침범했다고 하는가?" 한 치의 틈도 없는 서희의 논리에 소손녕의 말문이 막히면서 고구려 후계론 논쟁은 일단락 지어졌다.

마침내 소손녕이 정벌의 본래 목적을 얘기했다. "우리나라와 국경을 접하고 있으면서 바다 건너에 있는 송나라를 섬기고 있는 까닭에 이번에 정벌하게 된 것이다. 만일 땅을 떼어 바치고 국교를 회복한다면 무사하리라." 송과 손을 잡고 있는 고려를 자신들의 편으로 돌아 앉혀 혹시 있을 송과의 전면전에서 배후를 안정시키는 것, 그것이 거란의 본래 목적이었다.

"압록강 안팎도 우리 땅인데, 지금 여진이 그 중간을 점거하고 있어 육로로 가는 것이 바다를 건너는 것보다 왕래하기가 더 곤란하다. 그러니 국교가 통하지 못하는 것은 여진 탓이다. 만일 여진을 내쫓고 우리의 옛 땅을 회복하여 거기에 성과 보를 쌓고 길을 통하게 한다면 어찌 국교가 통하지 않겠는가." 그들이 원하는 것을 알았지만, 서희는 바로 답을 주지 않고 이와 같이 돌려 말했다. 국교를 맺기 위해서는 여진을 내쫓고 그 땅을 고려가 차지해야 가능하다며 조건을 내건 것이다. 소손녕이 회담의 내용을 거란의 임금에게 보내자 고려가 이미 화의를 요청했으니 그만 철군하라는 답이 돌아왔다. 그리고 고려가 압록강 동쪽 280여 리의 영토를 개척하는 데 동의한다는 답서도 보내왔다.

비록 그들의 요구대로 국교를 맺어 이후 일시적으로 사대의 예를 갖추지만, 싸우지 않고 거란의 대군을 돌려보내고, 오히려 이를 전화위복 삼아 영토까지 얻었으니 우리 역사상 가장 실리적으로 성공한 외교라 칭찬받을 만하다.

Easy

02 다음 중 윗글의 내용으로 알 수 있는 협상진행 5단계를 순서대로 바르게 나열한 것은?

① 협상 시작 → 상호 이해 → 실질 이해 → 해결 대안 → 합의
② 협상 시작 → 실질 이해 → 상호 이해 → 해결 대안 → 합의
③ 협상 시작 → 상호 이해 → 실질 이해 → 합의 → 해결 대안
④ 협상 시작 → 실질 이해 → 상호 이해 → 합의 → 해결 대안

03 다음 중 서희의 협상전략으로 옳지 않은 것은?

① 적진에서 한 협상에서 기선을 제압하였다.
② 상대방의 숨은 의도를 이끌어내었다.
③ 상대방과의 명분 싸움에서 논리적으로 대응하였다.
④ 상대방의 요구를 거부하되, 대안을 제시하였다.

04 다음은 협상의 의미를 설명하는 5가지 차원이다. 〈보기〉의 사례는 협상의 5가지 차원 중 어느 유형에 해당되는가?

- 의사소통의 차원에서 볼 때, 협상이란 이해당사자들이 자신들의 욕구를 충족시키기 위해 상대방으로부터 최선의 것을 얻어내기 위해 상대방을 설득하는 커뮤니케이션 과정이다.
- 의사결정의 차원에서 볼 때, 협상이란 둘 이상의 이해당사자들이 여러 대안들 가운데서 이해당사자들 모두가 수용 가능한 대안을 찾기 위한 의사결정과정이라고도 볼 수 있고, 공통적인 이익을 추구하나 서로 입장의 충돌 때문에 이해당사자들 모두에게 수용 가능한 이익의 조합을 찾으려는 개인, 조직, 또는 국가의 상호작용과정이라고도 볼 수 있다.
- 갈등해결의 차원에서 볼 때, 협상이란 갈등관계에 있는 이해당사자들이 대화를 통해서 갈등을 해결하고자 하는 상호작용과정이다.
- 지식과 노력의 차원에서 볼 때, 협상이란 우리가 얻고자 하는 것을 가진 사람의 호의를 쟁취하기 위한 것에 관한 지식이며 노력의 분야이다.
- 교섭의 차원에서 볼 때, 협상이란 선호가 서로 다른 협상 당사자들이 합의에 도달하기 위해 공동으로 의사결정하는 과정이라고 할 수 있다.

보기

K대리는 다른 사람들보다 빠른 승진과 곧 있을 연봉 협상을 위해 부서장의 신임을 받으려 노력하고 있다.

① 의사소통의 차원
② 갈등해결의 차원
③ 지식과 노력의 차원
④ 의사결정의 차원

대표기출유형

05 고객응대

| 유형분석 |

- 대인관계능력 중에서 직업 상황이 가장 두드러지게 나타나는 문제 유형이다.
- 주로 고객응대와 관련된 글이 제시되고, 서비스 직종이 아닌 일반적인 사업장에서 볼 수 있는 상황도 종종 제시된다.

K사원은 현재 M금고에서 고객 응대 업무를 맡고 있다. 다음과 같이 고객의 민원에 답변하였을 때, 고객 전화 응대법과 관련하여 적절하지 않은 답변은?

고객 : 저기요. 제가 너무 답답해서 이렇게 전화했습니다.
K사원 : 안녕하세요, 고객님. 상담사 ○○○입니다. 무슨 문제로 전화해 주셨나요? … ①
고객 : 아니, 아직 상환기한이 지나지도 않았는데, 홈페이지에 왜 '상환하지 않은 대출금'으로 나오는 건가요? 일 처리를 왜 이렇게 하는 건가요?
K사원 : 고객님, 이건 저희 실수가 아니라 고객님이 잘못 이해하신 부분 같습니다. … ②
고객 : 무슨 소리예요? 내가 지금 홈페이지에서 확인하고 왔는데.
K사원 : 네, 고객님. 홈페이지에 '상환하지 않은 대출금'으로 표시되는 경우에는 고객님께서 다음 달 10일까지 상환하셔야 할 당월분 대출금이라고 이해하시면 됩니다. … ③
고객 : 정말이에요? 나 참, 왜 이렇게 헷갈리게 만든 건가요?
K사원 : 죄송합니다, 고객님. 참고로 이미 대출금을 상환했는데도 '상환하지 않은 대출금'으로 표시되는 경우에는 대출금 납부내역이 금고 전산에 반영되는 기준일이 '납부 후 최장 4일 경과한 시점'이기 때문임을 유의해 주시기 바랍니다. … ④
고객 : 알겠습니다. 수고하세요.
K사원 : 감사합니다, 고객님. 좋은 하루 보내세요. 상담사 ○○○이었습니다.

정답 ②

고객이 잘못 이해하고 있다고 하더라도 고객의 말에 반박하지 말고 먼저 공감해야 한다. 즉, 그렇게 말할 수 있음을 이해하는 것이 중요하다.

유형풀이 Tip

- 직원의 응대 방법과 관련된 문제인 경우 직원이 어떤 식으로 고객을 응대했는지 먼저 확인하는 것이 중요하다.
- 상황에 따른 고객응대에 관한 문제인 경우 고객의 유형에 따라 응대 방법이 달라질 수 있으므로 고객의 유형과 응대 방법의 차이를 미리 알아둘 필요가 있다.

대표기출유형 05 기출응용문제

01 M금고의 행원인 귀하는 새로 입사한 A가 은행업무에 잘 적응할 수 있도록 근무 지도를 하고 있다. 제시된 상황을 토대로 다음 중 귀하가 A에게 지도할 사항으로 적절하지 않은 것은?

> A : 안녕하십니까? 고객님. 어떤 업무를 도와드릴까요?(자리에서 앉아 컴퓨터 모니터를 응시한 채로 고객을 반김)
> 고객 : 지난 한 달간 제가 거래한 내역이 필요해서요. 발급이 가능한가요?
> A : 네, 지난 한 달간 은행 입출금 거래내역서 발급을 도와드리겠습니다. 신분증을 확인할 수 있을까요?
> 고객 : 여기 있습니다.
> A : 네, 감사합니다(응대용 접시에서 신분증만 회수함). 1월 1일부터 1월 30일까지 거래내역을 조회해드리면 될까요?
> 고객 : 네. 그리고 체크카드 신청도….
> A : 우선 먼저 요청하신 거래내역서를 발급해드리고 다른 업무를 도와드리겠습니다.
> 고객 : 알겠습니다.
> A : (거래내역서 인쇄 중) 거래내역서 발급 시에는 2천 원의 수수료가 발생합니다.

① 고객이 다가오면 하는 일을 멈추고 고객을 응시하여야 합니다.
② 고객을 맞이할 때에는 되도록이면 자리에서 일어나 밝은 모습으로 반기도록 합니다.
③ 업무에 필요한 고객의 물품을 가져갈 때에는 응대용 접시와 함께 회수하도록 합니다.
④ 업무 처리와 관련하여 고객이 알아야 할 모든 사항은 업무가 완료된 후에 전달해야 합니다.

02 다음과 같은 상황에서 대응방안으로 가장 적절한 것은?

> 고객이 상품을 주문했는데 배송이 일주일이 걸렸다. 상품을 막상 받아보니 사이즈가 작아 반품을 했으나, 주문처에서 갑자기 반품 배송비용을 청구하였다. 고객은 반품 배송비용을 고객이 부담해야 한다는 공지를 받은 적이 없어 당황해했으며 기분 나빠했다.

① 빨리 배송하도록 노력하겠습니다.
② 사이즈를 정확하게 기재하겠습니다.
③ 반품 배송비가 있다는 항목을 제대로 명시하겠습니다.
④ 주문서를 다시 한 번 확인하겠습니다.

※ 다음은 M금고 영업점에서 활용하는 문제행동 민원고객에 대한 응대요령 매뉴얼의 일부 내용이다. 이어지는 질문에 답하시오. **[3~4]**

〈문제행동 민원고객의 응대요령 매뉴얼〉

1. 폭력이나 폭언을 행사하는 경우는 아래의 절차에 따라 대응한다.
   (1) 폭력을 행사하는 행위
   - 사전에 주위에 도움을 요청한다.
   - 직접적인 폭력이 행사되는 경우 경찰 등의 도움을 받아 최종적으로는 영업점 내에서 퇴거조치하고, 사법처리 여부를 결정한다.
   - ＿＿＿＿＿A＿＿＿＿＿

   (2) 성적으로 희롱하는 행위
   - 정중한 어조로 중지를 요청한다.
   - 단호한 어조로 중지를 요청한다.
   - ＿＿＿＿＿B＿＿＿＿＿
   - 법적 조치의 대상이 될 수 있음을 안내한다.
   - 계속적으로 성희롱을 하는 경우 담당자를 교체하여 업무처리를 한다.

   (3) 욕설, 폭언 등 모욕을 주는 행위
   - 정중한 어조로 중지를 요청한다.
   - 단호한 어조로 중지를 요청한다(전화응대 중 욕설, 폭언 시에는 녹음되고 있음을 안내).
   - 상담이 종료될 수 있다는 점을 공지한다.
   - ＿＿＿＿＿C＿＿＿＿＿
   - 계속적으로 소란을 피울 경우 신속하게 청원경찰 등 주변 사람에게 도움을 요청한다.
   - 직원의 계속된 구두조치에 응하지 않을 경우 경찰 등의 도움을 받아 최종적으로 영업점 내에서 퇴거조치한다.

… 중략 …

6. 과대보상을 요구하는 경우에는 아래의 절차에 따라 대응한다.
   (1) 금고의 과실이 있는 경우의 과대보상 요구
   - 정중한 어조로 중지를 요청한다.
   - 업무규정에 대한 정확한 설명을 한다.
   - 손해액에 대한 근거자료 제시를 요청한다.
   - 소송 또는 분쟁조정 절차를 안내한다.
   - ＿＿＿＿＿D＿＿＿＿＿

   (2) 금고의 과실이 없는 경우의 과대보상 요구
   - 정중한 어조로 중지를 요청한다.
   - 업무규정에 대한 정확한 설명을 한다.
   - 손해액에 대한 근거자료 제시를 요청한다.
   - 계속해서 과도한 요구를 하는 경우 법적 조치의 대상이 될 수 있음을 안내한다.
   - 상담종료를 안내한다.

03 다음은 문제행동을 취한 고객을 대상으로 M금고 행원이 상담한 내용이다. 위 매뉴얼을 참고하여 빈칸에 들어갈 행원의 적절한 조치를 순서대로 바르게 나열한 것은?

〈문제행동 민원고객과의 상담 내용〉

고객 : ATM 설치한 곳에 불빛이 너무 약해서 나오다가 넘어졌어요. 치료비를 주셔야겠어요.
행원 : ____________________
고객 : 지금 단순히 치료비만 받고 끝내려고 했는데, 정신적인 피해에 대한 보상도 받아야 할 것 같네요!
행원 : ____________________
고객 : 뭐라고요?! 그럼 불빛이 너무 흐려서 고객을 넘어지게 만들어 놓고 그에 대한 책임을 지지 않겠다는 말인가요?
행원 : ____________________
고객 : 아니, 고객이 다쳤다고 하면 그런 줄 알아야죠. 근거자료를 요구하다니 너무 무례한 것 아닌가요? 그렇다고 해서 제가 피해보상에 대한 입증자료를 제출 못할 줄 아나요? 절차를 복잡하게 만들지 말고 보상을 해달라니까요!
행원 : ____________________
고객 : 정말 대화가 되질 않네요! 제가 입은 피해를 요구하는 것이 정당하지 못한 건가요? 이렇게 복잡하게 일을 처리해야 되나요?
행원 : ____________________

㉠ 고객님, 금전적인 보상을 주장하시는 손해의 근거자료를 주신다면 저희 금고의 규정과 법규에 따라 고객님의 손해를 검토하여 적정하게 보상하겠습니다. 번거로우시더라도 근거자료를 보내주시기 바랍니다.
㉡ 고객님, 원하시는 업무를 처리해드리지 못해 죄송합니다. 해당 사항은 ~ (상세 설명) 규정에 적용됩니다. 저희는 규정에 따라 정당하게 업무처리를 하고 있습니다. 불편하시더라도 규정대로 처리됨을 양해 부탁드립니다.
㉢ 고객님, 고객님께서 요구하고 계시는 사항은 저희 업무규정상 처리가 어렵습니다.
㉣ 고객님, 안내해드린 절차에 응하시지 않으시고 계속해서 보상만을 주장하신다면 상담을 이어나가기 어렵습니다. 양해 부탁드립니다.
㉤ 고객님, 손해를 검토하기 위해서 근거자료가 필요합니다. 절차에 응하시지 않고 계속해서 보상만을 요구하신다면 법적 조치의 대상에 해당될 수 있습니다. 번거로우시겠지만 근거자료를 보내주시길 다시 요청합니다.

① ㉠ – ㉡ – ㉢ – ㉣ – ㉤
② ㉡ – ㉠ – ㉢ – ㉣ – ㉤
③ ㉡ – ㉢ – ㉤ – ㉠ – ㉣
④ ㉢ – ㉡ – ㉠ – ㉤ – ㉣

Easy

04 **귀하가 매뉴얼을 정리하는 도중 마시던 커피를 흘려 매뉴얼의 일부 내용이 훼손되었다. 매뉴얼 앞뒤 절차의 인과관계에 따라 훼손된 부분을 추론하여 복원한다고 할 때, 빈칸 A ~ D에 들어갈 내용으로 적절하지 않은 것은?**

① A : 추가 피해에 대비한다.

② B : 전화응대 중 성적으로 희롱할 시에는 녹음되고 있음을 안내한다.

③ C : 법규위반으로 처벌받을 수 있음을 안내한다.

④ D : 상담종료를 안내한다.

05 **프랜차이즈 커피숍에서 바리스타로 근무하고 있는 귀하는 종종 "가격을 깎아달라."는 고객 때문에 고민이 이만저만이 아니다. 이를 본 선배가 귀하에게 도움이 될 만한 몇 가지 조언을 해주었다. 다음 중 선배가 귀하에게 한 조언으로 가장 적절한 것은?**

① "절대로 안 된다."고 딱 잘라 거절하는 태도가 필요합니다.

② 이번이 마지막이라고 말하면서 한 번만 깎아 주세요.

③ 못 본 체하고 다른 손님의 주문을 받으면 됩니다.

④ 규정상 임의로 깎아줄 수 없다는 점을 상세히 설명해 드리세요.

※ 당신은 M기관의 상담사이며, 현재 불만고객 응대 프로세스에 따라 불만고객 응대를 하고 있는 중이다. 다음 대화문을 읽고 이어지는 물음에 답하시오. [6~7]

상담사 : 안녕하십니까. M기관 상담사 ㅁㅁㅁ입니다.
고객 : 학자금 대출 이자 납입건으로 문의할 게 있어서요.
상담사 : 네, 고객님 어떤 내용이신지 말씀해주시면 제가 도움을 드리도록 하겠습니다.
고객 : 제가 M기관으로부터 대출을 받고 있는데 아무래도 대출 이자가 잘못 나간 것 같아서요. 안 그래도 바쁘고 시간도 없는데 이것 때문에 비 오는 날 우산도 없이 은행에 왔다 갔다 했네요. 도대체 일을 어떻게 처리하는 건지…
상담사 : 아 그러셨군요, 고객님. 먼저 본인확인 부탁드립니다. 성함과 전화번호를 말씀해 주세요.
고객 : 네, △△△이구요, 전화번호는 000-0000-0000입니다.
상담사 : 확인해주셔서 감사합니다. (㉠)

06 위의 지시문에서 언급된 불만고객은 다음 중 어떤 유형의 불만고객에 해당하는가?

① 거만형
② 의심형
③ 트집형
④ 빨리빨리형

07 제시문에서 상담사의 마지막 발언 직후 빈칸 (㉠)에 이어질 내용을 다음 〈보기〉에서 모두 고르면?

보기

Ⓐ 어떤 해결 방안을 제시해주는 것이 좋은지 고객에게 의견을 묻는다.
Ⓑ 고객 불만 사례를 동료에게 전달하겠다고 한다.
Ⓒ 고객이 불만을 느낀 상황에 대한 빠른 해결을 약속한다.
Ⓓ 대출내역을 검토한 후 어떤 부분에 문제가 있었는지 확인하고 답변해준다.

① Ⓐ, Ⓑ
② Ⓐ, Ⓒ
③ Ⓑ, Ⓒ
④ Ⓒ, Ⓓ

성공은 자신의 한계를 넘어서는 과정에서 찾아진다.

– 마이클 조던 –

PART 2

최종점검 모의고사

MG새마을금고 지역본부 필기전형			
구분	문항 수	시간	출제범위
NCS 직업기초능력	40문항	40분	의사소통능력, 수리능력, 문제해결능력, 조직이해능력, 대인관계능력

제1회

최종점검 모의고사

모바일 OMR

응시시간 : 40분 문항 수 : 40문항

정답 및 해설 p.042

01 **다음 중 밑줄 친 부분의 맞춤법이 잘못된 것은?**

① 저녁노을이 참 곱다.
② 여기서 밥 먹게 돗자리 펴라.
③ 담배꽁초를 함부로 버리지 마라.
④ 영희는 자기 잇속만 챙기는 깍정이다.

02 **다음 보도자료를 읽고 '참! 좋은 친구 청년동행카드'에 대한 설명으로 적절하지 않은 것을 고르면?**

> M금고는 교통여건이 열악한 산업단지 내 중소기업에 재직 중인 청년 근로자(만 15세 ~ 34세)에게 교통비를 지원하는 '참! 좋은 친구 청년동행카드'를 출시한다고 밝혔다. 교통비는 7월부터 연말까지 매월 1인당 5만 원까지 지원되며, 버스, 지하철, 택시, 주유비 등으로 사용하면 5만 원 한도 내에서 차감되는 방식이다. 지원 대상 산업단지는 한국산업단지공단 공식 블로그에서 확인할 수 있다.
> 신용카드와 체크카드로 발급 가능하며 영화관은 8천 원(체크카드의 경우 4천 원), 주요 커피전문점은 20%, 3대 소셜커머스는 20%, 주요 패밀리레스토랑은 20% 등의 할인 서비스를 제공한다. 신용카드는 전 가맹점 2 ~ 3개월 무이자 할부, 전 주유소 리터당 60원, 대형마트 5%의 할인 혜택을 추가로 받을 수 있다. 신용카드 연회비는 국내전용 2천 원, 국내외겸용 5천 원이며 체크카드는 연회비가 없다.
> 전국 영업점, 홈페이지(www.Mbank.co.kr), 카드 발급센터[☎ 1566 – 0000(내선 10#)]를 통해 신청 가능하며, 교통비 지원 사업에 관한 자세한 내용은 한국산업단지공단 홈페이지(www.kicox.or.kr)를 통해 확인할 수 있다.
> M금고 관계자는 "포용적 금융을 실천하기 위해 교통비 지원 국가사업에 참여했다."면서, "앞으로도 중소기업과 중소기업 근로자 지원을 통한 일자리 창출에 앞장설 것"이라고 말했다.

① 영화관람비 1만 2천 원을 체크카드로 결제 시 8천 원으로 계산된다.
② 한 달에 버스비로 4만 2천 원을 사용했을 경우 모두 지원받을 수 있다.
③ 신용카드의 국내전용 연회비는 2천 원이다.
④ 주유소에서 75리터 주유 후 체크카드로 결제 시 4,500원이 할인된다.

03 다음 빈칸에 들어갈 말로 가장 적절한 것은?

탁월함은 어떻게 습득되는가, 그것을 가르칠 수 있는가? 이 물음에 대하여 아리스토텔레스는 지성의 탁월함은 가르칠 수 있지만, 성품의 탁월함은 비이성적인 것이어서 가르칠 수 없고, 훈련을 통해서 얻을 수 있다고 대답한다.

그는 좋은 성품을 얻는 것을 기술을 습득하는 것에 비유한다. 그에 따르면 리라(Lyra)를 켬으로써 리라를 켜는 법을 배우고, 말을 탐으로써 말을 타는 법을 배운다. 어떤 기술을 얻고자 할 때 처음에는 교사의 지시대로 행동한다. 그리고 반복 연습을 통하여 그 행동이 점점 더 하기 쉬워지고 마침내 제2의 천성이 된다. 이와 마찬가지로 어린아이는 어떤 상황에서 어떻게 행동해야 진실되고 관대하며 예의를 차리게 되는지 일일이 배워야 한다. 훈련과 반복을 통하여 그런 행위들을 연마하다 보면 그것들을 점점 더 쉽게 할 수 있고, 결국에는 스스로 판단할 수 있게 된다.

그는 올바른 훈련이란 강제가 아니고 그 자체가 즐거움이 되어야 한다고 지적한다. 또한 그렇게 훈련받은 사람은 일을 바르게 처리하는 것을 즐기게 되고, 일을 바르게 처리하고 싶어하게 되며, 올바른 일을 하는 것을 어려워하지 않게 된다. 이처럼 성품의 탁월함이란 사람들이 '하는 것'만이 아니라 사람들이 '하고 싶어 하는 것'과도 관련된다. 그리고 한두 번 관대한 행동을 한 것으로 충분하지 않으며, 늘 관대한 행동을 하고 그런 행동에 감정적으로 끌리는 성향을 갖고 있어야 비로소 관대함에 관한 성품의 탁월함을 갖고 있다고 할 수 있다.

다음과 같은 예를 통해 아리스토텔레스의 견해를 생각해 보자. 갑돌이는 성품이 곧고 자신감이 충만하다. 그가 한 모임에 참석하였는데, 거기서 다수의 사람들이 옳지 않은 행동을 한다고 생각했을 때 그는 다수의 행동에 대하여 비판의 목소리를 낼 것이며 그렇게 하는 데에 별 어려움을 느끼지 않을 것이다. 한편, 수줍어하고 우유부단한 병식이도 한 모임에 참석하였는데, 그 역시 다수의 행동이 잘못되었다고 판단했다. 이런 경우에 병식이는 일어나서 다수의 행동이 잘못되었다고 말할 수 있겠지만, 그렇게 하려면 엄청난 의지를 발휘해야 할 것이고 자신과 힘든 싸움도 해야 할 것이다. 그런데도 병식이가 그렇게 행동했다면 우리는 병식이가 용기있게 행동하였다고 칭찬할 것이다. 그러나 아리스토텔레스가 보기에 성품의 탁월함을 가진 사람은 갑돌이다. 왜냐하면 ____________________ 우리가 어떠한 사람을 존경할 것인가가 아니라, 우리 아이를 어떤 사람으로 키우고 싶은가라는 질문을 받는다면 우리는 아리스토텔레스의 견해에 가까워질 것이다. 그것은 우리가 아이들을 갑돌이와 같은 사람으로 키우고 싶어 하기 때문이다.

① 그는 내적인 갈등이 없이 옳은 일을 하기 때문이다.
② 그는 옳은 일을 하는 천성을 타고났기 때문이다.
③ 그는 주체적 판단에 따라 옳은 일을 하기 때문이다.
④ 그는 자신이 옳다는 확신을 가지고 옳은 일을 하기 때문이다.

04 다음 글의 제목으로 가장 적절한 것은?

사전적 정의에 의하면 재즈는 20세기 초반 미국 뉴올리언스의 흑인 문화 속에서 발아한 후 미국을 대표하는 음악 스타일이자 문화가 된 음악 장르이다. 서아프리카의 흑인 민속음악이 18세기 후반과 19세기 초반의 대중적이고 가벼운 유럽의 클래식 음악과 만나서 탄생한 것이 재즈다. 그러나 이 정도의 정의로 재즈의 전모를 밝히기는 역부족이다. 이미 재즈가 미국을 넘어 전 세계에서 즐겨 연주되고 있으며 그 기법 역시 트레이드 마크였던 스윙(Swing)에서 많이 벗어났기 때문이다.
한편 재즈 전문가들은 재즈를 음악을 넘어선 하나의 이상이라고 이야기한다. 그 이상이란 삶 속에서 우러나온 경험과 감정을 담고자 하는 인간의 열정적인 마음이다. 여기에서 영감을 얻은 재즈 작곡가나 연주자는 즉자적으로 곡을 작곡하고 연주해 왔으며, 그러한 그들의 의지가 바로 다사다난한 인생을 관통하여 재즈에 담겨 있다. 초기의 재즈가 미국 흑인들의 한과 고통을 담아낸 흔적이자 역사 그 자체인 점이 이를 증명한다.
억압된 자유를 되찾으려는 그들의 저항 의식은 아름답게 정제된 기존의 클래식 음악의 틀 안에서는 온전하게 표출될 수 없었다. 불규칙적으로 전개되는 과감한 불협화음, 줄곧 어긋나는 듯한 리듬, 정돈되지 않은 멜로디, 이들의 총합으로 유발되는 긴장감과 카타르시스……. 당시 재즈 사운드는 충격 그 자체였다. 그렇지만 현재 이러한 기법과 형식을 담은 장르는 넘쳐날 정도로 많아졌고, 클래식 역시 아방가르드(Avantgarde)라는 새로운 영역을 개척한 지 오래이다. 그러므로 앞에서 언급한 스타일과 이를 가능하게 했던 이상은 더 이상 재즈만의 전유물이라고 할 수 없다.
켄 번스(Ken Burns)의 영화 '재즈(Jazz)'에서 윈튼 마살리스(Wynton Marsalis)는 "재즈의 진정한 힘은 사람들이 모여서 즉흥적인 예술을 만들고 자신들의 예술적 주장을 타협해 나가는 것에서 나온다. 이러한 과정 자체가 곧 재즈라는 예술 행위이다."라고 말한다. 그렇다면 우리의 일상은 곧 재즈 연주와 견줄 수 있다. 출생과 동시에 우리는 다른 사람들과 관계를 맺으며 살아간다. 물론 자신과 타인은 호불호나 삶의 가치관이 제각각일 수밖에 없다. 따라서 자신과 타인의 차이가 옳고 그름의 차원이 아닌 '다름'이라는 사실을 알아가는 것, 그리고 그러한 차이를 인정하고 그 속에서 서로 이해하고 배려하려는 노력이 필요하다. 이렇듯 자신과 다른 사람이 함께 '공통의 행복'을 만들어 간다면 우리 역시 바로 '재즈'라는 위대한 예술을 구현하고 있는 것이다.

① 재즈와 클래식의 차이
② 재즈의 기원과 본질
③ 재즈의 장르적 우월성
④ 재즈와 인생의 유사성과 차이점

05 다음 글을 읽고 추론한 내용으로 적절하지 않은 것은?

> 세계적으로 저명한 미국의 신경과학자들은 '의식에 관한 케임브리지 선언'을 통해 동물에게도 의식이 있다고 선언했다. 이들은 포유류와 조류 그리고 문어를 포함한 다른 많은 생물도 인간처럼 의식을 생성하는 신경학적 기질을 갖고 있다고 주장하였다. 즉, 동물도 인간과 같이 의식이 있는 만큼 합당한 대우를 받아야 한다는 이야기이다. 그러나 이들과 달리 아직도 동물에게 의식이 있다는 데 회의적인 과학자가 많다.
>
> 인간의 동물관은 고대부터 두 가지로 나뉘어 왔다. 그리스의 철학자 피타고라스는 윤회설에 입각하여 동물에게 경의를 표해야 한다는 것을 주장했으나, 아리스토텔레스는 '동물에게는 이성이 없으므로 동물은 인간의 이익을 위해서만 존재한다.'고 주장했다. 이러한 동물관의 대립은 근세에도 이어졌다. 17세기 철학자 데카르트는 '동물은 정신을 갖고 있지 않으며, 고통을 느끼지 못하므로 심한 취급을 해도 좋다.'라고 주장한 반면, 18세기 계몽철학자 루소는 『인간불평등 기원론』을 통해 인간과 동물은 동등한 자연의 일부라는 주장을 처음으로 제기했다.
>
> 그러나 인간은 오랫동안 동물의 본성이나 동물답게 살 권리를 무시한 채로 소와 돼지, 닭 등을 사육해왔다. 오로지 더 많은 고기와 달걀을 얻기 위해 '공장식 축산' 방식을 도입한 것이다. 공장식 축산이란 가축 사육 과정이 공장에서 규격화된 제품을 생산하는 것과 같은 방식으로 이루어지는 것을 말하며, 이러한 환경에서는 소와 돼지, 닭 등이 몸조차 자유롭게 움직일 수 없는 좁은 공간에 갇혀 자라게 된다. 가축은 스트레스를 받아 면역력이 떨어지게 되고, 이는 결국 항생제 대량 투입으로 이어질 수밖에 없다. 우리는 그렇게 생산된 고기와 달걀을 맛있다고 먹고 있는 것이다.
>
> 이와 같은 공장식 축산의 문제를 인식하고, 이를 개선하려는 동물 복지 운동은 1960년대 영국을 중심으로 유럽에서 처음 시작되었다. 인간이 가축의 고기 등을 먹더라도 최소한의 배려를 함으로써 항생제 사용을 줄이고, 고품질의 고기와 달걀을 생산하자는 것이다. 한국도 2012년부터 산란계를 시작으로 '동물 복지 축산농장 인증제'를 시행하고 있다. 배고픔 · 영양 불량 · 갈증으로부터의 자유, 두려움 · 고통으로부터의 자유 등 5대 자유를 보장하는 농장만이 동물 복지 축산농장 인증을 받을 수 있다.
>
> 동물 복지는 가축뿐만 아니라 인간의 건강을 위한 것이기도 하다. 따라서 정부와 소비자 모두 동물 복지에 좀 더 많은 관심을 가져야 한다.

① 피타고라스는 동물에게도 의식이 있다고 생각했군.

② 아리스토텔레스와 데카르트의 동물관에는 일맥상통하는 점이 있어.

③ 좁은 공간에 갇혀 자란 돼지는 그렇지 않은 돼지에 비해 면역력이 낮겠네.

④ 동물 복지 축산농장 인증제는 1960년대 영국에서 처음 시행되었어.

※ **한국관광상품 개발 및 상품의 질적 제고를 위한 인바운드 우수 신상품 기획 공모전을 개최하려 한다. 다음 자료를 보고 이어지는 질문에 답하시오. [6~7]**

1. 인바운드 상품개발 공모전 개최
   - 사업명 : 인바운드 우수 신상품 개발 공모
   - 주최 : 문화체육관광부, 한국관광공사
   - 후원 : 한국관광협회중앙회, 한국일반여행업협회
   - 응모부문
     - 여행사 : 한국 상품 취급 해외 여행사(현지 에이전트) 우수 신상품 기획 개발 공모
     - 일반인 : 국내외 일반인 상품개발 아이디어 공모
   - 응모기간 : 2024. 5. 1. ~ 2024. 9. 30.
   - 심사 및 시상 : 2024. 11월 중 예정
   - 응모대상
     - 여행사 부문 : 해외 소재 한국 관광 상품 개발 및 판매 여행사
       → 1사 3개 이내 관광 상품
     - 일반인 부문 : 한국 관광에 관심 있는 내외국인
       → 1인 3개 이내 관광 상품 아이디어
   - 응모방법 : 우편 또는 E-mail
     - 여행사 부문 : 관광공사 해외지사를 통해 접수
     - 일반인 부문 : 관광공사 해외지사 및 본사(상품개발팀)에 접수
   - 응모요령 : 관광 소재 특성, 관광 상품 매력, 주 타깃 지역 및 타깃층, 관광객 유치 가능성

2. 추진 목적 및 방향
   - 외국인 관광객의 다양한 관광 니즈에 맞는 인바운드 신상품을 공모・육성함으로써 신규 수요창출과 외국인 관광객 유치 증대
   - 우수 관광소재의 관광 상품화를 적극 지원하여 한국 상품 취급 해외 여행사(현지 에이전트)의 신상품 개발 활성화 지원 도모
   - 지속가능하며 한국관광에 기여할 수 있는 상품 개발
   - 국내외 일반인 대상 관광 상품 소재 개발 아이디어 공모전 개최를 통해 한국관광에 대한 관심과 화제 도출

3. 평가 기준 및 심사 내용
   - 평가 기준 : 상품의 독창성, 상품개발의 체계성, 가격의 적정성, 지역관광 활성화 가능성, 상품 실현성 및 지속 가능성
   - 심사 관련 : 2회 심사
     - 1차 심사 : 2024. 10월 중(심사위원 : 관광공사)
     - 2차 심사 : 2024. 10월 중(심사위원 : 관광공사, 관광 학계, 언론인, 협회 등 관련 단체)
   - 홍보 계획
     - 한국 관광 상품 판매 대상 여행사 : 해외지사를 통한 홍보
     - 일반인 대상 홍보 웹사이트 홍보 : 문화부, 관광공사 홈페이지 활용
     - 기타 언론 및 인터넷 매체 홍보 추진

06 다음 중 글의 내용으로 적절한 것은?

① 한국관광협회중앙회, 한국일반여행업협회에서 주최하고 있다.
② 국내여행사도 참여가 가능하다.
③ 일반인은 한두 개의 관광 상품 아이디어를 제출해도 된다.
④ 여행사 기획상품은 문화부, 관광공사 홈페이지를 통해 홍보된다.

PART 2

Easy

07 다음 중 추진목적에 따른 상품기획 소재로 적절하지 않은 것은?

① 한류 드라마 및 영화 촬영장소
② DMZ 투어
③ 한스타일(한복, 한글, 한지 등) 연계 상품
④ 면세점 명품쇼핑 투어

Hard

08 다음 글에서 언급한 진리론에 대한 비판으로 적절하지 않은 것은?

우리는 일상생활이나 학문 활동에서 '진리' 또는 '참'이라는 말을 자주 사용한다. 예를 들어 '그 이론은 진리이다.'라고 말하거나 '그 주장은 참이다.'라고 말한다. 그렇다면 우리는 무엇을 '진리'라고 하는가? 이 문제에 대한 대표적인 이론에는 대응설, 정합설, 실용설이 있다.
대응설은 어떤 판단이 사실과 일치할 때 그 판단을 진리라고 본다. 감각을 사용하여 확인했을 때 그 말이 사실과 일치하면 참이고, 그렇지 않으면 거짓이라는 것이다. 대응설은 일상생활에서 참과 거짓을 구분할 때 흔히 취하고 있는 관점으로 우리가 판단과 사실의 일치 여부를 알 수 있다고 여긴다. 우리는 특별한 장애가 없는 한 대상을 있는 그대로 정확하게 지각한다고 생각한다. 예를 들어 책상이 네모 모양이라고 할 때 감각을 통해 지각된 '네모 모양'이라는 표상은 책상이 지니고 있는 객관적 성질을 그대로 반영한 것이라고 생각한다. 그래서 '그 책상은 네모이다.'라는 판단이 지각 내용과 일치하면 그 판단은 참이 되고, 그렇지 않으면 거짓이 된다는 것이다.
정합설은 어떤 판단이 기존의 지식 체계에 부합할 때 그 판단을 진리라고 본다. 진리로 간주하는 지식 체계가 이미 존재하며, 그것에 판단이나 주장이 들어맞으면 참이고 그렇지 않으면 거짓이라는 것이다. 예를 들어 어떤 사람이 '물체의 운동에 관한 그 주장은 뉴턴의 역학의 법칙에 어긋나니까 거짓이다.'라고 말했다면, 그 사람은 뉴턴의 역학의 법칙을 진리로 받아들여 그것을 기준으로 삼아 진위를 판별한 것이다.
실용설은 어떤 판단이 유용한 결과를 낳을 때 그 판단을 진리라고 본다. 어떤 판단을 실제 행동으로 옮겨 보고 그 결과가 만족스럽거나 유용하다면 그 판단은 참이고 그렇지 않다면 거짓이라는 것이다. 예를 들어 어떤 사람이 '자기 주도적 학습 방법은 창의력을 기른다.'라고 판단하여 그러한 학습 방법을 실제로 적용해 보았다고 하자. 만약 그러한 학습 방법이 실제로 창의력을 기르는 등 만족스러운 결과를 낳았다면 그 판단은 참이 되고, 그렇지 않다면 거짓이 된다.

① 수학이나 논리학에는 경험적으로 확인하기 어렵지만 참인 명제도 있는데, 그 명제가 진리임을 입증하기 힘들다는 문제가 대응설에서는 발생한다.
② 판단의 근거가 될 수 있는 이론 체계가 아직 존재하지 않을 경우에 그 판단의 진위를 판별하기 어렵다는 문제가 정합설에서는 발생한다.
③ 새로운 주장의 진리 여부를 기존의 이론 체계를 기준으로 판단한다면, 기존 이론 체계의 진리 여부는 어떻게 판단할 수 있는지의 문제가 정합설에서는 발생한다.
④ 실용설에서는 감각으로 검증할 수 없는 존재에 대한 관념은 그것의 실체를 확인할 수 없기 때문에 거짓으로 보아야 하는 문제가 발생한다.

09 다음은 M금고의 송금과 관련된 내용이다. 다음 내용을 적절하게 이해한 것은?

구분		영업시간	영업시간 외
송금 종류		소액 송금, 증빙서류 미제출 송금, 해외유학생 송금, 해외체재자 송금, 외국인 또는 비거주자 급여 송금	
송금 가능 통화		USD, JPY, GBP, CAD, CHF, HKD, SEK, AUD, DKK, NOK, SAR, KWD, BHD, AED, SGD, NZD, THB, EUR	
송금 가능 시간		03:00 ~ 23:00(단, 외화계좌출금은 영업시간 09:10 ~ 23:00에 가능)	
인출 계좌		원화 또는 외화 인터넷뱅킹 등록계좌	
환율 우대		매매마진율의 30%	환율 우대 없음
송금 한도	소액 송금	건당 미화 3,000불 상당액 이하	
	증빙서류 미제출 송금	1일 미화 5만 불 상당액 이하, 연간 미화 5만 불 상당액 이하 (미화 3천 불 상당액 이상 송금 건만 합산)	
	해외유학생 송금	건당 미화 10만 불 상당액 이하	건당 미화 5만 불 상당액 이하
	해외체재자 송금	건당 미화 10만 불 상당액 이하	건당 미화 5만 불 상당액 이하
	외국인 또는 비거주자 급여 송금	건당 미화 5만 불 상당액 이하, 연간 5만 불 상당액 이하	
	※ 인터넷 해외송금은 최저 미화 100불 상당액 이상만 송금 가능합니다.		
거래외국환은행 지정		영업시간 내에 인터넷뱅킹으로 증빙서류 미제출 송금할 경우는 지정이 가능합니다(유학생, 체재자, 외국인 또는 비거주자 급여 송금은 영업점 방문 후 지정 신청을 하셔야 하며 소액 송금은 지정하지 않습니다).	

① 가까운 일본으로 미화 200불의 소액 송금을 하기 때문에 하루 중 아무 때나 증빙서류를 제출하지 않고 송금할 수 있다.

② 미국에 유학생으로 가 있는 동생에게 05:00에 해외유학생 송금을 이용하여 10만 불을 송금할 것이다. 다만, 환율 우대를 받을 수 없는 것이 아쉽다.

③ 외국에 파견 나가 있는 사원(비거주자)에게 외국인 또는 비거주자 급여 송금을 이용하여 올해 상반기에 3만 불을 보냈고, 올해 하반기에 남은 3만 불을 마저 보낼 것이다.

④ 해외에 체류 중인 부모님에게 해외체재자 송금을 이용하여 생활비 5만 불을 송금하기 위해 10:00에 영업점에 도착했다. 외화계좌에서 출금할 것이고, 환율 우대를 받을 수 있다.

10 **다음은 M금고의 개인정보처리 방침 중 개인정보의 안정성 확보 조치에 대한 내용이다. 다음의 내용을 읽고 이해한 것으로 적절하지 않은 것은?**

제12조(개인정보의 안전성 확보 조치)

① 개인정보의 안전한 처리를 위한 내부관리계획의 수립·시행

- M금고는 개인정보의 안전한 처리를 위하여 개인정보보호 내부관리 계획을 수립하여 시행하고 있습니다.
- 개인정보를 취급하는 직원을 대상으로 새로운 보안 기술 습득 및 개인정보 보호 의무 등에 관해 정기적인 사내 교육 및 외부 위탁 교육을 하고 있습니다.
- 입사 시 전 직원의 보안서약서를 통하여 사람에 의한 정보 유출을 사전에 방지하고 개인정보처리방침에 대한 이행사항 및 직원의 준수 여부를 감사하기 위한 내부절차를 마련하고 있습니다.
- 개인정보 관련 취급자의 업무 인수인계는 보안이 유지된 상태에서 철저하게 이뤄지고 있으며 입사 및 퇴사 후 개인정보 사고에 대한 책임을 명확히 하고 있습니다.

② 개인정보에 대한 접근 통제 및 접근 권한의 제한 조치

- M금고 홈페이지는 고객의 개인정보를 취급함에 있어 개인정보가 분실, 도난, 누출, 변조 또는 훼손되지 않도록 안전성 확보를 위하여 다음과 같은 기술적 대책을 강구하고 있습니다.
- 해킹 등 외부침입에 대비하여 서버마다 침입차단시스템 및 취약점 분석 시스템 등을 이용하여 보안에 만전을 기하고 있습니다.
- M금고 홈페이지는 고객의 개인정보에 대한 접근 권한을 최소한의 인원으로 제한하고 있습니다. 그 최소한의 인원에 해당하는 자는 다음과 같습니다.
  가. 이용자를 직접 상대로 하여 마케팅 업무를 수행하는 자
  나. 개인정보보호 책임자 및 담당자 등 개인정보관리업무를 수행하는 자
  다. 기타 업무상 개인정보의 취급이 불가피한 자

③ 개인정보를 안전하게 저장·전송할 수 있는 암호화 기술의 적용 또는 이에 상응하는 조치

- 고객의 개인정보는 비밀번호에 의해 보호되고 있으며, 중요한 데이터는 파일 및 전송데이터를 암호화하거나 잠금 기능(Lock) 등 별도의 보안 기능을 통해 보호되고 있습니다.
- M금고 홈페이지는 암호알고리즘을 이용하여 네트워크상의 개인정보를 안전하게 전송할 수 있는 보안장치(SSL)를 채택하고 있습니다.

④ 개인정보 침해사고 발생에 대응하기 위한 접속기록의 보관 및 위조·변조 방지를 위한 조치

- 개인정보와 일반 데이터를 혼합하여 보관하지 않고 별도의 서버를 통해 분리하여 보관하고 있습니다.

⑤ 개인정보에 대한 보안프로그램의 설치 및 갱신

- M금고 홈페이지는 백신 프로그램을 이용하여 컴퓨터바이러스에 의한 피해를 방지하기 위한 조치를 취하고 있습니다. 백신 프로그램은 주기적으로 업데이트되며 갑작스러운 바이러스가 출현할 경우 백신이 나오는 즉시 이를 제공함으로써 개인정보가 침해되는 것을 방지하고 있습니다.

⑥ 개인정보의 안전한 보관을 위한 보관시설의 마련 또는 잠금장치의 설치 등 물리적 조치

- 전산실 및 문서보존소, CCTV 상황실 등을 특별 보호구역으로 설정하여 출입을 통제하고 있습니다.

⑦ M금고 홈페이지는 이용자 개인의 실수나 기본적인 인터넷의 위험성 때문에 일어나는 일들에 대한 책임을 지지 않습니다. 회원 개개인이 본인의 개인정보를 보호하기 위해서 자신의 ID 와 비밀번호를 적절하게 관리하고 여기에 대한 책임을 져야 합니다.
⑧ 그 외 내부 관리자의 실수나 기술관리상의 사고로 인해 개인정보의 상실, 유출, 변조, 훼손이 유발될 경우 M금고 홈페이지는 즉각 고객께 사실을 알리고 적절한 대책과 보상을 강구할 것입니다.

① 이용자를 직접 상대하여 마케팅 업무를 수행하는 자는 고객의 개인정보에 대한 접근이 가능하다.
② 개인정보는 별도의 서버를 통해 분리하여 일반 데이터와 혼합하지 않고 보관하고 있다.
③ 새로운 바이러스가 나타날 경우 백신이 나오는 즉시 제공하고 있다.
④ 관리자의 실수로 개인정보가 유출될 경우 적절한 대책을 마련한 후 고객에게 공지한다.

Easy

11 M대학교 테니스 동아리는 전국 테니스 경기에 참가하기 위해 토너먼트 경기로 선수 1명을 선발하기로 했다. 총 8명의 참가자가 참여할 때 만들어지는 대진표의 경우의 수는?(단, 동점자는 없다)

① 208가지 ② 212가지
③ 308가지 ④ 315가지

12 M공장에서 생산하는 A제품을 판매하면 600원의 이익이 남고, 생산품이 불량품일 경우 2,400원의 손해를 본다. A제품을 판매할 때, 손해를 보지 않을 수 있는 A제품의 불량률은 최대 몇 %인가?

① 10% ② 15%
③ 20% ④ 25%

13 농도 8%의 소금물 400g에 농도 3%의 소금물 몇 g을 넣으면 농도 5%의 소금물이 되는가?

① 600g
② 650g
③ 700g
④ 750g

14 대리 혼자서 프로젝트를 진행하면 16일이 걸리고 사원 혼자 진행하면 48일이 걸릴 때, 두 사람이 함께 프로젝트를 진행하는 데 소요되는 기간은?

① 12일
② 13일
③ 14일
④ 15일

15 A씨는 창업자금을 마련하기 위해 M금고 대출상담사인 귀하에게 문의하였다. A씨가 필요한 금액은 4천만 원이며, 대출기간은 1년으로 설정하기를 원하고 있다. 귀하는 A씨에게 대출상환 방식에 대해 설명하였는데, A씨는 원금균등상환방식으로 취급하기를 원했으며, 본인이 대출기간 동안 지불하게 되는 이자의 총액이 얼마인지 궁금해하였다. 다음 중 A씨가 지불해야 할 이자 총액은?

〈대출상환방식〉

• 원금균등상환 : 대출원금을 대출기간으로 나눈 상환금에 잔고 이자를 합산하여 상환하는 방식

〈대출조건〉

• 대출금액 : 4천만 원
• 대출기간 : 1년
• 대출이율 : 연 8%
• 상환회차 : 총 4회(분기별 1회 후납)

① 50만 원
② 70만 원
③ 1백만 원
④ 2백만 원

16 다음은 분기별 상급병원, 종합병원, 요양병원의 보건인력 현황에 대한 자료이다. 분기별 전체 보건인력 중 전체 사회복지사 인력의 비율로 옳지 않은 것은?

〈상급병원, 종합병원, 요양병원의 보건인력 현황〉

(단위 : 명)

구분		2022년 3분기	2022년 4분기	2023년 1분기	2023년 2분기
상급병원	의사	20,002	21,073	22,735	24,871
	약사	2,351	2,468	2,526	2,280
	사회복지사	391	385	370	375
종합병원	의사	32,765	33,084	34,778	33,071
	약사	1,941	1,988	2,001	2,006
	사회복지사	670	695	700	720
요양병원	의사	19,382	19,503	19,761	19,982
	약사	1,439	1,484	1,501	1,540
	사회복지사	1,887	1,902	1,864	1,862
계		80,828	82,582	86,236	86,707

※ 보건인력은 의사, 약사, 사회복지사 인력 모두를 포함함

① 2022년 3분기 : 약 3.65%
② 2022년 4분기 : 약 3.61%
③ 2023년 1분기 : 약 3.88%
④ 2023년 2분기 : 약 3.41%

17 다음은 A중학교 방과 후 학교 신청 학생 중 과목별 학생 수를 비율로 나타낸 그래프이다. 방과 후 학교를 신청한 전체 학생이 200명일 때, 수학을 선택한 학생은 미술을 선택한 학생보다 몇 명이 더 적은가?

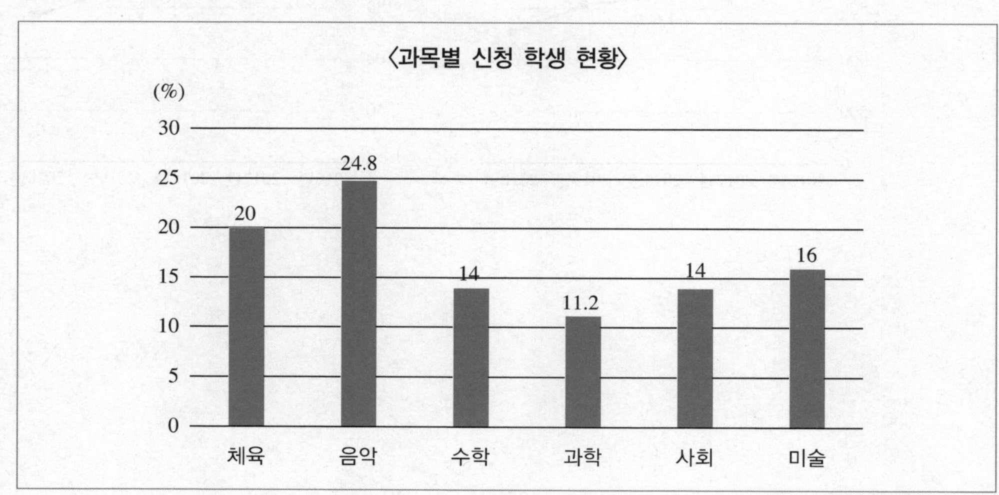

① 3명
② 4명
③ 5명
④ 6명

18 다음은 2016년부터 2020년까지 연도별 동물찻길 사고를 나타낸 표이다. 이를 참고하여 그래프로 나타낸 것으로 적절하지 않은 것은?

〈연도별 동물찻길 사고〉

(단위 : 건)

구분	1월	2월	3월	4월	5월	6월	7월	8월	9월	10월	11월	12월
2016년	94	55	67	224	588	389	142	112	82	156	148	190
2017년	85	55	62	161	475	353	110	80	74	131	149	149
2018년	78	37	61	161	363	273	123	67	69	95	137	165
2019년	57	43	69	151	376	287	148	63	70	135	86	76
2020년	60	40	44	112	332	217	103	66	51	79	79	104

※ 1분기(1 ~ 3월), 2분기(4 ~ 6월), 3분기(7 ~ 9월), 4분기(10 ~ 12월)

① 1 ~ 6월 5개년 합(건)

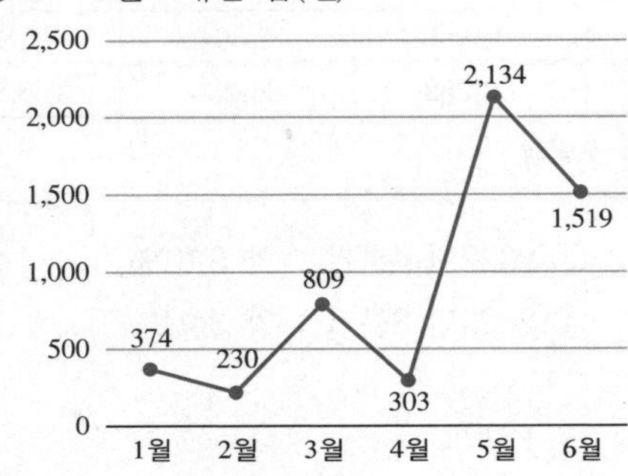

② 7 ~ 12월 5개년 합(건)

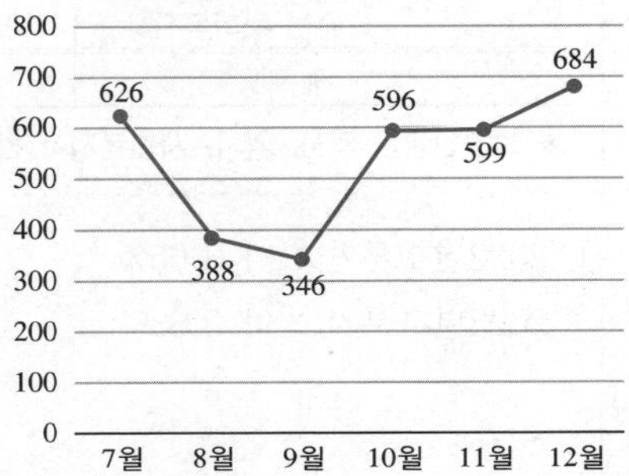

③ 연도별 건수 합(건)

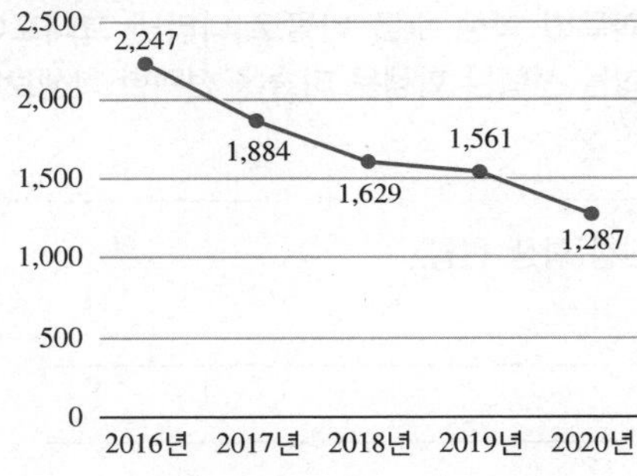

④ 연도별 1분기 합(건)

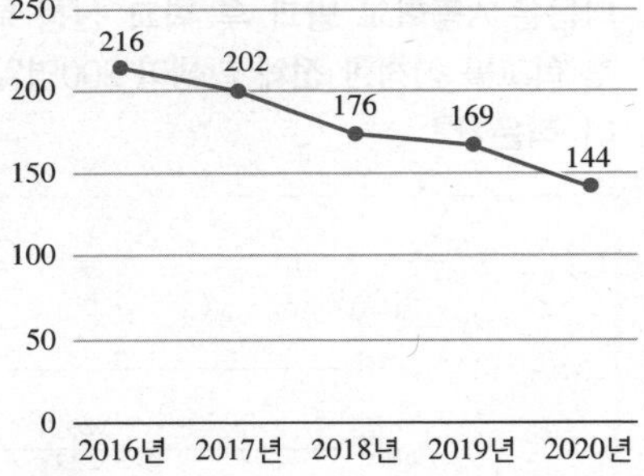

※ 다음은 M금고의 적금 상품에 대한 자료이다. 이어지는 질문에 답하시오. [19~20]

- 상품명 : M적금
- 가입대상 : 실명의 개인(1인 1계좌)
- 가입기간 : 12개월
- 가입금액 : 500,000원 이하 지정하여 적립
- 적용금리 : 기본금리(연 1.7%)+우대금리(최대 연 3.5%p)
- 저축방법 : 정액적립식, 비과세
- 이자지급방법 : 만기일시지급식, 연복리식
- 우대금리 조건

구분	우대조건	우대금리
우대금리 1	M카드사 기준 기존고객이며, 6,000,000원 이상 M카드 사용	연 3.5%p
우대금리 2	M카드사 기준 신규고객이며, 가입 이후 1개월 이상 M카드로 자동이체 예정	연 0.5%p

〈A주임의 상황〉

- A주임은 M적금에 가입하였으며, 2024년 1월부터 매월 1일에 200,000원씩 정액을 적립한다.
- A주임은 M카드를 사용한 적이 없는 신규고객이다.
- A주임의 월 지출 총액은 4,500,000원이다.
- A주임은 M카드를 만들고 통신비를 매월 M카드로 자동이체할 예정이다.

19 A주임이 M적금 만기 시 수령할 원리금은 얼마인가?(단, $1.022^{\frac{1}{12}}=1.0018$, $1.022^{\frac{13}{12}}=1.0238$로 계산하고, 금액은 백의 자리에서 반올림한다)

① 2,240,000원　② 2,444,000원
③ 2,844,000원　④ 3,244,000원

Hard

20 A주임이 M카드 기준 기존고객이고, 월 지출 총액이 7,200,000원이며, 지출액은 모두 M카드를 이용해 지출하였다면, 매월 1일에 200,000원씩 적립할 경우 M적금 만기 시 수령할 원리금은?(단, $1.052^{\frac{1}{12}}=1.0042$, $1.052^{\frac{13}{12}}=1.0564$로 계산하고, 금액은 백의 자리에서 반올림한다)

① 2,243,000원　② 2,486,000원
③ 2,962,000원　④ 3,450,000원

21 **다음 명제가 모두 참일 때, 반드시 참인 것은?**

- 가장 큰 B종 공룡보다 A종 공룡은 모두 크다.
- 일부의 C종 공룡은 가장 큰 B종 공룡보다 작다.
- 가장 큰 D종 공룡보다 B종 공룡은 모두 크다.

① 가장 작은 A종 공룡만 한 D종 공룡이 있다.
② 가장 작은 C종 공룡만 한 D종 공룡이 있다.
③ 어떤 C종 공룡은 가장 작은 A종 공룡보다 작다.
④ 어떤 A종 공룡은 가장 큰 C종 공룡보다 작다.

22 **학교수업이 끝난 후 수민, 한별, 영수는 각각 극장, 농구장, 수영장 중 서로 다른 곳에 갔다. 이들 3명은 아래와 같이 진술하였는데, 이 중 1명의 진술은 참이고 2명의 진술은 모두 거짓이다. 이때 극장, 농구장, 수영장에 간 사람을 차례로 바르게 짝지은 것은?**

- 수민 : 나는 농구장에 갔다.
- 한별 : 나는 농구장에 가지 않았다.
- 영수 : 나는 극장에 가지 않았다.

① 수민, 한별, 영수
② 수민, 영수, 한별
③ 한별, 수민, 영수
④ 영수, 한별, 수민

23 **A초등학교에서 현장체험학습을 가기 위해 학생 가 ~ 바 6명을 일렬로 세우려고 한다. 다음 〈조건〉을 모두 만족하도록 배치할 때, 학생들의 배치로 적절한 것은?**

조건

- 총 6명의 학생을 모두 일렬로 배치해야 한다.
- 가는 맨 앞 또는 맨 뒤에 서야 한다.
- 나 뒤쪽에는 바가 올 수 없지만, 앞쪽에는 올 수 있다.
- 라는 다의 바로 뒤에 설 수 없다.
- 마와 라는 연달아 서야 한다.
- 다는 맨 앞 또는 맨 뒤에 설 수 없다.

① 가 – 나 – 바 – 마 – 라 – 다
② 가 – 다 – 마 – 라 – 바 – 나
③ 마 – 라 – 다 – 나 – 가 – 바
④ 바 – 다 – 마 – 나 – 라 – 가

※ 갑 ~ 무 5명이 패스트푸드점에 가서 치즈버거 2개, 새우버거 2개, 치킨버거 1개와 콜라 2잔, 사이다 2잔, 오렌지주스 1잔을 주문하였고, 다음 〈조건〉에 따라 모든 사람이 각각 버거 1개와 음료 1개씩 주문했다. 이어지는 질문에 답하시오. [24~25]

조건

- 무는 혼자만 주문한 메뉴가 1개 포함되어 있다.
- 을이 시킨 메뉴는 항상 다른 사람과 겹친다.
- 치즈버거와 콜라는 동시에 주문할 수 없다.
- 갑과 병은 같은 버거를 주문했다.
- 을과 정은 같은 음료를 주문하지 않았다.
- 을은 콜라를 주문하지 않았다.
- 병과 정은 주스를 주문하지 않았다.

24 다음 중 동시에 같은 메뉴를 시킬 수 없는 사람끼리 짝지어진 것은?

① 갑, 을　　② 병, 무
③ 병, 정　　④ 을, 병

25 다음 중 반드시 참이 아닌 것은?

① 을은 사이다를 주문한다.
② 정은 콜라를 주문한다.
③ 주스를 시킬 수 있는 사람은 갑과 무 2명이다.
④ 치즈버거는 사이다와 함께 주문한다.

※ A대리는 터키 출장을 위해 환전을 하고자 한다. 이어지는 질문에 답하시오. [26~27]

〈상황〉

- A대리는 해외사업협력을 위해 터키의 사업체를 방문하고자 한다.
- A대리는 다른 업무를 위해 터키 방문 전 스페인을 경유한다.
- A대리는 환전수수료를 최소화하면서 한화 600만 원을 리라화로 환전하고자 한다.
- 스페인은 유로화를, 터키는 리라화를 사용한다.
- 환전수수료는 교환 후의 화폐로 지불한다.

〈화폐 간 교환비율〉

- 스페인 현지

환전 전 \ 환전 후	유로화	리라화
원화	1,200원/유로	–
유로화	–	0.125유로/리라

※ 스페인 현지 환전수수료율은 5%이다.

- 터키 현지

환전 전 \ 환전 후	리라화
유로화	0.20유로/리라

※ 터키 현지 환전수수료율은 10%이다.

- 국내 사설환전소

환전 전 \ 환전 후	유로화
원화	1,200원/유로

※ 국내 사설환전소에서 원화를 유로화로 환전하는 경우 환전수수료는 없다.

Hard

26 **주어진 상황에서 A대리가 출장에 필요한 600만 원을 리라화로 환전할 때, 다음 중 A대리가 선택할 환전경로에 대한 설명으로 적절한 것은?**

① 국내 사설환전소에서 원화를 유로화로 환전한 후, 스페인 현지에서 리라화로 환전하는 경우에 환전수수료가 가장 적다.

② 국내 사설환전소에서 원화를 유로화로 환전한 후, 터키 현지에서 리라화로 환전하는 경우에 환전수수료가 가장 적다.

③ 스페인 현지에서 원화를 유로화로 환전하고 유로화를 리라화로 환전하는 경우에 환전수수료가 가장 적다.

④ 스페인 현지에서 원화를 유로화로 환전한 후, 터키 현지에서 리라화로 환전하는 경우에 환전수수료가 가장 적다.

27 다음과 같이 국내 사설환전소에서 원화를 리라화로 교환할 수 있게 되었다고 할 때, 〈보기〉의 설명 중 옳은 것만 모두 고르면?

〈국내 사설환전소 원화/리라화 환율〉

환전 전 \ 환전 후	리라화
원화	250원/리라

※ 국내 사설환전소에서 원화를 리라화로 환전하는 경우 환전수수료율은 9%이다.

보기

㉠ A대리가 환전수수료를 최소화하고자 할 때, A대리가 지불할 환전수수료는 2,000리라이다.
㉡ A대리는 국내 사설환전소에서 원화를 유로화로 환전한 후, 터키에서 유로화를 리라화로 환전하는 방식을 선택할 것이다.
㉢ A대리가 한화 600만 원이 아닌 1,000만 원을 환전하고자 한다면 A대리가 선택할 환전경로가 바뀔 수 있다.

① ㉠
② ㉢
③ ㉠, ㉡
④ ㉡, ㉢

PART 2

※ 다음은 M사 감사위원회에 대한 자료이다. 제시된 자료 및 문항에서 추가로 제시되는 자료를 참고하여 이어지는 질문에 답하시오. [28~30]

〈M사 감사위원회 조직도〉

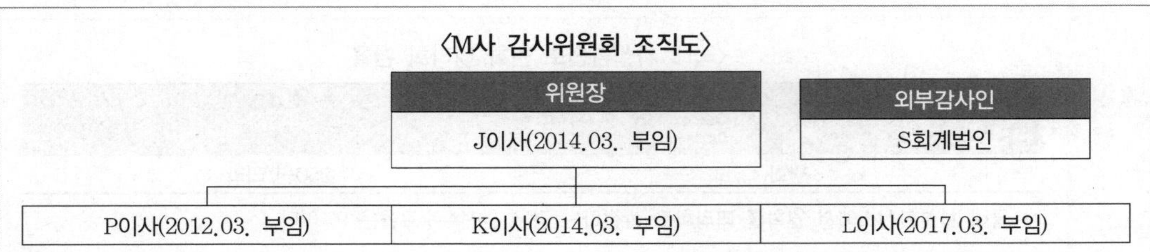

〈M사 감사위원회 운영규정〉

제2장(구성)

제5조 구성

① 위원회 위원(이하 "위원"이라 한다)은 주주총회 결의에 의하여 선임한다.

② 위원은 경제, 경영, 재무, 법률 또는 관련 기술 등에 관한 전문적인 지식이나 경험이 있는 자 또는 기타 자격이 있다고 주주총회에서 인정하는 자로서 상법, 기타 관련 법령 및 정관에서 정하여진 결격 요건에 해당하지 않는 자이어야 한다.

③ 위원회에는 최소 1인 이상의 재무전문가를 포함하여야 한다.

④ 위원이 사임, 사망 등의 사유로 인하여 3인에 미달하게 된 때 또는 제3항의 규정에 의한 감사위원회의 구성요건에 미달하게 된 때에는 그 사유가 발생한 후 최초로 소집되는 주주총회에서 위원회의 구성요건에 충족되도록 하여야 한다.

제6조 위원장

① 위원회는 제11조 규정에 의한 결의로 위원회를 대표할 위원장을 선정하여야 한다.

② 위원장은 위원회를 대표하고 위원회의 업무를 총괄하며, 위원회의 효율적인 운영을 위하여 위원별로 업무를 분장할 수 있다.

③ 위원장의 유고 시에는 소속위원 중 선임자, 연장자 순서로 그 직무를 대행한다.

제3장(회의)

제7조 종류

① 위원회는 정기회의와 임시회의를 개최한다.

② 정기회의는 매 분기 1회 개최하는 것을 원칙으로 한다.

③ 임시회의는 필요할 경우 개최할 수 있다.

제8조 소집권자

위원회는 위원장이 소집한다. 위원장 이외에 회장 또는 위원의 요구가 있는 경우 위원장은 위원회를 소집하여야 한다.

제9조 소집절차

① 위원회를 소집할 때에는 회의일 3일 전까지 회의 개최 일시, 장소 및 부의할 안건을 각 위원에 대하여 모사전송, 전보, 등기우편 또는 전자적 방법으로 통지해야 한다.

② 위원회는 위원 전원의 동의가 있는 때에는 제1항의 절차 없이 언제든지 회의를 열 수 있다.

제11조 결의방법

① 위원회의 결의는 재적위원 과반수의 출석과 출석위원 과반수의 찬성으로 한다. 이 경우 위원회는 위원의 전부 또는 일부가 직접 회의에 출석하지 아니하고 모든 위원이 동영상 또는 음성을 동시에 송·수신하는 통신수단에 의하여 결의에 참가하는 것을 허용할 수 있으며, 이 경우 당해 위원은 위원회에 직접 출석한 것으로 본다.

② 위원회의 안건과 관련하여 특별한 이해관계가 있는 위원은 의결권을 행사하지 못한다. 이 경우 행사가 제한되는 의결권의 수는 출석한 위원의 의결권 수에 산입하지 아니한다.

〈M사 감사위원 선정 기준〉

1. 감사위원 자격 요건
   • 경제, 경영, 회계·재무, 법률 계열 학위 보유자
   • 범죄 전과 이력 등의 결격 요건에 해당하지 않는 자
2. 감사위원 선정 방식
   • 다음 항목에 따른 점수를 합산하여 선발 점수를 산정함
   • 학위 점수(50점)

학위	학사	석사	박사
점수	31	38	45

※ 회계·재무 계열 학위 보유자의 경우 학위와 관계없이 가산점 5점이 부여됨

   • 경제, 경영, 회계·재무, 법률 계열 근무 경력(50점)

근무 경력	5년 미만	5년 이상 10년 미만	10년 이상 15년 미만	15년 이상
점수	35	44	48	50

〈M사 감사위원 후보자 현황〉

구분	학위	근무 경력
후보자 A	경영학 박사	4년
후보자 B	기계공학 박사	17년
후보자 C	회계학 석사	11년
후보자 D	금융재무학 학사	8년

〈M사 주요 재무 성과표〉

(단위 : 백만 원)

구분	2017년	2018년	2019년	2020년	2021년
유동자산	9,968,449	8,750,934	8,583,176	9,643,306	9,522,130
비유동자산	24,878,084	25,024,568	20,758,009	20,944,427	20,058,498
자산총계	34,846,533	33,775,502	29,341,185	30,587,733	29,580,628
유동부채	11,187,738	9,992,244	8,639,906	9,466,147	9,458,104
비유동부채	10,793,885	11,992,970	8,535,814	8,326,807	7,046,148
부채총계	21,981,623	21,985,214	17,175,720	17,792,954	16,504,252
자본금	1,564,499	1,564,499	1,564,499	1,564,499	1,564,499
주식발행초과금	1,440,258	1,440,258	1,440,258	1,440,258	1,440,258
이익잉여금	10,046,883	8,571,130	9,059,305	9,656,544	9,854,172
기타포괄 손익누계액	24,538	25,790	13,870	−1,432	30,985
기타자본 구성요소	−1,320,943	−1,260,709	−1,232,863	−1,217,934	−1,205,302
비지배지분	1,109,675	1,449,320	1,320,396	1,352,844	1,391,764
자본총계	12,864,910	11,790,288	12,165,465	12,794,779	13,076,376

28 **다음 중 M사의 감사위원회 운영규정을 통해 추론한 내용으로 적절하지 않은 것은?**

① 감사위원회의 모든 위원은 주주총회에서 주주들의 결의를 통해 선임되었겠군.

② 만약 J이사에게 부득이한 사정이 생긴다면 P이사가 J이사의 직무를 대신하겠군.

③ 위원회의 정기회의는 매 분기별로 반드시 1회 이상 개최되어야 하는구나.

④ 임시회의는 J이사가 필요하다고 생각하는 경우에만 개최될 수 있구나.

29 **M사의 감사위원 선정 기준에 따라 감사위원을 새로 선정하려고 한다. 5명의 후보자 중 점수가 가장 높은 후보자를 선정할 때, 다음 중 감사위원으로 선정될 후보자는?**

① 후보자 A ② 후보자 B

③ 후보자 C ④ 후보자 D

Hard

30 **다음은 M사의 감사위원회가 주요 재무 성과표를 검토한 후 서로 나눈 대화이다. 다음 중 M사의 주요 재무 성과표를 적절하게 이해하지 못한 사람은?(단, 부채비율은 소수점 둘째 자리에서 반올림한다)**

① J이사 : 아쉽게도 우리 회사의 2021년 자산의 총합은 전년 대비 3% 이상 감소하였군요.

② K이사 : 그러나 2020년에 비해 부채의 총합은 줄고, 자본의 총합은 늘어났으니 아쉬울 일이 아닙니다.

③ P이사 : 네, 맞습니다. 2021년 자본에 대한 부채비율은 약 126.2%로, 약 139.1%였던 2020년보다 감소하였습니다.

④ L이사 : 그렇군요. 자본에 대한 부채비율은 2017년부터 2021년까지 계속해서 줄어들었네요.

※ 다음은 M연구소의 주요 사업별 연락처이다. 이어지는 질문에 답하시오. [31~32]

〈주요사업별 연락처〉

주요사업	담당부서	연락처
고객지원	고객지원팀	051-998-7001
감사, 부패방지 및 지도점검	감사실	051-998-7011
국제협력, 경영평가, 예산기획, 규정, 이사회	전략기획팀	051-998-7023
인재개발, 성과평가, 교육, 인사, ODA사업	인재개발팀	051-998-7031
복무노무, 회계관리, 계약 및 시설	경영지원팀	051-998-7048
품질 평가관리, 품질평가 관련민원	평가관리팀	051-998-7062
가공품 유통 전반(실태조사, 유통정보), 컨설팅	유통정보팀	051-998-7072
대국민 교육, 기관 마케팅, 홍보관리, CS, 브랜드인증	고객홍보팀	051-998-7082
이력관리, 역학조사지원	이력관리팀	051-998-7102
유전자분석, 동일성검사	유전자분석팀	051-998-7111
연구사업 관리, 기준개발 및 보완, 시장조사	연구개발팀	051-998-7133
정부3.0, 홈페이지 운영, 대외자료제공, 정보보호	정보사업팀	051-998-7000

31 M연구소의 주요사업별 연락처를 본 채용 지원자의 반응으로 적절하지 않은 것은?

① M연구소는 1개 실과 11개 팀으로 이루어져 있구나.

② 예산기획과 경영평가는 같은 팀에서 종합적으로 관리하는구나.

③ 평가업무라 하더라도 평가 특성에 따라 담당하는 팀이 달라지는구나.

④ 홈페이지 운영은 고객홍보팀에서 마케팅과 함께 하는구나.

Easy

32 다음 민원인의 요청을 듣고 난 후 민원을 해결하기 위해 연결해야 할 부서를 적절하게 안내해준 것은?

민원인	얼마 전 신제품 품질 평가 등급 신청을 했습니다. 신제품 품질에 대한 등급에 대해 이의가 있습니다. 관련 건으로 담당자분과 통화하고 싶습니다.
상담직원	불편을 드려서 죄송합니다. ＿＿＿＿＿＿＿＿＿＿ 연결해 드리겠습니다. 잠시만 기다려 주십시오.

① 지도 점검 업무를 담당하고 있는 감사실로

② 연구사업을 관리하고 있는 연구개발팀으로

③ 기관의 홈페이지 운영을 전담하고 있는 정보사업팀으로

④ 품질평가를 관리하는 평가관리팀으로

※ 다음은 박람회의 사업추진절차이다. 다음을 참고하여 이어지는 질문에 답하시오. [33~34]

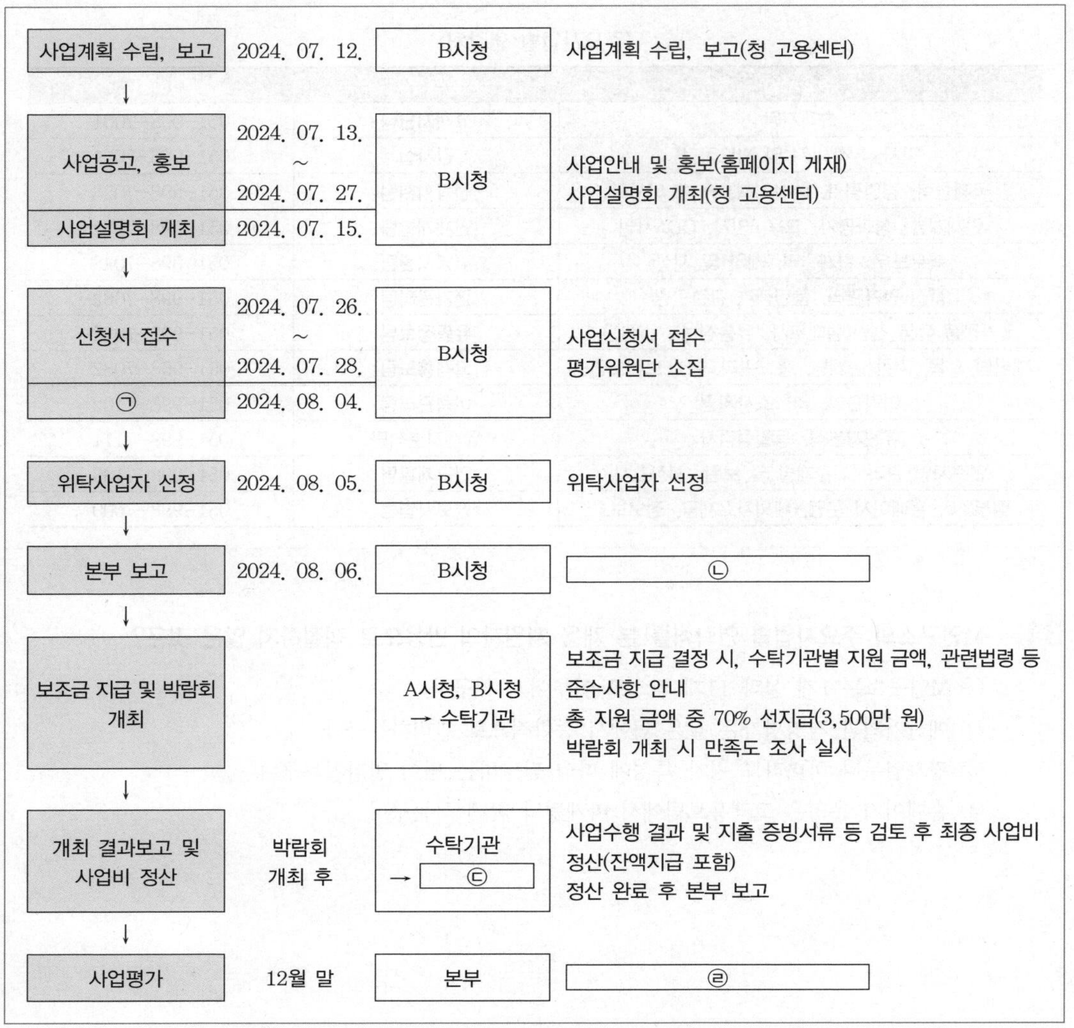

단계	일정	주체	내용
사업계획 수립, 보고	2024. 07. 12.	B시청	사업계획 수립, 보고(청 고용센터)
사업공고, 홍보	2024. 07. 13. ~ 2024. 07. 27.	B시청	사업안내 및 홍보(홈페이지 게재) 사업설명회 개최(청 고용센터)
사업설명회 개최	2024. 07. 15.		
신청서 접수	2024. 07. 26. ~ 2024. 07. 28.	B시청	사업신청서 접수 평가위원단 소집
㉠	2024. 08. 04.		
위탁사업자 선정	2024. 08. 05.	B시청	위탁사업자 선정
본부 보고	2024. 08. 06.	B시청	㉡
보조금 지급 및 박람회 개최		A시청, B시청 → 수탁기관	보조금 지급 결정 시, 수탁기관별 지원 금액, 관련법령 등 준수사항 안내 총 지원 금액 중 70% 선지급(3,500만 원) 박람회 개최 시 만족도 조사 실시
개최 결과보고 및 사업비 정산	박람회 개최 후	수탁기관 → ㉢	사업수행 결과 및 지출 증빙서류 등 검토 후 최종 사업비 정산(잔액지급 포함) 정산 완료 후 본부 보고
사업평가	12월 말	본부	㉣

33 다음 중 박람회 사업추진절차를 잘못 이해한 사람은?

① 갑 : 2개 시청의 합동 사업추진으로 생각되네.

② 을 : 최종 사업비 정산 시 받을 수 있는 금액은 1,500만 원일 거야.

③ 병 : 교육박람회를 추진 중이야.

④ 정 : 외주업체 선정을 통해 박람회를 개최하는 것으로 보여.

34 다음 중 ㉠~㉣에 들어갈 내용이 잘못 연결된 것은?

① ㉠ : 심사위원회 개최

② ㉡ : 선정결과를 본부에 제출

③ ㉢ : A시청, B시청

④ ㉣ : 차기 사업계획 수립

35 귀하는 M사 인사총무팀에 근무하는 K사원이다. 귀하는 다음과 같은 업무 리스트를 작성한 뒤 우선순위에 맞게 재배열하려고 한다. 업무 리스트를 보고 귀하가 한 생각으로 적절하지 않은 것은?

■ 2024년 8월 26일 인사총무팀 K사원의 업무 리스트

- 인사총무팀 회식(9월 4일) 장소 예약 확인
- 회사 창립 기념일(9월 13일) 행사 준비
- 영업1팀 비품 주문 [월요일에 배송될 수 있도록 오늘 내 반드시 발주할 것]
- 이번주 토요일(8월 27일) 당직 근무자 명단 확인 [업무 공백 생기지 않도록 주의]
- 9월 3일자 신입사원 면접 날짜 유선 안내 및 면접 가능 여부 확인

① 내일 당직 근무자 명단 확인을 가장 먼저 해야겠다.

② 영업1팀 비품 주문 후 회식장소 예약을 확인 해야겠다.

③ 신입사원 면접 안내는 여러 변수가 발생할 수 있으니 서둘러 준비해야겠다.

④ 회사 창립 기념일 행사는 전 직원이 다 참여하는 큰 행사인 만큼 가장 첫 번째 줄에 배치해야겠다.

36 다음 중 조직변화의 과정을 순서대로 바르게 나열한 것은?

㉠ 환경변화 인지	㉡ 변화결과 평가
㉢ 조직변화 방향 수립	㉣ 조직변화 실행

① ㉠－㉢－㉣－㉡

② ㉠－㉣－㉢－㉡

③ ㉡－㉢－㉣－㉠

④ ㉣－㉠－㉢－㉡

※ M금고 직원들은 조합원 초청행사 안내 현수막을 설치하려고 한다. 다음 자료를 보고 이어지는 질문에 답하시오. [37~38]

- 현수막 설치 후보 장소 : M금고 본부, 우체국, 주유소, 마트
- 현수막 설치일자 : 3월 29일 ~ 3월 31일

구분	M금고 본부	우체국	주유소	마트
설치가능 일자	3월 29일	3월 30일	3월 31일	4월 2일
게시기간	3월 29일 ~ 4월 18일	3월 30일 ~ 4월 8일	3월 31일 ~ 4월 8일	4월 2일 ~ 4월 25일
하루평균 유동인구	300명	260명	270명	310명
설치비용	300만 원	250만 원	200만 원	300만 원
게시비용	8만 원/일	12만 원/일	12만 원/일	7만 원/일

※ 현수막은 유동인구가 가장 많은 2곳에 설치 예정
※ 유동인구가 하루 20명 이상 차이나지 않는 경우 게시기간이 긴 장소에 설치
※ 설치비용은 한 번만 지불

Easy

37 다음 중 안내 현수막을 설치할 장소들을 모두 고른 것으로 옳은 것은?(단, 설치장소 선정에 설치 및 게시비용은 고려하지 않는다)

① M금고 본부, 마트
② M금고 본부, 우체국
③ 우체국, 주유소
④ 주유소, 마트

38 상부 지시로 다른 조건은 모두 배제하고 설치 및 게시비용만 고려하여 가장 저렴한 곳에 현수막을 설치하기로 하였다. 현수막을 설치할 장소는?(단, 현수막은 장소마다 제시되어 있는 게시기간 모두 사용한다)

① M금고 본부
② 우체국
③ 주유소
④ 마트

39 멤버십 유형을 나누는 두 가지 축은 마인드를 나타내는 독립적 사고 축과 행동을 나타내는 적극적 실천 축으로 나누어진다. 이에 따라 멤버십 유형은 수동형 · 실무형 · 소외형 · 순응형 · 주도형으로 구분된다. 직장 동료와 팀장의 시각으로 볼 때 A사원의 업무 행태가 속하는 멤버십 유형으로 가장 적합한 것은?

> 귀하는 새로 추진하고 있는 중요한 프로젝트의 팀장을 맡았다. 그런데 어느 날부턴가 점점 사무실 분위기가 심상치 않다. 귀하는 프로젝트의 원활한 진행을 위해서는 동료 간 화합이 무엇보다 중요하다고 생각하기 때문에, 팀원들의 업무 행태를 관심 있게 지켜보기 시작했다. 그 결과, A사원이 사적인 약속 등을 핑계로 업무를 미루거나 주변의 눈치를 살피며 불성실한 자세로 근무하는 모습을 발견하였다. 또한, 발생한 문제에 대해 변명만 늘어놓는 태도로 일관해 프로젝트를 함께 진행하는 동료 직원들의 불만은 점점 쌓여만 가고 있다.

① 소외형
② 순응형
③ 실무형
④ 수동형

PART 2

Easy

40 M사 총무부에 근무하는 K팀장은 최근 몇 년 동안 반복되는 업무로 지루함을 느끼는 팀원들 때문에 고민에 빠져 있다. 팀원들은 반복되는 업무로 인해 업무에 대한 의미를 잃어가고 있으며, 이는 업무의 효율성에 막대한 손해를 가져올 것으로 예상된다. 이러한 상황에서 귀하가 K팀장에게 할 수 있는 조언으로 가장 적절한 것은?

① 팀원들을 책임감으로 철저히 무장시킨다.
② 팀원들의 업무에 대해 코칭한다.
③ 팀원들을 지속적으로 교육한다.
④ 팀원들에게 새로운 업무의 기회를 부여한다.

제2회

최종점검 모의고사

모바일 OMR

응시시간 : 40분 문항 수 : 40문항

정답 및 해설 p.051

01 **다음 중 밑줄 친 부분의 띄어쓰기가 옳은 것은?**

① 철수가 떠난지가 한 달이 지났다.

② 얼굴도 예쁜 데다가 마음씨까지 곱다.

③ 허공만 바라볼뿐 아무 말도 하지 않았다.

④ 회의 중에는 잡담을 하지 마시오.

02 **다음 글의 뒤에 이어질 결론으로 가장 적절한 것을 고르면?**

> 우리는 인권이 신장되고 있는 다른 한편에서 세계 인구의 1/4이 절대 빈곤 속에서 고통받고 있다는 사실을 잊어서는 안 됩니다. 빈곤은 인간 존엄과 인권 신장을 저해하며, 그 속에서는 독재와 분쟁의 싹이 쉽게 자라날 수 있습니다. 따라서 빈곤 퇴치는 인권 신장을 위한 UN의 핵심적인 목표가 되어야 할 것입니다.
> 인권 신장은 시민 사회의 압력과 후원에 힘입은 바가 큽니다. 각국 정부와 UN이 NGO, 연구 기관 및 여론 단체들과의 긴밀한 협력을 추구하는 21세기에는 더욱 그러할 것입니다. 다음 달에는 NGO 세계 대회가 개최됩니다. 이 대회가 21세기에 있어 NGO의 역량을 개발하고 UN과 시민사회의 협조를 더욱 긴밀히 하는 계기가 되기를 바랍니다.
> 끝으로 동티모르 사태에 대해 말씀드리고자 합니다. 우리 정부는 동티모르의 장래를 주민들 스스로가 결정하도록 한 인도네시아 정부의 조치를 높이 평가합니다. 우리는 동티모르에 평화가 조속히 회복되고, 인도네시아 정부 및 UN의 일치된 노력으로 주민들의 독립 의지가 완전히 실현되기를 희망합니다.

① 동북아 지역은 4강의 이해가 교차하는 곳으로서 경제적 역동성이 넘쳐흐르는 동시에 세계 평화와 안정에 중요한 요충지입니다.

② 우리 정부와 국민을 대표하여 UN이 세계 평화와 번영을 위한 고귀한 사명을 수행하는 데 아낌없는 지지를 약속하는 바입니다.

③ 21세기를 세계 평화와 안정, 모든 인류의 복지와 번영의 세기로 만들기 위하여 선결 과제를 정하고 이를 해결하는 방안을 모색해 나가야 할 것입니다.

④ 세계화 경제하에서의 위기는 어느 한 나라만의 문제가 아니며, 또한 개별 국가의 노력만으로 그러한 위기를 예방하거나 극복하는 것은 어렵다고 생각합니다.

03 다음 글의 표제와 부제로 적절하지 않은 것은?

인간은 자연 속에서 태어나 살다가 자연으로 돌아간다. 이처럼 자연은 인간 삶의 무대요 안식처이다. 그러므로 자연과 인간의 관계는 불가분의 관계이다. 유교는 바로 이 점에 주목하여 인간과 자연의 원만한 관계를 추구하였다. 이것은 자연이 인간을 위한 수단이 아니라 인간과 공존해야 할 대상이라는 것을 뜻한다.

유교는 자연을 인간의 부모로 생각하고 인간은 자연의 자식이라고 여겨왔다. 그러므로 유교에서는 인간의 본질적 근원을 천(天)에 두었다. 하늘이 명한 것을 성(性)이라 하고, 하늘이 인간에게 덕(德)을 낳아 주었다고 하였다. 이는 인간에게 주어진 본성과 인간에 내재한 덕이 하늘에서 비롯한 것임을 밝힌 것이다. 이와 관련하여 이이는 "사람이란 천지의 이(理)를 부여받아 성(性)을 삼고, 천지의 기(氣)를 나누어 형(形)을 삼았다."라고 하였다. 이는 인간 존재를 이기론(理氣論)으로 설명한 것이다. 인간은 천지의 소산자(所産者)이며 이 인간 생성의 모태는 자연이다. 그러므로 천지만물이 본래 나와 한몸이라고 할 수 있는 것이다.

유교에서는 천지를 인간의 모범 혹은 완전자(完全者)로 이해하였다. 유교 사상에 많은 영향을 미친 『주역』에 의하면 성인(聖人)은 천지와 더불어 그 덕을 합한 자이며, 해와 달과 함께 그 밝음을 합한 자이며, 사시(四時)와 더불어 그 질서를 합한 자이다. 이에 대하여 이이는 '천지란 성인의 준칙이요, 성인이란 중인의 준칙'이라 하여 천지를 성인의 표준으로 이해하였다. 따라서 성인의 덕은 하늘과 더불어 하나가 되므로 신묘하여 헤아릴 수 없다고 하였다. 이와 같이 천지는 인간의 모범으로 일컬어졌고, 인간은 그 천지의 본성을 부여받은 존재로 규정되었다. 그러므로 『중용』에서 성(誠)은 하늘의 도(道)요, 성(誠)이 되고자 노력하는 것이 인간의 도리라고 하였다. 즉, 참된 것은 우주 자연의 법칙이며, 그 진실한 자연의 법칙을 좇아 살아가는 것이 인간의 도리라는 것이다. 이처럼 유교는 인간 삶의 도리를 자연의 법칙에서 찾았고, 자연의 질서에 맞는 인간의 도리를 이상으로 여겼다. 이렇게 볼 때 유교에서는 인간과 자연을 하나로 알고 상호 의존하고 있는 유기적 존재로 인식함으로써 천인합일(天人合一)을 추구하였음을 알 수 있다. 이러한 바탕 위에서 유교는 자존과 공존의 자연관을 말하였다. 만물은 저마다 자기 생을 꾸려나간다. 즉, 인간은 인간대로, 동물은 동물대로, 식물은 식물대로 자기 삶을 살아가지만 서로 해치지 않는다. 약육강식의 먹이 사슬로 보면 이러한 설명은 타당하지 않은 듯하다. 그러나 생태계의 질서를 살펴보면 먹고 먹히면서도 전체적으로는 평등하다는 것을 알 수 있다. 또한 만물의 도는 함께 운행되고 있지만 크게 보면 하나의 조화를 이루어 서로 어긋나지 않는다. 이것이야말로 자존과 공존의 질서가 서로 어긋나지 않으면서 하나의 위대한 조화를 이루고 있는 것이다. 나도 살고 너도 살지만, 서로 해치지 않는 조화의 질서가 바로 유교의 자연관인 것이다.

① 유교와 현대 철학 – 환경 파괴 문제에 관하여
② 우주를 지배하는 자연의 질서 – 자연이 보여준 놀라운 복원력
③ 유교에서 바라본 자연관 – 자연과 인간의 공존을 찾아서
④ 유교의 현대적인 의미 – 자연에서 발견하는 삶의 지혜

04 다음 글을 논리적 순서대로 바르게 나열한 것은?

(가) 세조가 왕이 된 후 술자리에 관한 최초의 기록은 1455년 7월 27일의 "왕이 노산군에게 문안을 드리고 술자리를 베푸니 종친 영해군 이상과 병조판서 이계전 그리고 승지 등이 모셨다. 음악을 연주하니 왕이 이계전에게 명하여 일어나 춤을 추게 하고, 지극히 즐긴 뒤에 파하였다. 드디어 영응대군 이염의 집으로 거둥하여 자그마한 술자리를 베풀고 한참 동안 있다가 환궁하였다."라는 기록이다. 술자리에서 음악과 춤을 즐기고, 1차의 아쉬움 때문에 2차까지 가지는 모습은 세조의 술자리에서 거의 공통적으로 나타나는 특징이다.

(나) 세조(1417 ~ 1468, 재위 1455 ~ 1468)라고 하면 어린 조카를 죽이고 왕위에 오른 비정한 군주로 기억하는 경우가 많다. 1453년 10월 계유정난의 성공으로 실질적으로 권력의 1인자가 된 수양대군은 2년 후인 1455년 6월 단종을 압박하여 세조가 되어 왕위에 오른다. 불법적인 방식으로 권력을 잡은 만큼 세조에게는 늘 정통성에 대한 시비가 따라 붙게 되었다. 이후 1456년에 성삼문, 박팽년 등이 중심이 되어 단종 복위운동을 일으킨 것은 세조에게 정치적으로 큰 부담이 되었다. 이로 인해 세조는 왕이 된 후 문종, 단종 이후 추락된 왕권 회복을 정치적 목표로 삼고, 육조 직계제를 부활시키는가 하면 경국대전과 동국통감 같은 편찬 사업을 주도하여 왕조의 기틀을 잡아 갔다.

(다) 이처럼 세조실록의 기록에는 세조가 한명회, 신숙주, 정인지 등 공신들과 함께 자주 술자리를 마련하고 대화는 물론이고 흥이 나면 함께 춤을 추거나 즉석에서 게임을 하는 등 신하들과 격의 없이 소통하는 장면이 자주 나타난다. 이는 당시에도 칼로 권력을 잡은 이미지가 강하게 남았던 만큼 최대한 소탈하고 인간적인 모습을 보임으로써 자신의 강한 이미지를 희석시켜 나간 것으로 풀이된다. 또한 자신을 왕으로 만들어준 공신 세력을 양날의 검으로 인식했기 때문으로도 보인다. 자신을 위해 목숨을 바친 공신들이지만, 또 다른 순간에는 자신에게 칼끝을 겨눌 위험성을 인식했던 세조는 잦은 술자리를 통해 그들의 기분을 최대한 풀어주고 자신에게 충성을 다짐하도록 했던 것이다.

(라) 세조가 왕권 강화를 바탕으로 자신만의 정치를 펴 나가는 과정에서 특히 주목받는 점은 자주 술자리를 베풀었다는 사실이다. 이것은 세조실록에 '술자리'라는 검색어가 무려 467건이나 나타나는 것에서도 단적으로 확인할 수가 있다. 조선의 왕 중 최고의 기록일 뿐만 아니라 조선왕조실록의 '술자리' 검색어 974건의 거의 절반에 달하는 수치이다. 술자리의 횟수에 한해 세조는 조선 최고의 군주라 불릴 만하다.

① (나) – (가) – (다) – (라)
② (나) – (라) – (가) – (다)
③ (라) – (가) – (다) – (나)
④ (라) – (나) – (가) – (다)

05 A커피회사의 직원들이 학술지에 실린 글을 읽고 보인 반응이다. 다음 〈보기〉 중 적절한 반응을 보인 사람은?

> 원두커피 한 잔에는 인스턴트커피의 세 배인 150mg의 카페인이 들어있다. 원두커피 판매의 요체인 커피전문점 수는 2024년 현재 10만여 개가 훨씬 넘었는데 최근 1년 전보다 20% 가까이 급증한 것이다. 그런데 주목할 점은 같은 기간 동안 우울증과 같은 정신질환과 수면장애로 병원을 찾은 사람 또한 크게 늘었다는 것이다.
> 몸속에 들어온 커피가 완전히 대사되기까지는 여덟 시간 정도가 걸린다. 많은 사람들이 아침, 점심뿐만 아니라 저녁 식사 후 6시나 7시 전후에도 커피를 마신다. 그런데 카페인은 뇌를 각성시켜 집중력을 높인다. 따라서 많은 사람들이 잠자리에 드는 시간인 오후 10시 이후까지도 뇌는 각성 상태에 있게 된다.
> 카페인은 우울증이나 공황장애와도 관련이 있다. 우울증을 앓고 있는 청소년은 건강한 청소년보다 커피, 콜라 등 카페인이 많은 음료를 네 배 정도 더 섭취한다는 조사 결과가 발표되었다. 공황장애 환자에게 원두커피 세 잔에 해당하는 450mg의 카페인을 주사했더니 약 60%의 환자로부터 발작 현상이 나타났다. 공황장애 환자는 심장이 빨리 뛰면 극도의 공포감을 느끼기 쉬운데, 이로 인해 발작 현상이 나타난다. 카페인은 심장을 자극하여 심박 수를 증가시킨다. 이러한 사실에 비추어 볼 때, 커피에 들어있는 카페인은 수면장애를 일으키고, 특히 정신질환자의 우울증이나 공황장애를 악화시킨다고 볼 수 있다.

보기

- 김사원 : 수면장애로 병원을 찾은 사람들 중에 커피를 마시지 않는 사람도 있다는 사실이 밝혀질 경우, 위 논증의 결론은 강화되지 않겠죠.
- 이대리 : 무(無)카페인 음료를 우울증을 앓고 있는 청소년이 많이 섭취하는 것으로 밝혀질 경우, 논증의 결론을 뒷받침하겠네요.
- 안사원 : 발작 현상이 공포감과 무관하다는 사실이 밝혀질 경우, 위 논증의 결론은 강화됩니다.

① 김사원 ② 안사원
③ 김사원, 이대리 ④ 이대리, 안사원

PART 2

※ 다음 글을 읽고 이어지는 질문에 답하시오. [6~8]

음악은 비물질성을 가지고 있다. 이러한 비물질성은 음악을 만드는 소리가 물질이 아니며 외부에 존재하는 구체적 대상도 아니라는 점에서 기인한다. 소리는 물건처럼 눈에 보이는 곳에 있지 않고 냄새나 맛처럼 그 근원이 분명하게 외부에 있지도 않다. 소리는 어떤 물체의 진동 상태이고 그 진동이 공기를 통해 귀에 전달됨으로써만 성립한다. 음악의 재료인 음(音) 역시 소리이기 때문에 음악은 소리의 이러한 속성에 묶여 있다.

소리의 비물질성은 인간의 삶과 문화에 많은 영향을 남긴다. 악기가 발명될 무렵을 상상해 보자. 원시인은 줄을 서로 비비고, 튕기고, 나뭇잎을 접어 불고, 또는 가죽을 빈 통에 씌워 두드림으로써 소리를 만들었다. 이때 그들은 공명되어 울려 나오는 소리에 당황했을 것이다. 진원지에서 소리를 볼 수 없기 때문이다. 지금은 공명 장치의 울림을 음향학적으로 설명할 수 있지만, 당시에는 공명 장치 뒤에 영적인 다른 존재가 있다고 믿었을 것이다. 따라서 소리의 주술성은 소리의 진원이 감각으로 확인되지 않았기 때문에 시작된 것으로 보아야 한다. 음악 역시 소리처럼 주술적인 힘을 가진 것으로 믿었다. 고대 수메르 문명에서는 ㉠ <u>풀피리 소리가 곡식을 자라게 하고, 북 소리가 가축을 건강하게 만든다고 믿었다</u>. 풀피리는 풀로, 북은 동물의 가죽으로 만들어졌기 때문에 그런 힘을 가졌다고 생각한 것이다. 재료를 통한 질료적 상징이 생겨났다고 볼 수 있다.

이러한 상상과 믿음은 발전하여 음악에 많은 상징적 흔적을 남기게 된다. 악기의 모양과 색깔, 문양뿐 아니라 시간과 공간에 이르기까지 상징적 사고가 투영되어 있다. 문묘와 종묘의 제사 때에 쓰이는 제례악의 연주는 악기의 위치와 방향 그리고 시간을 지키도록 규정되어 있으며, 중국이나 우리나라 전통 음악에서의 음의 이름 '음명(音名)'과 그의 체계는 음양오행의 논리적 체계와 연관되어 있다. 일반적으로 타악기는 성적 행위를 상징하는데, 이로 인해 중세의 기독교 문명권에서는 타악기의 연주가 금기시되기도 하였다.

소리와 음이 비물질적이라는 말은, 소리가 우리의 의식 안의 현상으로서만 존재한다는 뜻이기도 하다. 따라서 의식 안에만 있는 소리와 음은 현실의 굴레에서 벗어나 있다. 소리는 물질의 속박인 중력으로부터 자유로운 반면, 춤은 중력의 속박으로부터 벗어나고 싶어 한다. 춤은 음악의 가벼움을 그리워하고 음악은 춤의 구체적 형상을 그리워한다. 따라서 음악은 춤과 만남으로써 시각적 표현을 얻고 춤은 음악에 얹힘으로써 가벼움의 환상을 성취한다.

음악의 비물질성은 그 자체로 종교적 위력을 가진 큰 힘이기도 하였다. 악기를 다루는 사람은 정치와 제사가 일치되었던 시기에 권력을 장악했을 것이다. 소리 뒤에 영혼이 있고 그 영혼의 세계는 음악가들에 의해 지배될 수 있었기 때문이다. 제정일치의 정치 구조가 분열되어 정치와 제사가 분리되고 다시 제사와 음악이 분리되는 과정을 거쳤던 고대 이집트 문명에서 우리는 이를 확인할 수 있다.

06 다음 중 글의 내용과 일치하지 않는 것은?

① 음악의 비물질성은 그 재료의 비물질성에서 비롯된다.
② 음악의 상징성은 음악의 비물질성에 그 근원을 두고 있다.
③ 음악에 대한 고대인들의 믿음은 논리적 체계를 이루고 있었다.
④ 장르적 속성으로 보아 음악과 춤은 상보적인 관계를 이루고 있다.

07 다음 중 글의 서술 전략과 관련이 없는 것은?

① 개념의 변화 과정을 분석하여 가설을 입증한다.
② 비유적 진술과 대조를 통해 표현의 효과를 살린다.
③ 다양한 사례를 제시하여 견해의 타당성을 제고한다.
④ 핵심 개념을 설명하고 그에 근거하여 논의를 전개한다.

08 다음 중 ㉠을 참고하여 '질료적 상징'에 가장 가까운 것을 고르면?

① 장례식에서는 엄숙한 곡조의 음악을 연주한다.
② 상을 당한 사람은 흰색이나 검은색의 옷을 입는다.
③ 사냥할 때의 두려움을 없애기 위해 호랑이 발톱을 지니고 다닌다.
④ 어떤 원시 부족은 사냥을 나가기 전에 모두 모여 춤을 춘다.

PART 2

Hard

09 다음은 금융통화위원회가 발표한 통화정책 의결사항이다. 〈보기〉의 설명 중 이에 대한 추론으로 옳지 않은 것을 모두 고르면?

〈통화정책방향〉

금융통화위원회는 다음 통화정책방향 결정 시까지 한국은행 기준금리를 현 수준(1.75%)에서 유지하여 통화정책을 운용하기로 하였다.

세계경제는 성장세가 다소 완만해지는 움직임을 지속하였다. 국제금융시장에서는 미 연방준비은행의 통화정책 정상화 속도의 온건한 조절 및 미・중 무역협상 진전에 대한 기대가 높아지면서 전월의 변동성 축소 흐름이 이어졌다. 앞으로 세계경제와 국제금융시장은 보호무역주의 확산 정도, 주요국 통화정책 정상화 속도, 브렉시트 관련 불확실성 등에 영향받을 것으로 보인다.

국내경제는 설비 및 건설투자의 조정이 이어지고 수출 증가세가 둔화되었지만 소비가 완만한 증가세를 지속하면서 잠재성장률 수준에서 크게 벗어나지 않는 성장세를 이어간 것으로 판단된다. 고용 상황은 취업자수 증가규모가 소폭에 그치는 등 부진한 모습을 보였다. 앞으로 국내경제의 성장흐름은 지난 1월 전망경로와 대체로 부합할 것으로 예상된다. 건설투자 조정이 지속되겠으나 소비가 증가 흐름을 이어가고 수출과 설비투자도 하반기로 가면서 점차 회복될 것으로 예상된다.

소비자물가는 석유류 가격 하락, 농축수산물 가격 상승폭 축소 등으로 오름세가 0%대 후반으로 둔화되었다. 근원인플레이션율(식료품 및 에너지 제외 지수)은 1% 수준을, 일반인 기대인플레이션율은 2%대 초중반 수준을 나타내었다. 앞으로 소비자물가 상승률은 지난 1월 전망경로를 다소 하회하여 당분간 1%를 밑도는 수준에서 등락하다가 하반기 이후 1%대 중반을 나타낼 것으로 전망된다. 근원인플레이션율도 완만하게 상승할 것으로 보인다.

금융시장은 안정된 모습을 보였다. 주가가 미・중 무역 분쟁 완화 기대 등으로 상승하였으며, 장기시장금리와 원/달러 환율은 좁은 범위 내에서 등락하였다. 가계대출은 증가세 둔화가 이어졌으며, 주택가격은 소폭 하락하였다.

금융통화위원회는 앞으로 성장세 회복이 이어지고 중기적 시계에서 물가상승률이 목표수준에서 안정될 수 있도록 하는 한편 금융안정에 유의하여 통화정책을 운용해 나갈 것이다. 국내경제가 잠재성장률 수준에서 크게 벗어나지 않는 성장세를 지속하는 가운데 당분간 수요 측면에서의 물가상승압력은 크지 않을 것으로 전망되므로 통화정책의 완화기조를 유지해 나갈 것이다. 이 과정에서 완화정도의 추가 조정 여부는 향후 성장과 물가의 흐름을 면밀히 점검하면서 판단해 나갈 것이다. 아울러 주요국과의 교역여건, 주요국 중앙은행의 통화정책 변화, 신흥시장국 금융・경제 상황, 가계부채 증가세, 지정학적 리스크 등도 주의 깊게 살펴볼 것이다.

보기

㉠ 미 연방준비은행의 통화정책이 급변한다면 국제금융시장의 변동성은 증가할 것이다.

㉡ 소비자물가는 앞으로 남은 상반기 동안 1% 미만을 유지하다가 하반기가 되어서야 1%를 초과할 것으로 예상된다.

㉢ 국내산업의 수출이 하락세로 진입하였으나, 경제성장률은 잠재성장률 수준을 유지하는 추세를 보인다.

㉣ 수요 측면에서 물가상승압력이 급증한다면 국내 경제성장률에 큰 변동이 없더라도 금융통화위원회는 기존의 통화정책 기조를 변경할 것이다.

① ㉠, ㉡　　② ㉠, ㉢

③ ㉡, ㉢　　④ ㉡, ㉣

10 다음 글의 주장에 대한 반박으로 적절하지 않은 것은?

> 쾌락주의는 모든 쾌락이 그 자체로 가치가 있으며 쾌락의 증가와 고통의 감소를 통해 최대의 쾌락을 산출하는 행위를 올바른 것으로 간주하는 윤리설이다. 쾌락주의에 따르면 쾌락만이 내재적 가치를 지니며, 모든 것은 이러한 쾌락을 기준으로 가치 평가되어야 한다.
>
> 쾌락주의자는 단기적이고 말초적인 쾌락만을 추구함으로써 결국 고통에 빠지게 된다는 오해를 받기도 한다. 하지만 쾌락주의적 삶을 순간적이고 감각적인 쾌락만 추구하는 방탕한 삶과 동일시하는 것은 옳지 않다. 쾌락주의는 일시적인 쾌락의 극대화가 아니라 장기적인 쾌락의 극대화를 목적으로 하므로 단기적, 말초적 쾌락만을 추구하는 것이 아니다. 예를 들어 사회적 성취가 장기적으로 더 큰 쾌락을 가져다준다면 쾌락주의자는 단기적 쾌락보다는 사회적 성취를 우선으로 추구한다.
>
> 또한 쾌락주의는 쾌락 이외의 것은 모두 무가치한 것으로 본다는 오해를 받기도 한다. 하지만 쾌락주의가 쾌락만을 가치 있는 것으로 보는 것은 아니다. 세상에는 쾌락 말고도 가치 있는 것들이 있으며, 심지어 고통조차도 가치 있는 것으로 볼 수 있다. 발이 불구덩이에 빠져서 통증을 느껴 곧바로 발을 빼낸 상황을 생각해 보자. 이때의 고통은 분명히 좋은 것임에 틀림없다. 만약 고통을 느끼지 못했다면 불구덩이에 빠진 발을 꺼낼 생각조차 하지 못하여 큰 부상을 당했을 수도 있기 때문이다. 물론 이때의 고통이 가치 있다는 것은 도구의 의미에서 그런 것이지 그 자체가 목적이라는 의미는 아니다.
>
> 쾌락주의는 고통을 도구가 아닌 목적으로 추구하는 것을 이해할 수 없다고 본다. 금욕주의자가 기꺼이 감내하는 고통조차도 종교적 · 도덕적 성취와 만족을 추구하기 위한 도구인 것이지 고통 그 자체가 목적인 것은 아니기 때문이다. 대부분의 세속적 금욕주의자들은 재화나 명예와 같은 사회적 성취를 위해 당장의 쾌락을 포기하며, 종교적 금욕주의자들은 내세의 성취를 위해 현세의 쾌락을 포기한다. 그것이 사회적 성취이든 내세적 성취이든 간에 모두 광의의 쾌락을 추구하고 있는 것이다.

① 쾌락의 원천은 다양한데, 서로 다른 쾌락을 같은 것으로 볼 수 있는가?
② 순간적이고 감각적인 쾌락만을 추구하는 삶을 쾌락주의적 삶이라고 볼 수 있는가?
③ 식욕의 충족에서 비롯된 쾌락과 사회적 명예의 획득에서 비롯된 쾌락은 같은 것인가?
④ 쾌락의 질적 차이를 인정한다면, 이질적인 쾌락을 어떻게 서로 비교할 수 있는가?

11 다음 글을 읽고 빈칸에 들어갈 말로 가장 적절한 것을 고르면?

조선 시대의 금속활자는 제작 방법이나 비용의 문제로 민간에서 제작하기도 어려웠지만, 애초에 그 제작 및 소유를 금지하였다. 때문에 금속활자는 왕실의 위엄과 권위를 상징하는 것이 되었고 조선의 왕들은 금속활자 제작에 각별한 관심을 가졌다. 태종이 1403년 최초의 금속활자인 계미자(癸未字)를 주조한 것을 시작으로 조선은 왕의 주도하에 수십 차례에 걸쳐 활자를 제작하였고, 특히 정조는 금속활자 제작에 많은 공을 들였다. 세손 시절 영조에게 건의하여 임진자(壬辰字) 15만 자를 제작하였고, 즉위 후에도 정유자(丁酉字), 한구자(韓構字), 생생자(生生字) 등을 만들었으며 이들 활자를 합하면 100만 자가 넘는다. 정조가 많은 활자를 만들고 관리하는 데 신경을 쓴 것 역시 권위와 관련이 있다. 정조가 만든 수많은 활자 중에서도 정리자(整理字)는 이러한 측면을 가장 잘 보여주는 활자라고 할 수 있다. 정리(整理)라는 말은 조선 시대에 국왕이 바깥으로 행차할 때 호조에서 국왕이 머물 행궁을 정돈하고 수리해서 새롭게 만드는 일을 의미한다. 1795년 정조는 어머니인 혜경궁 홍씨의 회갑을 기념하기 위해 대대적인 화성 행차를 계획하였다. 행사를 마친 후 행사와 관련된 여러 사항을 기록한 의궤를 『원행을묘정리의궤(園幸乙卯整理儀軌)』라 이름하였고, 이를 인쇄하기 위해 제작한 활자가 바로 정리자이다. 왕실의 행사를 기록한 의궤를 금속활자로 간행했다는 것은 그만큼 이 책을 널리 보급하겠다는 뜻이며, 왕실의 위엄을 널리 알리겠다는 것으로 받아들여진다. 이후 정리자는 『화성성역의궤(華城城役儀軌)』, 『진작의궤(進爵儀軌)』, 『진찬의궤(進饌儀軌)』의 간행에 사용되어 왕실의 위엄과 권위를 알리는 효과를 발휘하였다. 정리자가 주조된 이후에도 고종 이전에는 과거 합격자를 기록한 『사마방목(司馬榜目)』을 대부분 임진자로 간행하였는데, 화성 행차가 있었던 을묘년 식년시의 방목만은 유독 정리자로 간행하였다. 이 역시 화성 행차의 의미를 부각하고자 했던 것으로 생각된다. 정조가 세상을 떠난 후 출간된 그의 문집 『홍재전서(弘齋全書)』를 정리자로 간행한 것은 아마도 이 활자가 ____________________

① 정조를 가장 잘 나타내기 때문일 것이다.

② 정조가 가장 중시하고 분신처럼 여겼던 활자이기 때문일 것이다.

③ 문집 제작에 적절한 서체였기 때문일 것이다.

④ 문집 제작에 널리 쓰였기 때문일 것이다.

12 길이 390m인 터널을 완전히 통과하는 데 9초 걸리는 A열차와 길이 365m인 터널을 완전히 통과하는 데 10초 걸리는 B열차가 있다. 두 열차가 마주보는 방향으로 달려 서로 완전히 지나가는 데 걸린 시간이 4.5초일 때, B열차의 길이가 335m라면 A열차의 길이는?

① 365m

② 360m

③ 355m

④ 350m

13 어느 마트에서는 A사 음료수를 12일마다 납품받고 B사 과자를 14일마다 납품받으며 각 납품 당일에는 재고 소진을 위해 할인하여 판매하는 행사를 진행한다. 4월 9일에 할인 행사를 동시에 진행했다면 할인 행사가 다시 동시에 진행되는 날은 며칠 후인가?(단, 재고 소진 목적 외의 할인 행사는 진행하지 않는다)

① 6월 30일　② 7월 1일
③ 7월 2일　④ 7월 3일

14 아이스링크장에서 2종목의 경기가 열리고 있다. 참가자는 피겨 스케이팅 선수 4명, 쇼트트랙 선수 8명이다. 모든 경기가 토너먼트 방식으로 진행된다고 할 때, 가능한 대진표의 경우의 수의 합은?

① 100가지　② 102가지
③ 108가지　④ 115가지

15 월드컵 축구 경기는 한 팀당 4개의 국가로 구성되어 있으며 총 8개의 팀이 출전하는 경기이다. 팀 내에서 빠짐없이 서로 한 번씩 경기를 치르게 되고, 이후 팀마다 2개의 국가가 선정되면 토너먼트 방식으로 경기를 진행한다. 축구 경기가 한 번 열릴 때 얻을 수 있는 수익이 5만 달러라면, 월드컵에서 발생하는 총부가가치는 얼마인가?(단, 토너먼트로 올라가는 대진표는 주최 측에서 정하고, 3·4위 경기는 하지 않는다)

① 300만 달러　② 315만 달러
③ 330만 달러　④ 345만 달러

16 농도 15% 소금물 500g에 몇 g의 깨끗한 물을 넣어야 농도 10%의 소금물이 되는가?

① 180g ② 200g
③ 230g ④ 250g

17 다음은 M국의 총인구수와 인구성장률 추이를 나타낸 그래프이다. 이에 대한 설명으로 옳은 것은?

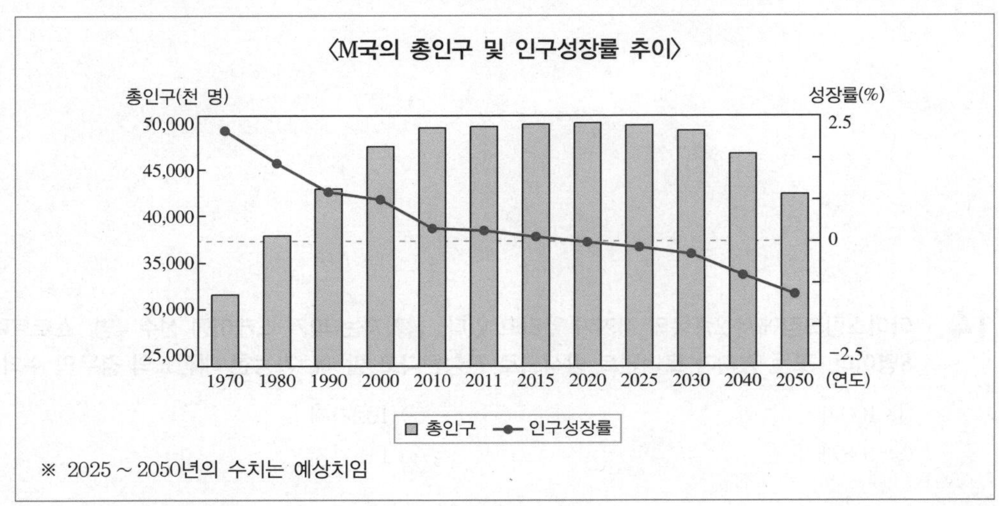

① 인구성장률은 2025년에 잠시 증가하다가 다시 감소할 것이다.
② 2011년부터 총인구는 감소할 것이다.
③ 2000 ~ 2010년 기간보다 2025 ~ 2030년 기간의 인구수 변동이 덜할 것이다.
④ 2040년의 총인구는 1990년 총인구보다 적을 것이다.

18 철수는 매년 말에 한 명의 세입자에게서 일정한 금액의 임대료를 지불받아 3년 후에 4,000만 원을 마련하려고 한다. 연이율이 5%이고 1년마다 복리로 계산할 때, 매년 임대료를 얼마씩 받아야 하는가?(단, $1.05^3 = 1.16$으로 계산한다)

① 1,100만 원 ② 1,200만 원
③ 1,250만 원 ④ 1,300만 원

Easy

19 다음은 매년 해외 · 국내여행 평균횟수에 관해 연령대별로 50명씩 설문조사한 결과이다. 빈칸에 들어갈 수치로 가장 적절한 것은?(단, 수치는 매년 일정한 규칙으로 변화한다)

〈연령대별 해외 · 국내여행 평균횟수〉

(단위 : 회)

구분	2016년	2017년	2018년	2019년	2020년	2021년
20대	35.9	35.2	40.7	42.2	38.4	37.0
30대	22.3	21.6	24.8	22.6	20.9	24.1
40대	19.2	24.0	23.7	20.4	24.8	22.9
50대	27.6	28.8	30.0	31.2		33.6
60대 이상	30.4	30.8	28.2	27.3	24.3	29.4

① 32.4　② 33.1
③ 34.2　④ 34.5

20 김대리의 작년 총소득은 4,000만 원, 소득공제 금액은 2,000만 원, 세율은 30%였다. 올해는 작년과 비교해 총소득 20%, 소득 공제 금액은 40%, 세율은 10%p 증가하였다. 작년과 올해의 세액의 차이는?

① 50만 원　② 100만 원
③ 150만 원　④ 200만 원

21 다음은 금융기관별 연간 특별기여금 산정산식이다. A종합금융회사, B신용협동조합, C상호저축은행, D신용협동조합의 예금 등의 연평균 잔액이 다음과 같을 때, 연간 특별기여금이 가장 많은 곳은 어디인가?

〈금융기관별 연간 특별기여금 산정산식〉

구분	연간 특별기여금 산정산식
종합금융회사	예금 등의 연평균 잔액×1/1,000
상호저축은행	예금 등의 연평균 잔액×1/1,000
신용협동조합	예금 등의 연평균 잔액×5/10,000

구분	A종합금융회사	B신용협동조합	C상호저축은행	D신용협동조합
예금 등의 연평균 잔액	42억 9천만 원	79억 5천만 원	51억 2천만 원	89억 4천만 원

① A종합금융회사　② B신용협동조합
③ C상호저축은행　④ D신용협동조합

Hard

22 다음은 M금고의 직원 전용 대출 상품인 M대출에 대한 세부사항이다. M금고 직원인 A가 이 대출 상품을 이용 중이라고 할 때, 주어진 정보를 참고하여 A가 2년 만에 중도상환을 하고자 할 때, 지불해야 할 원금 외 금액을 구하면 총 얼마인가?

〈M대출〉

<table>
<tr><td>상품특징</td><td>M금고에 대출일 기준 재직 중인 정직원을 대상으로 한 대출 상품</td></tr>
<tr><td>가입대상</td><td>M금고에 대출일 기준 재직 중이며 재직기간이 2년 이상인 자(단, 연속하여 1개월 이상 휴직할 경우, 그 휴직기간은 포함하지 않는다)</td></tr>
<tr><td>대출기간</td><td>최저 1년에서 최장 10년(1년 단위로 가능)</td></tr>
<tr><td>대출한도</td><td>• 재직기간 3년 미만 : 3,000만 원
• 재직기간 3년 이상 5년 미만 : 7,000만 원
• 재직기간 5년 이상 7년 미만 : 12,000만 원
• 재직기간 7년 이상 : 15,000만 원
※ 단, 재직기간에는 연속하여 1개월 이상 휴직할 경우, 그 휴직기간은 포함하지 않는다.</td></tr>
<tr><td>대출금리</td><td>• 적용금리 : 기준금리+대출기간에 따른 금리(1년마다 0.5%p 인상)
• 기준금리(%)
<table>
<tr><th>재직기간
대출금액</th><th>4년 미만</th><th>4년 이상
5년 미만</th><th>5년 이상</th></tr>
<tr><td>2천만 원 미만</td><td>7.4</td><td>5.9</td><td>4.6</td></tr>
<tr><td>2천만 원 이상
5천만 원 미만</td><td>9.2</td><td>8.1</td><td>6.2</td></tr>
<tr><td>5천만 원 이상
10천만 원 미만</td><td>12.4</td><td>10.2</td><td>8.4</td></tr>
<tr><td>10천만 원 이상</td><td>–</td><td>–</td><td>11.1</td></tr>
</table>
• 금리감면 : 1년 경과 시마다 1.0%p 자동 감면
※ 예시 : 재직기간 3년, 3,000만 원 대출, 대출기간 3년 시
첫 1년간 적용금리 : 9.2+1.5=10.7%
다음 1년간 적용금리 : 10.7−1=9.7%
마지막 1년간 적용금리 : 9.7−1=8.7%</td></tr>
<tr><td>상환방식</td><td>만기일시상환</td></tr>
<tr><td>중도상환
수수료</td><td>대출일로부터 면제기간 이내에 상환하는 경우 발생
• 면제기간 : (대출기간)$\times\frac{1}{2}$
(*면제기간 : 수수료를 내지 않는 대출 경과기간)
• 수수료율 : 6%
• 계산방법 : (대출금액)×(수수료율)×$\frac{(\text{면제기간})-(\text{경과기간})}{(\text{면제기간})}$
※ 예시 : 대출금액 1,000만 원, 대출기간 6년, 면제기간 $6\times\frac{1}{2}$=3년 시
1년 만에 대출금 전액을 상환할 경우 2년에 해당하는 중도상환수수료를 납부해야 한다.
$1,000\times0.06\times\frac{3-1}{3}$=40만 원</td></tr>
</table>

〈정보〉

- A의 입사일은 2019년 1월 1일이며, 대출일은 2024년 8월 1일이다.
- A는 2022년 4월 1일부터 2023년 2월 1일까지 육아휴직기간을 가졌다.
- A는 가능한 한 최대 금액으로 대출을 받았다.
- A는 대출받을 당시 타 상품에서 연이율 13.5%로 대출이 가능했으며, 이보다 낮은 이율로 대출을 받을 수 있는 가능한 최대 대출기간을 선택하였다.

① 1,918만 원 ② 1,922만 원
③ 1,925만 원 ④ 2,002만 원

23 다음은 M금고 영업부에서 작년 분기별 영업 실적을 나타낸 그래프이다. 다음 중 작년 전체 실적에서 1 ~ 2분기와 3 ~ 4분기가 각각 차지하는 비중을 바르게 짝지은 것은?(단, 비중은 소수점 둘째 자리에서 반올림한다)

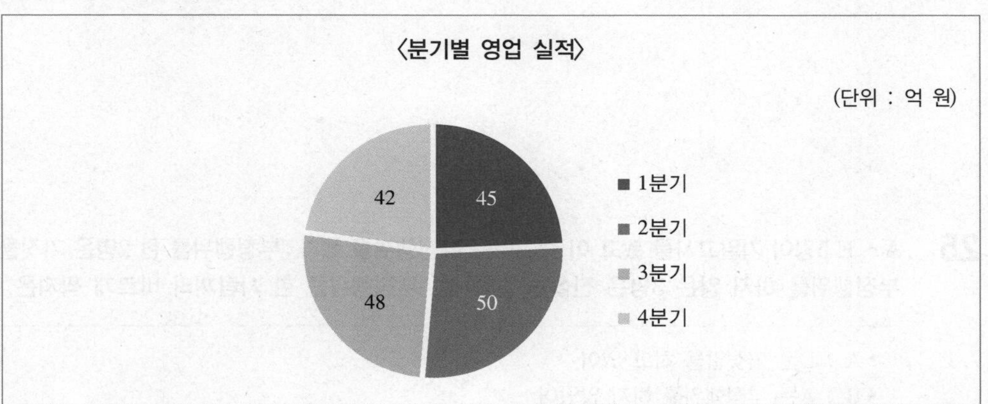

	1 ~ 2분기	3 ~ 4분기
①	48.6%	51.4%
②	50.1%	46.8%
③	51.4%	48.6%
④	46.8%	50.1%

24 다음 명제가 모두 참일 때 반드시 참인 것은?

- 수학 수업을 듣지 않는 학생들은 국어 수업을 듣지 않는다.
- 모든 학생들은 국어 수업을 듣는다.
- 수학 수업을 듣는 어떤 학생들은 영어 수업을 듣는다.

① 모든 학생들은 영어 수업을 듣는다.
② 모든 학생들은 국어, 수학, 영어 수업을 듣는다.
③ 어떤 학생들은 국어와 영어 수업만 듣는다.
④ 어떤 학생들은 국어, 수학, 영어 수업을 듣는다.

25 A ~ E 5명이 기말고사를 봤고 이 중 2명은 부정행위를 했다. 부정행위를 한 2명은 거짓을 말하고 부정행위를 하지 않은 3명은 진실을 말할 때, 부정행위를 한 사람끼리 바르게 짝지은 것은?

- A : D는 거짓말을 하고 있어.
- B : A는 부정행위를 하지 않았어.
- C : B가 부정행위를 했어.
- D : 나는 부정행위를 하지 않았어.
- E : C가 거짓말을 하고 있어.

① A, B
② B, C
③ C, D
④ C, E

Easy

26 M사에 근무 중인 L주임, O사원, C사원, J대리가 이번 달 직원 휴게실 청소 당번이 되었다. 서로 역할을 분담한 뒤 결정한 청소 당번 규칙이 다음 〈조건〉과 같을 때, 반드시 참이 되는 것은?

조건

- 담당자는 1명이며, 도와주는 것은 1명 이상이 될 수도 있다.
- 커피를 타는 담당자는 커피 원두를 채우지 않는다.
- 화분 관리를 담당하는 O사원은 주변 정돈을 담당하는 J대리를 도와준다.
- 주변 정돈을 하고 있는 사람은 커피를 타지 않는다.
- C사원은 주변 정돈을 도우면서 커피 원두를 채운다.

① O사원은 커피 원두를 채운다.
② J대리는 O사원의 화분 관리를 도와준다.
③ L주임이 바쁘면 커피를 타지 못한다.
④ C사원은 커피를 탄다.

27 A～E 5명이 100m 달리기를 했다. 기록 측정 결과가 나오기 전에 대화를 통해 순위를 예측해 보려고 한다. 그들의 대화는 다음과 같고 이 중 1명이 거짓말을 하고 있다. 다음 중 A～E의 순위로 알맞은 것은?

- A : 나는 1등이 아니고, 3등도 아니야.
- B : 나는 1등이 아니고, 2등도 아니야.
- C : 나는 3등이 아니고, 4등도 아니야.
- D : 나는 A와 B보다 늦게 들어왔어.
- E : 나는 C보다는 빠르게 들어왔지만, A보다는 늦게 들어왔어.

① C－A－D－B－E　　② C－E－B－A－D
③ E－A－B－C－D　　④ E－C－B－A－D

※ 다음은 M사 합동포럼에서의 좌석배치에 대한 설명이다. 다음 자료를 읽고 이어지는 질문에 답하시오. [28~29]

〈상황〉

M사는 합동포럼을 개최할 예정이며, P대리는 합동포럼 참석자들의 좌석배치를 담당하게 되었다. 참석자 8명이 원형 테이블에 동일한 간격으로 놓인 의자 8개에 각각 앉는다고 한다. 다음 좌석배치 규칙에 따라 참석자의 좌석을 배치한다.

〈합동포럼 참석자 현황〉

참석자	직급	소속	부서	합동연수 참여여부
A	이사	본사	–	×
B	본부장	수도권사업본부	–	○
C	본부장	경기남부본부	–	×
D	부장	수도권사업본부	인사부	×
E	부장	경남사업본부	사업기획부	×
F	부장	경기북부본부	설비지원부	○
G	과장	대전본부	환경조사부	×
H	과장	경기남부본부	사업기획부	×

〈좌석배치 규칙〉

- 이사 양 옆에는 본부장들이 앉는다.
- 동일한 부서의 참석자끼리는 이웃하여 앉지 않는다.
- 동일한 소속의 참석자끼리는 마주 보고 앉는다.
- 과장끼리는 서로 이웃하여 앉는다.
- 합동연수에 참여하였던 참석자끼리는 이웃하여 앉는다.

28 P대리가 좌석배치 규칙에 따라 참석자들의 좌석을 배치할 때, 〈보기〉의 설명 중 반드시 참인 것을 모두 고르면?

> **보기**
> ㉠ B본부장의 오른쪽에는 F부장이 앉는다.
> ㉡ G과장은 D부장과 이웃하여 앉는다.
> ㉢ F부장과 D부장은 마주 보고 앉는다.
> ㉣ C본부장은 D부장과 마주 보고 앉는다.

① ㉠
② ㉡
③ ㉠, ㉢
④ ㉡, ㉣

Hard

29 부서 사정으로 인해 다음과 같이 참석자가 변경되었다. 아래 참석자 변경 사항을 따를 때, 다음 중 반드시 참인 것은?

〈참석자 변경 사항〉

불참자	직급	소속	부서	합동연수 참여여부
F	부장	경기북부본부	설비지원부	○
H	과장	경기남부본부	사업기획부	×
신규참석자	**직급**	**소속**	**부서**	**합동연수 참여여부**
I	과장	강원본부	자원관리부	○
J	과장	충남본부	설비지원부	○

① J과장은 부장과 이웃하여 앉는다.
② C본부장은 I과장과 이웃하여 앉는다.
③ G과장은 E부장과 이웃하여 앉는다.
④ G과장은 반드시 한 명의 부장과 이웃하여 앉는다.

※ K주임은 신입사원 선발을 위해 면접자들의 면접순서를 배정하는 업무를 담당하게 되었다. 다음 자료를 읽고 이어지는 질문에 답하시오. [30~31]

〈면접자 정보〉

구분	성별	인턴경력	유학경험	해외봉사	지원직무	최종학력
A	남	○	×	×	마케팅	석사
B	여	×	×	○	인사	석사
C	남	○	×	○	인사	박사
D	여	×	×	○	생산관리	학사
E	남	○	○	×	재무	학사
F	여	×	○	×	마케팅	석사

〈면접순서 지정 규칙〉

- 면접은 4월 5일과 6일에 걸쳐 이틀간 진행된다.
- 다음 표에 따라 각 면접자가 해당되는 항목의 질의시간만큼 면접을 진행한다.

구분	공통사항	인턴경력	유학경험	해외봉사	석·박사학위
질의시간	5분	8분	6분	3분	10분

- 모든 면접자는 공통사항에 대한 질의를 받는다.
- 같은 직무에 지원한 면접자끼리 연달아 면접을 실시한다.
- 같은 성별인 면접자끼리 연달아 면접을 실시할 수 없다.
- 인턴경력이 있는 면접자끼리 연달아 면접을 실시할 수 없다.
- 최종학력이 학사인 면접자는 석·박사인 면접자보다 먼저 면접을 본다.
- 유학경험이 있는 면접자끼리 연달아 면접을 실시한다.
- 면접은 4월 5일 오전 10시에 시작하여 오전 11시까지 진행하며, 면접을 완료하지 못한 면접자는 다음날 면접을 보게 된다.
- 4월 5일 오전 11시에 면접이 종료되는 면접자들만 5일에 면접을 실시한다.
- 앞선 면접자의 면접이 끝난 직후, 바로 다음 순번의 면접자의 면접이 시작된다.

30 K주임이 면접자 정보와 면접순서 지정 규칙에 따라 면접자들의 면접에 소요되는 시간을 계산할 때, 다음 중 면접을 오래 진행하는 면접자부터 순서대로 바르게 나열한 것은?

① A－C－F－E－B－D

② A－F－C－E－B－D

③ C－A－F－E－B－D

④ C－A－F－B－E－D

31 **면접순서 지정 규칙에 따를 때, 4월 5일에 면접을 실시할 사람과 4월 6일에 면접을 실시할 사람이 바르게 연결된 것은?**

	4월 5일	4월 6일
①	A, D, C	B, E, F
②	A, D, C, F	B, E
③	D, E, F	A, B, C
④	D, E, F, A	B, C

Easy

32 **A, B, C, D 4명이 다음 〈조건〉에 따라 구두를 샀다고 할 때, A는 주황색 구두를 포함하여 어떤 색의 구두를 샀는가?(단, 빨간색 – 초록색, 주황색 – 파란색, 노란색 – 남색은 보색 관계이다)**

조건

- 세일하는 품목은 빨간색, 주황색, 노란색, 초록색, 파란색, 남색, 보라색으로 각 한 켤레씩 남았다.
- A는 주황색을 포함하여 두 켤레를 샀다.
- C는 빨간색 구두를 샀다.
- B, D는 파란색을 좋아하지 않는다.
- C, D는 같은 수의 구두를 샀다.
- B는 C가 산 구두와 보색 관계인 구두를 샀다.
- D는 B가 산 구두와 보색 관계인 구두를 샀다.
- 모두 한 켤레 이상씩 샀으며, 네 사람은 세일품목을 모두 샀다.

① 노란색　　② 초록색
③ 파란색　　④ 남색

PART 2

33 **M금고는 핀테크 기술 도입을 위해 핀테크 협력업체를 선정하고자 한다. 다음 〈보기〉의 설명 중 주어진 상황에서 본사의 핀테크전략팀이 취할 협상전략에 대한 설명으로 옳은 것을 모두 고르면?**

〈상황〉

M금고의 핀테크전략팀은 핀테크 관련 금융보안업체인 K사의 기술이전팀을 상대로 빅데이터 기반의 전략형 수신상품 출시를 위한 빅데이터 기술이전 협상을 진행 중이다. M금고는 사업전략상 반드시 보안수준이 높은 K사로부터 빅데이터 기술을 이전받고자 하며, 기술이전이 8월 전에 완료되기를 희망한다. 하지만 K사가 제시한 비용이 부담가능한 수준이긴 하나, 타 경쟁사에 비해 과도하다고 판단하였다.
K사의 담당부서인 기술이전팀은 기술이전 사업에 소요되는 기간을 고려하면 8월 전에 완료하는 것이 불가능하며, 제시한 비용은 합리적 수준이라고 주장하고 있다.
M금고는 빅데이터 기술이전 이후 스마트신용조회 시스템 도입 역시 K사와 추진하기를 희망하고 있으며, K사는 이후에도 거래를 이어갈만한 안정적인 수요처가 필요하나 M금고 외에는 적절한 수요처를 찾지 못하고 있는 상황이다.

보기

㉠ M금고 핀테크전략팀 입장에서는 기술이전 사업의 기한을 연장하고 K사와 계약을 체결하는 것이 합리적이다.
㉡ K사 기술이전팀으로서는 회피전략을 취하더라도 협상을 성사시킬 수 있는 가능성이 높다.
㉢ 기술이전이 전략상 반드시 필요한 M금고 핀테크전략팀으로서는 강압전략을 취함으로써 협상 성사 가능성을 극대화할 수 있다.

① ㉠
② ㉡
③ ㉠, ㉡
④ ㉡, ㉢

34 김팀장은 이대리에게 다음과 같은 업무지시를 내렸고, 이대리는 김팀장의 업무 지시에 따라 자신의 업무 일정을 정리하였다. 다음 중 이대리의 업무에 대한 설명으로 적절하지 않은 것은?

> 이대리, 오늘 월요일 정기회의 진행에 앞서 이번 주 업무에 대해서 미리 전달할게요. 먼저, 이번 주 금요일에 진행되는 회사 창립 기념일 행사 준비는 잘 되고 있나요? 행사 진행 전에 확인해야 할 사항들에 대해 체크리스트를 작성해서 수요일 오전까지 저에게 제출해 주세요. 그리고 행사가 끝난 후에는 총무팀 회식을 할 예정입니다. 이대리가 적당한 장소를 결정하고, 목요일 퇴근 전까지 예약이 완료될 수 있도록 해 주세요. 아! 그리고 내일 오후 3시에 진행되는 신입사원 면접과 관련해서 오늘 퇴근 전까지 면접 지원자에게 다시 한 번 유선으로 참여 여부를 확인하고, 정확한 시간과 준비사항 등의 안내를 부탁할게요. 참! 지난주 영업팀이 신청한 비품도 주문해야 합니다. 오늘 오후 2시 이전에 발주하여야 영업팀이 요청한 수요일 전에 배송 받을 수 있다는 점 기억하세요. 자, 그럼 바로 회의 진행하도록 합시다. 그리고 오늘 회의 내용은 이대리가 작성해서 회의가 끝난 후 바로 사내 인트라넷 게시판에 공유해 주세요.

> **〈9월 첫째 주 업무 일정〉**
>
> ㉠ 회의록 작성 및 사내 게시판 게시
> ㉡ 신입사원 면접 참여 여부 확인 및 관련사항 안내
> ㉢ 영업팀 신청 비품 주문
> ㉣ 회사 창립 기념일 행사 준비 관련 체크리스트 작성
> ㉤ 총무팀 회식 장소 예약

① 이대리가 가장 먼저 처리해야 할 업무는 ㉠이다.
② 이대리는 ㉡보다 ㉢을 우선 처리하는 것이 좋다.
③ ㉣을 완료한 이후에는 김팀장에게 제출해야 한다.
④ ㉤은 회사 창립 기념일 행사가 끝나기 전까지 처리해야 한다.

PART 2

35 R사의 관리팀 팀장으로 근무하는 B과장은 최근 팀장 회의에서 '관리자가 현상을 유지한다면, 리더는 세상을 바꾼다.'는 리더와 관리자의 차이에 대한 설명을 듣게 되었다. 이와 관련하여 관리자가 아닌 진정한 리더가 되기 위한 B과장의 다짐으로 적절하지 않은 것은?

① 위험을 회피하기보다는 계산된 위험을 취하도록 하자.
② 사람을 관리하기보다는 사람의 마음에 불을 지피도록 하자.
③ 상황에 수동적인 모습보다는 새로운 상황을 창조하도록 하자.
④ 내일에 초점을 맞추기보다는 오늘에 초점을 맞추도록 하자.

36 A사원은 M금고 고객서비스과에 배치된 신입사원이다. 고객의 불만이 접수되었고 고객 불만 처리 단계에 따라 응대하였다. 다음 중 불만에 대한 대처로 적절하지 않은 것은?

① 불만이 있는 고객이기 때문에 최대한 공손한 태도를 보이는 것이 좋다.
② 의사표현을 해주신 것에 대해서는 감사의 태도를 보이고 고객의 불만에 공감하는 태도를 보여야 한다.
③ 적절하지 않은 불만이어도 고객이기 때문에 불편을 드린 점에 대해 사과를 드린다.
④ 일단 고객을 진정시키는 것이 중요하므로 무조건 신속하게 처리한다.

※ 다음은 M사의 업무추진절차이다. 이어지는 질문에 답하시오. [37~38]

자료송부	해외주재관으로부터 주간 국제동향 송부, 매주 화요일까지
	⇩
자료취합	주재국별 핵심사항 등 자료 정리
	⇩
자료보고	• 작성된 국제동향을 온 나라 시스템에 메모보고(사무관급 이상) • 보고사항 중 우리부 관련 사항은 해당업무에 전달
	⇩
자료송부	총괄된 국제동향을 각 해외주재관에게 재송부

37 P씨는 상사에게 해당 업무추진절차를 한눈에 파악하기 쉽게 추진체계도로 정리하라는 지시를 받았다. 다음 중 P씨가 정리해야 할 추진체계도로 가장 적절한 것은?

①

	국제동향 송부		처리사항 전달	
해외주재관	→ ←	국제협력담당관실	→ ←	관련 부서 사무관 이상 전 직원
	총괄 국제동향 송부		총괄자료 메모 보고	

②

	국제동향 송부		총괄자료 메모 보고	
해외주재관	→ ←	국제협력담당관실	→ →	관련 부서 사무관 이하 전 직원
	총괄 국제동향 송부		처리사항 전달	

③

	총괄 국제동향 송부		처리사항 전달	
해외주재관	→ ←	국제협력담당관실	→ ←	관련 부서 사무관 이하 전 직원
	국제동향 송부		총괄자료 메모 보고	

④

	국제동향 송부		처리사항 전달	
해외주재관	→ ←	국제협력담당관실	→ →	관련 부서 사무관 이상 전 직원
	총괄 국제동향 송부		총괄자료 메모 보고	

38 업무추진절차를 바탕으로 각 부서의 담당 역할에 대해 구분한 내용으로 적절하지 않은 것은?

① 국제협력담당관실 : 우리부 관련 사항 해당부서에 전달

② 해외주재관 : 각국의 우리부 관련 사항 및 정치·경제사항 등 동향 송부

③ 우리부 관련 부서 : 주재관에게 총괄 취합된 자료의 재전송

④ 국제협력담당관실 : 해외주재관으로부터 자료 취합 및 보고

39 M사에서는 부패방지 교육을 위해 오늘 일과 중 1시간을 편성하여 부서별로 토론식 교육을 할 것을 지시하였다. 귀하의 직급은 사원으로, 적당한 교육시간을 판단하여 보고하여야 한다. 부서원의 스케줄이 다음과 같을 때, 교육을 편성하기에 가장 적절한 시간은?

〈부서원 스케줄표〉

<table>
<tr><th rowspan="2">시간</th><th colspan="5">직급별 스케줄</th></tr>
<tr><th>부장</th><th>차장</th><th>과장</th><th>대리</th><th>사원</th></tr>
<tr><td>09:00 ~ 10:00</td><td colspan="2">부서장 회의</td><td></td><td></td><td></td></tr>
<tr><td>10:00 ~ 11:00</td><td></td><td></td><td></td><td></td><td>비품 신청</td></tr>
<tr><td>11:00 ~ 12:00</td><td></td><td></td><td>고객 응대</td><td></td><td></td></tr>
<tr><td>12:00 ~ 13:00</td><td colspan="5">점심식사</td></tr>
<tr><td>13:00 ~ 14:00</td><td colspan="3">부서 업무 회의</td><td></td><td></td></tr>
<tr><td>14:00 ~ 15:00</td><td></td><td></td><td></td><td colspan="2">타 지점 방문</td></tr>
<tr><td>15:00 ~ 16:00</td><td colspan="5">일일 업무 결산</td></tr>
<tr><td>16:00 ~ 17:00</td><td></td><td>업무보고</td><td></td><td></td><td></td></tr>
<tr><td>17:00 ~ 18:00</td><td>업무보고</td><td></td><td></td><td></td><td></td></tr>
</table>

① 09:00 ~ 10:00
② 10:00 ~ 11:00
③ 13:00 ~ 14:00
④ 14:00 ~ 15:00

Easy

40 H자동차 회사에 근무하는 D씨는 올해 새로 출시될 예정인 수소전기차 '럭스'에 대해 SWOT 분석을 진행하기로 하였다. '럭스'의 분석 내용이 다음과 같을 때, 〈보기〉의 (가) ~ (라) 중 SWOT 분석에 들어갈 내용으로 적절하지 않은 것은?

〈수소전기차 '럭스' 분석 내용〉

▶ 럭스는 서울에서 부산을 달리고도 절반 가까이 남는 609km에 달하는 긴 주행거리와 5분에 불과한 짧은 충전시간을 볼 수 있다.
▶ 수소전기차의 정부 보조금 지급 대상은 총 240대로, 생산량에 비해 보조금이 부족한 실정이다.
▶ 일반 전기차의 경우 전기의 가격은 약 10 ~ 30원/km이며, 수소전기차의 경우 수소의 가격은 약 72.8원/km이다.
▶ 럭스의 가격은 정부와 지자체의 보조금을 통해 3천여 만 원에 구입이 가능하며, 이는 첨단 기술이 집약된 친환경차를 중형 SUV 가격에 구매한다는 점에서 매력적이지 않을 수 없다.
▶ 화석연료로 만든 전기를 충전해서 움직이는 일반 전기차보다 물로 전기를 만들어서 움직이는 수소전기차가 더 친환경적이다.
▶ 수소를 충전할 수 있는 충전소는 전국 12개소에 불과하며, H자동차 회사는 올해 안에 10개소를 더 설치한다고 발표하였으나 모두 완공될지는 미지수이다.
▶ 현재 전세계에서 친환경차의 인기는 뜨거우며, 저유가와 레저 문화의 확산으로 앞으로도 인기가 지속될 전망이다.

보기

강점(Strength)	약점(Weakness)
• (가) 보조금 지원으로 상대적으로 저렴한 가격 • 일반 전기차보다 깨끗한 수소전기차 • 짧은 충전시간과 긴 주행거리	• 충전 인프라 부족 • (나) 전기보다 비싼 수소 가격
기회(Opportunity)	**위협(Threat)**
• (다) 친환경차에 대한 인기 • 레저 문화의 확산	• (라) 생산량에 비해 부족한 보조금

① (가)　　② (나)
③ (다)　　④ (라)

PART 2

하지만 저는 우리가 날 때부터 가치있다 생각합니다.

– 오프라 윈프리 –

PART 3
인성검사

CHAPTER

01 개요 및 수검요령

개인이 업무를 수행하면서 능률적인 성과물을 만들기 위해서는 개인의 능력과 경험 그리고 회사의 교육 및 훈련 등이 필요하지만, 개인의 성격이나 성향 역시 중요하다. 여러 직무분석 연구에서 나온 결과들에 따르면, 직무에서의 성공과 관련된 특성들 중 최고 70% 이상이 능력보다는 성격과 관련이 있다고 한다. 따라서 최근 기업들은 신입사원 채용 시 인성검사의 비중을 높이고 있는 추세이다.
현재 기업들은 인성검사를 KIRBS(한국행동과학연구소)나 SHR(에스에이치알), 한국사회 적성개발원, 한국인재개발진흥원 등의 전문기관에 의뢰해서 시행하고 있다. 전문기관에 따라서 인성검사 방법에 차이가 있고, 보안을 위해서 인성검사를 의뢰한 기업을 공개하지 않을 수 있기 때문에 특정 기업의 인성검사를 정확하게 판단할 수 없지만, 지원자들이 후기에 올린 문제를 통해 유형을 예상할 수 있다.
여기에서는 MG새마을금고 인성검사의 수검요령 및 검사시 유의사항에 대해 간략하게 정리하였다. 또한 MG새마을금고 인성검사의 모의연습을 통해 실제 시험 유형을 확인할 수 있도록 하였다.

01 MG새마을금고 인성검사

개인의 성향 질문에 대하여 '① 매우 그렇다, ② 그렇다, ③ 보통이다, ④ 아니다, ⑤ 매우 아니다' 중 1개를 선택하는 유형으로 200문항이 출제된다.

02 인성검사 수검요령

인성검사는 특별한 수검요령이 없다. 다시 말하면 모범답안이 없고, 정답이 없다는 이야기이다. 국어문제처럼 말의 뜻을 풀이하는 것도 아니다. 굳이 수검요령을 말하자면, 진실하고 솔직한 자신의 생각이 답변이라고 할 수 있을 것이다.
인성검사에서 가장 중요한 것은 첫째, 솔직한 답변이다. 자신이 지금까지 경험을 통해서 축적해 온 자신의 생각과 행동을 허구 없이 솔직하게 기재를 하는 것이다. 예를 들어, "나는 타인의 물건을 훔치고 싶은 충동을 느껴본 적이 있다."란 질문에 피검사자들은 많은 생각을 하게 된다. 생각해 보라. 유년기에 또는 성인이 되어서도 타인의 물건을 훔치는 일을 저지른 적은 없더라도, 훔치고 싶은 충동은 누구나 조금이라도 다 느껴보았을 것이다. 그런데 이 질문에 고민을 하는 사람이 간혹 있다. 과연 이 질문에 "예"라고 대답하면 담당 검사관들이 나를 사회적으로 문제가 있는 사람으로 여기지는 않을까 하는 생각에 "아니요"라는 답을 기재하게 된다. 이런 솔직하지 않은 답변이 답변의 신뢰와 솔직함을 나타내는 타당성 척도에 좋지 않은 점수를 주게 된다.

둘째, 일관성 있는 답변이다. 인성검사의 수많은 질문 문항 중에는 비슷한 뜻의 질문이 여러 개 숨어있는 경우가 많이 있다. 그 질문들은 피검사자의 솔직한 답변과 심리적인 상태를 알아보기 위해 내포되어 있는 문항들이다. 가령 "나는 유년시절 타인의 물건을 훔친 적이 있다."라는 질문에 "예"라고 대답했는데, "나는 유년시절 타인의 물건을 훔쳐보고 싶은 충동을 느껴본 적이 있다."라는 질문에는 "아니오"라는 답을 기재한다면 어떻겠는가. 일관성 없이 '대충 기재하자'라는 식의 심리적 무성의성 답변이 되거나, 정신적으로 문제가 있는 사람으로 보일 수 있다.

인성검사는 많은 문항 수를 풀어나가기 때문에 피검사자들은 지루함과 따분함을 느낄 수 있고 반복된 뜻의 질문에 의한 인내상실 등이 나타날 수 있다. 인내를 가지고 솔직하게 자신의 생각을 대답하는 것이 무엇보다 중요한 요령이 될 것이다.

03 인성검사 시 유의사항

① 충분한 휴식으로 불안을 없애고 정서적인 안정을 취한다. 심신이 안정되어야 자신의 마음을 표현할 수 있다.

② 생각나는 대로 솔직하게 응답한다. 자신을 너무 과대 포장하지도, 너무 비하하지도 마라. 답변을 꾸며서 하면 앞뒤가 맞지 않게끔 구성돼 있어 불리한 평가를 받게 되므로 솔직하게 답하도록 한다.

③ 검사문항에 대해 지나치게 골똘히 생각해서는 안 된다. 지나치게 몰두하면 엉뚱한 답변이 나올 수 있으므로 불필요한 생각은 삼간다.

④ 검사시간에 너무 신경 쓸 필요는 없다. 인성검사는 시간제한이 없는 경우가 많으며 시간제한이 있다해도 충분한 시간이다.

⑤ 인성검사는 대개 문항 수가 많기에 자칫 건너뛰는 경우가 있는데, 가능한 한 모든 문항에 답해야 한다. 응답하지 않은 문항이 많을 경우 평가자가 정확한 평가를 내리지 못해 불리한 평가를 내릴 수 있기 때문이다.

CHAPTER

02 모의테스트

※ 인성검사는 정답이 따로 없는 유형의 검사이므로 결과지를 제공하지 않습니다.

※ 다음 질문을 읽고, ①～⑤ 중 자신에게 해당하는 것을 고르시오(① 매우 그렇다, ② 그렇다, ③ 보통이다, ④ 아니다, ⑤ 매우 아니다). [1~200]

번호	질문	응답
1	조심스러운 성격이라고 생각한다.	① ② ③ ④ ⑤
2	사물을 신중하게 생각하는 편이라고 생각한다.	① ② ③ ④ ⑤
3	동작이 기민한 편이다.	① ② ③ ④ ⑤
4	포기하지 않고 노력하는 것이 중요하다.	① ② ③ ④ ⑤
5	일주일의 예정을 만드는 것을 좋아한다.	① ② ③ ④ ⑤
6	노력의 여하보다 결과가 중요하다.	① ② ③ ④ ⑤
7	자기주장이 강하다.	① ② ③ ④ ⑤
8	장래의 일을 생각하면 불안해질 때가 있다.	① ② ③ ④ ⑤
9	소외감을 느낄 때가 있다.	① ② ③ ④ ⑤
10	훌쩍 여행을 떠나고 싶을 때가 자주 있다.	① ② ③ ④ ⑤
11	대인관계가 귀찮다고 느낄 때가 있다.	① ② ③ ④ ⑤
12	자신의 권리를 주장하는 편이다.	① ② ③ ④ ⑤
13	낙천가라고 생각한다.	① ② ③ ④ ⑤
14	싸움을 한 적이 없다.	① ② ③ ④ ⑤
15	자신의 의견을 상대에게 잘 주장하지 못한다.	① ② ③ ④ ⑤
16	좀처럼 결단하지 못하는 경우가 있다.	① ② ③ ④ ⑤
17	하나의 취미를 오래 지속하는 편이다.	① ② ③ ④ ⑤
18	한 번 시작한 일은 끝을 맺는다.	① ② ③ ④ ⑤
19	행동으로 옮기기까지 시간이 걸린다.	① ② ③ ④ ⑤
20	다른 사람들이 하지 못하는 일을 하고 싶다.	① ② ③ ④ ⑤
21	해야 할 일은 신속하게 처리한다.	① ② ③ ④ ⑤
22	병이 아닌지 걱정이 들 때가 있다.	① ② ③ ④ ⑤
23	다른 사람의 충고를 기분 좋게 듣는 편이다.	① ② ③ ④ ⑤
24	다른 사람에게 의존적이 될 때가 많다.	① ② ③ ④ ⑤
25	타인에게 간섭받는 것은 싫다.	① ② ③ ④ ⑤
26	의식 과잉이라는 생각이 들 때가 있다.	① ② ③ ④ ⑤
27	수다를 좋아한다.	① ② ③ ④ ⑤

번호	질문	응답
28	잘못된 일을 한 적이 한 번도 없다.	① ② ③ ④ ⑤
29	모르는 사람과 이야기하는 것은 용기가 필요하다.	① ② ③ ④ ⑤
30	끙끙거리며 생각할 때가 있다.	① ② ③ ④ ⑤
31	다른 사람에게 항상 움직이고 있다는 말을 듣는다.	① ② ③ ④ ⑤
32	매사에 얽매인다.	① ② ③ ④ ⑤
33	잘하지 못하는 게임은 하지 않으려고 한다.	① ② ③ ④ ⑤
34	어떠한 일이 있어도 출세하고 싶다.	① ② ③ ④ ⑤
35	막무가내라는 말을 들을 때가 많다.	① ② ③ ④ ⑤
36	신경이 예민한 편이라고 생각한다.	① ② ③ ④ ⑤
37	쉽게 침울해한다.	① ② ③ ④ ⑤
38	쉽게 싫증을 내는 편이다.	① ② ③ ④ ⑤
39	옆에 사람이 있으면 싫다.	① ② ③ ④ ⑤
40	토론에서 이길 자신이 있다.	① ② ③ ④ ⑤
41	친구들과 남의 이야기를 하는 것을 좋아한다.	① ② ③ ④ ⑤
42	푸념을 한 적이 없다.	① ② ③ ④ ⑤
43	남과 친해지려면 용기가 필요하다.	① ② ③ ④ ⑤
44	통찰력이 있다고 생각한다.	① ② ③ ④ ⑤
45	집에서 가만히 있으면 기분이 우울해진다.	① ② ③ ④ ⑤
46	매사에 느긋하고 차분하게 매달린다.	① ② ③ ④ ⑤
47	좋은 생각이 떠올라도 실행하기 전에 여러모로 검토한다.	① ② ③ ④ ⑤
48	누구나 권력자를 동경하고 있다고 생각한다.	① ② ③ ④ ⑤
49	몸으로 부딪혀 도전하는 편이다.	① ② ③ ④ ⑤
50	당황하면 갑자기 땀이 나서 신경 쓰일 때가 있다.	① ② ③ ④ ⑤
51	친구들이 진지한 사람으로 생각하고 있다.	① ② ③ ④ ⑤
52	감정적으로 될 때가 많다.	① ② ③ ④ ⑤
53	다른 사람의 일에 관심이 없다.	① ② ③ ④ ⑤
54	다른 사람으로부터 지적받는 것은 싫다.	① ② ③ ④ ⑤
55	지루하면 마구 떠들고 싶어진다.	① ② ③ ④ ⑤
56	부모에게 불평을 한 적이 한 번도 없다.	① ② ③ ④ ⑤
57	내성적이라고 생각한다.	① ② ③ ④ ⑤
58	돌다리도 두들기고 건너는 타입이라고 생각한다.	① ② ③ ④ ⑤
59	굳이 말하자면 시원시원하다.	① ② ③ ④ ⑤
60	나는 끈기가 강하다.	① ② ③ ④ ⑤
61	전망을 세우고 행동할 때가 많다.	① ② ③ ④ ⑤
62	일에는 결과가 중요하다고 생각한다.	① ② ③ ④ ⑤

번호	질문	응답
63	활력이 있다.	① ② ③ ④ ⑤
64	항상 천재지변을 당하지는 않을까 걱정하고 있다.	① ② ③ ④ ⑤
65	때로는 후회할 때도 있다.	① ② ③ ④ ⑤
66	다른 사람에게 위해를 가할 것 같은 기분이 든 때가 있다.	① ② ③ ④ ⑤
67	진정으로 마음을 허락할 수 있는 사람은 없다.	① ② ③ ④ ⑤
68	기다리는 것에 짜증내는 편이다.	① ② ③ ④ ⑤
69	친구들로부터 줏대 없는 사람이라는 말을 듣는다.	① ② ③ ④ ⑤
70	사물을 과장해서 말한 적은 없다.	① ② ③ ④ ⑤
71	인간관계가 폐쇄적이라는 말을 듣는다.	① ② ③ ④ ⑤
72	매사에 신중한 편이라고 생각한다.	① ② ③ ④ ⑤
73	눈을 뜨면 바로 일어난다.	① ② ③ ④ ⑤
74	난관에 봉착해도 포기하지 않고 열심히 해본다.	① ② ③ ④ ⑤
75	실행하기 전에 재확인할 때가 많다.	① ② ③ ④ ⑤
76	리더로서 인정을 받고 싶다.	① ② ③ ④ ⑤
77	어떤 일이 있어도 의욕을 가지고 열심히 하는 편이다.	① ② ③ ④ ⑤
78	다른 사람의 감정에 민감하다.	① ② ③ ④ ⑤
79	다른 사람들이 남을 배려하는 마음씨가 있다는 말을 한다.	① ② ③ ④ ⑤
80	사소한 일로 우는 일이 많다.	① ② ③ ④ ⑤
81	반대에 부딪혀도 자신의 의견을 바꾸는 일은 없다.	① ② ③ ④ ⑤
82	누구와도 편하게 이야기할 수 있다.	① ② ③ ④ ⑤
83	가만히 있지 못할 정도로 침착하지 못할 때가 있다.	① ② ③ ④ ⑤
84	다른 사람을 싫어한 적은 한 번도 없다.	① ② ③ ④ ⑤
85	그룹 내에서는 누군가의 주도하에 따라가는 경우가 많다.	① ② ③ ④ ⑤
86	차분하다는 말을 듣는다.	① ② ③ ④ ⑤
87	스포츠 선수가 되고 싶다고 생각한 적이 있다.	① ② ③ ④ ⑤
88	모두가 싫증을 내는 일에도 혼자서 열심히 한다.	① ② ③ ④ ⑤
89	휴일은 세부적인 예정을 세우고 보낸다.	① ② ③ ④ ⑤
90	완성된 것보다 미완성인 것에 흥미가 있다.	① ② ③ ④ ⑤
91	잘하지 못하는 것이라도 자진해서 한다.	① ② ③ ④ ⑤
92	가만히 있지 못할 정도로 불안해질 때가 많다.	① ② ③ ④ ⑤
93	자주 깊은 생각에 잠긴다.	① ② ③ ④ ⑤
94	이유도 없이 다른 사람과 부딪힐 때가 있다.	① ② ③ ④ ⑤
95	타인의 일에는 별로 관여하고 싶지 않다고 생각한다.	① ② ③ ④ ⑤
96	무슨 일이든 자신을 가지고 행동한다.	① ② ③ ④ ⑤
97	유명인과 서로 아는 사람이 되고 싶다.	① ② ③ ④ ⑤

번호	질문	응답
98	지금까지 후회를 한 적이 없다.	① ② ③ ④ ⑤
99	의견이 다른 사람과는 어울리지 않는다.	① ② ③ ④ ⑤
100	무슨 일이든 생각해 보지 않으면 만족하지 못한다.	① ② ③ ④ ⑤
101	다소 무리를 하더라도 피로해지지 않는다.	① ② ③ ④ ⑤
102	굳이 말하자면 장거리 주자에 어울린다고 생각한다.	① ② ③ ④ ⑤
103	여행을 가기 전에는 세세한 계획을 세운다.	① ② ③ ④ ⑤
104	능력을 살릴 수 있는 일을 하고 싶다.	① ② ③ ④ ⑤
105	성격이 시원시원하다고 생각한다.	① ② ③ ④ ⑤
106	굳이 말하자면 자의식 과잉이다.	① ② ③ ④ ⑤
107	자신을 쓸모없는 인간이라고 생각할 때가 있다.	① ② ③ ④ ⑤
108	주위의 영향을 받기 쉽다.	① ② ③ ④ ⑤
109	지인을 발견해도 만나고 싶지 않을 때가 많다.	① ② ③ ④ ⑤
110	다수의 반대가 있더라도 자신의 생각대로 행동한다.	① ② ③ ④ ⑤
111	번화한 곳에 외출하는 것을 좋아한다.	① ② ③ ④ ⑤
112	지금까지 다른 사람의 마음에 상처준 일이 없다.	① ② ③ ④ ⑤
113	다른 사람에게 자신이 소개되는 것을 좋아한다.	① ② ③ ④ ⑤
114	실행하기 전에 재고하는 경우가 많다.	① ② ③ ④ ⑤
115	몸을 움직이는 것을 좋아한다.	① ② ③ ④ ⑤
116	나는 완고한 편이라고 생각한다.	① ② ③ ④ ⑤
117	신중하게 생각하는 편이다.	① ② ③ ④ ⑤
118	커다란 일을 해보고 싶다.	① ② ③ ④ ⑤
119	계획을 생각하기보다 빨리 실행하고 싶어한다.	① ② ③ ④ ⑤
120	작은 소리도 신경 쓰인다.	① ② ③ ④ ⑤
121	나는 자질구레한 걱정이 많다.	① ② ③ ④ ⑤
122	이유도 없이 화가 치밀 때가 있다.	① ② ③ ④ ⑤
123	융통성이 없는 편이다.	① ② ③ ④ ⑤
124	나는 다른 사람보다 기가 세다.	① ② ③ ④ ⑤
125	다른 사람보다 쉽게 우쭐해진다.	① ② ③ ④ ⑤
126	다른 사람을 의심한 적이 한 번도 없다.	① ② ③ ④ ⑤
127	어색해지면 입을 다무는 경우가 많다.	① ② ③ ④ ⑤
128	하루의 행동을 반성하는 경우가 많다.	① ② ③ ④ ⑤
129	격렬한 운동도 그다지 힘들어하지 않는다.	① ② ③ ④ ⑤
130	새로운 일에 처음 한 발을 좀처럼 떼지 못한다.	① ② ③ ④ ⑤
131	앞으로의 일을 생각하지 않으면 진정이 되지 않는다.	① ② ③ ④ ⑤
132	인생에서 중요한 것은 높은 목표를 갖는 것이다.	① ② ③ ④ ⑤

번호	질문	응답
133	무슨 일이든 선수를 쳐야 이긴다고 생각한다.	① ② ③ ④ ⑤
134	다른 사람이 나를 어떻게 생각하는지 궁금할 때가 많다.	① ② ③ ④ ⑤
135	침울해지면서 아무 것도 손에 잡히지 않을 때가 있다.	① ② ③ ④ ⑤
136	어린 시절로 돌아가고 싶을 때가 있다.	① ② ③ ④ ⑤
137	아는 사람을 발견해도 피해버릴 때가 있다.	① ② ③ ④ ⑤
138	굳이 말하자면 기가 센 편이다.	① ② ③ ④ ⑤
139	성격이 밝다는 말을 듣는다.	① ② ③ ④ ⑤
140	다른 사람이 부럽다고 생각한 적이 한 번도 없다.	① ② ③ ④ ⑤
141	결점을 지적받아도 아무렇지 않다.	① ② ③ ④ ⑤
142	피곤하더라도 밝게 행동한다.	① ② ③ ④ ⑤
143	실패했던 경험을 생각하면서 고민하는 편이다.	① ② ③ ④ ⑤
144	언제나 생기가 있다.	① ② ③ ④ ⑤
145	선배의 지적을 순수하게 받아들일 수 있다.	① ② ③ ④ ⑤
146	매일 목표가 있는 생활을 하고 있다.	① ② ③ ④ ⑤
147	열등감으로 자주 고민한다.	① ② ③ ④ ⑤
148	남에게 무시당하면 화가 난다.	① ② ③ ④ ⑤
149	무엇이든지 하면 된다고 생각하는 편이다.	① ② ③ ④ ⑤
150	자신의 존재를 과시하고 싶다.	① ② ③ ④ ⑤
151	사람을 많이 만나는 것을 좋아한다.	① ② ③ ④ ⑤
152	사람들이 당신에게 말수가 적다고 하는 편이다.	① ② ③ ④ ⑤
153	특정한 사람과 교제를 하는 타입이다.	① ② ③ ④ ⑤
154	친구에게 먼저 말을 하는 편이다	① ② ③ ④ ⑤
155	친구만 있으면 된다고 생각한다.	① ② ③ ④ ⑤
156	많은 사람 앞에서 말하는 것이 서툴다.	① ② ③ ④ ⑤
157	새로운 환경으로 이동하는 것을 싫어한다.	① ② ③ ④ ⑤
158	송년회 등에서 자주 책임을 맡는다.	① ② ③ ④ ⑤
159	새 팀의 분위기에 쉽게 적응하지 못하는 편이다.	① ② ③ ④ ⑤
160	누구하고나 친하게 교제한다.	① ② ③ ④ ⑤
161	충동구매는 절대 하지 않는다.	① ② ③ ④ ⑤
162	컨디션에 따라 기분이 잘 변한다.	① ② ③ ④ ⑤
163	옷 입는 취향이 오랫동안 바뀌지 않고 그대로이다.	① ② ③ ④ ⑤
164	남의 물건이 좋아 보인다.	① ② ③ ④ ⑤
165	광고를 보면 그 물건을 사고 싶다.	① ② ③ ④ ⑤
166	자신이 낙천주의자라고 생각한다.	① ② ③ ④ ⑤
167	에스컬레이터에서도 걷지 않는다.	① ② ③ ④ ⑤

번호	질문	응답
168	꾸물대는 것을 싫어한다.	① ② ③ ④ ⑤
169	고민이 생겨도 심각하게 생각하지 않는다.	① ② ③ ④ ⑤
170	반성하는 일이 거의 없다.	① ② ③ ④ ⑤
171	남의 말을 호의적으로 받아들인다.	① ② ③ ④ ⑤
172	혼자 있을 때가 편안하다.	① ② ③ ④ ⑤
173	친구에게 불만이 있다.	① ② ③ ④ ⑤
174	남의 말을 좋은 쪽으로 해석한다.	① ② ③ ④ ⑤
175	남의 의견을 절대 참고하지 않는다.	① ② ③ ④ ⑤
176	문화재 위원과 체육대회 위원 중 체육대회 위원을 하고 싶다.	① ② ③ ④ ⑤
177	보고 들은 것을 문장으로 옮기기를 좋아한다.	① ② ③ ④ ⑤
178	남에게 뭔가 가르쳐주는 일이 좋다.	① ② ③ ④ ⑤
179	많은 사람과 장시간 함께 있으면 피곤하다.	① ② ③ ④ ⑤
180	엉뚱한 일을 하기 좋아하고 발상도 개성적이다.	① ② ③ ④ ⑤
181	전표 계산 또는 장부 기입 같은 일을 싫증내지 않고 할 수 있다.	① ② ③ ④ ⑤
182	책이나 신문을 열심히 읽는 편이다.	① ② ③ ④ ⑤
183	신경이 예민한 편이며, 감수성도 예민하다.	① ② ③ ④ ⑤
184	연회석에서 망설임 없이 노래를 부르거나 장기를 보이는 편이다.	① ② ③ ④ ⑤
185	즐거운 캠프를 위해 계획 세우는 것을 좋아한다.	① ② ③ ④ ⑤
186	데이터를 분류하거나 통계 내는 일을 싫어하지는 않는다.	① ② ③ ④ ⑤
187	드라마나 소설 속 등장인물의 생활과 사고방식에 흥미가 있다.	① ② ③ ④ ⑤
188	자신의 미적 표현력을 살리면 상당히 좋은 작품이 나올 것 같다.	① ② ③ ④ ⑤
189	화려한 것을 좋아하며 주위의 평판에 신경을 쓰는 편이다.	① ② ③ ④ ⑤
190	여럿이서 여행할 기회가 있다면 즐겁게 참가한다.	① ② ③ ④ ⑤
191	여행 소감문을 쓰는 것을 좋아한다.	① ② ③ ④ ⑤
192	상품 전시회에서 상품설명을 한다면 잘할 수 있을 것 같다.	① ② ③ ④ ⑤
193	변화가 적고 손이 많이 가는 일도 꾸준히 하는 편이다.	① ② ③ ④ ⑤
194	신제품 홍보에 흥미가 있다.	① ② ③ ④ ⑤
195	열차 시간표 한 페이지 정도라면 정확하게 옮겨 쓸 자신이 있다.	① ② ③ ④ ⑤
196	자신의 장래에 대해 자주 생각해본다.	① ② ③ ④ ⑤
197	혼자 있는 것에 익숙하다.	① ② ③ ④ ⑤
198	별 근심이 없다.	① ② ③ ④ ⑤
199	나의 환경에 아주 만족한다.	① ② ③ ④ ⑤
200	상품을 고를 때 디자인과 색에 신경을 많이 쓴다.	① ② ③ ④ ⑤

1퍼센트의 가능성, 그것이 나의 길이다.

– 나폴레옹 –

PART 4
면접

CHAPTER

01 면접 유형 및 실전 대책

01 면접 주요사항

면접의 사전적 정의는 면접관이 지원자를 직접 만나보고 인품(人品)이나 언행(言行) 따위를 시험하는 일로, 흔히 필기시험 후에 최종적으로 심사하는 방법이다.

최근 주요 기업의 인사담당자들을 대상으로 채용 시 면접이 차지하는 비중을 설문조사했을 때, 50 ~ 80% 이상이라고 답한 사람이 전체 응답자의 80%를 넘었다. 이와 대조적으로 지원자들을 대상으로 취업 시험에서 면접을 준비하는 기간을 물었을 때, 대부분의 응답자가 2 ~ 3일 정도라고 대답했다.

지원자가 일정 수준의 스펙을 갖추기 위해 자격증 시험과 토익을 치르고 이력서와 자기소개서까지 쓰다 보면 면접까지 챙길 여유가 없는 것이 사실이다. 그리고 서류전형과 인적성검사를 통과해야만 면접을 볼 수 있기 때문에 자연스럽게 면접은 취업시험 과정에서 그 비중이 작아질 수밖에 없다. 하지만 아이러니하게도 실제 채용 과정에서 면접이 차지하는 비중은 절대적이라고 해도 과언이 아니다.

기업들은 채용 과정에서 토론 면접, 인성 면접, 프레젠테이션 면접, 역량 면접 등의 다양한 면접을 실시한다. 1차 커트라인이라고 할 수 있는 서류전형을 통과한 지원자들의 스펙이나 능력은 서로 엇비슷하다고 판단되기 때문에 서류상 보이는 자격증이나 토익 성적보다는 지원자의 인성을 파악하기 위해 면접을 더욱 강화하는 것이다. 일부 기업은 의도적으로 압박 면접을 실시하기도 한다. 지원자가 당황할 수 있는 질문을 던져서 그것에 대한 지원자의 반응을 살펴보는 것이다.

면접은 다르게 생각한다면 '나는 누구인가'에 대한 물음에 해답을 줄 수 있는 가장 현실적이고 미래적인 경험이 될 수 있다. 취업난 속에서 자격증을 취득하고 토익 성적을 올리기 위해 앞만 보고 달려온 지원자들은 자신에 대해서 고민하고 탐구할 수 있는 시간을 평소 쉽게 가질 수 없었을 것이다. 자신을 잘 알고 있어야 자신에 대해서 자신감 있게 말할 수 있다. 대체로 사람들은 자신에게 관대한 편이기 때문에 자신에 대해서 어떤 기대와 환상을 가지고 있는 경우가 많다. 하지만 면접은 제삼자에 의해 개인의 능력을 객관적으로 평가받는 시험이다. 어떤 지원자들은 다른 사람에게 자신을 표현하는 것을 어려워한다. 평소에 잘 사용하지 않는 용어를 내뱉으면서 거창하게 자신을 포장하는 지원자도 많다. 면접에서 가장 기본은 자기 자신을 면접관에게 알기 쉽게 표현하는 것이다.

이러한 표현을 바탕으로 자신이 앞으로 하고자 하는 것과 그에 대한 이유를 설명해야 한다. 최근에는 자신감을 향상시키거나 말하는 능력을 높이는 학원도 많기 때문에 얼마든지 자신의 단점을 극복할 수 있다.

1. 자기소개의 기술

자기소개를 시키는 이유는 면접자가 지원자의 자기소개서를 압축해서 듣고, 지원자의 첫인상을 평가할 시간을 가질 수 있기 때문이다. 면접을 위한 워밍업이라고 할 수 있으며, 첫인상을 결정하는 과정이므로 매우 중요한 순간이다.

(1) 정해진 시간에 자기소개를 마쳐야 한다.

쉬워 보이지만 의외로 지원자들이 정해진 시간을 넘기거나 혹은 빨리 끝내서 면접관에게 지적을 받는 경우가 많다. 본인이 면접을 받는 마지막 지원자가 아닌 이상, 정해진 시간을 지키지 않는 것은 수많은 지원자를 상대하기에 바쁜 면접관과 대기 시간에 지친 다른 지원자들에게 불쾌감을 줄 수 있다.
또한 회사에서 시간관념은 절대적인 것이므로 반드시 자기소개 시간을 지켜야 한다. 말하기는 1분에 200자 원고지 2장 분량의 글을 읽는 만큼의 속도가 가장 적당하다. 이를 A4 용지에 10point 글자 크기로 작성하면 반 장 분량이 된다.

(2) 간단하지만 신선한 문구로 자기소개를 시작하자.

요즈음 많은 지원자가 이 방법을 사용하고 있기 때문에 웬만한 소재의 문구가 아니면 면접관의 관심을 받을 수 없다. 이러한 문구는 시대적으로 유행하는 광고 카피를 패러디하는 경우와 격언 등을 인용하는 경우, 그리고 지원한 회사의 CI나 경영이념, 인재상 등을 사용하는 경우 등이 있다. 지원자는 이러한 여러 문구 중에 자신의 첫인상을 북돋아 줄 수 있는 것을 선택해서 말해야 한다. 자신의 이름을 문구 속에 적절하게 넣어서 말한다면 좀 더 효과적인 자기소개가 될 것이다.

(3) 무엇을 먼저 말할 것인지 고민하자.

면접관이 많이 던지는 질문 중 하나가 지원동기이다. 그래서 성장기를 바로 건너뛰고, 지원한 회사에 들어오기 위해 대학에서 어떻게 준비했는지를 설명하는 자기소개가 대세이다.

(4) 면접관의 호기심을 자극해 관심을 불러일으킬 수 있게 말하라.

면접관에게 질문을 많이 받는 지원자의 합격률이 반드시 높은 것은 아니지만, 질문을 전혀 안 받는 것보다는 좋은 평가를 기대할 수 있다. 지원한 분야와 관련된 수상 경력이나 프로젝트 등을 말하는 것도 좋다. 이는 지원자의 업무 능력과 직접 연결되는 것이므로 효과적인 자기 홍보가 될 수 있다. 일부 지원자들은 자신만의 특별한 경험을 이야기하는데, 이때는 그 경험이 보편적으로 사람들의 공감대를 얻을 수 있는 것인지 다시 생각해봐야 한다.

(5) 마지막 고개를 넘기가 가장 힘들다.

첫 단추도 중요하지만, 마지막 단추도 중요하다. 하지만 왠지 격식을 따지는 인사말은 지나가는 인사말 같고, 다르게 하자니 예의에 어긋나는 것 같은 기분이 든다. 이때는 처음에 했던 자신만의 문구를 다시 한 번 말하는 것도 좋은 방법이다. 자연스러운 끝맺음이 될 수 있도록 적절한 연습이 필요하다.

2. 1분 자기소개 시 주의사항

(1) 자기소개서와 자기소개가 똑같다면 감점일까?

아무리 자기소개서를 외워서 말한다 해도 자기소개가 자기소개서와 완전히 똑같을 수는 없다. 자기소개서의 분량이 더 많고 회사마다 요구하는 필수 항목들이 있기 때문에 굳이 고민할 필요는 없다. 오히려 자기소개서의 내용을 잘 정리한 자기소개가 더 좋은 결과를 만들 수 있다. 하지만 자기소개서와 상반된 내용을 말하는 것은 적절하지 않다. 지원자의 신뢰성이 떨어진다는 것은 곧 불합격을 의미하기 때문이다.

(2) 말하는 자세를 바르게 익혀라.

지원자가 자기소개를 하는 동안 면접관은 지원자의 동작 하나하나를 관찰한다. 그렇기 때문에 바른 자세가 중요하다는 것은 우리가 익히 알고 있다. 하지만 문제는 무의식적으로 나오는 습관 때문에 자세가 흐트러져 나쁜 인상을 줄 수 있다는 것이다. 이러한 습관을 고칠 수 있는 가장 좋은 방법은 휴대폰 카메라 등으로 자신의 모습을 담는 것이다. 거울을 사용할 경우에는 시선이 자꾸 자기 눈과 마주치기 때문에 집중하기 힘들다. 하지만 촬영된 동영상은 제삼자의 입장에서 자신을 볼 수 있기 때문에 많은 도움이 된다.

(3) 정확한 발음과 억양으로 자신 있게 말하라.

지원자의 모양새가 아무리 뛰어나도, 목소리가 작고 발음이 부정확하면 큰 감점을 받는다. 이러한 모습은 지원자의 좋은 점에까지 악영향을 끼칠 수 있다. 직장을 흔히 사회생활의 시작이라고 말하는 시대적 정서에서 사람들과 의사소통을 하는 데 문제가 있다고 판단되는 지원자는 부적절한 인재로 평가될 수밖에 없다.

3. 대화법

전문가들이 말하는 대화법의 핵심은 '상대방을 배려하면서 이야기하라.'는 것이다. 대화는 나와 다른 사람의 소통이다. 내용에 대한 공감이나 이해가 없다면 대화는 더 진전되지 않는다.
『카네기 인간관계론』이라는 베스트셀러의 작가인 철학자 카네기가 말하는 최상의 대화법은 자신의 경험을 토대로 이야기하는 것이다. 즉, 살아오면서 직접 겪은 경험이 상대방의 관심을 끌 수 있는 가장 좋은 이야깃거리인 것이다. 특히, 어떤 일을 이루기 위해 노력하는 과정에서 겪은 실패나 희망에 대해 진솔하게 얘기한다면 상대방은 어느새 당신의 편에 서서 그 이야기에 동조할 것이다.
독일의 사업가이자, 동기부여 트레이너인 위르겐 힐러의 연설법 중 가장 유명한 것은 '시즐(Sizzle)'을 잡는 것이다. 시즐이란, 새우튀김이나 돈가스가 기름에서 지글지글 튀겨질 때 나는 소리이다. 즉, 자신의 말을 듣고 시즐처럼 반응하는 상대방의 감정에 적절하게 대응하라는 것이다.
말을 시작한 지 10 ~ 15초 안에 상대방의 '시즐'을 알아차려야 한다. 자신의 이야기에 대한 상대방의 첫 반응에 따라 말하기 전략도 달라져야 한다. 첫 이야기의 반응이 미지근하다면 가능한 한 그 이야기를 빨리 마무리하고 새로운 이야깃거리를 생각해내야 한다. 길지 않은 면접 시간 내에 몇 번 오지 않는 대답의 기회를 살리기 위해서 보다 전략적이고 냉철해야 하는 것이다.

4. 차림새

(1) 구두

면접에 어떤 옷을 입어야 할지를 며칠 동안 고민하면서 정작 구두는 면접 보는 날 현관을 나서면서 즉흥적으로 신고 가는 지원자들이 많다. 구두를 보면 그 사람의 됨됨이를 알 수 있다고 한다. 면접관 역시 이러한 것을 놓치지 않기 때문에 지원자는 자신의 구두에 더욱 신경을 써야 한다. 스타일의 마무리는 발끝에서 이루어지는 것이다. 아무리 멋진 옷을 입고 있어도 구두가 어울리지 않는다면 전체 스타일이 흐트러지기 때문이다.

정장용 구두는 디자인이 깔끔하고, 에나멜 가공처리를 하여 광택이 도는 페이턴트 가죽 소재 제품이 무난하다. 검정 계열 구두는 회색과 감색 정장에, 브라운 계열의 구두는 베이지나 갈색 정장에 어울린다. 참고로 구두는 오전에 사는 것보다 발이 충분히 부은 상태인 저녁에 사는 것이 좋다. 마지막으로 당연한 일이지만 반드시 면접을 보는 전날 구두 뒤축이 닳지는 않았는지 확인하고 구두에 광을 내 둔다.

(2) 양말

양말은 정장과 구두의 색상을 비교해서 골라야 한다. 특히 검정이나 감색의 진한 색상의 바지에 흰 양말을 신는 것은 시대에 뒤처지는 일이다. 일반적으로 양말의 색깔은 바지의 색깔과 같아야 한다. 또한 양말의 길이도 신경 써야 한다. 바지를 입을 경우, 의자에 바르게 앉거나 다리를 꼬아서 앉을 때 다리털이 보여서는 안 된다. 반드시 긴 정장 양말을 신어야 한다.

(3) 정장

지원자는 평소에 정장을 입을 기회가 많지 않기 때문에 면접을 볼 때 본인 스스로도 옷을 어색하게 느끼는 경우가 많다. 옷을 불편하게 느끼기 때문에 자세마저 불안정한 지원자도 볼 수 있다. 그러므로 면접 전에 정장을 입고 생활해 보는 것도 나쁘지는 않다.

일반적으로 면접을 볼 때는 상대방에게 신뢰감을 줄 수 있는 남색 계열의 옷이나 어떤 계절이든 무난하고 깔끔해 보이는 회색 계열의 정장을 많이 입는다. 정장은 유행에 따라서 재킷의 디자인이나 버튼의 개수가 바뀌기 때문에 너무 오래된 옷을 입어서 다른 사람의 옷을 빌려 입고 나온 듯한 인상을 주어서는 안 된다.

(4) 헤어스타일과 메이크업

헤어스타일에 자신이 없다면 미용실에 다녀오는 것도 좋은 방법이다. 그리고 여성 지원자의 경우에는 자신에게 어울리는 메이크업을 하는 것도 괜찮다. 메이크업은 상대에 대한 예의를 갖추는 것이므로 지나치게 화려한 메이크업이 아니라면 보다 준비된 지원자처럼 보일 수 있다.

5. 첫인상

취업을 위해 성형수술을 받는 사람들에 대한 이야기는 더 이상 뉴스거리가 되지 않는다. 그만큼 많은 사람이 좁은 취업문을 뚫기 위해 이미지 향상에 신경을 쓰고 있다. 이는 면접관에게 좋은 첫인상을 주기 위한 것으로, 지원서에 올리는 증명사진을 이미지 프로그램을 통해 수정하는 이른바 '사이버 성형'이 유행하는 것과 같은 맥락이다. 실제로 외모가 채용 과정에서 영향을 끼치는가에 대한 설문조사에서도 60% 이상의 인사담당자들이 그렇다고 답변했다.

하지만 외모와 첫인상을 절대적인 관계로 이해하는 것은 잘못된 판단이다. 외모가 첫인상에서 많은 부분을 차지하지만, 외모 외에 다른 결점이 발견된다면 그로 인해 장점들이 가려질 수도 있다. 이러한 현상은 아래에서 다시 논하겠다.

첫인상은 말 그대로 한 번밖에 기회가 주어지지 않으며 몇 초 안에 결정된다. 첫인상을 결정짓는 요소 중 시각적인 요소가 80% 이상을 차지한다. 첫눈에 들어오는 생김새나 복장, 표정 등에 의해서 결정되는 것이다. 면접을 시작할 때 자기소개를 시키는 것도 지원자별로 첫인상을 평가하기 위해서이다. 첫인상이 중요한 이유는 만약 첫인상이 부정적으로 인지될 경우, 지원자의 다른 좋은 면까지 거부당하기 때문이다. 이러한 현상을 심리학에서는 초두효과(Primacy Effect)라고 한다.

그래서 한 번 형성된 첫인상은 여간해서 바꾸기 힘들다. 이는 첫인상이 나중에 들어오는 정보에까지 영향을 주기 때문이다. 첫인상의 정보가 나중에 들어오는 정보 처리의 지침이 되는 것을 심리학에서는 맥락효과(Context Effect)라고 한다. 따라서 평소에 첫인상을 좋게 만들기 위한 노력을 꾸준히 해야만 하는 것이다. 좋은 첫인상이 반드시 외모에만 집중되는 것은 아니다. 오히려 깔끔한 옷차림과 부드러운 표정 그리고 말과 행동 등에 의해 전반적인 이미지가 만들어진다. 누구나 이러한 것 중에 한두 가지 단점을 가지고 있다. 요즈음은 이미지 컨설팅을 통해서 자신의 단점들을 보완하는 지원자도 있다. 특히, 표정이 밝지 않은 지원자는 평소 웃는 연습을 의식적으로 하여 면접을 받는 동안 계속해서 여유 있는 표정을 짓는 것이 중요하다. 성공한 사람들은 인상이 좋다는 것을 명심하자.

02 면접의 유형 및 실전 대책

1. 면접의 유형

과거 천편일률적인 일대일 면접과 달리 면접에는 다양한 유형이 도입되어 현재는 "면접은 이렇게 보는 것이다."라고 말할 수 있는 정해진 유형이 없어졌다. 그러나 현재까지는 집단 면접과 다대일 면접이 진행되고 있으므로 어느 정도 유형을 파악하여 사전에 대비가 가능하다. 면접의 기본인 단독 면접부터, 다대일 면접, 집단 면접의 유형과 그 대책에 대해 알아보자.

(1) 단독 면접

단독 면접이란 응시자와 면접관이 1대1로 마주하는 형식을 말한다. 면접위원 한 사람과 응시자 한 사람이 마주 앉아 자유로운 화제를 가지고 질의응답을 되풀이하는 방식이다. 이 방식은 면접의 가장 기본적인 방법으로 소요시간은 10 ~ 20분 정도가 일반적이다.

① 장점

필기시험 등으로 판단할 수 없는 성품이나 능력을 알아내는 데 가장 적합하다고 평가받아 온 면접방식으로 응시자 한 사람 한 사람에 대해 여러 면에서 비교적 폭넓게 파악할 수 있다. 응시자의 입장에서는 한 사람의 면접관만을 대하는 것이므로 상대방에게 집중할 수 있으며, 긴장감도 다른 면접방식에 비해서는 적은 편이다.

② 단점

면접관의 주관이 강하게 작용해 객관성을 저해할 소지가 있으며, 면접 평가표를 활용한다 하더라도 일면적인 평가에 그칠 가능성을 배제할 수 없다. 또한 시간이 많이 소요되는 것도 단점이다.

단독 면접 준비 Point

단독 면접에 대비하기 위해서는 평소 일대일로 논리 정연하게 대화를 나눌 수 있는 능력을 기르는 것이 중요하다. 그리고 면접장에서는 면접관을 선배나 선생님 혹은 부모님을 대하는 기분으로 면접에 임하는 것이 부담도 훨씬 적고 실력을 발휘할 수 있는 방법이 될 것이다.

(2) 다대일 면접

다대일 면접은 일반적으로 가장 많이 사용되는 면접방법으로 보통 2 ~ 5명의 면접관이 1명의 응시자에게 질문하는 형태의 면접방법이다. 면접관이 여러 명이므로 다각도에서 질문을 하여 응시자에 대한 정보를 많이 알아낼 수 있다는 점 때문에 선호하는 면접방법이다.

하지만 응시자의 입장에서는 질문도 면접관에 따라 각양각색이고 동료 응시자가 없으므로 숨 돌릴 틈도 없게 느껴진다. 또한 관찰하는 눈도 많아서 조그만 실수라도 지나치는 법이 없기 때문에 정신적 압박과 긴장감이 높은 면접방법이다. 따라서 응시자는 긴장을 풀고 한 시험관이 묻더라도 면접관 전원을 향해 대답한다는 기분으로 또박또박 대답하는 자세가 필요하다.

① 장점

면접관이 집중적인 질문과 다양한 관찰을 통해 응시자가 과연 조직에 필요한 인물인가를 완벽히 검증할 수 있다.

② 단점

면접시간이 보통 10 ~ 30분 정도로 좀 긴 편이고 응시자에게 지나친 긴장감을 조성하는 면접방법이다.

다대일 면접 준비 Point

질문을 들을 때 시선은 면접위원을 향하고 다른 데로 돌리지 말아야 하며, 대답할 때에도 고개를 숙이거나 입속에서 우물거리는 소극적인 태도는 피하도록 한다. 면접위원과 대등하다는 마음가짐으로 편안한 태도를 유지하면 대답도 자연스러운 상태에서 좀 더 충실히 할 수 있고, 이에 따라 면접위원이 받는 인상도 달라진다.

(3) 집단 면접

집단 면접은 다수의 면접관이 여러 명의 응시자를 한꺼번에 평가하는 방식으로 짧은 시간에 능률적으로 면접을 진행할 수 있다. 각 응시자에 대한 질문내용, 질문횟수, 시간배분이 똑같지는 않으며, 모두에게 같은 질문이 주어지기도 하고, 각각 다른 질문을 받기도 한다.

또한 어떤 응시자가 한 대답에 대한 의견을 묻는 등 그때그때의 분위기나 면접관의 의향에 따라 변수가 많다. 집단 면접은 응시자의 입장에서는 개별 면접에 비해 긴장감은 다소 덜한 반면에 다른 응시자들과의 비교가 확실하게 나타나므로 응시자는 몸가짐이나 표현력·논리성 등이 결여되지 않도록 자신의 생각이나 의견을 솔직하게 발표하여 집단 속에 묻히거나 밀려나지 않도록 주의해야 한다.

① 장점

집단 면접의 장점은 면접관이 응시자 한 사람에 대한 관찰시간이 상대적으로 길고, 비교 평가가 가능하기 때문에 결과적으로 평가의 객관성과 신뢰성을 높일 수 있다는 점이며, 응시자는 동료들과 함께 면접을 받기 때문에 긴장감이 다소 덜하다는 것을 들 수 있다. 또한 동료가 답변하는 것을 들으며, 자신의 답변 방식이나 자세를 조정할 수 있다는 것도 큰 이점이다.

② 단점

응답하는 순서에 따라 응시자마다 유리하고 불리한 점이 있고, 면접위원의 입장에서는 각각의 개인적인 문제를 깊게 다루기가 곤란하다는 것이 단점이다.

집단 면접 준비 Point

너무 자기 과시를 하지 않는 것이 좋다. 대답은 자신이 말하고 싶은 내용을 간단명료하게 말해야 한다. 내용이 없는 발언을 한다거나 대답을 질질 끄는 태도는 좋지 않다. 또 말하는 중에 내용이 주제에서 벗어나거나 자기중심적으로만 말하는 것도 피해야 한다. 집단 면접에 대비하기 위해서는 평소에 설득력을 지닌 자신의 논리력을 계발하는 데 힘써야 하며, 다른 사람 앞에서 자신의 의견을 조리 있게 개진할 수 있는 발표력을 갖추는 데에도 많은 노력을 기울여야 한다.

- 실력에는 큰 차이가 없다는 것을 기억하라.
- 동료 응시자들과 서로 협조하라.
- 답변하지 않을 때의 자세가 중요하다.
- 개성 표현은 좋지만 튀는 것은 위험하다.

(4) 집단 토론식 면접

집단 토론식 면접은 집단 면접과 형태는 유사하지만 질의응답이 아니라 응시자들끼리의 토론이 중심이 되는 면접방법으로 최근 들어 급증세를 보이고 있다. 이는 공통의 주제에 대해 다양한 견해들이 개진되고 결론을 도출하는 과정, 즉 토론을 통해 응시자의 다양한 면에 대한 평가가 가능하다는 집단 토론식 면접의 장점이 널리 확산된 데 따른 것으로 보인다. 사실 집단 토론식 면접을 활용하면 주제와 관련된 지식 정도와 이해력, 판단력, 설득력, 협동성은 물론 리더십, 조직 적응력, 적극성과 대인관계 능력 등을 쉽게 파악할 수 있다.

토론식 면접에서는 자신의 의견을 명확히 제시하면서도 상대방의 의견을 경청하는 토론의 기본자세가 필수적이며, 지나친 경쟁심이나 자기 과시욕은 접어두는 것이 좋다. 또한 집단 토론의 목적이 결론을 도출해 나가는 과정에 있다는 것을 감안하여 무리하게 자신의 주장을 관철시키기보다 오히려 토론의 질을 높이는 데 기여하는 것이 좋은 인상을 줄 수 있다는 점을 알아야 한다. 취업 희망자들은 토론식 면접이 급속도로 확산되는 추세임을 감안해 특히 철저한 준비를 해야 한다. 평소에 신문의 사설이나 매스컴 등의 토론 프로그램을 주의 깊게 보면서 논리 전개방식을 비롯한 토론 과정을 익히도록 하고, 친구들과 함께 간단한 주제를 놓고 토론을 진행해 볼 필요가 있다. 또한 사회・시사문제에 대해 자기 나름대로의 관점을 정립해두는 것도 꼭 필요하다.

집단 토론식 면접 준비 Point

- 토론은 정답이 없다는 것을 명심한다.
- 내 주장을 강요하지 않는다.
- 남이 말할 때 끼어들지 않는다.
- 필기구를 준비하여 메모하면서 면접에 임한다.
- 주제에 자신이 없다면 첫 번째 발언자가 되지 않는다.
- 자신의 입장을 먼저 밝힌다.
- 상대측의 사소한 발언에 집착하지 않고 전체적인 의미에 초점을 놓치지 않아야 한다.
- 남의 의견을 경청한다.
- 예상 밖의 반론에 당황스럽다 하더라도 유연함을 잃지 않아야 한다.

(5) PT 면접

PT 면접, 즉 프레젠테이션 면접은 최근 들어 집단 토론 면접과 더불어 그 활용도가 점차 커지고 있다. PT 면접은 기업마다 특성이 다르고 인재상이 다른 만큼 인성 면접만으로는 알 수 없는 지원자의 문제해결 능력, 전문성, 창의성, 기본 실무능력, 논리성 등을 관찰하는 데 중점을 두는 면접으로, 지원자 간의 변별력이 높아 대부분의 기업에서 적용하고 있으며, 확산되는 추세이다.

면접 시간은 기업별로 차이가 있지만, 전문지식, 시사성 관련 주제를 제시한 다음, 보통 20 ~ 50분 정도 준비하여 5분가량 발표할 시간을 준다. 면접관과 지원자의 단순한 질의응답식이 아닌, 주제에 대해 일정 시간 동안 지원자의 발언과 발표하는 모습 등을 관찰하게 된다. 정확한 답이나 지식보다는 논리적 사고와 의사표현력이 더 중시되기 때문에 자신의 생각을 어떻게 설명하느냐가 매우 중요하다.

PT 면접에서 같은 주제라도 직무별로 평가요소가 달리 나타난다. 예를 들어, 영업직은 설득력과 의사소통 능력에 중점을 둘 수 있겠고, 관리직은 신뢰성과 창의성 등을 더 중요하게 평가한다.

PT 면접 준비 Point

- 면접관의 관심과 주의를 집중시키고, 발표 태도에 유의한다.
- 모의 면접이나 거울 면접을 통해 미리 점검한다.
- PT 내용은 세 가지 정도로 정리해서 말한다.
- PT 내용에는 자신의 생각이 담겨 있어야 한다.
- 중간에 자문자답 방식을 활용한다.
- 평소 지원하는 업계의 동향이나 직무에 대한 전문지식을 쌓아둔다.
- 부적절한 용어 사용이나 무리한 주장 등은 하지 않는다.

2. 면접의 실전 대책

(1) 면접 대비사항

① 지원 회사에 대한 사전지식을 충분히 준비한다.

필기시험에서 합격 또는 서류전형에서의 합격통지가 온 후 면접시험 날짜가 정해지는 것이 보통이다. 이때 수험자는 면접시험을 대비해 사전에 자기가 지원한 계열사 또는 부서에 대해 폭넓은 지식을 준비할 필요가 있다.

지원 회사에 대해 알아두어야 할 사항

- 회사의 연혁
- 회장 또는 사장의 이름, 출신학교, 관심사
- 회장 또는 사장이 요구하는 신입사원의 인재상
- 회사의 사훈, 사시, 경영이념, 창업정신
- 회사의 대표적 상품, 특색
- 업종별 계열회사의 수
- 해외지사의 수와 그 위치
- 신 개발품에 대한 기획 여부
- 자기가 생각하는 회사의 장단점
- 회사의 잠재적 능력개발에 대한 제언

② 충분한 수면을 취한다.

충분한 수면으로 안정감을 유지하고 첫 출발의 상쾌한 마음가짐을 갖는다.

③ 얼굴을 생기 있게 한다.

첫인상은 면접에 있어서 가장 결정적인 당락요인이다. 면접관에게 좋은 인상을 줄 수 있도록 화장하는 것도 필요하다. 면접관들이 가장 좋아하는 인상은 얼굴에 생기가 있고 눈동자가 살아 있는 사람, 즉 기가 살아 있는 사람이다.

④ 아침에 인터넷 뉴스를 읽고 간다.

그날의 뉴스가 질문 대상에 오를 수가 있다. 특히 경제면, 정치면, 문화면 등을 유의해서 볼 필요가 있다.

> **출발 전 확인할 사항**
>
> 이력서, 자기소개서, 지갑, 신분증(주민등록증), 연필, 볼펜, 메모지, 예비스타킹 등을 준비하자.

(2) 면접 시 옷차림

면접에서 옷차림은 간결하고 단정한 느낌을 주는 것이 가장 중요하다. 색상과 디자인 면에서 지나치게 화려한 색상이나, 노출이 심한 디자인은 자칫 면접관의 눈살을 찌푸리게 할 수 있다. 단정한 차림을 유지하면서 자신만의 독특한 멋을 연출하는 것, 지원하는 회사의 분위기를 파악했다는 센스를 보여주는 것 또한 코디네이션의 포인트이다.

> **복장 점검**
>
> - 구두는 잘 닦여 있는가?
> - 옷은 깨끗이 다려져 있으며 스커트 길이는 적당한가?
> - 손톱은 길지 않고 깨끗한가?
> - 머리는 흐트러짐 없이 단정한가?

PART 4

(3) 면접요령

① 첫인상을 중요시한다.

상대에게 인상을 좋게 주지 않으면 어떠한 얘기를 해도 이쪽의 기분이 충분히 전달되지 않을 수 있다. 예를 들어, '저 친구는 표정이 없고 무엇을 생각하고 있는지 전혀 알 길이 없다.'처럼 생각되면 최악의 상태이다. 우선 청결한 복장, 바른 자세로 침착하게 들어가야 한다. 건강하고 신선한 이미지를 주어야 하기 때문이다.

② 좋은 표정을 짓는다.

얘기를 할 때의 표정은 중요한 사항의 하나다. 거울 앞에서 웃는 연습을 해본다. 웃는 얼굴은 상대를 편안하게 하고, 특히 면접 등 긴박한 분위기에서는 천금의 값이 있다 할 것이다. 그렇다고 하여 항상 웃고만 있어서는 안 된다. 자기의 할 얘기를 진정으로 전하고 싶을 때는 진지한 얼굴로 상대의 눈을 바라보며 얘기한다. 면접을 볼 때 눈을 감고 있으면 마이너스 이미지를 주게 된다.

③ 결론부터 이야기한다.

자기의 의사나 생각을 상대에게 정확하게 전달하기 위해서 먼저 무엇을 말하고자 하는가를 명확히 결정해 두어야 한다. 대답을 할 경우에는 결론을 먼저 이야기하고 나서 그에 따른 설명과 이유를 덧붙이면 논지(論旨)가 명확해지고 이야기가 깔끔하게 정리된다.

한 가지 사실을 이야기하거나 설명하는 데는 3분이면 충분하다. 복잡한 이야기라도 어느 정도의 길이로 요약해서 이야기하면 상대도 이해하기 쉽고 자기도 정리할 수 있다. 긴 이야기는 오히려 상대를 불쾌하게 할 수가 있다.

④ 질문의 요지를 파악한다.

면접 때의 이야기는 간결성만으로는 부족하다. 상대의 질문이나 이야기에 대해 적절하고 필요한 대답을 하지 않으면 대화는 끊어지고 자기의 생각도 제대로 표현하지 못하여 면접자로 하여금 수험생의 인품이나 사고방식 등을 명확히 파악할 수 없게 한다. 무엇을 묻고 있는지, 무슨 이야기를 하고 있는지 그 요점을 정확히 알아내야 한다.

면접에서 고득점을 받을 수 있는 성공요령

1. 자기 자신을 겸허하게 판단하라.
2. 지원한 회사에 대해 100% 이해하라.
3. 실전과 같은 연습으로 감각을 익히라.
4. 단답형 답변보다는 구체적으로 이야기를 풀어나가라.
5. 거짓말을 하지 말라.
6. 면접하는 동안 대화의 흐름을 유지하라.
7. 친밀감과 신뢰를 구축하라.
8. 상대방의 말을 성실하게 들으라.
9. 근로조건에 대한 이야기를 풀어나갈 준비를 하라.
10. 끝까지 긴장을 풀지 말라.

면접 전 마지막 체크 사항

- 기업이나 단체의 소재지(본사·지사·공장 등)를 정확히 알고 있다.
- 기업이나 단체의 정식 명칭(Full Name)을 알고 있다.
- 약속된 면접시간 10분 전에 도착하도록 스케줄을 짤 수 있다.
- 면접실에 들어가서 공손히 인사한 후 또렷한 목소리로 자기 수험번호와 성명을 말할 수 있다.
- 앉으라고 할 때까지는 의자에 앉지 않는다는 것을 알고 있다.
- 자신에 대해 3분간 이야기할 수 있는 준비가 되어 있다.
- 자신의 긍정적인 면을 상대방에게 바르게 전달할 수 있다.

CHAPTER

02 MG새마을금고 실제 면접

새마을금고는 지역본부와 대기 순서에 따라 모두 질문이 다르다. 따라서 많은 예상 질문을 준비하는 것이 실제 면접에 도움이 된다. 방대한 금융 지식 가운데, 특히 현재의 금융 이슈나 기존의 새마을금고 지식을 바탕으로 한 면접 기출 문제로 연습한다면, 어려움 없이 면접을 볼 수 있을 것이다.

1. 서울지역

(1) 시사질문

- 유동성비율 산출식을 말해 보시오.
- 흑자도산이 무엇인지 말해 보시오.
- 실리콘밸리 은행 파산의 원인과 해결방안에 대해 말해 보시오.
- 해당 금고의 경영 공시에 대해 말해 보시오.
- 최근 경제 동향에 대해 말해 보시오.
- 예금자 보호법에 관해 설명해 보시오.
- 신용창조이론은 무엇인가?
- 출자금과 주식 출자의 다른 점은 무엇인가?
- 재무제표 요소 4가지에 관해 설명해 보시오.
- LTV와 DTI에 대해 말해 보시오.
- 현재 한국은행의 금리는 어떻게 되는가?
- BIS 자기자본비율이 무엇인지 설명해 보시오.
- 방카슈랑스에 대해 설명해 보시오.
- 한중 FTA가 금융권에 미치는 영향에 대해 말해 보시오.
- 자본금융통합법에 대해 아는 대로 설명해 보시오.
- 한미 FTA에 대해 설명해 보시오.
- 한미 FTA가 새마을금고에 미치는 영향에 대해 설명해 보시오.
- 공제에 대해 설명해 보시오.
- 공제상품 판매 전략에 대해 말해 보시오.
- 서민형 PB가 무엇이라고 생각하는가?
- 케인스학파와 고전학파 중 선호하는 학파를 말한 후 이유를 말해 보시오.
- 핀테크에 관해 설명해 보시오.
- 비대면 채널이 확대 중인 상황에서 새마을금고의 돌파방법은?
- 오늘 금리가 인상 되었는데 어떻게 생각하는가?
- 새마을금고의 자산, 자본, 부채가 얼마인가?
- 기준금리가 무엇이며, 현재 몇 퍼센트인지 말해 보시오.
- 새마을금고의 이미지를 설명해 보시오.

PART 4

- 새마을금고 발전 방향에 대해 말해 보시오.
- 새마을금고의 수익구조에 대해 알고 있다면 말해 보시오.
- 새마을금고에 대해 아는 대로 말해 보시오.

(2) 인성질문

- 자기소개를 해 보시오.
- 전공이 은행 업무와 전혀 상관없는데 어떤 이유로 지원을 하게 되었는가?
- 본인의 전공이 새마을금고에서 어떻게 활용될 수 있을 것 같은가?
- 공공기관에서 인턴으로 근무하면서 어떠한 업무를 담당하였는가?
- 가장 좋아하는 음식과 그 이유는 무엇인가?
- 면접비를 받으면 어디에 사용할 것인가?
- 경영학자 중 가장 좋아하는 사람과 그 이유를 말해 보시오.
- 입사 후 하고 싶은 일은 무엇인가?
- 본인에게 부모님은 어떤 존재인가?
- 고객과 문제가 생길 때 어떻게 해결할 것인지 말해 보시오.
- 직장상사와 문제가 생길 때 어떻게 해결할 것인지 말해 보시오.
- 인생의 좌우명은 무엇인가?
- 주량이 어떻게 되는가?
- 살면서 힘들었던 점은 무엇인가?
- 새마을금고가 젊은이들에게 인지도가 낮은데 어떻게 하면 좋을지 설명해 보시오.
- 본인과 주변 사람들 사이에 문제가 생기면 잘 해결하는 편인가?
- 요새 본 드라마나 예능프로가 무엇인가?
- 지원동기에 대해 말해 보시오.
- 성공의 기준을 무엇이라 생각하는지 말해 보시오.
- 새마을금고에 대해 어떻게 알게 되었는지 말해 보시오.
- 자격증 취득이 실제로 금융지식을 얻는 데 도움이 되었는가?
- 자격증은 어떻게 취득하였는가?
- 내가 살아있음을 느꼈을 때는 언제이고, 그것으로 배운 것은 무엇인가?
- 상품을 어떻게 고객에게 팔 것인가?
- 상사가 나보다 나이가 어리면 사회생활을 하는 데 문제가 없겠는가?
- 가족 중에 공제에 든 사람이 있는가?
- 아버지가 하시는 일은 무엇인가?
- 동생과의 우애는 어떠한가?
- 금융으로 진로를 바꾼 이유는?
- 집에서 가장 가까운 새마을금고는 어디인지?
- 공제를 팔아서 실적을 올리기 위한 영업이 필요한데 잘할 수 있겠는가?
- 금융권에서 아르바이트를 한 경험이 있다고 되어 있는데, 고객의 나이대가 어떻게 되었는가?
- 다른 기업에 취업해 본 경험이 있는가?
- 청소년 직업 박람회에 참여했던 프로젝트는 정확히 어떤 것이었는가?
- VR게임을 만들었다고 했는데 어떤 게임인가?

- 새마을금고 적금은 가지고 있는가?
- 첫 월급을 타면 무엇을 할 것인지 말해 보시오.
- 신문은 많이 읽는가?
- 그동안 했던 아르바이트에 대해 말해 보시오.
- 집안일은 하는가?
- 평소에 취미가 있다면 말해 보시오.
- 10년 후 자신의 포부에 대해 말해 보시오.
- 새마을금고의 모델을 누구로 하면 좋을 것 같은지 말해 보시오.
- 새마을금고와 타 금융기관과의 차이점에 대해 설명해 보시오.
- 새마을금고가 타 은행과의 경쟁에서 살아남을 수 있는 방법은 무엇인가?
- 직장상사에게 부당한 지시를 받았을 경우 어떻게 대처할 것인지 설명해 보시오.
- 입사했는데 커피를 타오라고 한다면 어떻게 하겠는가?
- 입사했는데 화장실 청소를 하라고 한다면 어떻게 하겠는가?
- 본인이 가장 자신 있는 특기는 무엇인가?
- 본인이 가장 용기 있었던 순간은 언제인가?
- 지점 방문 후 개선방안은 무엇이라고 생각하는가?
- 새마을금고 회장의 임기는?
- 5억이 생긴다면 어떻게 할 것인가?
- 가장 큰 실패 경험과 그것을 어떻게 극복했는가?
- 일과 개인시간 중에 무엇이 더 중요한가?
- 돈의 의미가 무엇이라고 생각하는지 말해 보시오.
- 젊은 고객 유치방안을 생각해본 적이 있는가?

2. 부산지역

(1) 시사질문

- 재무상태표에 관해 설명해 보시오.
- SWOT 분석에 관해 설명해 보시오.
- 비채변제에 관해 설명해 보시오.
- 우리나라 경제의 현 상황에 관해 설명해 보시오.
- 은행경영공시제도에 관해 설명해 보시오.
- 클라우딩 펀드에 관해 설명해 보시오
- LTV와 DTI에 대해 말해 보시오.
- 요즘 SNS의 효과를 어떻게 보는가?
- 현재 한국은행의 금리는 어떤지 설명해 보시오.
- 방카슈랑스와 어슈어뱅크를 아는가?
- CD금리란 무엇인가?

- 평소에 새마을금고를 이용하는가?
- 새마을금고의 이미지는 어떠한가?
- 직업이란 무엇인가?
- 새마을금고와 새마을금고 중앙회의 차이점을 말해 보시오.

(2) 인성질문

- 5년 후의 목표는 무엇인가?
- 돈을 벌려는 이유는 무엇인가?
- 개인정보에 관해 설명해 보시오.
- 직장생활을 잘하기 위해서는 어떻게 해야 하는가?
- 좋은 후임이란 어떤 사람이라고 생각하는가?
- 친화력이 좋다고 했는데, 그에 대한 경험에 대해 말해 보시오.
- 학창시절 성적이 좋았는데 자신만의 노하우가 있는가?
- 회사에서 상사나 동료와 트러블이 생긴다면 어떻게 극복할 것인지 설명해 보시오.
- 리더십이 강한 편이라고 생각하는가?
- 좋은 상사는 어떤 사람이라고 생각하는가?
- 신입사원의 자세에 관해 설명해 보시오.
- 자기소개를 간단히 해 보시오.
- 다른 곳도 지원했는가?
- 이 지역 지리를 잘 아는가?
- 부모님은 무슨 일을 하시는가?
- 만약 나보다 늦게 입사한 동료가 먼저 승진을 한다면 어떻게 하겠는가?
- 현재 소득은? 그럼 아르바이트를 한 경험은 있는가? 그렇게 번 돈은 어떻게 사용했는가?
- 자신의 롤모델이나 존경하는 분이 있다면?
- 10년 후의 나의 모습과 그런 모습을 위해 지금 준비하고 있는 것은 무엇인가?
- 학교에서 자신이 공부했던 전공의 포트폴리오에 대해 이야기해 보시오.
- 경영학을 전공했고, 자격증도 있던데 베타계수에 대해 설명해 보시오.
- 몇 시에 일어나고 몇 시에 잠자는가?
- 주말에는 보통 무엇을 하며 시간을 보내며, 당장 지난 주말에는 어떻게 보냈는가?
- 복수전공을 왜 안 했는가?
- 자신의 장단점을 말해 보시오.
- 입사 후 포부에 대해 말해 보시오.
- 만약 자기 업무가 바쁜 와중에 상사가 다른 업무(잡일)를 자꾸 시킨다면 어떻게 하겠는가?
- 마지막으로 하고 싶은 말은?

3. 인천지역

(1) 시사질문

- 1금융권과 2금융권의 차이에 대해 말해 보시오.
- 기준금리가 어떻게 되며, 기준금리가 금고에 미칠 영향에 대해 말해 보시오.
- 회계에서 대변과 차변에 대해 설명해 보시오.
- 가족 중에 공제에 든 사람이 있는가?
- 새마을금고에 대해 알고 있는 것을 모두 말해 보시오.
- 예금자보호제도에 대해 설명해 보시오.
- 수익적 지출과 자본적 지출에 대해 설명해 보시오.
- 분식회계와 역분식회계에 대해 설명해 보시오.
- 최근 한국은행이 기준금리를 짧은 시일에 많이 내렸는데, 여기에 대해 어떻게 생각하는가?
- 경영의 3요소란 무엇인가?
- 최근에 신문을 보았는가? 가장 기억에 남는 기사는?
- 지인에게 3억의 돈이 있는데 이 돈을 새마을금고에 예치시키려면 어떤 방법으로 설득할 것인가?
- 지금 저축을 하고 있는가? 하고 있다면 어디 은행에 저축하고 있으며, 수입의 몇 %를 하는가?

(2) 인성질문

- 자기소개를 해 보시오.
- 새마을금고에 지원한 동기를 말해 보시오.
- 새마을금고를 이용해 본 경험이 있다면 말해 보시오.
- 본인보다 상사의 나이가 어리다면 어떻게 할 것인가?
- 새마을금고에 입사하게 된다면 어떤 업무를 맡고 싶은가?
- 자신을 한 단어나 사자성어로 표현한다면 무엇인가?
- 자기소개를 새로 만들어서 다시 해 보시오.
- 첫 지원이 아닌데 왜 떨어졌다고 생각하는가?
- 회사에서 상사나 동료와 트러블이 생긴다면 어떻게 해결할 것인가?
- 경청하면 제일 먼저 떠오르는 것은?
- 본인이 상품이라면 어떤 장점을 얘기하면서 팔 것인가?
- 자신의 장점과 단점에 대해 말해 보시오
- 새마을금고의 장단점에 대해 말해 보시오..
- 새마을금고 입사가 얼마나 간절한지 말해 보시오.
- 고객이 돈을 가져가지 못했다고 성화를 낸다면 어떻게 대처할 것인가? 그래도 화를 낸다면? 이러한 일이 발생하지 않으려면 어떻게 해야 하는가?
- 당신이 첫 출근을 했을 때 지점에서 어떻게 행동할지 말해 보시오.
- 새마을금고 필기시험에 합격하고 면접 전까지 무엇을 준비했는가?
- 봉사활동을 한 적이 있는가? 있다면 가장 기억에 남는 봉사활동은?
- 신입사원에게 가장 필요한 자세는 무엇이라고 생각하는가?
- 본인에게 부모님은 어떤 분이신가?
- 존경하는 인물은?

- 본인에게 있어서 돈이란?
- 본인의 결혼관은 어떠한가?
- A와 B 두 곳의 새마을금고가 있는데, A금고는 초봉이 마음에 드는 반면 더 이상 발전하기 어려울 정도로 발전된 상태이고, B금고는 초봉은 낮지만 발전가능성이 큰 곳이다. 어디에 들어가고 싶으며 그 이유는 무엇인가?
- (고등학생 지원자에게) 진학 대신 취업을 선택한 이유는?
- (선착순) 장기자랑을 하고 싶은 사람이 있으면 해 보시오.
- 마지막으로 하고 싶은 말이 있는가?

4. 경기지역

(1) 시사질문

- 예금자보호제도에 대해서 말해 보시오.
- 수익적 지출과 자본적 지출에 대해 설명해 보시오.
- 소비자보호제도에 대해 설명해 보시오.
- 자기자본이익률이 무엇인가?
- 재무상태표에 대해 설명해 보시오.
- 수익적 지출과 자본적 지출에 대해 설명해 보시오.
- (우리나라 경제 정책의 이슈에 따른 사항이 제시되고) 이에 대해 설명해 보시오.
- 손익계산서는 무엇인가?
- 출자금은 무엇인가?
- 제1금융과 제2금융의 차이는 무엇인지 설명해 보시오.
- 새마을금고가 협동조합인지 금융기관인지 말해 보시오.
- 새마을금고에서 하고 있는 사회공헌 활동에 대해 말해 보시오.
- 새마을금고 햇살론에 대해 아는 것이 있으면 설명해 보시오.
- 북한 인권문제에 대해 어떻게 생각하는가?
- 한국의 복지사업에 대해 어떻게 생각하는가?
- 공제가 무엇이고 어떻게 팔건지 말해 보시오.
- 코픽스에 대해서 설명해 보시오.
- 최근 대한민국 경제 상황에 대해서 말해 보고, 추후에 어떻게 될건지 본인의 의견과 해결방안에 대해서 설명해 보시오.
- 수익적 지출은 무엇인가?
- 요즘 신문에서 나오는 이슈거리 1가지씩만 말해 보시오.
- 6・25전쟁이 일어난 연도는?
- 천안함 사건에 대한 생각을 말해 보시오.
- 지금 이 지역의 국회의원의 이름과 그 전 국회의원의 이름을 말해 보시오.
- 이사장의 이름을 말해 보시오.
- 이 금고의 직원 수를 말해 보시오.
- 이 지역의 지점 수를 말해 보시오.

- 새마을금고에 대해 알고 있는 것은?
- 요즘 시중은행에서 비대면으로 이뤄지는 것들이 많은데 무엇이 단점이라고 생각하는가?
- MZ세대의 갈등이 심해지는데 MZ가 무엇인지 말해 보시오.

(2) 인성질문

- 당신이 처음 출근했을 때 지점에서 어떻게 행동할지 말해 보시오.
- 새마을금고를 고급브랜드로 인식시키려면 어떻게 해야 하는지 설명해 보시오.
- 은행원에게 가장 필요한 덕목은 무엇인지 설명해 보시오.
- 시중은행과 새마을금고의 차이점은 무엇인지 설명해 보시오.
- 본인의 인간관계에 대해 말해 보시오.
- 주말엔 주로 무엇을 하는지 말해 보시오.
- 1분 동안 자기소개를 해 보시오.
- 자신이 면접관이라고 생각하고, 하고 싶은 질문을 한 명씩 해 보시오. 그리고 본인이 한 질문에 답해 보시오.
- 어떤 장르의 책을 읽는가?
- 취미와 특기는 무엇인가?
- 10년 후 자신의 모습을 설명해 보시오.
- 새마을금고에 예견된 사건이 터졌을 경우의 대처방법은 무엇인가?
- 상사와 의견이 충돌했을 때 어떻게 처리할 것인가?
- 본인이 욕심이 많은 편이라고 생각하는가?
- 타 은행 인턴 기간 중에 무엇을 배웠는가?
- 왜 이전 직장을 그만뒀는가?
- 최근에 감명 깊게 본 슬픈 영화가 있는가?
- 본인만의 스트레스 관리법이 있는가?
- 최근 흥미있는 금융 이슈는 무엇인가?
- (경찰행정학과 지원자에게) 내년에 경찰 채용을 많이 한다고 들었는데, 경찰을 준비할 계획은 없는가?
- 나만의 스트레스 해소법은 무엇인가?
- 꿈이 무엇인가?
- 입행하면 무엇부터 먼저 할 것인가?
- 새마을금고에 입행하기 위해 준비한 것은 무엇인가?
- 자신이 돈을 벌어야 하는 이유 3가지를 말해 보시오.
- 로또 30억이 당첨되면 무엇을 할 것인가?
- 인생의 최종 목표가 무엇인가?
- 연봉은 얼마를 받고 싶은가?
- 자신은 어떤 사람인지 3분 동안 말해 보시오.
- 자신만의 스트레스 해소법이 있으면 말해 보시오.
- 주량은 어떻게 되는가?
- 새마을금고의 이미지는 어떠한가?

- 새마을금고의 광고는 봤는가?
- 역경을 이겨냈던 경험은 있는가?
- A지원자는 초봉이 3,000만 원이고, B지원자의 초봉은 1,500만 원이다. 이것에 대해 어떻게 생각하는가?
- 자신이 새마을금고의 이사장이 되면 어떤 새마을금고를 만들고 싶은가?
- 마지막으로 하고 싶은 말을 해 보시오.
- 은행원은 사양직업 중 하나인데 새마을금고에 지원한 이유가 무엇인가?
- 본인이 리더인데 팀원 한 명이 조직에서 적응을 못하면 어떻게 할 것인가?
- 주소가 타 지역인데 어떻게 출퇴근할 예정인가?
- 기업은행 인턴을 하면서 힘들었던 점은 무엇인가?
- 일하다가 시재가 맞지 않다면 어떻게 할 것인가?
- 금융권 취업을 위해 준비한 것은?
- 새마을금고에서 세대갈등이 나오면 어떻게 해결할지 말해 보시오.

5. 강원지역

(1) 시사질문

- 크라우드 펀딩에 관해 설명해 보시오.
- 자기자본비율에 관해 설명해 보시오.
- 방카슈랑스에 관해 설명한 후, 어슈어뱅킹과의 차이점에 관해 설명해 보시오.
- 유동성 함정은 무엇인가?
- 트리플 먼데이란 무엇인가?
- 선물은 무엇인가?
- 제1금융권과 제2금융권의 차이에 대해 아는 대로 말해 보시오.
- 새마을금고의 공제에 대해서 알고 있는가? 공제와 보험의 차이점은 무엇인가?
- 새마을금고의 이미지는 무엇인가?

(2) 인성질문

- 직장생활을 하면서 가장 중요하다고 생각되는 가치는 무엇인가?
- 롤모델은 누구인가?
- 가장 소중하다고 생각하는 물건이나 사람이 있는가?
- 아르바이트 경험이 있다면 무엇을 느꼈는가?
- 새마을금고를 어떠한 경유로 알게 됐는가?
- 고객이 무리한 요구를 했을 때 어떻게 대처할 것인가?
- 입사하면 막내가 될 텐데 신입사원으로서 어떠한 태도가 중요하다고 생각하는가?
- 상품을 팔아야 할 때도 있는데, 상품을 잘 팔기 위해 본인은 어떤 장점이 있는가?
- 본인이 생각하는 새마을금고의 단점은 무엇이라 생각하는가?
- 본인을 채용해야 하는 이유를 강점을 바탕으로 말해 보시오.

- 펀드와 적금 중 어떤 상품을 이용할 것인가?
- 펀드와 주식 중 어떤 상품을 이용할 것인가?
- 혼자 일하는 것이 편한가? 같이 일하는 것이 편한가?
- 개인기가 있는가?
- 월급을 어떤 식으로 사용할 것인가?
- 일이 적성에 맞지 않는다면 어떻게 할 것인가?
- 자기소개를 간단히 말해 보시오.
- 새마을금고에 대해 아는 대로 말해 보시오.
- 서민금융기업의 입장에서 서민들에게 어떻게 했으면 좋겠는가?
- 새마을금고와 거래한 적이 있는가?
- 5년 후 새마을금고는 어떻게 될 것이며, 본인은 무엇을 하고 있겠는가?
- 요즘 지원자들은 새마을금고에 지원할 때 큰 열정을 가지고 들어오지만, 막상 합격하면 이직을 하거나 관두는 경우가 많다. 어떻게 생각하는가?
- 나이 어린 상사와 어떻게 잘 지내겠는가?
- 마지막으로 하고 싶은 말을 해 보시오.

6. 울산 · 경남지역

(1) 시사질문

- 핀테크에 대해서 설명해 보시오.
- 제1금융과 새마을금고의 차이를 말해 보시오.
- 새마을금고의 주요 사업내용을 설명해 보시오.
- TV나 인터넷을 통해 새마을금고에 대해 알아본 뉴스나 정보가 있다면 말해 보시오.
- 공제판매 목표를 달성하지 못했다면 어떻게 할 것인가?
- 새마을금고 지점의 개수는 몇 개인가?
- 새마을금고에 거래는 하는가?
- 주식 투자하는 사람 또는 해 보고 싶은 사람 있으면 손들어 보시오.
- 새마을금고에는 여러 가지 상품들이 있는데 판매할 수 있겠는가?
- 새마을금고가 판매하는 카드에 대해 아는 것이 있는가?

(2) 인성질문

- 1분 자기소개를 해 보시오.
- 새마을금고에 대해 아는 것을 설명해 보시오.
- 첫 월급을 타면 어떻게 쓸 것인가?
- 새마을금고를 이용해 본 적이 있는가?
- 상사가 부당한 지시를 하면 어떻게 할 것인가?
- 새마을금고에 대해 아는 것을 설명해 보시오.
- 첫 월급을 타면 어떻게 쓸 것인가?
- 새마을금고를 이용해 본 적이 있는가?
- 상사가 부당한 지시를 하면 어떻게 할 것인가?
- 1분 동안 자기소개를 말해 보시오.
- 새마을금고인이 갖추어야 하는 덕목 2가지를 말해 보시오.
- 다른 사람이 나를 보는 이미지가 어떠하다고 생각하는지 말해 보시오.
- 주소지와 다른 타 지역에 합격하면 출퇴근을 어떻게 할 것인지 말해 보시오.
- 주량은 어떻게 되는지 말해 보시오.
- 특기와 취미에 대해 말해 보시오.
- 성공이란 무엇이라 생각하는가?
- 최근에 감명 깊게 읽은 책은 무엇인가?
- 혹시 다른 지역으로 발령받으면 어떻게 할 것인가?
- 상사가 커피 심부름을 시키는 것에 대해 어떻게 생각하는가?
- 새마을금고에서 이루고 싶은 것은 무엇인가?
- 금융자격증은 있는가?
- 희망하는 연봉을 말해 보시오.
- 아르바이트 경험은 있는가?
- 아르바이트를 해서 모은 돈은 어떻게 사용했는지 말해 보시오.
- 평소에 일기를 쓰는가?
- 사회에서 수상 경험이 있는가?
- 왜 다른 금융사 말고 새마을금고를 선택했는가?
- 목표를 이루기 위해 노력한 경험이 있는가? 그 경험을 통해 무엇을 성취했는가?
- 다른 데 지원한 곳은 있는가?
- 전공과는 다른데 이곳에서 잘할 수 있겠는가?
- 마지막으로 하고 싶은 말을 해 보시오.

7. 대구 · 경북지역

(1) 시사질문

- 미국이 계속해서 금리를 올리는 이유에 대해 말해 보시오.
- 현재 저금리 상황에서의 재테크 방법을 제안해 보시오.
- 제1금융권과 제2금융권의 대출 차이점에 대해 설명해 보시오.
- 윤창중 사건과 관련하여 성폭력에 대한 본인의 생각은?
- 기준금리가 무엇인가? 금리 상승 시 일어나는 현상에 대해 말해 보시오.
- 낙수효과가 무엇인지 말해 보시오.
- 기저효과가 무엇인지 말해 보시오.
- 전국의 새마을금고 지점의 수는 몇 개인가?
- 새마을금고 거래를 사용하고 있는가?
- 새마을금고 자산이 얼마인지 아는가?
- 새마을금고 중에 가장 자산규모가 큰 지점은?
- 공제에 대해 아는 점을 이야기해 보시오.
- 행원이 가져야 할 중요한 가치는 무엇이라 생각하는가?
- (재무설계 자격증이 있는 사람에게) 60대를 위한 재무설계는 어떻게 하겠는가?
- 새마을금고에 대해 아는 것을 말해 보시오.
- 금융인이 가져야 할 자질은 무엇이라고 생각하는가?
- 공제판매를 어떻게 할 것인가?

(2) 인성질문

- 자기소개를 해 보시오.
- 새마을금고에 대한 부정적인 뉴스를 본 적이 있다면 말해 보시오.
- 대구 새마을금고 PF 관련 원인과 해결방안에 대해 말해 보시오.
- 상사가 부당한 업무지시를 내린다면 어떻게 할 것인지 말해 보시오.
- 살면서 가장 중요하게 생각하는 것이 무엇인가?
- 다른 지역에 발령이 나도 근무를 하겠는가?
- 본인이 취득한 자격증을 업무에 어떻게 사용할 것인지 말해 보시오.
- 직장에서 중요한 가치에 대해 말해 보시오.
- 휴학기간에 무엇을 했는가?
- 자신의 장단점을 말해 보시오.
- 새마을금고에 지원하게 된 동기를 말해 보시오.
- 입행하게 된다면 고객을 어떻게 대할 것인가?
- 기존의 새마을금고에 대한 이미지와 필기시험 후 새마을금고의 이미지는 어떠한가?
- 경영학과에 들어간 이유는?
- 5년 후의 본인의 모습을 설명해 보시오.
- 마지막으로 하고 싶은 말을 해 보시오.

8. 충남지역

(1) 시사질문

- 대차대조표와 손익계산서에 관해 설명해 보시오.
- 공제란 무엇이며, 몇 개가 있는가?
- 새마을금고에 대해서 아는 대로 말해 보시오.
- 금리가 곧 인상될 텐데 금리 인상으로 인해 어떤 영향이 있을지 설명해 보시오.
- 새마을금고의 수익구조는 어떻게 되는지 설명해 보시오.

(2) 인성질문

- 자기소개를 해 보시오.
- 새마을금고의 장단점을 말해 보시오.
- 새마을금고의 해당 지점에 지원한 이유를 말해 보시오.
- 해당 지점에 방문해 본 경험이 있으면 말해 보시오.
- 다른 지역 거주자인데 왜 이곳 지점을 지원하였는가?
- 새마을금고 외의 타 은행은 어디에 지원하였는가?
- 새마을금고와 타 은행의 차이점에 대해 말해 보시오.
- 선배와 의견 대립 시 해결방법에 대해 말해 보시오.
- 본인의 성격은 외향적인가 아니면 내향적인가?
- 성격이 외향적(내향적)이라면 자신의 성격의 장단점에 대해 말해 보시오.
- 자신의 장단점에 대해 말해 보시오.
- 전공이 상경계열이 아닌데 왜 지원하였는가?
- 타 전공인데 자신의 전공을 어떻게 살려서 회사에 기여하겠는가?
- 취미나 특기는 무엇인가?
- 조직생활에서 발생하는 문제를 어떻게 해결할 것인가?
- 경영학과인데 경영학이란 무엇인가?
- 학교생활에서 가장 중요한 것은 무엇인가?
- 받고 싶은 연봉은 얼마인가?
- 새마을금고와 거래를 하고 있는가?
- 커피 심부름과 청소를 시키면 할 것인가?
- 리더십이 강한 편인가?
- 팀워크를 발휘한 경험을 설명해 보시오.
- 결혼했고 아이가 있는데 아이가 아프다면 어떻게 출근할 것인가?
- 새마을금고에 지원한 동기에 대해 말해 보시오.
- 직장상사가 부당한 지시를 한다면 어떻게 하겠는가?
- 가족은 무슨 일을 하는가?
- 입사 후 포부를 말해 보시오.
- 마지막으로 하고 싶은 말을 해 보시오.

9. 충북지역

(1) 시사질문

- LTV와 DTI에 대해 말해 보시오.
- BIS 자기자본비율이 무엇인지 설명해 보시오.
- 금융소득종합과세에 대해 설명해 보시오.
- 저축은행 사태에 대해 설명하고 금융인이라면 어떻게 대처할 것인지 말해 보시오.
- 경기의 흐름을 예측해 보시오.
- 현 경제상황에 대해 설명해 보시오.
- 공제상품에 대해 알고 있는 것을 말해 보시오.
- 이자율이 높지 않은데 새마을금고가 어떻게 해야 할 것인가?
- 새마을금고의 날을 아는가?
- 새마을금고의 금고 수는 몇 개인가?
- 새마을금고와 시중은행의 차이점에 대해 설명해 보시오.

(2) 인성질문

- 자기소개를 해 보시오.
- 친구가 몇 명 있는가? 친구 사이에서 별명은 무엇인가?
- 상사가 부당한 일을 시키면 어떻게 할 것인가?
- 스트레스를 어떻게 푸는가?
- 무인도에 떨어지면 어떤 도구 3가지를 들고 갈 것인가?
- 상사와 트러블이 생겼을 때 어떻게 대처하겠는가?
- 고객이 행패를 부릴 때 어떻게 대처하겠는가?
- 자신만의 강점에 대해 말해 보시오.
- 10년 후 본인의 미래는 어떠할 것 같은가?
- 신입 직원으로서 갖춰야 할 덕목이나 자세에 대해 말해 보시오.
- 살아오면서 가장 최선을 다해 몰입한 경험과 그로 인하여 배운 점에 대해 말해 보시오.
- 상사가 퇴근하지 않고 있다면 어떻게 할 것인가?
- 입사 후 새마을금고에게 바라는 점은 무엇인가?
- 주량은 어떻게 되는가?
- 지금까지 살면서 제일 어려웠던 경우가 언제인가?
- 자신의 멘토와 생활신조에 대해 말해 보시오.
- 지금까지 자기개발을 위해 무엇을 하였는가?
- 마지막으로 하고 싶은 말을 해 보시오.

10. 전북지역

(1) 시사질문

- 손익계산서가 무엇인지 아는가?
- 제1금융권과 제2금융권의 차이를 말해 보시오.
- 공제(보험)에 대해 어떻게 생각하는가?
- 기준 금리는 어떻게 정해지는가?
- 새마을금고의 자본금은 얼마인가?
- 새마을금고의 금고 수를 말해 보시오.
- 지원한 지역의 총 인구를 알고 있는가? 또한 어느 동네의 인구가 가장 많은지 알고 있는가?
- 지원한 지역의 현안은 무엇이고, 해결 방법은 무엇이라고 생각하는가?
- 면접을 위해 새마을금고에 대해 많이 공부했을 텐데, 공제가 무엇인지 설명해 보시오.
- 새마을금고의 문제점은 무엇이고, 그 부분에 대해 본인이 어떻게 공헌할 수 있는지 말해 보시오.

(2) 인성질문

- 30초 동안 자기소개를 간단히 해 보시오.
- 후배가 먼저 승진한다면 어떠할 것 같은가?
- 먼 곳으로 발령이 난다면 어떻게 할 것인가?
- 연봉은 얼마를 받고 싶은가?
- 여자(남자)친구와 중요한 일이 있는데 오늘 회사에서 야근을 시킨다면 어떻게 하겠는가?
- 옛날에는 첫 월급을 받으면 부모님 내복을 사드렸는데, 본인은 첫 월급으로 무엇을 할 것인가?
- 좋아하는 스포츠가 무엇인가?
- 전공이 무엇인가?
- 등산을 좋아한다고 했는데, ㅇㅇ산이 해발 몇 미터인 줄 아는가?
- 감명 깊게 읽은 책이나 영화가 있는가?

11. 광주 · 전남지역

(1) 시사질문

- LTV와 DTI에 대해 설명해 보시오.
- 근대민법의 3대 원칙을 설명해 보시오.
- 행위능력에 대해 설명해 보시오.
- 행위무능력자에는 어떤 경우가 있는가?
- 방카슈랑스에 대해 설명해 보시오.
- 제2금융권이 무슨 뜻인가?
- 예금자보호법에 대해 설명해 보시오.
- 대차대조표와 손익계산서의 정의를 말해 보시오.
- BSI 자기자본비율이 무엇인지 설명해 보시오.
- 테이퍼링에 대해 들어본 적 있는가?
- 새마을금고에 대해 아는 것을 모두 말해 보시오.
- 새마을금고가 타 은행과 다른 점은 무엇인가?
- 새마을금고는 공제를 팔아야 하는데 어떻게 팔 것인가?
- 직장 내에서 성희롱을 받았다고 느낄 경우 어떻게 하겠는가?
- 직장인으로서 최대 덕목은 무엇이라고 생각하는가?

(2) 인성질문

- 30초 동안 자기소개를 간단히 해 보시오.
- 상사 중에 여자 상사가 많은데 트러블이 생기면 어떻게 대처할 것인가?
- 개인 성과달성을 해야 하는데 성과달성을 하지 못한다면 어떻게 할 것인가?
- 어린 사람들이 상사로 있을 텐데 잘할 자신이 있는가?
- 경력이 있어서 그쪽으로 나가면 될 텐데, 왜 새마을금고에 들어오려고 하는가?
- 본인의 친구는 많은가? 친구가 많이 없는데 직장 안에서 대인관계를 잘할 수 있겠는가?
- 야근 또는 휴일에 나와서 일할 수도 있다. 어떻게 생각하는가?
- 민원인이 찾아와 행패를 부린다면 어떻게 하겠는가?
- 자신의 장단점을 말해 보시오.
- 만약에 합격한다면 출퇴근 교통수단은 무엇인가?
- 진상고객이 온다면 어떻게 할 것인가?
- 마지막으로 하고 싶은 말을 해 보시오.
- 싫어하는 업무를 주면 어떻게 하겠는가?
- 업무 교육을 한 번 밖에 안 해주는데 업무에 지장이 있으면 어떻게 하겠는가?

12. 제주지역

(1) 시사질문

- 직장인으로서 갖추어야 할 항목은 무엇이라고 생각하는가?
- 예금자보호법에 대해 알고 있는가?
- 방카슈랑스에 대해 설명해 보시오.
- 아베노믹스에 대해 설명해 보시오.

(2) 인성질문

- 자기소개를 간단히 해 보시오.
- 지원동기에 대해 말해 보시오.
- 자신의 장단점에 대해 말해 보시오.
- 경력사항에 대해 말해 보시오.
- 나이 어린 상사가 있는데 어떻게 생각하는가?
- 희망연봉이 얼마 정도 되는가?
- 운동을 하는가?
- 운동을 하면 좋은 점에 대해 간략하게 말해 보시오.
- 면접관에게 자신을 어필해 보시오.
- 자기소개서를 읽고 괜찮은 사람이다 생각했는데 면접을 보니 별로인 것 같다. 어떻게 생각하는가?
- 청소나 차 심부름을 시킬 수도 있는데 할 수 있겠는가?
- 생각보다 토익 점수가 낮은데 그동안 뭐 했는가?
- 현재 가지고 있는 자격증에 대해 소개해 보시오.
- 마지막으로 하고 싶은 말을 해 보시오.

현재 나의 실력을 객관적으로 파악해 보자!

모바일 OMR

답안채점 / 성적분석 서비스

도서에 수록된 모의고사에 대한 객관적인 결과(정답률, 순위)를
종합적으로 분석하여 제공합니다.

OMR 입력

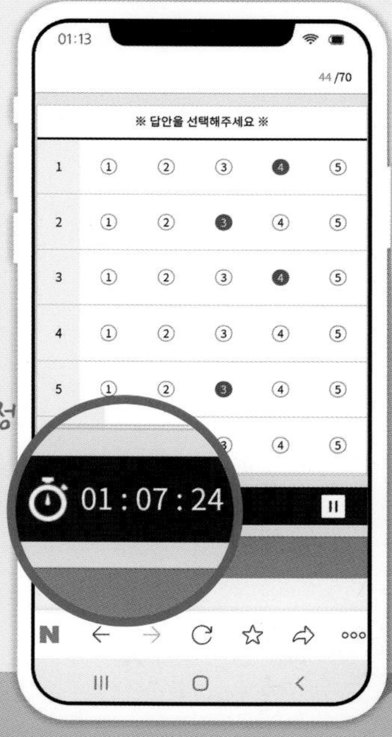

시간측정 가능!!

성적분석

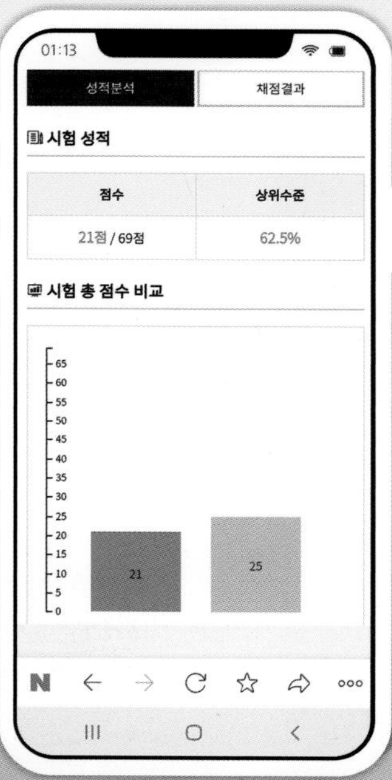

채점결과

※OMR 답안채점 / 성적분석 서비스는 등록 후 30일간 시용가능합니다.

참여방법

도서 내 모의고사 우측 상단에 위치한 QR코드 찍기 → LOG IN 로그인 하기 →  '시작하기' 클릭 →  '응시하기' 클릭 → 나의 답안을 모바일 OMR 카드에 입력 →  '성적분석&채점결과' 클릭 →  현재 내 실력 확인하기

2024 하반기 All-New

MG 새마을금고 지역본부

최신기출유형 + 모의고사 5회 + 무료NCS특강

정답 및 해설

편저 | SDC(Sidae Data Center)

SDC

SDC는 시대에듀 데이터 센터의 약자로 약 30만 개의 NCS · 적성 문제 데이터를 바탕으로 최신출제경향을 반영하여 문제를 출제합니다.

합격의 모든 것!

모바일 OMR 답안채점/성적분석 서비스

NCS 핵심이론 및 대표유형 무료 PDF

[합격시대] 온라인 모의고사 무료쿠폰

시대에듀

PART 1
NCS 직업기초능력평가

CHAPTER
01 의사소통능력

대표기출유형 01 기출응용문제

01

정답 ②

'썩이다'는 '걱정이나 근심으로 몹시 괴로운 상태가 되게 하다.'라는 뜻으로, '물건이나 사람 또는 사람의 재능 따위가 쓰여야 할 곳에 제대로 쓰이지 못하고 내버려진 상태에 있게 하다.'라는 뜻의 '썩히다'로 고쳐야 한다.

02

정답 ②

㉡의 '데'는 '일'이나 '것'의 뜻을 나타내는 의존 명사로 사용되었으므로 '수행하는 데'와 같이 띄어 쓴다.

오답분석

㉠ '만하다' : 어떤 대상이 앞말이 뜻하는 행동을 할 타당한 이유를 가질 정도로 가치가 있음을 나타내는 보조 형용사이다. 보조 용언은 띄어 씀을 원칙으로 하나, ㉠과 같은 경우 붙여 씀도 허용하므로 앞말에 붙여 쓸 수 있다.
㉢ '-만' : 다른 것으로부터 제한하여 어느 것을 한정함을 나타내는 보조사로 사용되었으므로 앞말에 붙여 쓴다.

03

정답 ④

한글맞춤법 사이시옷 규정에 따르면 ㉢, ㉤의 쓰임이 적절하지 않다.
㉢ 전셋방 → 전세방
㉤ 피잣집 → 피자집

한글맞춤법 제4장 제4절 제30항
사이시옷은 다음과 같은 경우에 받치어 적는다.
1. 순 우리말로 된 합성어로서 앞말이 모음으로 끝난 경우
   (1) 뒷말의 첫소리가 된소리로 나는 것
      예 바닷가, 쳇바퀴, 나뭇가지
   (2) 뒷말의 첫소리 'ㄴ, ㅁ' 앞에서 'ㄴ' 소리가 덧나는 것
      예 잇몸, 멧나물, 아랫마을
   (3) 뒷말의 첫소리 모음 앞에서 'ㄴㄴ' 소리가 덧나는 것
      예 깻잎, 베갯잇, 도리깻열
2. 순 우리말과 한자어로 된 합성어로서 앞말이 모음으로 끝난 경우
   (1) 뒷말의 첫소리가 된소리로 나는 것
      예 샛강, 탯줄, 전셋집
   (2) 뒷말의 첫소리 'ㄴ, ㅁ' 앞에서 'ㄴ' 소리가 덧나는 것
      예 곗날, 양칫물, 제삿날
   (3) 뒷말의 첫소리 모음 앞에서 'ㄴㄴ' 소리가 덧나는 것
      예 예삿일, 가욋일, 사삿일
3. 두 음절로 된 다음 한자어
   예 곳간(庫間), 셋방(貰房), 숫자(數字), 찻간(車間), 툇간(退間), 횟수(回數)

대표기출유형 02 기출응용문제

01

정답 ④

보기의 핵심 개념은 맹장이라도 길 찾기가 중요하다는 것이다. (라)의 앞에서 '길을 잃어버리는 것'을 '전체의 핵심을 잡지 못하는 것'으로 비유한 내용을 찾을 수 있다. (라) 뒤의 내용 역시 요점과 핵심의 중요성을 강조하고 있으므로 보기는 (라)에 들어가야 한다.

02

정답 ①

첫 번째 문단에서 피타고라스학파가 '근본적인 것'으로 '수(數)'를 선택했음을 알 수 있다. 이후 전개될 내용으로는 피타고라스학파가 왜 '수(數)'를 가장 '근본적인 것'으로 생각했는지의 이유가 나와야 한다. 따라서 수(數)의 중요성과 왜 근본적인지에 대한 내용의 보기는 (가)에 들어가야 한다.

03

정답 ③

보기는 논점에 대한 글쓴이의 주장을 다룬 것으로, 글쓴이는 개체별 이기적 유전자가 자연선택의 중요한 특징이며, 종 전체의 이익이라는 개념은 부가적일뿐 주된 동기는 되지 못한다고 주장한다. 따라서 보기 앞에는 개체가 아닌 종적 단위의 이타심, 종의 번성을 위한 이기심과 같은 다른 사람들의 주장이 드러나야 한다. 세 번째 문단에서는 개체의 살아남음이 아닌 종의 전체 혹은 어떤 종에 속하는 한 그룹의 살아남음이 기존의 이기주의 – 이타주의 연구에서 주장하는 진화라고 한다. 따라서 보기는 (다)에 들어가는 것이 적절하다.

04

정답 ④

㉠ : ㉠에서 '민간화'와 '경영화'의 두 가지 방법으로써 지역 주민의 요구를 수용하려는 이유는 첫 번째 문단의 내용처럼 전문적인 행정 담당자 중심의 정책 결정으로 인해 정책이 지역 주민의 의사와 무관하거나 배치되는 문제를 개선하기 위한 것이다. 또한 (나)의 바로 뒤에 있는 문장의 '이 둘'은 '민간화'와 '경영화'를 가리킨다. 따라서 ㉠의 위치는 (나)가 가장 적절하다.

㉡ : 마지막 문단 첫 문장의 '이러한 한계'는 ㉡에서 말하는 '행정 담당자들이 기존의 관행에 따라 업무를 처리하는 경향'을 가리키므로 ㉡은 마지막 문단의 바로 앞에 있어야 한다. 마지막 문단은 앞선 문단에서 지적한 문제의 개선 방안을 제시하고 있는 것이다. 따라서 ㉡의 위치는 (라)가 가장 적절하다.

05

정답 ④

㉠ : ㉠은 반본질주의자가 본질주의자를 비판하는 주장으로서, 두 번째 문단 마지막 문장의 '반(反)본질주의는 그런 본질이란 없으며, …… 본질의 역할을 충분히 달성할 수 있다.'는 내용을 요약한 것이다. 따라서 ㉠의 위치는 (나)가 가장 적절하다.

㉡ : ㉡의 '비판'은 마지막 문단에서 지적한 '아직까지 본질적인 것을 명확히 찾는 데 성공하지 못했다.'는 본질주의가 받는 비판을 뜻한다. 이는 앞의 내용이 뒤의 내용의 원인이 될 때 쓰는 접속 부사 '그래서'를 통해 알 수 있다. 따라서 ㉡의 위치는 (라)가 가장 적절하다.

01

정답 ④

첫 번째 문단에서 대중들이 욕망하는 현실 감정이 직접적으로 누드에 반영된다고 하였고, 마지막 문단에서 민중의 현실 속으로 파고들지 못하는 누드화는 위화감을 불러일으킨다고 하였다. 따라서 남녀 간의 애정이나 성적 욕망에 대해 경직되어 있었던 조선 사회에서 신윤복의 그림이 큰 호응을 얻을 수 있었던 이유는 '보편적인 감정의 진실'을 잘 드러내었기 때문이라고 할 수 있다.

02

정답 ①

첫 번째 문단에서 얼음이 물이 될 때까지 지속적으로 녹아내릴 것이라는 상식이 사실과 다르다는 것을 제시하면서 이와 관련한 실험 결과를 제시하고 있다. 따라서 빈칸에는 이와 반대되는 내용인 ①이 들어가야 한다.

오답분석

② 실험 결과에서 −38°C와 −16°C에서 하나의 분자 층이 준 액체로 변한 것을 알 수 있지만, 그 다음 녹는 온도는 언급하지 않았다.
③ −16°C 이상의 온도에 대한 결과는 나와 있지 않다.

03

정답 ①

증거를 표현할 때 포함될 수밖에 없는 발룽엔의 의미는 본질적으로 불명료하기 때문에 그 의미를 정확하고 엄밀하게 규정할 수 없다. 한편, 증거와 가설의 논리적 관계를 판단하기 위해서는 증거의 의미 파악이 선행되어야 한다. 그러나 이미 발룽엔이 포함된 증거는 그 의미를 명확하게 규정하기 어렵다. 따라서 증거의 의미가 정확하게 파악되지 않는다면, 과학적 가설과 증거의 논리적 관계 역시 정확하게 판단할 수 없다.

오답분석

② 과학적 이론이나 가설을 검사하는 과정에는 물리학적 언어 외에 감각적 경험을 표현하는 일상적 언어도 사용될 수밖에 없다.
③ 과학적 이론이나 가설을 검사하는 과정에 사용되는 일상적 언어에는 발룽엔이 포함되므로 발룽엔은 증거를 표현할 때 포함될 수밖에 없다.
④ 과학적 가설을 표현하는 데에는 물리학적 언어가 사용되며, 발룽엔은 과학적 가설을 검사하는 과정에서 개입된다.

04

정답 ②

2022년과 2023년의 신청 자격이 동일하다고 하였는데, 민원인이 두 해 모두 신청을 하였으므로 농업인과 토지 요건은 모두 충족시키고 있음을 확인할 수 있다. 따라서 남은 것은 부정 수령과 관련된 사항인데 이를 정리하면 다음과 같다.

i) 2022년 부정 수령 판정 여부 : No(신청가능), Yes(ii)
ii) 이의 제기 여부 : No(신청불가), Yes(iii)
iii) 이의 제기 기각(신청불가), 인용 or 심의 절차 진행 중(신청가능)

따라서 2022년 A보조금 부정 수령 판정 여부, 이의 제기 여부, 이의 제기 기각 여부만 알면 민원인이 B보조금의 신청 자격이 있는지 확인 가능하다.

05

정답 ③

㉠ : 서로 다르다고 인식하는 소리는 음소이며, 서로 다르다는 것을 인식하지 못하는 소리는 이음 또는 변이음이다. [x]와 [y] 가운데 하나만 음소일 경우 우리는 음소만 인식할 수 있으며, 변이음은 인식하지 못한다. 따라서 [x]를 들어도 [y]로 인식한다면, 인식할 수 있는 [y]는 음소이며, 인식하지 못하는 [x]가 [y]의 변이음이 된다. 반대로 [y]를 들어도 [x]로 인식한다면, [x]가 음소, [y]가 [x]의 변이음이 된다.

㉡ : 인간이 낼 수 있는 소리의 목록은 언어가 다르더라도 동일하지만, 변별적으로 인식하는 소리인 음소의 목록은 다르다. 따라서 모국어의 음소 목록에 포함되어 있지 않은 소리를 듣는다면, 그 소리를 들어도 변별적으로 인식할 수 없으므로 모국어에 존재하는 음소 중의 하나로 인식하게 될 것이다. 한편 모국어에 존재하는 유사한 음소들의 중간음은 모국어의 음소 목록에 포함되지 않으므로 인식할 수 없다.

대표기출유형 04 기출응용문제

01

정답 ④

세 번째 문단에서 저작권의 의의는 인류의 지적 자원에서 영감을 얻은 결과물을 다시 인류에게 되돌려 주는 데 있다고 하였으므로 ④의 내용은 적절하지 않다.

02

정답 ④

1678년에 발행된 초주단자전의 가치는 은 1냥을 기준으로 400문이었다. 그런데 각주에서 1냥은 $\frac{1}{16}$근이라고 하였으므로 1근은 16냥으로 변환할 수 있다. 따라서 1678년을 기준으로 은 1근은 같은 해에 주조·발행된 상평통보 6,400문의 가치를 가지는 것으로 계산된다.

오답분석

① 초주단자전의 중량은 1전 2푼, 당이전의 중량은 2전 5푼, 중형상평통보의 중량은 약 1전 7푼이므로 가장 무거운 것은 당이전이다.
② 1679년 당이전 발행 당시 은 1냥에 대한 공인 교환율이 100문이었고, 이후 이 가치는 제대로 유지되었다. 하지만 1689년에 이르러서는 은 1냥이 당이전 400 ~ 800문이 될 정도로 그 가치가 폭락하였다고 하였으므로 상평통보의 가치는 경우에 따라 $\frac{1}{4}$ ~ $\frac{1}{8}$까지 떨어지기도 하였음을 알 수 있다.
③ 1678년부터 1680년까지 주조·발행된 상평통보는 약 6만 관이고, 1681년부터 1689년까지는 약 17만 관이므로 이 기간 전체 동안 주조·발행된 상평통보는 23만 관이다. 그런데 각주에서 1관은 1,000문이라고 하였으므로 23만 관을 문으로 변환하면 약 2억 3,000만 문으로 계산할 수 있다.

03

정답 ④

우간다 M금고는 2018년 10월에 시작하여 현재 약 8,600명의 회원들에게 금융서비스를 제공하는 지역대표 금융협동조합으로 자리매김하고 있다.

오답분석

① 디지털 전환을 통해 금융 접근성이 더욱 좋아졌으므로 금융포용 효과는 더욱 확대되었다.
② 우간다 M금고는 디지털 전환을 통해 낮은 비용으로 편리하게 금융서비스에 접근할 수 있게 되었다.
③ M금고는 협력국 대상 최초로 우간다 봉골레패리시에서 디지털 금융시스템 론칭 행사를 개최하였다.

04

정답 ④

㉡ 몸무게 80kg인 사람에게 4조 개의 감마선 입자가 흡수된 것이 1rem이므로, 몸무게 50kg인 사람에게 1rem은 2.5조 개의 감마선 입자가 흡수된 것이라는 것을 알 수 있다. ㉡에서는 500조 개의 감마선 입자가 흡수되었다고 하였으므로 결국 이 사람은 200rem의 피해를 입은 것이다. 따라서 머리카락이 빠지기 시작하고 구역질을 할 것이다.
㉢ 가벼운 손상은 몸이 스스로 짧은 시간 내 회복할 뿐만 아니라, 정상적인 신체 기능에 영향을 미치지 않는다. 이를 '문턱효과'라고 하였으므로 옳은 내용이다.
㉣ 몸무게 80kg인 사람에게 4조 개의 감마선 입자가 흡수된 것이 1rem이므로 400조 개 이상의 감마선을 흡수한 체르노빌 사고 현장의 소방대원은 100rem 이상의 피해를 입었다고 할 수 있다.

오답분석

㉠ 방사선에 300rem 정도의 피해를 입었다면 수혈이나 집중적인 치료를 받지 않는 한 방사선 피폭에 의한 사망 확률이 50%에 달한다고 하였으므로 옳지 않은 내용이다. 1rem은 몸무게 1g당 감마선 입자 5천만 개가 흡수된 것을 의미하므로 몸무게에 따라 1rem에서 흡수된 감마선 입자의 양은 다르기 마련이다.

05

정답 ④

약관의 제7항을 살펴보면 '변경 기준일로부터 1개월간'이라고 제시되어 있다.

대표기출유형 05 기출응용문제

01

정답 ②

시조문학이 발전한 배경 설명과 함께, 두 경향인 강호가류(江湖歌類)와 오륜가류(五倫歌類)를 소개하고 있는 (다)가 맨 처음에 와야 한다. 다음으로 강호가류에 대하여 설명하는 (라)나 오륜가류에 대하여 설명하는 (나)가 와야 하는데, (나)가 전환 기능의 접속어 '한편'으로 시작하므로 (라) – (나)가 되고, 강호가류와 오륜가류에 대한 설명을 마무리하며 사대부들의 문학관을 설명하는 (가)가 마지막으로 온다. 따라서 (다) – (라) – (나) – (가) 순서로 연결되어야 한다.

02

정답 ②

제시문은 진리에 대한 세 가지 이론인 대응설, 정합설, 실용설을 소개하고 그 한계점에 대하여 설명하고 있다. 따라서 (나) 진리에 대한 세 가지 이론 소개 – (바) 대응설 이론 소개 – (사) 대응설의 한계점 – (가) 정합설 이론 소개 – (마) 정합설의 한계점 – (다) 실용설 이론 소개 – (라) 실용설의 한계점의 순서로 연결되어야 한다.

03

정답 ④

먼저 각국에서 추진 중인 오픈뱅킹에 관해 설명하는 (다) 문단이 첫 문단에 오는 것이 적절하며, 그 다음으로는 우리나라에서 추진하고 있는 오픈뱅킹 정책을 이야기하며 지난해 시행된 오픈뱅킹시스템에 관해 설명하는 (나) 문단과 올해 도입된 마이데이터 산업에 관해 설명하는 (라) 문단이 차례로 오는 것이 적절하다. 마지막으로 이러한 오픈뱅킹 정책을 성공적으로 시행하기 위해서는 현재의 오픈뱅킹시스템에 대한 법적 근거와 효율적 문제 해결 체계를 갖춰야 한다는 내용의 (가) 문단이 오는 것이 적절하다.
따라서 (다) – (나) – (라) – (가)의 순서로 연결되어야 한다.

04

정답 ③

제시문에서는 국내 산업 보호를 위해 정부가 사용하는 관세 조치와 비관세 조치를 언급하고 있다. 따라서 '먼저'라고 언급하며 관세 조치의 개념을 설명하는 (나) 문단이 제시된 글 뒤에 오는 것이 적절하며, 다음으로 관세 조치에 따른 부과 방법으로 종가세 방식을 설명하는 (가) 문단과 종량세 방식을 설명하는 (다) 문단이 차례대로 오는 것이 적절하다. 그 뒤를 이어 종가세와 종량세를 혼합 적용한 복합세 부과 방식을 설명하는 (마) 문단이 오는 것이 적절하고, 마지막으로 정부의 비관세 조치를 설명하는 (라) 문단이 오는 것이 적절하다. 따라서 (나) – (가) – (다) – (마) – (라)의 순서로 연결되어야 한다.

05

정답 ③

제시문에서는 경기적 실업에 대한 고전학파의 입장을 설명하고 있으며, (나)의 '이들'은 바로 이 고전학파를 지시하고 있다. 따라서 제시된 글 바로 다음에 (나)가 와야 함을 알 수 있다. 다음으로 (가)의 '이렇게 실질임금이 상승하게 되면'을 통해 실질임금 상승에 관해 언급하는 (나) 뒤에 (가)가 와야 함을 알 수 있다. 마지막으로 정부의 역할에 반대하는 고전학파의 주장을 강조하는 (다)는 결론에 해당하므로, (나) – (가) – (다)의 순서로 연결되어야 한다.

PART 1

대표기출유형 06 기출응용문제

01

정답 ④

제시문은 부모 사망 시 장애인 자녀의 안정적인 생활을 위해 가입할 수 있는 보험과 그와 관련된 세금 혜택 그리고, 부모 및 그 밖의 가족들의 재산 증여 시 받을 수 있는 세금 혜택에 대해 다루고 있으므로 글의 제목으로 가장 적절하다.

오답분석

① 제시문은 부모 사망 시 장애인 자녀가 직면한 상속의 어려움에 대해 언급하고 있지만, 구체적으로 유산 상속 과정을 다루고 있지는 않다.
② 제시문은 부모 사망 시 장애인 자녀가 받을 수 있는 세금 혜택을 다루고는 있으나, 단순히 '혜택'이라고 명시하기에는 글의 제목이 포괄적이므로 적절하지 않다.
③ 제시문은 부모 사망 시 장애인 자녀가 직면한 상속의 어려움과 생활 안정 방안에 대해 다루고 있으므로 '사회적 문제' 는 글의 전체적인 제목으로 보기에는 적절하지 않다.

02

정답 ②

재무현황 안내에 대한 설명은 제시된 자료에서 찾아볼 수 없다.

오답분석

① 빈칸 (나)에 해당된다.
③ 빈칸 (가)에 해당된다.
④ 빈칸 (다)에 해당된다.

03

정답 ②

마지막 문단에서 농민운동을 근대 이행을 방해하는 역사의 반역으로 왜곡할 소지가 있다고 하였으므로 ②는 글의 논지에 부합한다.

오답분석

① 제시문은 근대 이행의 절대적 특징으로 공론장의 형성을 드는 것이 옳지 않다는 것일 뿐, 『독립신문』이 근대적 공론장의 역할을 하지 못하였음을 말하고자 하는 것은 아니다. 따라서 옳지 않은 내용이다.
③ 근대적 공론장에 기반한 근대국가가 수립되었을지라도 제국주의 열강들의 위협을 극복할 수 있었겠는지 의문이라고는 하였지만, 제국주의 열강의 위협이 한국의 근대 공론장 형성을 가속화하였다고는 하지 않았으므로 옳지 않은 내용이다.
④ 고종이 만민공동회의 주장을 수용하여 입헌군주제나 공화제를 채택했더라면 국권박탈이라는 비극은 면할 수 있었으리라는 것을 비약이라고 하였으므로 옳지 않은 내용이다.

04

정답 ④

제시문은 물리학의 근본 법칙들이 사실을 정확하게 기술하기 위해 조건을 추가할 경우 오히려 일반적인 상황이 아닌 특수한 상황만을 설명하게 되는 문제점을 서술하고 있으므로 ④가 글의 논지로 가장 적절하다.

05

정답 ②

제시문은 시장집중률의 정의와 측정 방법 등 그 개념과 의의에 대해 이야기하고 있다.

대표기출유형 07 기출응용문제

01

정답 ④

유명인의 중복 광고 출연으로 인한 부정적인 효과를 설명하고 있다. 따라서 사람들이 유명인과 브랜드 이미지를 연관 짓지 않는다는 주장을 반박으로 내세울 수 있다.

오답분석

① 제시문의 내용과 일치하는 주장이다.
②·③ 유명인의 중복 출연으로 인한 부정적인 효과를 말하고 있다.

02

정답 ③

제시문의 핵심 내용은 4차 산업혁명의 신기술로 인해 금융의 종말이 올 것임을 예상하는 것이다. 따라서 앞으로도 기술 발전은 금융업의 본질을 바꾸지 못할 것임을 나타내는 ③이 비판 내용으로 가장 적절하다.

03

정답 ②

(나)에 의하면 단풍색은 일종의 경계 신호로서 진하고 뚜렷한 색깔을 보일수록 경계가 철저한 것이고 그렇지 않은 것일수록 경계가 허술한 것이다. 따라서 진딧물은 가장 형편없이 단풍이 든 나무에 알을 낳게 된다. 그러므로 ⓒ과 같은 연구 결과가 나왔다면 이는 (나)의 주장을 강화하게 되므로 옳은 내용이라고 할 수 있다.

오답분석

㉠ (가)에 의하면 가을이 되었을 때 잎을 떨어뜨리기 위해 잎자루 끝에 떨켜가 생기면서 가지와 잎 사이의 물질 이동이 중단된다고 하였다. 즉, 떨켜의 발생으로 인해 단풍이 생기게 되는 것이라고 볼 수 있다. 하지만 떨켜를 만들지 않았음에도 단풍이 드는 나무가 있다면 이것은 (가)의 주장을 약화하게 되므로 옳지 않은 내용이다.
㉡ (가)에 의하면 주홍빛의 색소는 새롭게 생기는 것이 아니라 엽록소로 인해 감춰졌던 것이다. 그러나 ㉡과 같이 주홍빛을 내는 색소가 새롭게 생긴다는 연구 결과가 나왔다면 이는 (가)의 주장을 약화하게 되므로 옳지 않은 내용이다.

04

정답 ②

㉡ 첫 번째 문단에 따르면 철학은 지적 작업에 포함되고, 두 번째 문단에 따르면 귀추법은 귀납적 방법이다. 따라서 철학의 일부 논증에서 귀추법의 사용이 불가피하다는 주장은 모든 지적 작업에서 귀납적 방법의 필요성을 부정하는 견해인 (나)를 반박한다.

오답분석

㉠ (가)는 귀납적 방법이 철학에서 불필요하다는 견해이므로 과학의 탐구가 귀납적 방법에 의해 진행된다는 주장은 이를 반박한다고 볼 수 없다.
ⓒ (가)는 철학이라는 지적 작업에서 귀납적 방법의 필요성을, (나)는 모든 지적 작업에서 귀납적 방법의 필요성을 부정하는 견해이다. 따라서 연역 논리와 경험적 가설 모두에 의존하는 지적 작업이 있다는 주장은 (나)를 반박할 수는 있지만 (가)는 철학에 한정된 주장이므로 이를 반박한다고 볼 수 없다.

05

정답 ④

㉡ 주어진 심리 실험 결과는 을에 따르면 '모든 A는 B이다'를 강한 의미로 이해하는 것과 같다.
ⓒ 주어진 심리 실험 결과는 병에 따르면 전제 가운데 하나가 '어떤 A는 B이다'라는 형태의 명제로 이루어진 경우에 결론도 그런 형태이기만 하면 타당하다고 생각하는 경우에 해당한다.

오답분석

㉠ 갑에 의하면 사람들은 두 번째 전제인 "어떤 철학자도 과학자가 아니다."의 동치인 "모든 철학자는 과학자가 아니다."를 "모든 과학자는 철학자가 아니다."로 바꾸는 경향이 있다. 하지만 "어떤 과학자는 운동선수이다. 모든 과학자는 철학자가 아니다."라는 전제로부터 "어떤 철학자도 운동선수가 아니다."가 타당하게 도출되는 것은 아니므로 심리 실험 결과는 갑에 의해 설명되지 않는다.

대표기출유형 08 기출응용문제

01

정답 ①

멜서스에 따르면 인구가 증가하면 식량이 부족해지고, 기근, 전쟁, 전염병으로 인구가 조절된다고 주장했기 때문에 ①은 멜서스와 반대된다.

오답분석

② 멜서스는 인구 증가에 따른 부작용을 막기 위해 인구 증가를 미리 억제해야 한다고 주장했으므로, 멜서스의 인구 억제방식은 적극적임을 알 수 있다.
③ 멜서스는 '하루 벌어 하루 먹고사는 하류계급'으로 노동자를 언급했으며, 또한 하류계급은 '성욕을 참지 못한다.'고 극단적으로 표현한 점을 봐서 상류계급과 하류계급으로 사회구조를 봤음을 유추할 수 있다.
④ 멜서스는 인간의 평등과 생존권을 옹호하는 모든 사상과 이론은 '자연법칙에 위배되는 유해한' 것으로 주장했기 때문에 당대 대중 빈곤을 위해 노력했던 사람들에게 비판받았을 것임을 유추할 수 있다.

02

정답 ②

르네상스의 야만인 담론은 이전과는 달리 현실적 구체성을 띠고 있지만 서구의 전통 야만인관에 의해 각색되는 것은 여전하다.

오답분석

①·④ 두 번째 문단에서 확인할 수 있다.
③ 첫 번째 문단에서 확인할 수 있다.

03

정답 ③

두 번째 문단에서 '절차적 지식을 갖기 위해 … 정보를 마음에 떠올릴 필요는 없다.'고 하였다.

오답분석

① 마지막 문단에서 '표상적 지식은 절차적 지식과 달리 특정한 일을 수행하는 능력과 직접 연결되어 있지 않다.'고 하였으나, 특정 능력의 습득에 전혀 도움을 줄 수 있는지 아닌지는 제시문의 내용을 통해서는 알 수 없다.
② 마지막 문단에 따르면 '이 사과는 둥글다.'라는 지식은 둥근 사과의 이미지일 수도, '이 사과는 둥글다.'는 명제일 수도 있다.
④ 인식론에서 나눈 지식의 유형에는 능력의 소유를 의미하는 절차적 지식과 정보의 소유를 의미하는 표상적 지식이 모두 포함된다.

04

정답 ②

실험 결과에 따르면 학습 위주 경험을 하도록 훈련시킨 실험군 1의 쥐는 뇌 신경세포 한 개 당 시냅스의 수가, 운동 위주 경험을 하도록 훈련시킨 실험군 2의 쥐는 모세혈관의 수가 크게 증가했다.

오답분석

① 실험 결과에 따르면 실험군 1의 쥐는 대뇌 피질의 지각 영역에서, 실험군 2의 쥐는 대뇌 피질의 운동 영역에서 구조 변화가 나타났지만 어느 구조 변화가 더 크게 나타났는지는 알 수 없다.
③ 실험 결과에 따르면 대뇌 피질과 소뇌의 구조 변화는 나타났지만 신경세포의 수에 대한 정보는 알 수 없다.
④ 실험군 1, 2의 쥐에서 뇌 신경세포 한 개당 시냅스 혹은 모세혈관의 수가 증가했고 대뇌 피질 혹은 소뇌의 구조 변화가 나타났지만 둘 사이의 인과관계는 알 수 없다.

05

정답 ①

외부 참여 가능성이 높은 모형은 C이고, 제시문에 따르면 C는 관료제의 영향력이 작고 통제가 약한 분야에서 주로 작동한다.

오답분석

② 상호 의존성이 보통인 모형은 B이고, 배타성이 강해 다른 이익집단의 참여를 철저히 배제하는 특징을 가진 것은 A이다.
③ 합의 효율성이 높은 모형은 A이다. 제시문에 따르면 특정 이슈에 대해 유기적인 연계 속에서 기능하는 경우, B가 A보다 효과적으로 정책 목표를 달성할 수 있다.
④ 주어진 정보만으로 각 모형에 참여하는 이익집단의 정책 결정 영향력을 비교할 수 없다.

CHAPTER

02 수리능력

대표기출유형 01 기출응용문제

PART 1

01

정답 ②

학교에서 도서관까지의 거리를 $x$km라고 하자.

$\frac{x}{40}=\frac{x}{45}+\frac{1}{6}$

$\rightarrow 9x-8x=60$

$\therefore x=60$

따라서 학교에서 도서관까지의 거리는 60km이다.

02

정답 ③

박물관까지의 거리를 $x$km라고 하면, 자전거로 시속 12km로 갈 때와 시속 6km로 걸어갈 때의 시간차가 30분이므로

$\frac{x}{12}=\frac{x}{6}-\frac{1}{2} \rightarrow x=6$이다.

박물관에 정각 3시에 도착하기 위한 속력을 시속 $v$km라고 하면,
6km 떨어진 박물관에 자전거로 시속 12km로 갈 때와 시속 $v$km로 갈 때의 시간차가 10분이므로

$\frac{6}{12}=\frac{6}{v}-\frac{1}{6} \rightarrow v=9$이다.

따라서 민솔이가 박물관에 정각 3시에 도착하려면, 시속 9km의 속력으로 가야 한다.

03

정답 ④

철수가 출발하고 나서 영희를 따라잡은 시간을 x분이라고 하면,
철수와 영희는 5 : 3 비율의 속력으로 간다고 했으므로 철수의 속력을 $5a$m/분이라고 할 때 영희의 속력은 $3a$m/분이다.

$\rightarrow$ $5a$m/분×x분=$3a$m/분×30분+$3a$m/분×x분

$\rightarrow 5ax=90a+3ax$

$\rightarrow 2ax=90a$

$\therefore x=45$

따라서 철수가 영희를 따라잡은 시간은 철수가 출발하고 나서 45분 만이다.

대표기출유형 02 기출응용문제

01

정답 ④

농도가 40%인 소금물 100g에 들어있는 소금의 양은 $\frac{40}{100}\times100=40$g이다.

따라서 깨끗한 물을 넣은 후의 농도는 $\frac{40}{100+60}\times100=25$%이다.

02

정답 ④

증발하기 전 농도가 15%인 소금물의 양을 xg이라고 하면 소금의 양은 $0.15x$g이고, 5% 증발했으므로 증발한 후의 소금물의 양은 $0.95x$g이다. 또한 농도가 30%인 소금물의 소금의 양은 $200\times0.3=60$g이다.

$\frac{0.15x+60}{0.95x+200}\times100=20$

→ $0.15x+60=0.2(0.95x+200)$

→ $0.15x+60=0.19x+40$

→ $0.04x=20$

$\therefore\ x=500$

따라서 증발 전 농도가 15%인 소금물의 양은 500g이다.

03

정답 ③

A소금물에 첨가한 물의 양은 ag, 버린 B소금물의 양은 bg, 늘어난 A소금물과 줄어든 B소금물을 합친 소금물의 양은 500g이다. 또한 농도는 10%라고 하였으므로 다음과 같은 식이 성립한다.

$(200+a)+(300-b)=500$

→ $a-b=0$ ⋯ ㉠

$(200\times0.1)+(300-b)\times0.2=500\times0.1$

→ $20+60-0.2b=50$

→ $0.2b=30$ → $b=150$ ⋯ ㉡

㉡을 ㉠에 대입하면 $a=150$이다.

따라서 A소금물에 첨가한 물의 양은 150g이다.

대표기출유형 03 기출응용문제

01

정답 ④

전체 일의 양을 1이라고 하면 갑이 하루에 할 수 있는 일의 양은 $\frac{1}{12}$이고, 을이 하루에 할 수 있는 일의 양은 $\frac{1}{10}$이다.

둘이 같이 일한 날을 x일라고 하면 다음과 같은 식이 성립한다.

$\left(\frac{1}{12}+\frac{1}{10}\right)\times x+\frac{1}{12}\times(7-x)=1$

$\rightarrow 11x+5(7-x)=60$

$\therefore x=\frac{25}{6}=4\frac{1}{6}$

따라서 둘이 같이 일한 날은 5일이다.

02

정답 ②

한 팀이 15분 작업 후 도구 교체에 걸리는 시간이 5분이므로 작업을 새로 시작하는 데 걸리는 시간은 20분이다. 다른 한 팀은 30분 작업 후 바로 다른 작업을 시작하므로 작업을 새로 시작하는 데 걸리는 시간은 30분이다.

따라서 두 팀은 60분마다 작업을 동시에 시작하므로 오후 1시에 작업을 시작해서 세 번째로 동시에 작업을 시작하는 시각은 3시간 후인 오후 4시이다.

03

정답 ②

전체 일의 양을 1이라 할 때

- 박주임이 하루 동안 처리하는 일의 양 : $\frac{1}{10}$
- 정대리가 하루 동안 처리하는 일의 양 : $\frac{1}{10}\times\frac{10}{8}=\frac{1}{8}$
- 정대리와 박주임이 하루 동안 함께 처리하는 일의 양 : $\frac{1}{10}+\frac{1}{8}=\frac{9}{40}$

따라서 함께 일을 마치는 데 $1\div\frac{9}{40}=\frac{40}{9}$일이 소요된다.

대표기출유형 04 기출응용문제

01

정답 ④

1학기의 기간은 $15\times7=105$일이며, 연체료가 부과되는 기간은 $105-10=95$일이다.
연체료가 부과되는 시점에서부터 한 달 동안의 연체료는 $30\times100=3,000$원이다.
두 번째 달 동안의 연체료는 $30\times(100\times2)=6,000$원이고, 세 번째 달 동안의 연체료는 $30\times(100\times2\times2)=12,000$원이다.
따라서 95일(3개월 5일) 연체료는 $3,000+6,000+12,000+\{5\times(100\times2\times2\times2)\}=25,000$원이다.

02

정답 ②

- $0\sim100$kW까지 10분당 내야 하는 비용 : $300\div6=50$원
- $100\sim200$kW까지 10분당 내야 하는 비용 : $50\times1.7=85$원
- $200\sim240$kW까지 10분당 내야 하는 비용 : $85\times1.7=144.5$원

10분에 20kW씩 증가하므로

- $0\sim100$kW까지 비용 : $50\times5=250$원
- $100\sim200$kW까지 비용 : $85\times5=425$원
- $200\sim240$kW까지 비용 : $144.5\times2=289$원

$\therefore\ 250+425+289=964$원
따라서 240kW까지 전기를 사용하면 964원을 내야 한다.

03

정답 ④

매년 갚아야 할 금액을 a원이라고 하자.

$$(1.8\times10^7)\times(1+0.01)^6=\frac{a(1.01^6-1)}{1.01-1}$$

$$(1.8\times10^7)\times1.06=\frac{a(1.06-1)}{0.01}$$

$\therefore\ a=3.18\times10^6$
따라서 매년 318만 원씩 갚아야 한다.

대표기출유형 05 기출응용문제

01

정답 ④

소민이는 $7+2=9$일마다 일을 시작하고 민준이는 $10+2=12$일마다 일을 시작한다.
따라서 두 사람은 9와 12의 최소공배수인 36일마다 일을 시작하므로 34일 후에는 연속으로 쉬는 날이 같아진다.

02

정답 ③

휴일이 5일, 7일 간격이기 때문에 각각 6번째 날과 8번째 날이 휴일이 된다.
두 회사 휴일의 최소공배수는 24이므로 두 회사는 24일마다 함께 휴일을 맞는다.
4번째로 함께 하는 휴일은 $24\times4=96$이므로 $96\div7=13\cdots5$이다.
따라서 금요일이 4번째로 함께하는 휴일이다.

03

정답 ②

365일은 52주+1일이므로 평년인 해에 1월 1일과 12월 31일은 같은 요일이다. 따라서 평년인 해에 1월 1일이 월, 화, 수, 목, 금요일 중 하나라면 휴일 수는 52×2=104일이고, 1월 1일이 토, 일요일 중 하나라면 휴일 수는 52×2+1=105일이다. 재작년을 0년도로 두고 1월 1일이 토, 일요일인 경우로 조건을 따져보면 다음과 같다.

• 1월 1일이 토요일인 경우

구분	1월 1일	12월 31일	휴일 수
0년도(평년)	토	토	105일
1년도(윤년)	일	월	105일
2년도(평년)	화	화	104일

• 1월 1일이 일요일인 경우

구분	1월 1일	12월 31일	휴일 수
0년도(평년)	일	일	105일
1년도(윤년)	월	화	104일
2년도(평년)	수	수	104일

따라서 올해 1월 1일은 평일이고, 휴일 수는 104일이다.

대표기출유형 06 기출응용문제

01

정답 ④

같은 부서 사람이 옆자리로 함께 앉아야 하므로 먼저 부서를 한 묶음으로 생각하고 세 부서를 원탁에 배치하는 경우는 2!=2가지이다. 각 부서 사람끼리 자리를 바꾸는 경우의 수는 2!×2!×3!=2×2×6=24가지이다.

따라서 조건에 맞게 7명이 앉을 수 있는 경우의 수는 2×24=48가지이다.

02

정답 ③

세 자리 수가 홀수가 되려면 끝자리 숫자가 홀수여야 한다. 홀수는 1, 3, 5, 7, 9로 5가지이고, 백의 자리와 십의 자리의 숫자의 경우의 수를 고려한다.

백의 자리에 올 수 있는 숫자는 0을 제외한 8가지, 십의 자리는 0을 포함한 8가지 숫자가 올 수 있다.

따라서 홀수인 세 자리 숫자는 모두 8×8×5=320가지가 가능하다.

03

정답 ④

10명을 4명과 6명으로 나누는 경우의 수는 ${}_{10}C_4 \times {}_6C_6=210$가지이다.

이를 4명이 포함된 그룹에 2명씩 팀을 나누면 ${}_4C_2 \times {}_2C_2 \times \frac{1}{2!}=3$가지이고, 6명이 속한 팀을 다시 4명과 2명으로 나누면 ${}_6C_4 \times {}_2C_2$ $=15$가지이다. 이 중 4명을 2팀으로 다시 구분하면 ${}_4C_2 \times {}_2C_2 \times \frac{1}{2!}=3$가지이다.

따라서 10명의 대진표를 구성하는 전체 경우의 수는 210×3×15×3=28,350가지이다.

대표기출유형 07 기출응용문제

01

정답 ③

- A계열사의 제품이 불량일 확률 : $\frac{3}{10} \times \frac{2}{100} = \frac{6}{1,000}$
- B계열사의 제품이 불량일 확률 : $\frac{7}{10} \times \frac{3}{100} = \frac{21}{1,000}$
- 불량품인 부품을 선정할 확률 : $\frac{6}{1,000} + \frac{21}{1,000} = \frac{27}{1,000}$

따라서 B계열사의 불량품일 확률은 $\frac{21}{27} = \frac{7}{9}$ 이다.

02

정답 ②

탁구공 12개 중에서 4개를 꺼내는 경우의 수는 ${}_{12}C_4 = 495$가지이다.

흰색 탁구공이 노란색 탁구공보다 많은 경우는 흰색 탁구공 3개, 노란색 탁구공 1개 또는 흰색 탁구공 4개를 꺼내는 경우이다.

i) 흰색 탁구공 3개, 노란색 탁구공 1개를 꺼내는 경우의 수 : ${}_7C_3 \times {}_5C_1 = 35 \times 5 = 175$가지

ii) 흰색 탁구공 4개를 꺼내는 경우의 수 : ${}_7C_4 = 35$가지

따라서 구하고자 하는 확률은 $\frac{175+35}{495} = \frac{210}{495} = \frac{14}{33}$ 이다.

03

정답 ④

동전을 던져서 앞면이 나오는 횟수를 x회, 뒷면이 나오는 횟수를 y회라고 하자.

$x+y=5 \cdots$ ㉠

0에서 출발하여 동전의 앞면이 나오면 +2만큼 이동하고, 뒷면이 나오면 −1만큼 이동하므로

$2x-y=4 \cdots$ ㉡

㉠과 ㉡을 연립하면 $x=3$, $y=2$이므로

동전의 앞면이 나올 확률과 뒷면이 나올 확률은 각각 $\frac{1}{2}$ 이다.

따라서 동전을 던져 수직선 위의 A가 4지점으로 이동할 확률은 ${}_5C_3 \times \left(\frac{1}{2}\right)^3 \times \left(\frac{1}{2}\right)^2 = \frac{5}{16}$ 이다.

대표기출유형 08 기출응용문제

01

정답 ②

파운드화를 유로화로 환전할 때 이중환전을 해야 하므로 파운드화에서 원화, 원화에서 유로화로 두 번 환전해야 한다.

- 파운드화를 원화로 환전
  : 1,400파운드×1,500원/파운드=2,100,000원
- 원화를 유로화로 환전
  : 2,100,000원÷1,200원/유로=1,750유로

따라서 K씨가 환전한 유로화는 1,750유로이다.

02

정답 ③

대리석 10kg당 가격은 달러로 35,000÷100=350달러이며, 원화로 바꾸면 350×1,160=406,000원이다.
따라서 대리석 1톤의 수입대금은 원화로 406,000×1,000÷10=4,060만 원이다.

03

정답 ④

가격이 540달러인 청소기를 구입하면 20%의 관세가 부가되므로 내야 하는 가격은 540×1.2달러이고, 이를 원화로 환산하면 540×1.2×1,128원이다. 영양제는 200달러 이하로 관세가 붙지 않고, 이를 원화로 환전하면 52×1,128원이다. 각각 따로 주문한다고 하였으므로 배송비는 2번 내야 한다.
따라서 O씨가 원화로 내야 하는 총금액은 540×1.2×1,128+52×1,128+30,000×2=700×1,128+60,000=789,600+60,000=849,600원이다.

대표기출유형 09 기출응용문제

01

정답 ①

단리예금에서 이자는 예치금에 대해서만 발생하므로 이자 공식은 다음과 같다.
(단리예금 이자)$=a\times r\times n$ (a는 예치금, r은 월 이자율, n은 기간)

따라서 공식에 대입하여 구하면 은경이가 받을 이자는 $5,000\times\frac{0.6}{100}\times15=450$만 원이다.

02

정답 ④

첫 해 말에 저축하는 금액은 1,500만 원이며, 이때 저축한 금액은 복리가 15번 적용되므로 올해 말에는 $1,500\times1.06^{15}=3,600$만 원이 된다.
두 번째 해 말에 저축하는 금액은 연봉이 6% 인상되므로 (1,500×1.06)만 원이고, 복리가 14번 적용되므로 올해 말에는 $1,500\times1.06\times1.06^{14}=3,600$만 원이 된다.
이와 같이 매년 저축하는 금액이 올해 말에 같은 금액 3,600만 원이 되므로 올해 말까지 저축한 금액의 원리합계는 3,600×16=57,600만 원이다.

03

정답 ④

(만기 시 수령하는 이자액)$=200,000\times\left(\frac{24\times25}{2}\right)\times\left(\frac{0.02}{12}\right)=100,000$원

따라서 만기 시 원리금 수령액은 $200,000\times24+100,000=4,900,000$원이다.

04

정답 ②

- 직장인사랑적금 : 만기 시 수령하는 이자액은 $100,000\times\left(\frac{36\times37}{2}\right)\times\left(\frac{0.02}{12}\right)=111,000$원이고, A대리가 가입기간 동안 납입한 적립 원금은 $100,000\times36=3,600,000$원이므로 A대리의 만기환급금은 $111,000+3,600,000=3,711,000$원이다.
- 미래든든적금 : 만기 시 수령하는 이자액은 $150,000\times\left(\frac{24\times25}{2}\right)\times\left(\frac{0.015}{12}\right)=56,250$원이고, A대리가 가입기간 동안 납입한 적립 원금은 $150,000\times24=3,600,000$원이므로 A대리의 만기환급금은 $56,250+3,600,000=3,656,250$원이다.

따라서 A대리가 가입할 적금은 '직장인사랑적금'이며, 이때의 만기환급금은 3,711,000원이다.

05

정답 ①

10억을 정기예금에 넣는 경우 36개월 후 원리합계는 $10^9\times(1.01)^{36}=1.43\times10^9$이다.
10억으로 구매한 아파트의 3년 후 가격은 $10^9\times(1.02)^3=1.06\times10^9$이다.
두 경우의 경제적 차액은 $1.43\times10^9-1.06\times10^9=0.37\times10^9$이 된다.
한편 매달 말에 받는 월세를 a원이라 하면 36개월 후의 원리합계는 다음과 같다.

$a(1.005)^{35}+a(1.005)^{34}+\cdots+a$

$\rightarrow \frac{a[(1.005)^{36}-1]}{1.005-1}=\frac{a(1.2-1)}{0.005}=40a$

$\rightarrow 40a\geq0.37\times10^9$

$\therefore\ a\geq9,250,000$

따라서 P대표가 경제적인 이익을 보기 위해서는 최소 9,250,000원 이상 받아야 한다.

대표기출유형 10 기출응용문제

01

정답 ④

• 2022년 총투약일수가 120일인 경우 종합병원의 총약품비 : 2,025×120=243,000원
• 2023년 총투약일수가 150일인 경우 상급종합병원의 총약품비 : 2,686×150=402,900원
따라서 구하는 값은 243,000+402,900=645,900원이다.

02

정답 ③

주어진 자료를 바탕으로 지점 수를 정리하면 다음과 같다. 증감표의 부호를 반대로 하여 2022년 지점 수에 대입하면 쉽게 계산이 가능하다.

(단위 : 개)

지역	2019년 지점 수	2020년 지점 수	2021년 지점 수	2022년 지점 수
서울	15	17	19	17
경기	13	15	16	14
인천	14	13	15	10
부산	13	11	7	10

따라서 2019년에 지점 수가 두 번째로 많은 지역은 인천이며, 지점 수는 14개이다.

03

정답 ④

각 연령대를 기준으로 남성과 여성의 인구비율을 계산하면 다음과 같다.

구분	남성	여성
0 ~ 14세	$\frac{323}{627}\times100 \fallingdotseq 51.5\%$	$\frac{304}{627}\times100 \fallingdotseq 48.5\%$
15 ~ 29세	$\frac{453}{905}\times100 \fallingdotseq 50.1\%$	$\frac{452}{905}\times100 \fallingdotseq 49.9\%$
30 ~ 44세	$\frac{565}{1,110}\times100 \fallingdotseq 50.9\%$	$\frac{545}{1,110}\times100 \fallingdotseq 49.1\%$
45 ~ 59세	$\frac{630}{1,257}\times100 \fallingdotseq 50.1\%$	$\frac{627}{1,257}\times100 \fallingdotseq 49.9\%$
60 ~ 74세	$\frac{345}{720}\times100 \fallingdotseq 47.9\%$	$\frac{375}{720}\times100 \fallingdotseq 52.1\%$
75세 이상	$\frac{113}{309}\times100 \fallingdotseq 36.6\%$	$\frac{196}{309}\times100 \fallingdotseq 63.4\%$

남성 인구가 40% 이하인 연령대는 75세 이상(36.6%)이며, 여성 인구가 50% 초과 60% 이하인 연령대는 60 ~ 74세(52.1%)이다. 따라서 정답은 ④이다.

04

정답 ④

(단위 : 명)

구분	2022년 하반기 입사자 수	2023년 상반기 입사자 수
마케팅	50	100
영업	a	$a+30$
상품기획	100	$100\times(1-0.2)=80$
인사	b	$50\times2=100$
합계	320	$320\times(1+0.25)=400$

- 2023년 상반기 입사자 수의 합 : $400=100+(a+30)+80+100 \rightarrow a=90$
- 2022년 하반기 입사자 수의 합 : $320=50+90+100+b \rightarrow b=80$

∴ 2022년 하반기 대비 2023년 상반기 인사팀 입사자 수의 증감률 : $\frac{100-80}{80}\times100=25\%$

따라서 2022년 하반기 대비 2023년 상반기 인사팀 입사자 수의 증감률은 25%이다.

05

정답 ①

$[\text{실업률 증감}(\%)]=\frac{(\text{11월 실업률})-(\text{2월 실업률})}{(\text{2월 실업률})}\times100=\frac{3.1-4.9}{4.9}\times100 \fallingdotseq -37\%$

따라서 2022년 2월 대비 2022년 11월의 실업률은 37% 감소했다.

대표기출유형 11 기출응용문제

01

정답 ③

- 2021년 전년 대비 감소율 : $\frac{20-15}{20}\times100=25\%$
- 2022년 전년 대비 감소율 : $\frac{15-12}{15}\times100=20\%$

따라서 2021년과 2022년의 경제 분야 투자규모의 전년 대비 감소율의 차이는 5%p이다.

오답분석

① 2023년 총지출을 a억 원이라고 가정하면, $a\times0.05=16$억 원 $\rightarrow a=\frac{16}{0.05}=320$, 총지출은 320억 원이므로 300억 원 이상이다.

② 2020년 경제 분야 투자규모의 전년 대비 증가율은 $\frac{20-16}{16}\times100=25\%$이다.

④ 2019 ~ 2023년 경제 분야에 투자한 금액은 16+20+15+12+16=79억 원이다.

02

정답 ④

영업부서에 지급되는 S등급과 A등급의 상여급의 합은 (500×1)+(420×3)=1,760만 원이고, B등급과 C등급의 상여급의 합은 (300×4)+(200×2)=1,600만 원으로 S등급과 A등급의 상여급의 합은 B등급과 C등급의 상여급의 합보다 많다.

오답분석

①·③ 마케팅부서와 영업부서의 등급별 배정인원은 다음과 같다.

구분	S	A	B	C
마케팅부서	2	6	8	4
영업부서	1	3	4	2

② A등급 1인당 상여급은 B등급 1인당 상여급보다 $\frac{420-300}{300}\times100=40\%$ 많다.

03

정답 ②

유로/달러 환율은 $\frac{(\text{원/달러 환율})}{(\text{원/유로 환율})}$로 구할 수 있다. 유로/달러 환율은 10월이 약 0.808로 약 0.801인 11월보다 높다.

오답분석

① 9월에는 전월 대비 원/달러 환율은 불변이고, 원/100엔 환율은 증가했다. 또한 10월에는 전월 대비 원/달러 환율은 증가했지만 원/100엔 환율은 불변이다.

③ 9월에 원/달러 환율이 원/유로 환율보다 낮으므로 유럽보다 미국으로 유학을 가는 것이 경제적으로 더 이득이다.

④ 12월의 원/100엔 환율은 1,100.00으로 7월 환율의 110%인 1,108.80보다 낮으므로 틀린 설명이다.

04

정답 ④

연봉은 매년 고정적으로 각국의 통화로 지급한다고 하였다. 따라서 연봉액수는 감소하지 않으나, 환율에 따라 원화 환산 연봉이 감소할 수 있다. 환율의 감소율을 구하면 다음과 같다.

- 중국 : (2024년 대비 2025년 환율 감소율)= $\frac{160-170}{170}\times100 \fallingdotseq -5.88\%$
- 일본 : (2023년 대비 2025년 환율 감소율)= $\frac{1,050-1,100}{1,100}\times100 \fallingdotseq -4.54\%$

따라서 2024년 대비 2025년 중국기업의 원화 환산 연봉의 감소율이 5.88%로 더 크다.

오답분석

2023~2025년 기업별 원화 환산 연봉은 다음과 같다.

(단위 : 원)

구분	2023년	2024년	2025년
미국기업	30,000×1,250=37,500,000	30,000×1,100=33,000,000	30,000×1,150=34,500,000
중국기업	200,000×190=38,000,000	200,000×170=34,000,000	200,000×160=32,000,000
일본기업	2,900,000×1,100÷100=31,900,000	2,900,000×1,200÷100=34,800,000	2,900,000×1,050÷100=30,450,000

① 2023년 원화 환산 연봉은 중국기업이 가장 많다.

② 2025년 원화 환산 연봉은 일본기업이 중국기업보다 적다.

③ 향후 3년간 기업별 원화 환산 연봉은 다음과 같다.
- 미국기업 : 37,500,000+33,000,000+34,500,000=105,000,000원
- 중국기업 : 38,000,000+34,000,000+32,000,000=104,000,000원
- 일본기업 : 31,900,000+34,800,000+30,450,000=97,150,000원

따라서 향후 3년간 가장 많은 원화 환산 연봉을 주는 곳은 미국기업이다.

05

정답 ③

• 지방의 준공 호수 : $36,827\times\frac{36}{100}\fallingdotseq13,258$호

• 지방의 착공 호수 : $34,919\times\frac{47}{100}\fallingdotseq16,412$호

따라서 2022년 5월 지방의 준공 호수는 착공 호수보다 적다.

오답분석

① 2022년 5월 분양 실적은 26,768호이고 2021년 5월 분양 실적은 50,604호이므로, 전년 동월 대비 2022년 5월 분양 실적의 증감률은 $\frac{26,768-50,604}{50,604}\times100\fallingdotseq-47.1\%$이다. 따라서 2022년 5월의 분양 실적은 전년 동월 분양 실적보다 약 47.1% 감소하였다.

② 전체 인허가 실적은 53,511호이고, 이 중 지방이 차지하는 비율은 55%이다. 따라서 지방의 인허가 호수는 $53,511\times\frac{55}{100}\fallingdotseq$ 29,431호이다.

④ 2020 ~ 2022년 5월 전체의 인허가 호수 대비 전체 준공 호수의 비중을 구하면 다음과 같다.

• 2020년 5월 : $\frac{27,763}{56,861}\times100\fallingdotseq48.83\%$

• 2021년 5월 : $\frac{36,785}{52,713}\times100\fallingdotseq69.78\%$

• 2022년 5월 : $\frac{36,827}{53,511}\times100\fallingdotseq68.82\%$

따라서 전체 인허가 호수 대비 전체 준공 호수의 비중은 2021년 5월에 가장 컸다.

대표기출유형 12 기출응용문제

01

정답 ②

오답분석

① 2014 ~ 2015년 수출액과 수입액의 수치가 바뀌었다.
③ 2011년 수출액 전년 대비 증감률은 40.9이며 이보다 작다.
④ 2016 ~ 2018년 수출액의 수치가 자료와 다르다.

02

정답 ④

네 번째 문단에 제시된 영업용으로 등록된 특수차의 수에 따라 2019 ~ 2022년 전년 대비 증가량 중 2019년과 2022년의 전년 대비 증가량이 자료보다 높다.

구분	2019년	2020년	2021년	2022년
증가량	59,281－57,277＝2,004대	60,902－59,281＝1,621대	62,554－60,902＝1,652대	62,946－62,554＝392대

오답분석

① 두 번째 문단에서 자가용으로 등록된 특수차의 연도별 수를 계산하면 2018년 2만 대, 2019년 2.4만 대, 2020년 2.8만 대이며, 2021년 3만 대, 2022년 3.07만 대가 된다.
② 두 번째 문단에서 자가용으로 등록된 연도별 승용차 수와 일치한다.
③ 네 번째 문단에서 영업용으로 등록된 연도별 특수차 수와 일치한다.

03

정답 ①

㉠ 연도별 층간소음 분쟁은 2019년 430건, 2020년 520건, 2021년 860건, 2022년 1,280건이다.

㉡ 2020년 전체 분쟁신고에서 각 항목이 차지하는 비중을 구하면 다음과 같다.

- 2020년 전체 분쟁신고 건수 : 280+60+20+10+110+520=1,000건
- 관리비 회계 분쟁 : $\frac{280}{1,000}\times 100=28\%$
- 입주자대표회의 운영 분쟁 : $\frac{60}{1,000}\times 100=6\%$
- 정보공개 관련 분쟁 : $\frac{20}{1,000}\times 100=2\%$
- 하자처리 분쟁 : $\frac{10}{1,000}\times 100=1\%$
- 여름철 누수 분쟁 : $\frac{110}{1,000}\times 100=11\%$
- 층간소음 분쟁 : $\frac{520}{1,000}\times 100=52\%$

오답분석

㉢ 연도별 분쟁신고 건수를 구하면 다음과 같다.

- 2019년 : 220+40+10+20+80+430=800건
- 2020년 : 280+60+20+10+110+520=1,000건
- 2021년 : 340+100+10+10+180+860=1,500건
- 2022년 : 350+120+30+20+200+1,280=2,000건

전년 대비 아파트 분쟁신고 증가율이 잘못 입력되어 있어, 바르게 구하면 다음과 같다.

- 2020년 : $\frac{1,000-800}{800}\times 100=25\%$
- 2021년 : $\frac{1,500-1,000}{1,000}\times 100=50\%$
- 2022년 : $\frac{2,000-1,500}{1,500}\times 100\fallingdotseq 33\%$

㉣ 2020년 아파트 분쟁신고 건수가 2019년 값으로 잘못 입력되어 있다.

CHAPTER

03 문제해결능력

대표기출유형 01 기출응용문제

01

정답 ④

'도서관에 간 날'을 A, '공부를 충분히 한 날'을 B, '집에 늦게 돌아온 날'을 C라고 하면, 첫 번째 명제는 A → B, 세 번째 명제는 C → B이므로 C → A → B가 성립하기 위해서 필요한 두 번째 명제는 C → A나 그 대우인 ~A → ~C이다.
따라서 빈칸에 들어갈 내용으로 적절한 것은 '도서관에 가지 않은 날은 집에 늦게 돌아온 날이 아니다.'이다.

02

정답 ②

모든 1과 사원은 가장 실적이 많은 2과 사원보다 실적이 많고, 3과 사원 중 일부는 가장 실적이 많은 2과 사원보다 실적이 적다.
따라서 3과 사원 중 일부는 모든 1과 사원보다 실적이 적다.

03

정답 ③

주어진 명제가 모두 참이면 명제의 대우도 모두 참이 된다. 따라서 명제와 대우 명제를 정리하면 다음과 같다.
- 마케팅 팀 ○ → 기획 역량 ○ / 기획 역량 × → 마케팅 팀 ×
- 마케팅 팀 × → 영업 역량 × / 영업 역량 ○ → 마케팅 팀 ○
- 기획 역량 × → 소통 역량 × / 소통 역량 ○ → 기획 역량 ○
- 영업 역량 ○ → 마케팅 팀 ○ → 기획 역량 ○
- 기획 역량 × → 마케팅 팀 × → 영업 역량 ×

따라서 '영업 역량을 가진 사원은 기획 역량이 있다.'라는 명제는 참이다.

오답분석

① 마케팅 팀 사원의 영업 역량 유무는 주어진 명제만으로는 알 수 없다.
② 소통 역량이 있는 사원이 마케팅 팀인지의 여부는 주어진 명제만으로는 알 수 없다.
④ 기획 역량이 있는 사원이 소통 역량을 가지고 있는지의 여부는 주어진 명제만으로는 알 수 없다.

04

정답 ③

a는 'A가 외근을 나감', b는 'B가 외근을 나감', c는 'C가 외근을 나감', d는 'D가 외근을 나감', e는 'E가 외근을 나감'이라고 할 때, 네 번째 명제와 다섯 번째 명제의 대우인 $b \rightarrow c$, $c \rightarrow d$에 따라 $a \rightarrow b \rightarrow c \rightarrow d \rightarrow e$가 성립한다.
따라서 'A가 외근을 나가면 E도 외근을 나간다.'는 반드시 참이다.

05

정답 ④

월요일부터 토요일까지 각 팀의 회의 진행 횟수가 같으므로 6일 동안 6개 팀은 각각 두 번씩 회의를 진행해야 한다.
주어진 조건에 따라 A~F팀의 회의 진행 요일을 정리하면 다음과 같다.

월	화	수	목	금	토
C, B	D, B	C, E	A, F	A, F	D, E
		D, E			C, E

따라서 'F팀은 목요일과 금요일에 회의를 진행한다.'는 반드시 참이다.

오답분석

① E팀은 수요일과 토요일에 모두 회의를 진행한다.
② 화요일에 회의를 진행한 팀은 B팀과 D팀이다.
③ C팀과 E팀은 수요일과 토요일 중 하루는 함께 회의를 진행한다.

06

정답 ④

먼저 첫 번째 조건에 따라 A과장은 네 지역으로 모두 출장을 가므로 E사원과 함께 광주광역시로 출장을 가는 직원은 A과장임을 알 수 있다. 다음으로 두 번째 조건에 따라 모든 특별시에는 A과장과 B대리가 출장을 가므로 C대리와 D대리는 특별시로 함께 출장을 갈 수 없다. 그러므로 세 번째 조건에서의 C대리와 D대리가 함께 출장을 가는 지역은 인천광역시임을 알 수 있다. 또한 마지막 조건에 따라 한 지역으로만 출장을 가는 사람은 E사원뿐이므로 C대리와 D대리는 세종특별시 또는 서울특별시 중 한 곳으로 더 출장을 가야 한다.
출장 지역에 따른 팀원을 정리하면 다음과 같다.

구분	세종특별시	서울특별시	광주광역시	인천광역시
경우 1	A과장, B대리, C대리	A과장, B대리, D대리	A과장, E사원	A과장, C대리, D대리
경우 2	A과장, B대리, D대리	A과장, B대리, C대리	A과장, E사원	A과장, C대리, D대리

따라서 항상 참이 되는 것은 'D대리는 E사원과 함께 출장을 가지 않는다.'이다.

대표기출유형 02 기출응용문제

01

정답 ④

문제에 제시된 조건에 따르면 수녀는 언제나 참이므로 A가 될 수 없고, 왕은 언제나 거짓이므로 C가 될 수 없다. 따라서 수녀는 B 또는 C이고, 왕은 A 또는 B가 된다.

i) 왕이 B이고 수녀가 C라면, A는 농민인데 거짓을 말해야 하는 왕이 A를 긍정하므로 모순된다.
ii) 왕이 A이고 수녀가 B라면, 항상 참을 말해야 하는 수녀가 자신이 농민이라고 거짓을 말하는 왕의 말이 진실이라고 하므로 모순된다.
iii) 왕이 A이고 수녀가 C라면, B는 농민인데 이때 농민은 거짓을 말하는 것이고 수녀는 자신이 농민이 아니라고 참을 말하는 것이므로 성립하게 된다.

따라서 A, B, C는 각각 왕, 농민, 수녀이다.

02

정답 ④

B와 C의 말이 모순되므로 B와 C 중 한 명은 반드시 진실을 말하고 다른 한 명은 거짓을 말한다.

i) B가 거짓, C가 진실을 말하는 경우
B가 거짓을 말한다면 E의 말 역시 거짓이 되어 롤러코스터를 타지 않은 사람은 E가 된다. 그러나 A는 E와 함께 롤러코스터를 탔다고 했으므로 A의 말 또한 거짓이 된다. 이때, 조건에서 5명 중 2명만 거짓을 말한다고 했으므로 이는 성립하지 않는다.

ii) C가 거짓, B가 진실을 말하는 경우
B가 진실을 말한다면 롤러코스터를 타지 않은 사람은 D가 되며, E의 말은 진실이 된다. 이때, D는 B가 회전목마를 탔다고 했으므로 D가 거짓을 말하는 것을 알 수 있다. 따라서 거짓을 말하는 사람은 C와 D이며, 롤러코스터를 타지 않은 사람은 D이다.

03

정답 ④

A가 참을 말하는 경우와 거짓을 말하는 경우로 나눌 수 있는데, 만약 A의 진술이 거짓이라면 B와 C가 모두 범인인 경우와 모두 범인이 아닌 경우로 나눌 수 있고, A의 진술이 참이라면 B가 범인인 경우와 C가 범인인 경우로 나눌 수 있다.

- A의 진술이 거짓이고 B와 C가 모두 범인인 경우
  B, C, D, E의 진술이 모두 거짓이 되어 5명이 모두 거짓말을 한 것이 되므로 조건에 모순된다.
- A의 진술이 거짓이고 B와 C가 모두 범인이 아닌 경우
  B의 진술이 참이 되므로 C, D, E 중 1명만 거짓, 나머지는 참을 말한 것이 되어야 한다. C의 진술이 참이면 E도 반드시 참, C의 진술이 거짓이면 E도 반드시 거짓이므로 D가 거짓, C, E가 참을 말하는 것이 되어야 한다. 따라서 이 경우 D와 E가 범인이 된다.
- A의 진술이 참이고 B가 범인인 경우
  B의 진술이 거짓이 되기 때문에 C, D, E 중 1명만 거짓, 나머지는 참이 되어야 하므로 C, E가 참, D가 거짓이 된다. 따라서 이 경우 B와 E가 범인이 된다.
- A의 진술이 참이고 C가 범인인 경우
  B의 진술이 참이 되기 때문에 C, D, E 중 1명만 참, 나머지는 거짓이 되어야 하므로 C, E가 거짓, D가 참이 된다. 따라서 범인은 A와 C가 된다.

따라서 선택지 중 'D, E'만 동시에 범인이 될 수 있다.

04

정답 ④

i) A의 말이 거짓인 경우

구분	A(원료 분류)	B(제품 성형)	C(제품 색칠)	D(포장)
실수	○		×	○

실수는 한 곳에서만 발생했으므로 A의 말은 진실이다.

ii) B의 말이 거짓인 경우

구분	A(원료 분류)	B(제품 성형)	C(제품 색칠)	D(포장)
실수	× / ○		×	×

A와 D 2명의 말이 모두 진실일 때 모순이 발생하므로 B의 말은 진실이다.

iii) C의 말이 거짓인 경우

구분	A(원료 분류)	B(제품 성형)	C(제품 색칠)	D(포장)
실수	× / ○		○	○

A와 D 2명의 말이 모두 진실일 때 모순이 발생하며 실수는 한 곳에서만 발생했으므로 C의 말은 진실이다.

iv) D의 말이 거짓인 경우

구분	A(원료 분류)	B(제품 성형)	C(제품 색칠)	D(포장)
실수	×		×	○

D가 거짓을 말했을 때 조건이 성립한다.

따라서 거짓을 말한 사람은 D이며, 실수가 발생한 단계는 포장 단계이다.

05

정답 ④

5명 중 단 1명만이 거짓말을 하고 있으므로 C와 D 중 1명은 반드시 거짓을 말하고 있다.

i) C의 진술이 거짓일 경우
B와 C의 말이 모두 거짓이 되므로 1명만 거짓말을 하고 있다는 조건이 성립하지 않는다.

ii) D의 진술이 거짓일 경우

구분	A	B	C	D	E
출장지역	잠실		여의도	강남	

이때, B는 상암으로 출장을 가지 않는다는 A의 진술에 따라 상암으로 출장을 가는 사람은 E임을 알 수 있다.

따라서 ④는 반드시 거짓이 된다.

06

정답 ①

대화 내용을 살펴보면 영석이의 말에 선영이가 동의했으므로, 영석과 선영은 진실 혹은 거짓을 함께 말한다는 것을 알 수 있다. 이때 지훈은 선영이가 거짓말만 한다고 하였으므로 반대가 된다. 그리고 동현의 말에 정은이가 부정했기 때문에 둘 다 진실일 수 없다. 하지만 정은이가 둘 다 좋아한다는 경우의 수가 있으므로 둘 다 거짓일 수 있다. 또한 마지막 선영이의 말로 선영이가 진실일 경우에는 동현과 정은은 모두 거짓만을 말하게 된다. 이를 미루어 경우의 수를 표로 나타내 보면 다음과 같다.

구분	경우 1	경우 2	경우 3
동현	거짓	거짓	진실
정은	거짓	진실	거짓
선영	진실	거짓	거짓
지훈	거짓	진실	진실
영석	진실	거짓	거짓

문제에서는 지훈이가 거짓을 말할 때 진실만을 말하는 사람을 찾고 있으므로 선영, 영석이 된다.

대표기출유형 03 기출응용문제

01

정답 ②

제시된 조건을 정리하면 다음과 같다.

i) D는 가장 작다.

ii) D<C<E, C<A<B

iii) A<E, A<B<E, E<F

주어진 조건에 따라 키가 큰 순서대로 나열해 보면 D<C<A<B<E<F이다.

따라서 3번째로 키가 큰 사람은 B임을 알 수 있다.

02

정답 ③

먼저 마지막 조건에 따라 D는 7호실에 배정되었으므로 B와 D의 방 사이에 3개의 방이 있다는 네 번째 조건에 따라 B의 방은 3호실임을 알 수 있다. 이때, C와 D의 방이 나란히 붙어 있다는 세 번째 조건에 따라 C는 6호실 또는 8호실에 배정될 수 있다.

i) C가 6호실에 배정된 경우

두 번째 조건에 따라 B와 C의 방 사이의 거리는 D와 E의 방 사이의 거리와 같으므로 E는 4호실 또는 10호실에 배정될 수 있다. 그러나 E가 10호실에 배정된 경우 A와 B의 방 사이에는 모두 빈방만 있거나 C와 D 두 명의 방이 있게 되므로 첫 번째 조건과 모순된다. 따라서 E는 4호실에 배정되며, A～E가 배정받은 방은 다음과 같다.

1	2	3	4	5	6	7	8	9	10
		B	E	A	C	D			

ii) C가 8호실에 배정된 경우

두 번째 조건에 따라 B와 C의 방 사이의 거리는 D와 E의 방 사이의 거리와 같으므로 E는 2호실에 배정된다. 또한 첫 번째 조건에 따라 A와 B의 방 사이의 방에는 반드시 1명이 배정되어야 하므로 A는 1호실에 배정된다.

1	2	3	4	5	6	7	8	9	10
A	E	B				D	C		

따라서 항상 참이 되는 것은 '9호실은 빈방이다.'의 ③이다.

03

정답 ③

세 번째 조건에 따라 D는 6명 중 두 번째로 키가 크므로 1팀에 배치되는 것을 알 수 있다. 또한 두 번째 조건에 따라 B는 2팀에 배치되므로 한 팀에 배치되어야 하는 E와 F는 아무도 배치되지 않은 3팀에 배치되는 것을 알 수 있다. 마지막으로 네 번째 조건에 따라 B보다 키가 큰 A는 2팀에 배치되므로 결국 A, B, C, D, E, F는 다음과 같이 배치된다.

1팀	2팀	3팀
C > D	A > B	E, F

따라서 키가 가장 큰 사람은 C이다.

04

정답 ④

직원 갑, 을, 병의 공정 순서에 따른 시간을 표로 나타내면 다음과 같다. 선행공정에 따른 순서가 알맞고, A공정이 동시에 진행되지 않으므로 가장 적절한 생산 공정 순서이다. 표에 제시된 숫자는 공정의 소요시간을 나타낸다.

<table>
<tr><th>구분</th><th colspan="2">1</th><th colspan="2">2</th><th colspan="2">3</th><th colspan="2">4</th><th colspan="2">5</th><th colspan="2">6</th><th colspan="2">7</th><th colspan="2">8</th></tr>
<tr><td>갑</td><td colspan="2">E</td><td colspan="3">D</td><td colspan="4">C</td><td colspan="1">B</td><td colspan="2">A</td><td colspan="4"></td></tr>
<tr><td>을</td><td colspan="2"></td><td colspan="4">C</td><td colspan="2">E</td><td colspan="3">D</td><td colspan="1">B</td><td colspan="2">A</td><td colspan="2"></td></tr>
<tr><td>병</td><td colspan="4"></td><td colspan="2">E</td><td colspan="3">D</td><td colspan="1">B</td><td colspan="4">C</td><td colspan="2">A</td></tr>
</table>

오답분석

① 갑은 D공정이 선행공정인 E공정보다 먼저 배치되었고, 을은 A, D공정이 각각 선행공정인 B, E공정보다 먼저 배치되었다.

② 을과 병의 A공정이 30분 겹치므로 불가능하다.

<table>
<tr><th>구분</th><th colspan="2">1</th><th colspan="2">2</th><th colspan="2">3</th><th colspan="2">4</th><th colspan="2">5</th><th colspan="2">6</th><th colspan="2">7</th><th colspan="2">8</th></tr>
<tr><td>갑</td><td colspan="1">B</td><td colspan="2">E</td><td colspan="2">A</td><td colspan="3">D</td><td colspan="4">C</td><td colspan="4"></td></tr>
<tr><td>을</td><td colspan="2"></td><td colspan="1">B</td><td colspan="4">C</td><td colspan="2">E</td><td colspan="3">D</td><td colspan="2">A</td><td colspan="2"></td></tr>
<tr><td>병</td><td colspan="4"></td><td colspan="4">C</td><td colspan="1">B</td><td colspan="2">E</td><td colspan="2">A</td><td colspan="3">D</td></tr>
</table>

③ 을과 병의 A공정이 동시에 진행되므로 불가능하다.

<table>
<tr><th>구분</th><th colspan="2">1</th><th colspan="2">2</th><th colspan="2">3</th><th colspan="2">4</th><th colspan="2">5</th><th colspan="2">6</th><th colspan="2">7</th><th colspan="2">8</th></tr>
<tr><td>갑</td><td colspan="4">C</td><td colspan="2">E</td><td colspan="1">B</td><td colspan="2">A</td><td colspan="3">D</td><td colspan="4"></td></tr>
<tr><td>을</td><td colspan="2"></td><td colspan="1">B</td><td colspan="2">E</td><td colspan="2">A</td><td colspan="3">D</td><td colspan="4">C</td><td colspan="2"></td></tr>
<tr><td>병</td><td colspan="4"></td><td colspan="1">B</td><td colspan="2">A</td><td colspan="2">E</td><td colspan="4">C</td><td colspan="3">D</td></tr>
</table>

05

정답 ②

제시된 조건에 따르면, 1층에는 남성인 주임을 배정해야 하므로 C주임이 배정된다. 그러면 3층에 배정 가능한 직원은 남성인 B사원 또는 E대리이다. 먼저 3층에 B사원을 배정하는 경우, 5층에는 A사원이 배정된다. 그리고 D주임은 2층에, E대리는 이보다 위층인 4층에 배정된다. 다음으로 3층에 E대리를 배정하는 경우, 5층에 A사원이 배정되면 4층에 B사원이 배정되고, 5층에 B사원이 배정되면 4층에 A사원이 배정된다. 그리고 D주임은 항상 E대리보다 아래층인 2층에 배정된다. 이를 정리하면 다음과 같다.

층수	경우 1	경우 2	경우 3
5층	A사원	A사원	B사원
4층	E대리	B사원	A사원
3층	B사원	E대리	E대리
2층	D주임	D주임	D주임
1층	C주임	C주임	C주임

따라서 5층에 A사원이 배정되더라도, 4층에는 B사원이 아닌 E대리가 배정될 수도 있다.

오답분석

① D주임은 항상 2층에 배정된다.
③ 5층에 B사원이 배정되면 3층에는 E대리, 4층에는 A사원이 배정된다.
④ C주임은 항상 1층에 배정된다.

06

정답 ③

김대리의 10월 일정을 달력에 정리하면 다음과 같다.

〈10월 일정〉

일	월	화	수	목	금	토
				1 추석	2 추석연휴, 제주도 여행	3 개천절, 제주도 여행
4 제주도 여행	5 제주도 여행	6 제주도 여행, 휴가 마지막 날	7	8	9 한글날	10
11	12	13	14	15	16	17
18	19	20 외부출장	21 외부출장	22 외부출장	23 외부출장	24
25	26	27	28 프로젝트 발표	29 프로젝트 발표	30	31

12일 월요일부터 그 주에 스케줄이 없으므로 이틀간 연차를 쓰고 할머니댁 방문이 가능하다.

오답분석

① 제주도 여행 기간이며, 주말에는 할머니댁에 가지 않는다고 하였다.
② 6일은 제주도 여행에서 돌아오는 날로 휴가 기간이다.
④ 20일부터 23일까지 외부출장이 있다.

대표기출유형 04 기출응용문제

01

정답 ①

오답분석

② 법정대리인이 자녀와 함께 방문한 경우 법정대리인의 실명확인증표로 인감증명서를 대체 가능하다.
③ 만 18세인 B가 전자금융서비스를 변경하기 위해서는 법정대리인 동의서와 성명·주민등록번호·사진이 포함된 학생증이 필요하다. 학생증에 주민등록번호가 포함되지 않은 경우, 미성년자의 기본증명서가 추가로 필요하다.
④ 법정대리인 신청 시 부모 각각의 동의서가 필요하다.

02

정답 ③

• 1일 평균임금 : (4월+5월+6월 임금총액)÷(근무일수)
→ (160만 원+25만 원)+[(160만 원÷16일)×6일]+(160만 원+160만 원+25만 원)÷(22일+6일+22일)=118,000원
• 총근무일수 : 31일+28일+31일+22일+6일+22일=140일
• 퇴직금 : $118{,}000\text{원}\times30\text{일}\times\frac{140\text{일(총근무일수)}}{360\text{일}}\fallingdotseq1{,}376{,}667\text{원}$

따라서 직원 A가 받을 퇴직금은 1,376,000원(1,000원 미만 절사)이다.

03

정답 ①

3만 원 초과 10만 원 이하 소액통원의료비를 청구할 시, 진단서 없이 보험금 청구서와 병원영수증, 질병분류기호(질병명)가 기재된 처방전만으로 접수가 가능하다.

04

정답 ③

제시된 여행상품별 투표 결과를 정리하면 다음과 같다.

(단위 : 명)

여행상품	1인당 비용(원)	총무팀	영업팀	개발팀	홍보팀	공장 1	공장 2	합계
A	500,000	2	1	2	0	15	6	26
B	750,000	1	2	1	1	20	5	30
C	600,000	3	1	0	1	10	4	19
D	1,000,000	3	4	2	1	30	10	50
E	850,000	1	2	0	2	5	5	15
합계	–	10	10	5	5	80	30	140

㉠ 가장 인기가 높은 상품은 D이다. 그러나 공장 1의 고려사항은 회사에 손해를 줄 수 있으므로, 2박 3일 상품이 아닌 1박 2일 상품 중 가장 인기 있는 B상품이 선택된다. 따라서 총 여행상품 비용은 750,000×140=105,000,000원이므로 옳다.
㉢ B상품을 고른 30명의 2/3인 20명이 공장 1 직원이므로 절대다수를 차지하고 있으므로 옳다.

오답분석

㉡ 가장 인기가 높은 상품은 D이므로 옳지 않다.

대표기출유형 05 기출응용문제

01

정답 ④

오답분석

① 필리핀의 높은 전기요금은 원료비가 적게 드는 신재생에너지를 통해 낮출 수 있다. 또한 열악한 전력 인프라는 분석 결과에 나타나 있지 않다.

② 자사는 현재 중국 시장에서 풍력과 태양광 발전소를 운영 중에 있으므로 중국 시장으로의 진출은 대안으로 적절하지 않다. 또한 중국 시장이 경쟁이 적은지 알 수 없다.

③ 체계화된 기술 개발 부족은 자사가 아닌 경쟁사에 대한 분석 결과이므로 적절하지 않다.

02

정답 ④

(가) 특허를 통한 기술 독점(㉡)은 기업의 내부환경으로 볼 수 있다. 따라서 내부환경의 강점(Strength) 사례이다.

(나) 점점 증가하는 유전자 의뢰(㉢)는 기업의 외부환경(고객)으로 볼 수 있다. 따라서 외부환경에서 비롯된 기회(Opportunity) 사례이다.

오답분석

㉠ 투자 유치의 어려움은 기업의 외부환경(거시적 환경)으로 볼 수 있다. 따라서 외부환경에서 비롯된 위협(Threat) 사례이다.

㉣ 높은 실험 비용은 기업의 내부환경으로 볼 수 있다. 따라서 내부환경의 약점(Weakness) 사례이다.

03

정답 ②

고급 포장과 스토리텔링은 모두 수제 초콜릿의 강점에 해당되므로 SWOT 분석에 의한 마케팅 전략으로 볼 수 없다. SO전략과 ST전략으로 보일 수 있으나, 기회를 포착하거나 위협을 회피하는 모습을 보이지 않기에 적절하지 않다.

오답분석

① 값비싼 포장(약점)을 보완하여 좋은 식품에 대한 인기(기회)에 발맞춰 홍보하는 WO전략에 해당된다.

③ 수제 초콜릿의 스토리텔링(강점)을 포장에 명시하여 소비자들의 요구를 충족(기회)시키는 SO전략에 해당된다.

④ 수제 초콜릿의 존재를 모르는(약점) 소비자들을 겨냥한 마케팅을 강화하여 대기업과의 경쟁(위협)을 이겨내는 WT전략에 해당된다.

04

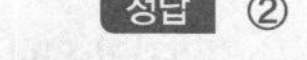

정답 ②

㉠ 기술개발을 통해 연비를 개선하는 것은 막대한 R&D 역량이라는 강점으로 휘발유의 부족 및 가격의 급등이라는 위협을 회피하거나 최소화하는 전략에 해당하므로 적절하다.

㉣ 생산설비에 막대한 투자를 했기 때문에 차량모델 변경의 어려움이라는 약점이 있는데, 레저용 차량 전반에 대한 수요 침체 및 다른 회사들과의 경쟁이 심화되고 있으므로 생산량 감축을 고려할 수 있다.

㉤ 생산 공장을 한 곳만 가지고 있다는 약점이 있지만 새로운 해외시장이 출현하고 있는 기회를 살려서 국내 다른 지역이나 해외에 공장들을 분산 설립할 수 있을 것이다.

㉥ 막대한 R&D 역량이라는 강점을 이용하여 휘발유의 부족 및 가격의 급등이라는 위협을 회피하거나 최소화하기 위해 경유용 레저 차량 생산을 고려할 수 있다.

오답분석

㉡ 소형 레저용 차량에 대한 수요 증대라는 기회 상황에서 대형 레저용 차량을 생산하는 것은 적절하지 않은 전략이다.

㉢ 차량모델 변경의 어려움이라는 약점을 보완하는 전략도 아니고, 소형 또는 저가형 레저용 차량에 대한 선호가 증가하는 기회에 대응하는 전략도 아니다. 또한, 차량 안전 기준의 강화 같은 규제 강화는 기회 요인이 아니라 위협 요인이다.

㉦ 기회는 새로운 해외시장의 출현인데 내수 확대에 집중하는 것은 기회를 살리는 전략이 아니다.

CHAPTER

04 조직이해능력

대표기출유형 01 기출응용문제

01

정답 ③

경영전략 추진과정

- 전략목표 설정 : 비전 설정, 미션 설정
- 환경분석 : 내부환경 분석, 외부환경 분석
- 경영전략 도출 : 조직전략, 사업전략, 부문전략
- 경영전략 실행 : 경영목적 달성
- 평가 및 피드백 : 경영전략 결과 평가, 전략목표 및 경영전략 재조정

02

정답 ①

(가)는 경영전략 추진과정 중 환경분석에 해당하며, 이는 외부 환경분석과 내부 환경분석으로 구분된다. 외부 환경으로는 기업을 둘러싸고 있는 경쟁자, 공급자, 소비자, 법과 규제, 정치적 환경, 경제적 환경 등을 볼 수 있으며, 내부 환경은 기업구조, 기업문화, 기업자원 등이 해당된다. ①에서 설명하는 예산은 기업자원으로서 내부 환경분석의 성격을 가지며, 다른 사례들은 모두 외부 환경분석의 성격을 가짐을 알 수 있다.

03

정답 ④

조직의 경영자는 조직을 둘러싼 외부 환경에 대해 항상 관심을 가져야 하며, 외부 환경에 변화가 생겼을 경우 이를 조직에 전달하여야 한다.

경영자의 역할

- 대인적 역할 : 조직의 대표자, 조직의 리더, 상징자・지도자
- 정보적 역할 : 외부환경 모니터, 변화 전달, 정보전달자
- 의사결정적 역할 : 문제 조정, 대외적 협상 주도, 분쟁조정자・자원배분자・협상가

04

정답 ③

①・②・④는 전략과제에서 도출할 수 있는 추진방향이지만, ③의 국제경쟁입찰의 과열 경쟁 심화와 컨소시엄 구성 시 민간기업과 업무배분, 이윤추구성향 조율의 어려움 등은 문제점에 대한 언급이기 때문에 추진방향으로 적절하지 않다.

05

정답 ④

④는 제품차별화에 대한 설명으로 반도체의 이러한 특성은 반도체산업 내의 경쟁을 심화시키고, 신규기업의 진입 장벽을 낮추기도 한다. 또한 낮은 차별성으로 인한 치열한 가격경쟁은 구매자의 교섭력을 높이는 반면, 공급자의 교섭력은 낮아지게 한다. 따라서 ④는 ㉣을 제외한 ㉠·㉡·㉢에 해당하는 사례이다.

㉣에는 반도체를 대체할 수 있는 다른 제품의 여부에 관한 것으로 대체재의 상대가격이나 대체재에 대한 구매자의 성향 등의 사례가 제시되어야 한다.

〈포터의 산업구조분석기법〉

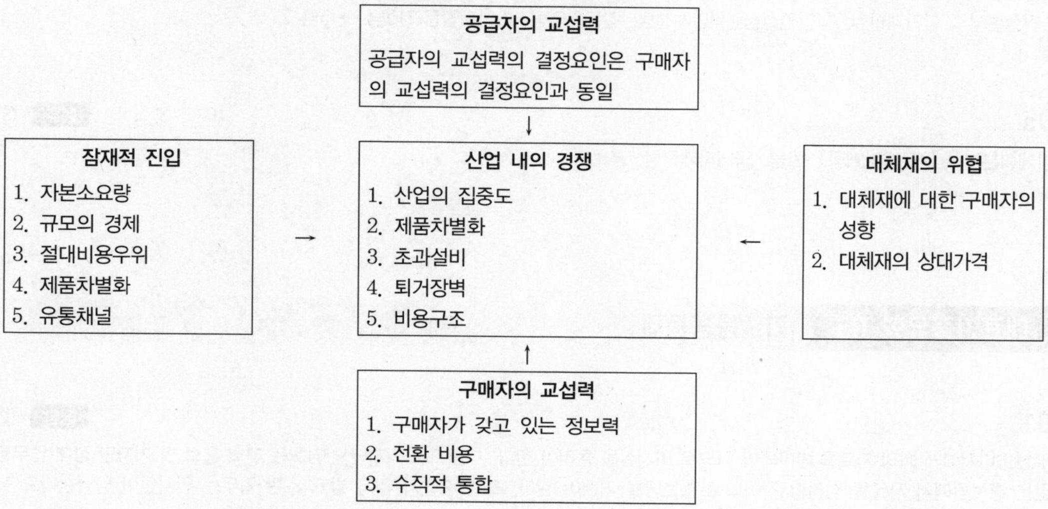

공급자의 교섭력

공급자의 교섭력의 결정요인은 구매자의 교섭력의 결정요인과 동일

↓

잠재적 진입

1. 자본소요량
2. 규모의 경제
3. 절대비용우위
4. 제품차별화
5. 유통채널

→

산업 내의 경쟁

1. 산업의 집중도
2. 제품차별화
3. 초과설비
4. 퇴거장벽
5. 비용구조

←

대체재의 위협

1. 대체재에 대한 구매자의 성향
2. 대체재의 상대가격

↑

구매자의 교섭력

1. 구매자가 갖고 있는 정보력
2. 전환 비용
3. 수직적 통합

06

정답 ④

구매자의 교섭력은 소수의 구매자만 존재하거나 구매자의 구매량이 판매자의 규모에 비해 클 때, 시장에 다수 기업의 제품이 존재할 때, 구매자가 직접 상품을 생산할 수 있을 때, 공급자의 제품 차별성이 낮을 때, 구매자가 공급자를 바꾸는 데 전환 비용이 거의 발생하지 않을 때 높아진다.

대표기출유형 02 기출응용문제

01

정답 ②

②는 업무의 내용이 유사하고 관련성이 있는 업무들을 결합해서 구분한 것으로 기능식 조직구조의 형태로 볼 수 있다.

02

정답 ④

공식집단의 예시로 제시되어 있는 동아리는 비공식집단의 예이며, 비공식집단의 예시로 제시되어 있는 임시 위원회는 공식집단의 예이다. 지속 기간의 차이에 따라 상설과 임시로 나누어질 뿐이지 조직의 공식 목표를 위해 조직에서 만든 위원회이므로 공식집단에 속한다.

03 정답 ①

조직 개편 방향에 따르면 마케팅본부를 신설한다고 하였다.

04 정답 ②

- 경영본부 : 기획조정실, 경영지원팀, 재무관리팀, 미래사업팀, 사회가치실현(TF팀), 인사관리팀 → 6팀
- 운영본부 : 물류전략실, 항만관리팀, 물류단지팀, 물류정보팀, 안전·보안(TF)팀 → 5팀
- 건설본부 : 항만개발실, 항만건설팀, 항만시설팀, 갑문운영팀, 스마트갑문(TF)팀 → 5팀

05 정답 ③

마케팅본부 : 글로벌마케팅1·2팀, 국내마케팅팀, 홍보팀

대표기출유형 03 기출응용문제

01 정답 ②

우선 B비서에게 회의 자료를 받아와야 하므로 비서실을 들러야 한다. 다음으로 기자단 간담회는 대회 홍보 및 기자단 상대 업무를 맡은 홍보팀에서 자료를 정리할 것이므로 홍보팀을 거쳐야 한다. 또한 승진자 인사 발표 소관 업무는 인사팀이 담당한다고 볼 수 있으며, 회사의 차량 배차에 대한 업무는 총무팀과 같은 지원부서의 업무로 보는 것이 적절하다.

02 정답 ①

서약서 집행 담당자는 보안담당관으로, 보안담당관은 총무국장이므로 서약서는 이사장이 아닌 총무국장에게 제출해야 한다.

03 정답 ④

교육 홍보물의 교육내용은 '연구개발의 성공을 보장하는 R&D 기획서 작성'과 'R&D 기획서 작성 및 사업화 연계'이므로 A사원이 속한 부서의 업무는 R&D 연구 기획과 사업 연계이다. 따라서 장비 활용 지원은 부서의 수행업무로 적절하지 않다.

04 정답 ②

교육을 바탕으로 기획서를 작성하여 성과를 내는 것은 교육의 효과성으로 이는 교육을 받은 회사 또는 사람의 역량이 가장 중요하다. 홍보물과 관련이 적은 성과에 대한 답변은 A사원이 답하기에는 어려운 질문이다.

CHAPTER

05 대인관계능력

PART 1

대표기출유형 01 기출응용문제

01

정답 ③

K사의 사례는 팀워크의 중요성과 주의할 점을 보여주고, H병원의 사례는 공통된 비전으로 인한 팀워크의 성공을 보여준다. 두 사례 모두 팀워크에 대한 내용이지만, 개인 간의 차이를 중시해야 한다는 것은 언급되지 않았다.

02

정답 ①

대인관계는 이해와 양보의 미덕을 기반으로 이루어진다. 신입사원 A는 팀원들과 교류가 없는 선임과 같이 일을 하면서 그를 이해하게 되고 적극적으로 다가가면서 관계가 가까워졌다.

03

정답 ③

제시된 상황은 다른 팀원들이 선임과 개방적으로 의사소통을 하지도 않고, 건설적으로 해결하려는 모습을 보여주고 있지 않기 때문에 신입사원 A는 팀의 좋은 영향을 미치지 못할 것이라고 판단하고 있다.

04

정답 ②

제시된 상황은 신입사원 A의 한 선임과 다른 팀원들 사이에서 갈등이 일어나 팀워크가 저해되고 있는 경우이므로 갈등을 해결해서 팀워크를 개발해야 한다. 갈등은 시간이 지남에 따라 점점 더 커지기 때문에 바로 해결하는 것이 좋으며, 팀원들의 갈등이 발견되면 제3자로 중재하는 것이 해결에 도움이 된다.

05

정답 ③

시험 준비는 각자 자신의 성적을 위한 것으로 팀워크의 특징인 공동의 목적으로 보기 어렵다. 또한 상호관계성을 가지고 협력하는 업무로 보기 어려우므로 팀워크의 사례로 적절하지 않다.

대표기출유형 02 기출응용문제

01

정답 ③

오답분석

① 사람들로 하여금 높은 성과를 올리도록 이끌어주는 자율적인 힘
② 다른 사람을 섬겨야 제대로 된 리더가 될 수 있다는 이론
④ 부하가 스스로를 통제하고 이끄는 데에 필요한 역량과 기술을 촉진하는 것

02

정답 ②

조직을 관리하는 대표는 리더(Leader)와 관리자(Manager)로 나눌 수 있다. 이 둘을 비교한 것 중 적절하지 않은 것은 ②이다. '무엇을 할까'를 생각하면서 적극적으로 움직이는 사람이 리더이고, 처해 있는 상황에 대처하기 위해 '어떻게 할까'를 생각하는 사람이 관리자이다.

03

정답 ①

오답분석

ⓒ·ⓓ 관리자의 특징에 대한 내용이다.

리더와 관리자의 특징

리더	관리자
• 새로운 상황의 창조자이다. • 혁신지향적 / 정신적이다. • 내일에 초점을 맞춘다. • 사람의 마음에 불을 지핀다. • 사람을 중시한다. • 계산된 리스크를 취한다. • '무엇을 할까?'를 생각한다.	• 상황에 수동적이다. • 유지지향적 / 기계적이다. • 오늘에 초점을 맞춘다. • 사람을 관리한다. • 체제나 기구를 중시한다. • 리스크를 회피한다. • '어떻게 할까?'를 생각한다.

04

정답 ②

현상 유지 및 순응은 반(反) 임파워먼트 환경이 만드는 현상이다.
리더십의 핵심 개념 중의 하나인 '임파워먼트(Empowerment)'는 조직 현장의 구성원에게 업무 재량을 위임하고 자주적이고 주체적인 체제 속에서 구성원들의 의욕과 성과를 이끌어 내기 위한 '권한 부여', '권한 이양'을 의미한다.

높은 성과를 내는 임파워먼트 환경의 특징

- 도전적이고 흥미 있는 일
- 학습과 성장의 기회
- 높은 성과와 지속적인 개선을 가져오는 요인들에 대한 통제
- 성과에 대한 지식
- 긍정적인 인간관계
- 개인들이 공헌하며 만족한다는 느낌
- 상부로부터의 지원

05

정답 ②

수동형 사원은 자신의 능력과 노력을 조직으로부터 인정받지 못해 자신감이 떨어지는 모습을 보인다. 따라서 자신의 업무에 대해 자신감을 키워주는 것이 적절하다.

오답분석

① 적절한 보상이 없다고 느끼는 소외형 사원에게 팀에 대한 협조의 조건으로 보상을 제시하는 것은 적절하지 않다.
③ 순응형 사원에 대해서는 그들의 잠재력 개발을 통해 팀 발전을 위한 창의적인 모습을 갖도록 해야 한다.
④ 실무형 사원에 대해서는 징계를 통해 규정준수를 억지로 강조하는 모습보다는 의사소통을 통해 규정준수를 이해시키는 것이 적절하다.

PART 1

06

정답 ④

오답분석

㉠ · ㉡ 수동형이 느끼는 조직에 대한 감정이다.

팔로워십 유형별 조직에 대한 감정

구분	조직에 대한 자신의 느낌
소외형	• 자신을 인정해 주지 않음 • 적절한 보상이 없음 • 불공정하고 문제가 있음
순응형	• 기존 질서를 따르는 것이 중요 • 리더의 의견을 거스르는 것은 어려운 일임 • 획일적인 태도와 행동에 익숙함
실무형	• 규정 준수를 강조 • 명령과 계획의 빈번한 변경 • 리더와 부하 간의 비인간적 풍토
수동형	• 조직이 나의 아이디어를 원하지 않음 • 노력과 공헌을 해도 아무 소용이 없음 • 리더는 항상 자기 마음대로 함

대표기출유형 03 기출응용문제

01

정답 ②

갈등이나 의견의 불일치는 불가피하다. 아무리 관리가 잘 되고 있는 조직이라 할지라도, 많은 사람들이 섞여있는 조직은 언제나 갈등이 일어날 소지를 가지고 있는 곳이다.

02

정답 ①

인간은 누구나 반대되는 의견이나 생각에 부딪히게 되면 자연스럽게 반대의견을 펴게 된다. 하지만 상대방을 자기의견에 따르도록 유도하는 것이 아니라 굴복시키게 되면 그의 자아에 심대한 타격을 주게 되므로 적절한 설득방법이라 보기 어렵다.

03

정답 ③

서로가 받아들일 수 있는 결정을 하기 위하여 중간지점에서 타협하여 주고받는 것은 타협형 갈등 해결 방안이다. Win – Win 전략은 통합형(협력형) 갈등 해결 방법으로 모두의 목표를 달성할 수 있는 해법을 찾는 것이다.

Win – Win 전략에 의거한 갈등 해결 단계

1. 충실한 사전 준비
   - 비판적인 패러다임 전환
   - 자신의 위치와 관심사 확인
   - 상대방의 입장과 드러내지 않은 관심사 연구
2. 긍정적인 접근 방식
   - 상대방이 필요로 하는 것에 대해 생각해 보았다는 점을 인정
   - 자신의 'Win – Win 의도' 명시
   - Win – Win 절차, 즉 협동적인 절차에 임할 자세가 되어 있는지 알아보기
3. 두 사람의 입장을 명확히 하기
   - 동의하는 부분 인정하기
   - 기본적으로 다른 부분 인정하기
   - 자신이 이해한 바를 점검하기
4. Win – Win에 기초한 기준에 동의하기
   - 상대방에게 중요한 기준을 명확히 하기
   - 자신에게 어떠한 기준이 중요한지 말하기
5. 몇 가지 해결책을 생각해 내기
6. 몇 가지 해결책 평가하기
7. 최종 해결책을 선택하고, 실행하는 것에 동의하기

04

정답 ②

경쟁형 갈등 해결 방법은 '나는 이기고 너는 지는 방법(I Win–You Lose)'을 말하며, 상대방의 목표달성을 희생시키면서 자신의 목표를 이루기 위해 전력을 다하는 전략(제로섬, Zero–Sum)이다.

갈등 해결 방법

유형	내용
회피형 (Avoiding)	• 자신과 상대방에 대한 관심이 모두 낮은 경우, 개인의 갈등상황으로부터 철회 또는 회피하는 것으로 '나도 지고 너도 지는 방법(I lose–You lose)'이다.
경쟁형 (Competing)	• 지배형(Dominating)이라고도 하며, 자신에 대한 관심은 높고 상대방에 대한 관심은 낮은 경우로서 '나는 이기고 너는 지는 방법(Win–Lose)'이다. • 이 방법은 제로섬(Zero–Sum) 개념을 의미한다.
수용형 (Accomodating)	• 자신에 대한 관심은 낮고 상대방에 대한 관심은 높은 경우로서 '나는 지고 너는 이기는 방법(I lose–You win)'이다. • 이 방법은 상대방이 거친 요구를 해오는 경우에 전형적으로 나타나는 반응이다.
타협형 (Compromising)	• 서로가 받아들일 수 있는 결정을 하기 위하여 타협적으로 주고받는 방식(Give and Take). 즉, 갈등 당사자들이 반대의 끝에서 시작하여 중간 정도 지점에서 타협하여 해결점을 찾는 것이다.
통합형 (Integrating)	• 협력형(Collaborating)이라고도 하며, 자신은 물론 상대방에 대한 관심이 모두 높은 경우로서 '나도 이기고 너도 이기는 방법(Win–Win)'이다. • 가장 바람직한 갈등 해결 유형이다.

05

정답 ④

제시된 사례를 살펴보면 갈등 처리를 통해 내부 집단끼리 서로의 목표를 달성하여 만족시키기를 원하고 있고, 갈등 당사자들은 적정한 수준에서의 변화와 과도하지 않은 요구조건을 서로 원하고 있다. 따라서 이와 같은 사례에서 유추할 수 있는 갈등처리 의도에 대해 옳게 설명하고 있는 사람은 은영과 권철이다.

대표기출유형 04 기출응용문제

01

정답 ④

④는 강압전략에 대한 설명이다. A사에 필요한 기술을 확보한 B사에게 대기업인 점을 내세워 공격적으로 설득하는 것은 적절하지 않은 설득방법이다.

오답분석

① See – Feel – Change 전략으로 A사의 주장을 믿지 않는 B사를 설득시키기에 적절한 전략이다.
② 호혜관계 형성 전략으로 서로에게 도움을 주고받을 수 있는 점을 설명하여 D사를 설득시키는 적절한 전략이다.
③ 사회적 입증 전략으로 A사의 주장을 믿지 못하는 B사를 설득시키는 적절한 전략이다.

02

정답 ①

제시된 글에서 협상진행 5단계를 파악하면 다음과 같다.

- 협상 시작 : 소손녕과 서희는 기싸움 등을 하면서 협상의지를 서로 확인하였고, 협상을 시작하였다.
- 상호 이해 : 갈등문제의 진행상황과 현재의 상황을 점검하는 단계로 정벌의 명분을 위해 소손녕은 고려가 신라 후예임을, 서희는 고구려의 후예임을 말하였다.
- 실질 이해 : 겉으로 주장하는 것과 실제로 원하는 것을 구분하여 실제로 원하는 것을 찾아내는 단계로 소손녕한테서 거란이 송과 전쟁을 위해 후방을 안전하게 하려는 것이 원하는 것임을 알았다.
- 해결 대안 : 최선의 대안에 대해서 합의하고 선택하는 단계로 서희는 상호간에 국교를 하려면 영토가 필요하다고 요구하였다.
- 합의 : 합의문을 작성하는 단계로 두 나라는 화의 요청 및 철군, 고려의 영토 개척 동의로써 합의하였다.

03

정답 ④

서희는 직접적으로 상대방의 요구를 거부하지 않았다. 원인과 이유를 말하고 우회하면서 그 요구를 받아들이기 위한 대안을 제시하였다.

04

정답 ③

부서장의 신임을 받으려 노력하는 점을 볼 때, 사람의 호의를 쟁취하기 위한 '지식과 노력의 차원'의 협상 사례로 볼 수 있다. 즉 지식과 노력의 차원에서 협상이란, 승진, 돈, 안전, 자유, 사랑, 지위, 명예, 정의, 애정 등 우리가 얻고자 원하는 것을 어떻게 다른 사람들보다 더 우월한 지위를 점유하면서 얻을 수 있을 것인가 등에 관련된 지식이며 노력의 장으로 볼 수 있다.

대표기출유형 05 기출응용문제

01

정답 ④

고객이 요청한 업무를 처리함에 있어 수수료 발생 등과 같이 고객이 반드시 알아야 하는 사항은 업무를 처리하기 전에 고객에게 확인을 받고 진행하는 것이 옳다. 업무가 완료된 후에 고객이 알아야 할 사항을 전달해야 한다는 것은 적절하지 않다.

02

정답 ③

제시문은 고객에게 사전에 반품 배송비가 있다는 것을 공지하지 않아서 발생한 상황이다. 따라서 반품 배송비가 있다는 항목을 명시하겠다는 내용이 가장 적절하다.

03

정답 ④

금고의 과실이 없는 경우의 과대보상 요구

ⓒ : 정중한 어조로 중지 요청
ⓛ : 업무규정에 대한 정확한 설명
ⓙ : 손해액에 대한 근거자료 요청
ⓜ : 계속해서 과도한 요구를 하는 경우 법적 조치의 대상이 될 수 있음을 안내
ⓡ : 상담종료 안내

04

정답 ④

금고의 과실로 인하여 고객이 보상을 요구할 때, 과대보상을 요구하는 등 문제행동을 보인다고 하더라도 상담을 중단하기보다는 적정한 손해에 대해서 보상할 수 있도록 안내하거나 설득하는 것이 적절하다. 즉, 보상은 이루어져야 하는 것이므로 상담종료를 안내한다는 매뉴얼은 적절하지 않다.

05

정답 ④

서비스업에 종사하다 보면 난처한 요구를 하는 고객을 종종 만나기 마련이다. 특히 판매 가격이 정해져 있는 프랜차이즈 매장에서 '가격을 조금만 깎아달라.'는 고객의 요구는 매우 난감하다. 하지만 이러한 고객의 요구를 모두 들어주다 보면 더욱 곤란한 상황이 발생할 수 있다. 그러므로 고객에게 왜 가격을 깎아줄 수 없는지 친절하게 설명하면서 불쾌하지 않도록 고객을 설득할 필요가 있다.

06

정답 ②

고객은 대출 이자가 잘못 나갔다고 생각하고 일처리를 잘못한다고 의심하는 상황이기 때문에 의심형 불만고객이다.

불만 표현 유형

- 거만형 : 자신의 과시욕을 드러내고 싶어 하는 사람으로, 보통 제품을 폄하하는 사람
- 의심형 : 직원의 설명이나 제품의 품질에 대해 의심을 많이 하는 사람
- 트집형 : 사소한 것으로 트집을 잡는 까다로운 고객
- 빨리빨리형 : 성격이 급하고, 확신 있는 말이 아니면 잘 믿지 않는 고객

07

정답 ④

Ⓒ 빠른 해결을 약속하지 않으면 다른 불만을 야기하거나 불만이 더 커질 수 있다.
Ⓓ 고객의 불만이 대출과 관련된 내용이기 때문에 이 부분에 대해 답변을 해야 한다.

오답분석

Ⓐ 해결 방안은 고객이 아닌 M기관에서 제시하는 것이 적절하다.
Ⓑ 불만을 동료에게 전달하는 것은 고객의 입장에서는 알 필요가 없는 정보이기 때문에 굳이 말할 필요가 없다.

PART 2
최종점검 모의고사

제1회
최종점검 모의고사

01	02	03	04	05	06	07	08	09	10	11	12	13	14	15	16	17	18	19	20
④	④	①	②	④	③	④	④	④	④	④	③	①	①	④	③	②	①	②	②
21	22	23	24	25	26	27	28	29	30	31	32	33	34	35	36	37	38	39	40
③	①	②	②	④	①	①	④	③	④	④	④	③	④	④	①	②	③	④	④

01

정답 ④

깍정이는 깍쟁이의 잘못된 표현이다. '이기적이고 인색한 사람, 아주 약빠른 사람'을 일컫는 말로는 '깍쟁이'가 옳다.

02

정답 ④

주유소 할인은 신용카드의 경우 해당되는 혜택이다.

오답분석

① 영화관람 시 체크카드는 4천 원 할인되므로 적절한 설명이다.
② 매월 1인당 5만 원까지 지원되므로 적절한 설명이다.
③ 신용카드 연회비는 국내전용 2천 원으로 적절한 설명이다.

03

정답 ①

'갑돌'의 성품이 탁월하다고 볼 수 있는 것은 그의 성품이 곧고 자신감이 충만하며, 다수의 옳지 않은 행동에 대하여 비판의 목소리를 내고, 그렇게 하는 데에 별 어려움을 느끼지 않을 것이기 때문이다. 또한 세 번째 문단에 따르면 탁월한 성품은 올바른 훈련을 통해 올바른 일을 즐겁게 그리고 어렵지 않게 처리할 수 있는 능력을 뜻한다. 따라서 아리스토텔레스의 입장에서는 '엄청난 의지를 발휘'하고 자신과의 '힘든 싸움'을 해야 했던 '병식'보다는 잘못된 일에 '별 어려움' 없이 '비판의 목소리'를 내는 '갑돌'의 성품을 탁월하다고 여길 것이다.

04

정답 ②

제시문은 재즈가 어떻게 생겨났고 재즈가 어떠한 것들을 표현해내는 음악인지에 대해 설명하고 있다. 따라서 글의 제목으로는 ②가 가장 적절하다.

05

정답 ④

네 번째 문단에 따르면 공장식 축산의 문제를 개선하기 위한 동물 복지 운동은 1960년대 영국을 중심으로 시작되었으며, 한국에서도 2012년부터 '동물 복지 축산농장 인증제'를 시행하고 있다고 하였다. 따라서 동물 복지 축산농장 인증제는 한국에서 올해 시행하고 있는 제도이다.

06

정답 ③

일반인은 3개 이내 관광 상품 아이디어가 대상이기 때문에 한두 개만 제출해도 된다.

오답분석

① 문화체육관광부, 한국관광공사가 주최하는 공모전이다.
② 해외 소재의 한국 관광상품 개발 및 판매 여행사만 참여 가능하다.
④ 여행사 기획상품은 해외지사를 통해 홍보될 예정이다.

07

정답 ④

공모전의 추진목적은 지속가능하며 한국 관광에 기여할 수 있는 상품의 개발인데 ④는 추진목적에 따른 상품기획 소재이므로 적절하지 않다.

PART 2

08

정답 ④

감각으로 검증할 수 없는 존재에 대한 관념은 그것의 실체를 확인할 수 없기 때문에 거짓으로 보아야 하는 문제가 발생한다는 것은 대응설이다.

09

정답 ④

오답분석

① 송금 가능 시간은 03:00 ~ 23:00이다.
② 05:00은 영업시간 외로 건당 미화 5만 불 상당액 이하만 송금이 가능하다.
③ 외국인 또는 비거주자 급여 송금은 연간 5만 불 상당액 이하만 가능하다.

10

정답 ④

제8항에 따르면 '그 외 내부 관리자의 실수나 기술관리상의 사고로 인해 개인정보의 상실, 유출, 변조, 훼손이 유발될 경우 M금고 홈페이지는 즉각 고객께 사실을 알리고 적절한 대책과 보상을 강구할 것'임을 설명하고 있다. 따라서 적절한 대책을 마련하고 그 이후에 유출 사실을 알리는 것은 적절하지 않다.

11

정답 ④

• 8명을 4개의 팀으로 나누는 경우의 수 : ${}_8C_2\times{}_6C_2\times{}_4C_2\times{}_2C_2\times\frac{1}{4!}=15\times7=105$가지

• 4팀을 2팀씩 경기할 수 있도록 자리를 배치하는 경우의 수 : ${}_4C_2\times{}_2C_2\times\frac{1}{2!}=3$가지

따라서 참가자들의 대진표를 작성하는 경우의 수는 $105\times3=315$가지이다.

12

정답 ③

A제품의 불량률을 x%라 하면 다음과 같다.

$600(1-x)\geq2,400x$

$\rightarrow 3,000x\leq600$

$\therefore x\leq0.2$

따라서 A제품을 판매할 때 손해를 보지 않을 A제품의 불량률은 최대 20%이다.

13

정답 ①

농도 3%의 소금물을 xg이라고 하면 다음과 같은 식이 성립한다.

$\frac{8}{100}\times 400+\frac{3}{100}\times x=\frac{5}{100}(400+x)$

$\rightarrow 3,200+3x=2,000+5x$

$\rightarrow 2x=1,200$

$\therefore x=600$

따라서 농도 3%의 소금물을 600g 넣어야 한다.

14

정답 ①

두 사람이 함께 일을 하는 데 걸리는 기간을 x일이라고 하고 전체 일의 양을 1이라고 하자.

대리가 하루에 진행하는 업무의 양은 $\frac{1}{16}$, 사원이 하루에 진행하는 업무의 양은 $\frac{1}{48}$이므로 $\left(\frac{1}{16}+\frac{1}{48}\right)x=1$이다.

$\therefore x=12$

따라서 두 사람이 함께 일을 하는 데 걸리는 기간은 12일이다.

15

정답 ④

A씨가 취급한 대출상환방식은 분기마다 1회 후납하는 방식이며, 4회에 걸쳐 동일한 원금을 납부해야 한다. 그리고 분기마다 적용되는 이율은 8÷4=2%이다. 이를 토대로 기간별로 지불하여야 할 이자를 계산하면 다음과 같다.

구분	1분기	2분기	3분기	4분기	합계
대출잔액	4천만 원	3천만 원	2천만 원	1천만 원	–
상환원금	4천만 원÷4회 =1천만 원	1천만 원	1천만 원	1천만 원	4천만 원
이자	4천만 원×2% =800,000원	3천만 원×2% =600,000원	2천만 원×2% =400,000원	1천만 원×2% =200,000원	2백만 원

따라서 A씨가 지불해야 할 이자 총액은 2백만 원이다.

16

정답 ③

분기별 사회복지사 인력의 합은 다음과 같다.

- 2022년 3분기 : 391+670+1,887=2,948명
- 2022년 4분기 : 385+695+1,902=2,982명
- 2023년 1분기 : 370+700+1,864=2,934명
- 2023년 2분기 : 375+720+1,862=2,957명

분기별 전체 보건인력 중 사회복지사 인력의 비율은 다음과 같다.

- 2022년 3분기 : $\frac{2,948}{80,828}\times 100 \fallingdotseq 3.65\%$
- 2022년 4분기 : $\frac{2,982}{82,582}\times 100 \fallingdotseq 3.61\%$
- 2023년 1분기 : $\frac{2,934}{86,236}\times 100 \fallingdotseq 3.40\%$
- 2023년 2분기 : $\frac{2,957}{86,707}\times 100 \fallingdotseq 3.41\%$

따라서 옳지 않은 것은 ③이다.

17

정답 ②

미술과 수학을 신청한 학생의 비율 차이는 16−14=2%p이고, 신청한 전체 학생은 200명이다.
따라서 수학을 선택한 학생 수는 미술을 선택한 학생 수보다 200×0.02=4명 더 적다.

18

정답 ①

3월과 4월의 총합계가 서로 바뀌었다.

(단위 : 건)

구분	합계	1월	2월	3월	1분기	4월	5월	6월	7월	8월	9월	10월	11월	12월
합계	8,608	374	230	303	−	809	2,134	1,519	626	388	346	596	599	684
2016년	2,247	94	55	67	216	224	588	389	142	112	82	156	148	190
2017년	1,884	85	55	62	202	161	475	353	110	80	74	131	149	149
2018년	1,629	78	37	61	176	161	363	273	123	67	69	95	137	165
2019년	1,561	57	43	69	169	151	376	287	148	63	70	135	86	76
2020년	1,287	60	40	44	144	112	332	217	103	66	51	79	79	104

19

정답 ②

A주임은 M카드사 기준 신규고객이며, 우대금리 2를 적용받아 총 연 1.7+0.5=2.2%의 금리를 적용받는다.
A주임이 만기 시 수령할 원리금을 계산하면 다음과 같다.

$$200,000\times\left\{\frac{(1.022)^{\frac{13}{12}}-(1.022)^{\frac{1}{12}}}{(1.022)^{\frac{1}{12}}-1}\right\}=200,000\times\left(\frac{1.0238-1.0018}{1.0018-1}\right)=200,000\times\frac{0.022}{0.0018}\fallingdotseq 2,444,000\text{원}$$

따라서 A주임이 M적금 만기 시 수령할 원리금은 2,444,000원이다.

20

정답 ②

A주임은 M카드사 기준 기존고객이며, 우대금리 1을 적용받아 총 연 1.7+3.5=5.2%의 금리를 적용받는다.
A주임이 만기 시 수령할 원리금을 계산하면 다음과 같다.

$$200,000\times\left\{\frac{(1.052)^{\frac{13}{12}}-(1.052)^{\frac{1}{12}}}{(1.052)^{\frac{1}{12}}-1}\right\}=200,000\times\left(\frac{1.0564-1.0042}{1.0042-1}\right)=200,000\times\frac{0.0522}{0.0042}\fallingdotseq 2,486,000\text{원}$$

따라서 A주임이 M적금 만기 시 수령할 원리금은 2,486,000원이다.

21

정답 ③

가장 큰 B종 공룡보다 A종 공룡은 모두 크다. 일부의 C종 공룡은 가장 큰 B종 공룡보다 작다.
따라서 일부의 C종 공룡은 가장 작은 A종 공룡보다 작다.

22

정답 ①

각각의 진술이 참일 경우는 다음과 같다.

i) 수민이의 말이 참인 경우

수민이와 한별이는 농구장, 영수는 극장에 갔다. 수영장에 간 사람이 없으므로 모순이다.

ii) 한별이의 말이 참인 경우

수민이와 한별이는 수영장 또는 극장에 갈 수 있고, 영수는 극장에 갔다. 농구장에 간 사람이 없으므로 모순이다.

iii) 영수의 말이 참인 경우

수민이는 수영장 또는 극장, 영수는 수영장 또는 농구장에 갈 수 있고, 한별이는 농구장에 갔다.

따라서 수민이는 극장, 한별이는 농구장, 영수는 수영장에 갔다.

23

정답 ②

오답분석

① 다가 맨 뒤에 배치되었으며, 나 뒤에 바가 있기 때문에 오답이다.

③ 가가 맨 앞 또는 맨 뒤에 배치되지 않았으며, 나 뒤에 바가 있기 때문에 오답이다.

④ 마와 라가 연달아 서지 않았기 때문에 오답이다.

24

정답 ②

무는 혼자만 주문한 메뉴가 1개 포함되어 있으므로 치킨버거를 주문하거나 주스를 주문하였다.

• 무가 치킨버거를 주문하는 경우

네 번째 조건에 따라 갑과 병은 새우버거를 주문하거나 치즈버거를 주문해야 한다. 만약 갑과 병이 새우버거를 주문하면, 병과 정은 주스를 주문할 수 없고, 정은 치즈버거를 먹기 때문에 콜라도 주문할 수 없으므로 사이다를 주문해야 한다. 또한 을은 콜라를 주문하지 않고 정이 주문한 음료인 사이다도 주문할 수 없으므로 주스를 주문해야 하는데, 이는 두 번째 조건에 어긋난다. 따라서 갑과 병은 새우버거를 주문할 수 없고 치즈버거를 주문한다. 이 경우 을과 정이 새우버거를 주문하고, 병은 치즈버거를 주문했기 때문에 세 번째와 일곱 번째 조건에 따라 사이다를 주문한다. 나머지 4명 중 2명은 콜라를 주문해야 하는데, 갑과 을이 콜라를 주문할 수 없으므로 정과 무가 콜라를 주문하고, 을이 주문한 메뉴는 항상 다른 사람과 겹치므로 사이다를, 갑이 주스를 주문한다. 이를 표로 정리하면 다음과 같다.

구분	갑	을	병	정	무
버거	치즈버거	새우버거	치즈버거	새우버거	치킨버거
음료	주스	사이다	사이다	콜라	콜라

• 무가 주스를 주문하는 경우

첫 번째, 두 번째, 네 번째 조건에 따라 갑·을·병·무는 치킨버거를 주문할 수 없으므로 정이 치킨버거를 주문한다. 갑·병이 치즈버거를 주문하는 경우 다섯 번째, 여섯 번째 조건상 갑·을·병이 모두 콜라를 주문할 수 없어서 콜라를 시킬 사람이 정밖에 남지 않으므로, 갑·병은 새우버거를 주문해야 한다. 을과 무는 치즈버거를 주문하고, 을은 콜라를 주문할 수 없으므로 사이다를 주문한다. 을과 정은 같은 음료를 주문할 수 없으므로 정은 콜라를, 갑과 병이 각각 사이다 또는 콜라를 주문한다. 이를 표로 정리하면 다음과 같다.

구분	갑	을	병	정	무
버거	새우버거	치즈버거	새우버거	치킨버거	치즈버거
음료	사이다 / 콜라	사이다	콜라 / 사이다	콜라	주스

따라서 갑·을 또는 을·병은 사이다를, 병·정은 콜라를, 을·무는 치즈버거를 동시에 주문할 수 있다.

25

정답 ④

24번 해설에서 무가 주스를 주문하는 경우 치즈버거를 함께 주문하는 것을 확인할 수 있으므로 항상 옳은 설명이 아니다.

26

정답 ①

원화에서 유로화로 환전하는 경우가 2가지, 유로화에서 리라화로 환전하는 경우가 2가지이므로, 총 4가지 환전경로가 있다. 각 환전경로에 따른 환전수수료를 계산하면 다음과 같다. 이때, 계산의 편의를 위해 600만 원이 아닌 1,200원을 기준으로 유불리를 비교한다.

① 국내 사설환전소(원화 → 유로화), 스페인 현지(유로화 → 리라화)
국내 사설환전소에서 1,200원을 1유로로 교환하며, 이때는 수수료가 없다. 그리고 스페인 현지에서 1유로를 8리라로 환전할 수 있으며, 이때 수수료는 8×0.05=0.4리라이다.

② 국내 사설환전소(원화 → 유로화), 터키 현지(유로화 → 리라화)
국내 사설환전소에서 1,200원을 1유로로 교환하며, 이때는 수수료가 없다. 그리고 터키 현지에서 1유로를 5리라로 환전할 수 있으며, 이때 수수료는 5×0.1=0.5리라이다.

③ 스페인 현지(원화 → 유로화 → 리라화)
스페인 현지에서 원화 1,200원을 1유로로 환전할 때의 수수료는 1×0.05=0.05유로이다. 이 0.05유로를 리라화로 환산해보면 0.05(유로)×1(리라)÷0.125(유로)=0.4리라이다. 또한 원화를 환전하며 수수료를 지불하고 남은 0.95유로를 리라로 환전하면 0.95(유로)×1(리라)÷0.125(유로)=7.6리라이고, 이때 수수료는 7.6×0.05=0.38리라이므로, 총 환전수수료는 0.4+0.38=0.78리라이다.

④ 스페인 현지(원화 → 유로화), 터키 현지(유로화 → 리라화)
스페인 현지에서 원화 1,200원을 1유로로 환전할 때의 수수료는 1×0.05=0.05유로이다. 이것을 리라화로 환산해보면 0.05(유로)×1(리라)÷0.125(유로)=0.4리라이다. 스페인에서 바꾼 1유로 중 수수료를 내고 남은 0.95유로를 터키에서 환전하면 0.95(유로)×1(리라)÷0.20(유로)=4.75리라이고, 이때 수수료는 4.75×0.1=0.475리라이므로, 총 환전수수료는 0.4+0.475=0.875리라이다.

따라서 한화 1,200원당 가장 적은 환전수수료가 드는 경로는 국내 사설환전소에서 원화를 유로화로 환전한 후, 스페인 현지에서 유로화를 리라화로 환전하는 경우이다.

27

정답 ①

26번에서 기존의 4가지 환전경로에 따른 환전수수료를 계산한 결과, 국내 사설환전소에서 원화를 유로화로 환전한 후, 스페인 현지에서 유로화를 리라화로 환전하는 경우가 가장 적은 환전수수료가 들었다. 이때의 환전수수료는 1,200원당 0.4리라였다. 국내 사설환전소에서 원화를 리라화로 환전하는 경우는 1,200(원)×1(리라)÷250(원)=4.8리라이므로 1,200원을 4.8리라로 환전할 수 있으며, 이때의 환전수수료는 4.8×0.09=0.432리라이다.
그러므로 국내 사설환전소에서 원화를 유로화로 환전한 후, 스페인 현지에서 유로화를 리라화로 환전하는 경우에 더 적은 수수료를 지불함을 알 수 있다. 그러므로 A대리는 26번에서 구한 최저 수수료를 지불하는 환전경로를 선택할 것이다.

㉠ 1,200원당 0.4리라를 수수료로 지불하였으므로 600만 원을 환전하는 경우, 총 환전수수료는 $\frac{600만}{1,200}$×0.4=2,000리라이다.
따라서 옳은 설명이다.

오답분석

㉡ 26번 해설에 따라 A대리는 국내 사설환전소에서 원화를 유로화로 환전한 후, 스페인 현지에서 유로화를 리라화로 환전하는 방식을 선택할 것이다.
㉢ 총 환전대상 금액에 따라 유불리가 달라지지 않는다.

28

정답 ④

감사위원회 운영규정 제3장(회의) 제8조 소집권자에 따르면 위원회는 위원장이 소집하며, 위원장 이외에 회장 또는 위원의 요구가 있는 경우 위원장은 위원회를 소집해야 한다. 따라서 위원장인 J이사가 필요하다고 생각하는 경우에만 임시회의가 개최될 수 있다는 내용은 적절하지 않다.

오답분석

① 제2장 제5조 제1항을 통해 알 수 있다.
② 제2장 제6조 제3항을 통해 알 수 있다.
③ 제3장 제7조 제2항을 통해 알 수 있다.

29

정답 ③

감사위원 선정 방식에 따라 후보자들의 점수를 산정하면 다음과 같다.

(단위 : 점)

구분	학위 점수	근무 경력 점수	최종 점수
후보자 A	45	35	80
후보자 B	불인정	50	자격 미달
후보자 C	38+5(∵ 가산점)	48	91
후보자 D	31+5(∵ 가산점)	44	80

후보자 B의 경우 자격 요건인 경제, 경영, 재무, 법률 계열 학위를 보유하고 있지 않으므로 자격 미달이다.
따라서 가장 높은 점수(91점)를 받은 후보자 C가 감사위원으로 선정된다.

30

정답 ④

연도별 자본에 대한 부채비율을 정리하면 다음과 같다.

- 2017년 : $\frac{21,981,623}{12,864,910} \times 100 ≒ 170.9\%$
- 2018년 : $\frac{21,985,214}{11,790,288} \times 100 ≒ 186.5\%$
- 2019년 : $\frac{17,175,720}{12,165,465} \times 100 ≒ 141.2\%$
- 2020년 : $\frac{17,792,954}{12,794,779} \times 100 ≒ 139.1\%$
- 2021년 : $\frac{16,504,252}{13,076,376} \times 100 ≒ 126.2\%$

2018년의 부채비율은 2017년에 비해 증가하였으므로 적절하지 않은 설명이다.
또한 2018년에는 2017년에 비해 자본총계는 감소한 반면, 부채총계는 증가하였으므로 부채비율 역시 증가하였음을 알 수 있다.

오답분석

① $\frac{(29,580,628-30,587,733)}{30,587,733} \times 100 ≒ -3.3\%$이므로, 전년 대비 3% 이상 감소한 것을 알 수 있다.

② 2021년 부채의 총합은 16,504,252백만 원으로 2020년의 17,792,954백만 원에 비해 감소하였고, 2021년 자본의 총합은 13,076,376백만 원으로 2020년의 12,794,779백만 원에 비해 증가하였다.

③ 2021년 자본에 대한 부채비율 : $\frac{16,504,252}{13,076,376} \times 100 ≒ 126.2\%$

- 2020년 자본에 대한 부채비율 : $\frac{17,792,954}{12,794,779} \times 100 ≒ 139.1\%$

따라서 2021년 자본에 대한 부채비율은 2020년에 비해 감소하였다.

31

정답 ④

홈페이지 운영 등은 정보사업팀에서 한다.

오답분석

① 감사실(1개)과 11개의 팀으로 되어 있다.
② 예산기획과 경영평가는 전략기획팀에서 관리한다.
③ 경영평가(전략기획팀), 성과평가(인재개발팀), 품질평가(평가관리팀) 등 다른 팀에서 담당한다.

32

정답 ④

품질평가 관련 민원은 평가관리팀이 담당하고 있다.

33

정답 ③

사업추진절차에 나타난 '청 고용센터'를 통해 교육박람회가 아닌 채용박람회를 추진 중임을 알 수 있다.

오답분석

① A시청, B시청 합동 사업추진이다.
② 선지급금으로 총 금액 중 70% 3,500만 원을 받기 때문에 정산 시에는 남은 잔액인 1,500만 원을 받는다.
④ 수탁기관에 맡겨 진행한다.

34

정답 ④

㉣은 본부의 사업평가 단계이므로 차기 사업계획 수립이 아닌 박람회 개최 결과 실적 분석 등 평가와 개선방안 마련의 절차가 오는 것이 적절하다.

35

정답 ④

우선순위를 파악하기 위해서는 중요도와 긴급성을 파악하여 중요도와 긴급성이 높은 일부터 처리해야 한다. 그러므로 업무 리스트 중에서 가장 먼저 해야 할 일은 내일 있을 당직 근무자 명단 확인이다. 그다음 영업1팀의 비품 주문, 신입사원 면접 날짜 확인, 인사총무팀 회식 장소 예약 확인, 회사 창립 기념일 행사 준비 순으로 진행해야 한다.

36

정답 ①

조직변화의 과정은 환경변화 인지 – 조직변화 방향 수립 – 조직변화 실행 – 변화결과 평가 순으로 이루어진다. 따라서 순서대로 바르게 나열한 것은 ①이다.

37

정답 ②

유동인구가 가장 많은 마트 앞에는 설치가능 일자가 일치하지 않아 설치할 수 없고, 나머지 장소는 설치가 가능하다. 유동인구가 많은 순서대로 살펴보면 M금고 본부, 주유소, 우체국 순서이지만 주유소는 우체국과 유동인구가 하루 20명 이상 차이가 나지 않으므로 게시기간이 긴 우체국에 설치한다. 따라서 M금고 본부와 우체국에 설치한다.

38

정답 ③

게시기간에 따른 설치 및 게시비용만 계산하면 다음과 같다.

구분	M금고 본부	우체국	주유소	마트
설치비용	300만 원	250만 원	200만 원	300만 원
하루 게시비용	8만 원	12만 원	12만 원	7만 원
게시기간	21일	10일	9일	24일
합계 비용	300만+(8만×21) =468만 원	250만+(12만×10) =370만 원	200만+(12만×9) =308만 원	300만+(7만×24) =468만 원

따라서 주유소에 설치하는 것이 308만 원으로 가장 저렴하다.

39

정답 ④

스스로 하는 일이 없고, 제 몫의 업무를 제대로 수행하지 못하는 A사원은 수동형에 가깝다고 볼 수 있다.

멤버십의 유형

구분	자아상	동료 및 리더의 시각	조직에 대한 자신의 느낌
소외형	• 자립적인 사람 • 일부러 반대의견 제시 • 조직의 양심	• 냉소적 • 부정적 • 고집이 셈	• 자신을 인정해주지 않음 • 적절한 보상이 없음 • 불공정하고 문제가 있음
순응형	• 기쁜 마음으로 과업 수행 • 팀플레이를 함 • 리더나 조직을 믿고 헌신함	• 아이디어가 없음 • 인기 없는 일은 하지 않음 • 조직을 위해 자신과 가족의 요구를 양보함	• 기존 질서를 따르는 것이 중요 • 리더의 의견을 거스르는 것은 어려운 일임 • 획일적인 태도 및 행동에 익숙함
실무형	• 조직의 운영방침에 민감 • 사건을 균형 잡힌 시각으로 봄 • 규정과 규칙에 따라 행동함	• 개인의 이익을 극대화하기 위한 흥정에 능함 • 적당한 열의와 평범한 수완으로 업무 수행	• 규정준수를 강조 • 명령과 계획의 빈번한 변경 • 리더와 부하 간의 비인간적 풍토
수동형	• 판단, 사고를 리더에게 의존 • 지시가 있어야 행동	• 지시를 받지 않고 스스로 하는 일이 없음 • 제 몫을 하지 못함 • 업무 수행에는 감독이 필요	• 조직이 나의 아이디어를 원치 않음 • 노력과 공헌을 해도 아무 소용이 없음 • 리더는 항상 자기 마음대로 함
주도형	• 우리가 추구하는 유형, 모범형 • 독립적·혁신적 사고 • 적극적 참여와 실천		

40

정답 ④

반복적인 업무로 지친 팀원들에게 새로운 업무의 기회를 부여하는 것은 팀원들에게 동기를 부여할 수 있는 효과적인 방법이다. 팀원들은 매일 해왔던 업무와 전혀 다른 일을 처리하면서 새로운 도전이 주는 자극과 스릴감을 가지게 될 것이며, 나아가 자신의 능력을 인정받았다는 뿌듯함과 성취감을 느낄 수 있다.

오답분석

① 자신의 책임을 전가하는 팀원들에게 필요한 방법이다.
② 코칭은 문제를 함께 살피고, 지원하며, 지도 및 격려하는 활동을 말한다.
③ 지속적인 교육은 팀원들에게 성장의 기회를 제공하는 방법이다.

제2회
최종점검 모의고사

01	02	03	04	05	06	07	08	09	10	11	12	13	14	15	16	17	18	19	20
④	②	④	②	①	③	①	③	③	②	②	④	③	③	②	④	③	③	①	④
21	22	23	24	25	26	27	28	29	30	31	32	33	34	35	36	37	38	39	40
③	①	③	④	③	③	②	②	④	③	③	③	①	④	④	④	④	③	②	②

01

정답 ④

의존 명사는 관형어가 있어야 문장에 쓰일 수 있는 명사이지만, 다른 명사들과 마찬가지로 독립된 어절로 띄어쓰기를 해야 한다.

오답분석

① '지'는 '어떤 일이 있었던 때로부터 지금까지의 동안'을 나타내는 의존 명사이므로 띄어 쓴다.
② '-ㄴ데다가'는 '동시 연발'을 나타내는 어미이므로 붙여 쓴다.
③ '뿐'은 '다만 어떠하거나 어찌할 따름'이라는 뜻의 의존 명사이므로 띄어 쓴다.

02

정답 ②

제시문은 인권 신장을 위해 빈곤 퇴치가 UN의 핵심적인 목표가 되어야 한다는 주장을 시작으로 UN과 시민사회의 긴밀한 협력, 그리고 UN과 인도네시아 정부가 노력하여 평화와 독립 의지 실현을 이루길 바라는 내용을 담고 있다. 따라서 UN이 세계 평화와 번영을 위한 사명을 수행하는 것을 지지하는 ②가 결론으로 가장 적절하다.

오답분석

①·④ 구체적인 사실에 대한 논의이므로 결론의 내용으로 적당하지 않다.
③ 과제 제시와 해결 방안 모색을 촉구하는 내용이므로 서론에 적당하다.

03

정답 ④

제시문은 유교 사상의 입장에서 자연과 인간의 관계에 대해 설명한 다음, 완전한 존재인 자연을 인간이 본받아야 할 것임을 언급하고 있다. 따라서 유교에서 말하는 자연과 인간의 관계로 볼 때 인간은 자연의 일부이므로 자연과 인간은 대립이 아니라 공존해야 한다는 요지를 표제와 부제에 담아야 한다. ④는 부제가 본문의 내용을 어느 정도 담고 있으나 표제가 중심 내용을 드러내지 못하고 있다.

04

정답 ②

세조의 집권과 추락한 왕권 회복을 위한 세조의 정책을 설명하는 (나) 문단이 첫 번째 문단으로 적절하며, 다음으로 세조의 왕권 강화 정책 중 특히 주목받는 술자리 모습을 소개하는 (라) 문단이 와야 한다. 이후 당시 기록을 통해 세조의 술자리 모습을 설명하는 (가) 문단이 이어지는 것이 적절하며, 마지막으로 세조의 술자리가 가지는 의미를 해석하는 (다) 문단이 와야 한다. 따라서 (나) – (라) – (가) – (다)의 순서로 나열하는 것이 적절하다.

05

정답 ①

제시된 논증의 결론은 '커피(카페인) → 수면장애'이다. 그렇기 때문에 김사원의 의견대로 수면장애로 내원한 사람들 중에 커피를 마시지 않는 사람이 있다는 사실이 밝혀지면 논증과 반대이기 때문에 이 논증의 결론은 약화된다.

오답분석

- 이대리 : 무(無)카페인과 관련된 근거는 논증에 아무런 영향을 미치지 않는다.
- 안사원 : 발작 현상이 공포감과 무관하다는 사실은 카페인으로 인해 발작이 나타날 수 있다는 논증의 결론에 아무런 영향을 미치지 않는다.

06

정답 ③

고대인들은 실체를 볼 수 없는 소리와 음악에 주술적인 힘이 있는 것으로 믿었다. 질료적 상징이 생겨난 것도 같은 이유에서이다.

오답분석

④ 네 번째 문단에 의하면 음악은 가볍지만 형상을 가지지 못하며, 춤은 형상을 가지고 있지만 중력의 속박에 얽매여 있다. 그렇기에 두 장르는 서로가 서로를 필요로 하게 된다.

07

정답 ①

두 번째, 세 번째 문단에서 주술성과 관련된 개념의 변화 과정을 부분적으로 확인할 수 있으나, 가설의 설정 혹은 그것의 입증 과정은 찾아볼 수 없다.

오답분석

② 네 번째 문단에서는 음악(소리)과 춤의 기본적 속성과 그것의 결합을 비유적 진술과 대조를 통해 서술하고 있다.

④ 제시된 글에서는 먼저 소리(음악)의 '비물질성'이라는 핵심 개념에 대해 설명한 후, 이를 전제로 그것이 인간의 삶과 문화에 남긴 영향을 살펴보고 있다.

08

정답 ③

소리가 가지는 상징성은 그런 소리의 진원이 된 물질에 대한 주술적 믿음에서 비롯된 것이다. 이런 점에서 질료적 상징이 생겨나게 되는데, 풀피리의 소리는 그것이 풀로 만들어졌기 때문에 곡식을 자라게 하고, 북의 소리는 그것이 동물의 가죽으로 만들어졌기에 가축을 건강하게 한다는 상징성을 갖는다. ③은 호랑이 발톱이라는 물질(재료)을 지니면 호랑이와 같은 용맹함이 생겨 두려움을 없앨 수 있다는 주술적 믿음과 관련이 있다.

09

정답 ③

㉡ 네 번째 문단에서 소비자물가가 아니라 소비자물가의 상승률이 남은 상반기 동안 1% 미만의 수준에서 등락하다가 하반기에 들어 1%대 중반으로 상승할 것임을 알 수 있다.

㉢ 세 번째 문단에 따르면, 국내산업의 수출이 하락세로 진입한 것이 아니라 수출의 증가세가 둔화된 것뿐이다.

오답분석

㉠ 두 번째 문단에 따르면, 미 연방준비은행의 통화정책 정상화가 온건한 속도로 이루어짐에 따라 국제금융시장의 변동성이 축소되는 경향이 지속되었음을 알 수 있다. 그러므로 미 연방준비은행의 통화정책의 변동성이 커진다면 국제금융시장의 변동성도 확대될 것임을 예측할 수 있다.

㉣ 마지막 문단에 따르면, 금융통화위원회는 국내경제가 잠재성장률 수준에서 크게 벗어나지 않으면서 수요 측면의 물가상승압력도 크지 않기 때문에 통화정책의 완화 기조를 유지할 것이라고 하였다. 따라서 국내 경제성장률은 잠재성장률 수준을 유지하더라도, 수요 측면에서의 물가상승압력이 급증한다면 완화기조를 띠고 있는 통화정책 기조를 변경할 수 있을 것이라 추론할 수 있다.

10

정답 ②

제시문의 쾌락주의자들은 최대의 쾌락을 산출하는 행위를 올바른 것으로 간주하고, 쾌락을 기준으로 가치를 평가하였다. 또한 이들은 장기적인 쾌락을 추구하였으며, 순간적이고 감각적인 쾌락만을 추구하는 삶은 쾌락주의적 삶으로 여기지 않았다. 따라서 ②는 이러한 쾌락주의자들의 주장에 대한 반박으로 적절하지 않다.

11

정답 ②

제시문을 통해 조선 시대 금속활자는 왕실의 위엄과 권위를 상징하는 것임을 알 수 있다. 특히 정조는 왕실의 위엄을 나타내기 위한 을묘원행을 기념하는 의궤를 정리자로 인쇄하고, 화성 행차의 의미를 부각하기 위해 그해의 방목만을 정리자로 간행했다. 이를 통해 정리자는 정조가 가장 중시한 금속활자였음을 알 수 있으며, 나머지 문항은 제시문의 단서만으로는 알 수 없다.

12

정답 ④

A열차의 길이를 xm라고 하면 A열차의 속력은 $\frac{390+x}{9}$m/s이고, B열차의 길이는 350m이므로 B열차의 속력은 $\frac{365+335}{10}=$ 70m/s이다.

두 열차가 마주보는 방향으로 달려 서로 완전히 지나가는 데 4.5초가 걸리므로, 두 열차가 4.5초 동안 달린 거리의 합은 두 열차의 길이의 합과 같다.

$\left(\frac{390+x}{9}+70\right)\times4.5=x+335$

$\rightarrow \frac{390+x}{2}+315=x+335$

$\rightarrow 390+x=2x+40$

$\therefore\ x=350$

따라서 A열차의 길이는 350m이다.

13

정답 ③

12와 14의 최소공배수는 84이므로 할인 행사가 동시에 열리는 주기는 84일이다.
따라서 4월 9일에 할인 행사가 동시에 열렸다면 84일 후인 7월 2일에 다시 동시에 열릴 것이다.

14

정답 ③

- 피겨 경기 대진표의 경우의 수 : ${}_4C_2\times{}_2C_2\times\frac{1}{2!}=3$가지
- 쇼트트랙 경기 대진표의 경우의 수 : ${}_8C_2\times{}_6C_2\times{}_4C_2\times{}_2C_2\times\frac{1}{4!}=105$가지

따라서 두 경기 대진표의 경우의 수의 합은 3+105=108가지이다.

15

정답 ②

4개의 국가 중에서 2개의 국가가 경기하는 것이므로 각 팀 내에서 치러지는 경기는 ${}_4C_2=\frac{4\times3}{2}=6$개이다.

총 8개의 팀이므로 6×8=48번 시합을 하여 각 팀에서 2개의 국가가 토너먼트 경기에 출전하고, 16개 국가가 토너먼트 방식으로 경기를 하면 8+4+2+1=15번의 경기가 진행된다.
따라서 총경기 수는 48+15=63개이며, 총부가가치는 63×5=315만 달러이다.

16

정답 ④

농도 15% 소금물 500g에는 $500\times\frac{15}{100}=75$g의 소금이 들어있다.

xg의 깨끗한 물을 더 넣는다고 하였으므로 다음과 같은 식이 성립한다.

$\frac{75}{500+x}\times100=10$

$\rightarrow$ $750=500+x$

$\therefore$ $x=250$

따라서 깨끗한 물은 250g 넣어야 한다.

17

정답 ③

인구성장률 그래프의 경사가 완만할수록 인구수 변동이 적다.

오답분석

① 인구성장률은 1970년 이후 계속 감소하고 있다.

② 총인구가 감소하려면 인구성장률 그래프가 (−)값을 가져야 하는데 2011년과 2015년에는 (+)값을 갖는다.

④ 그래프를 통해 1990년 총인구가 더 적다는 것을 알 수 있다.

18

정답 ③

예금할 일정한 금액을 a원이라 하면 3년 후의 원리합계는

$a+a(1+0.05)+a(1+0.05)^2=40,000,000$

$\rightarrow$ $\frac{a(1.05^3-1)}{1.05-1}=\frac{a(1.16-1)}{0.05}=40,000,000$

$\therefore$ $a=\frac{40,000,000\times0.05}{0.16}=12,500,000$

따라서 매년 1,250만 원의 임대료를 받아야 한다.

19

정답 ①

50대 해외·국내여행 평균횟수는 매년 1.2회씩 증가한다. 따라서 빈칸에 들어갈 수는 31.2+1.2=32.4이다.

20

정답 ④

김대리가 작년에 낸 세금은 (4,000−2,000)×0.3=600만 원이다. 올해의 총소득은 20% 증가한 4,000×1.2=4,800만 원이고, 소득공제 금액은 40% 증가한 2,000×1.4=2,800만 원이다. 올해의 세액은 작년 세율보다 10%p 증가한 40%를 적용하면 (4,800−2,800)×0.4=800만 원이다. 따라서 작년보다 800−600=200만 원을 더 지불하게 된다.

21

정답 ③

산정산식에 따라 연간 특별기여금을 계산하면 다음과 같다.

구분	A종합금융회사	B신용협동조합	C상호저축은행	D신용협동조합
연간 특별기여금	42.9억×1/1,000	79.5억×5/10,000 =39.75억×1/1,000	51.2억×1/1,000	89.4억×5/10,000 =44.7억×1/1,000

따라서 연간 특별기여금이 가장 많은 곳은 C상호저축은행이다.

22

정답 ①

A의 입사일은 2019년 1월 1일로 현재 대출일 2024년 8월 1일 기준 5년 7개월 재직하였으나, 2022년 4월 1일부터 2023년 2월 1일까지 총 10개월의 육아휴직기간을 가졌으므로 총 재직기간은 4년 9개월이 된다.
따라서 A가 받은 최대 대출금액은 7,000만 원이고, 그에 따른 기준금리는 10.2%이므로 13.5%보다 낮은 이율로의 대출을 받으려면 대출기간은 6년 이하여야 한다.
따라서 대출기간은 6년으로 적용금리는 10.2+3.0=13.2%이며, 중도상환 전까지 1년마다 적용되는 금리에 따른 총 이자는 924+854=1,778만 원이다.

- 첫 1년간 이자 : 7,000×0.132=924만 원
- 다음 1년간 이자 : 7,000×(0.132−0.01)=854만 원

중도상환수수료를 내지 않는 대출 경과기간인 중도상환수수료 면제기간이 $6\times\frac{1}{2}$=3년이므로 2년 만에 대출금 전액을 중도상환할 경우 1년에 해당하는 중도상환수수료를 납부해야 한다.

- 중도상환수수료 : 7,000×0.06×$\frac{3-2}{3}$=140만 원

따라서 A가 2년 만에 중도상환할 시 지불해야 할 원금 외 금액은 이자와 중도상환수수료로 1,778+140=1,918만 원이다.

23

정답 ③

작년 전체 실적은 45+50+48+42=185억 원이며, 1～2분기와 3～4분기의 실적 비중을 구하면 다음과 같다.

- 1～2분기 비중 : $\frac{45+50}{185}\times 100 \fallingdotseq 51.4\%$
- 3～4분기 비중 : $\frac{48+42}{185}\times 100 \fallingdotseq 48.6\%$

따라서 바르게 짝지은 것은 ③이다.

24

정답 ④

첫 번째 명제의 대우와 두 번째 명제를 정리하면 '모든 학생 → 국어 수업 → 수학 수업'이 되어 '모든 학생은 국어 수업과 수학 수업을 듣는다.'가 성립한다. 세 번째 명제에서 수학 수업을 듣는 '어떤' 학생들이 영어 수업을 듣는다고 했으므로, '어떤 학생들은 국어, 수학, 영어 수업을 듣는다.'는 반드시 참이다.

25

정답 ③

A와 D의 진술이 모순되므로, A의 진술이 참인 경우와 거짓인 경우를 구한다.

i) A의 진술이 참인 경우
A의 진술에 따라 D가 부정행위를 하였으며, 거짓을 말하고 있다. B는 A의 진술이 참이므로 B의 진술도 참이며, B의 진술이 참이므로 C의 진술은 거짓이 되고, E의 진술은 참이 된다. 따라서 부정행위를 한 사람은 C, D이다.

ii) A의 진술이 거짓인 경우
A의 진술에 따라 D는 참을 말하고 있고, B는 A의 진술이 거짓이므로 B의 진술도 거짓이 된다. B의 진술이 거짓이므로 C의 진술은 참이 되고, E의 진술은 거짓이 된다. 그러면 거짓을 말한 사람은 A, B, E이지만 조건에서 부정행위를 한 사람은 2명이라고 했으므로 모순이 되어 옳지 않다.

26

정답 ③

역할을 분담하여 정한 청소 당번 규칙에 따라 O사원은 화분 관리, J대리는 주변 정돈, C사원은 커피 원두 채우기를 각각 담당하고 있으므로 L주임이 커피를 타는 담당자임을 알 수 있다. 또한 세 번째 조건에 따라 주변 정돈을 하고 있는 사람은 커피를 타지 않으므로, J대리를 도와 주변 정돈을 하는 O사원과 C사원 그리고 J대리는 커피를 타지 않음을 알 수 있다. 따라서 커피를 타는 사람은 L주임 혼자이므로 항상 참이 되는 것은 ③이다.

오답분석

① 커피 원두를 채우는 담당자는 C사원이며, 주어진 조건만으로는 O사원이 커피 원두를 채우는지 알 수 없다.
② 두 번째 조건에 따라 O사원이 J대리를 도와주고 있음을 알 수 있지만, J대리가 O사원을 도와주는지는 알 수 없다.
④ 세 번째 조건에 따라 주변 정돈을 하고 있는 사람은 커피를 타지 않으므로 주변 정돈을 돕고 있는 C사원은 커피를 타지 않는다.

27

정답 ②

1명만 거짓말을 하고 있기 때문에 모두의 말을 참이라고 가정하고, 모순이 어디서 발생하는지 생각해 본다.
5명의 말에 따르면, 1등을 할 수 있는 사람은 C밖에 없는데, E의 진술과 모순이 생기는 것을 알 수 있다.
만약 C의 진술이 거짓이라고 가정하면 1등을 할 수 있는 사람이 없게 되므로 모순이다.
따라서 E의 진술이 거짓이므로 나올 수 있는 순위는 C－E－B－A－D이다.

28

정답 ②

A를 8개의 자리 중 한 자리로 지정해놓고, A를 기준으로 좌석을 배치한다고 하자. 이사인 A의 양 옆에는 본부장인 B와 C가 앉는다. 그리고 동일한 소속의 참석자끼리는 마주 보고 앉는다고 하였으므로, B는 D와, C는 H와 마주 보고 앉는다. 또한, 합동연수에 참여하였던 B와 F는 이웃하여 앉아야 하므로, F는 B와 H 사이에 앉는다.
마지막으로 과장끼리는 이웃하여 앉는다고 하였으므로 G는 H와 이웃하여 앉는다. 자연스럽게 E는 나머지 한 자리인 C와 D 사이에 앉게 된다.

경우 1)

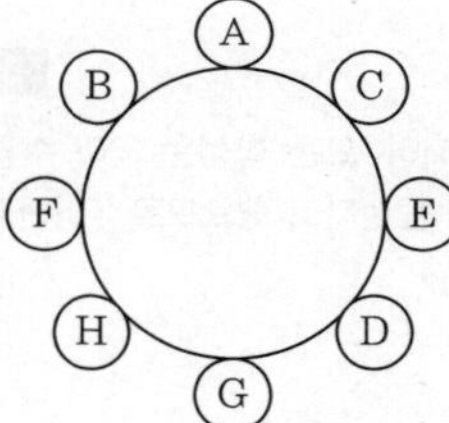

A와 G를 기준으로 좌우 대칭인 경우도 있다.

경우 2)

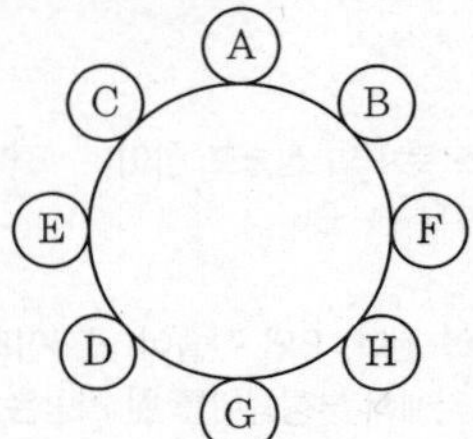

이렇게 2가지의 경우가 가능하다.
㉡ G과장은 항상 D부장과 이웃하여 앉으므로 옳은 설명이다.

오답분석

㉠ 경우 2에서 F부장은 B본부장의 왼쪽에 앉는다.
㉢ F부장은 E부장과 마주 보고 앉는다.
㉣ C본부장은 H과장과 마주 보고 앉는다.

29

정답 ④

변경된 참석자들을 조정하여 참석자 현황을 정리하면 다음과 같다.

참석자	직급	소속	부서	합동연수 참여여부
A	이사	본사	–	×
B	본부장	수도권사업본부	–	○
C	본부장	경기남부본부	–	×
D	부장	수도권사업본부	인사부	×
E	부장	경남사업본부	사업기획부	×
G	과장	대전본부	환경조사부	×
I	과장	강원본부	자원관리부	○
J	과장	충남본부	설비지원부	○

28번과 동일한 방식으로 A를 기준으로 좌석을 배치하자.

A 양옆에는 B와 C가 앉고, B와 같은 소속인 D가 B의 맞은편에 앉는다. 합동연수에 참여한 B, I, J는 이웃하여 앉아야 하므로, B의 옆에는 I 또는 J가 순서대로 앉고, 네 번째 규칙에서 과장끼리 이웃하여 앉아야 하는데, I, J가 모두 과장이므로, G는 I 또는 J의 옆에 앉는다. 자연스럽게 E는 나머지 한 자리인 C와 D 사이에 앉게 된다.

이를 도식화하면 다음과 같다.

경우 1)

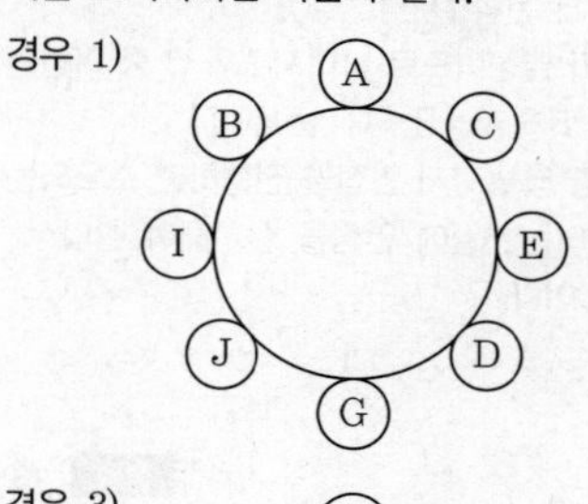

경우 2)

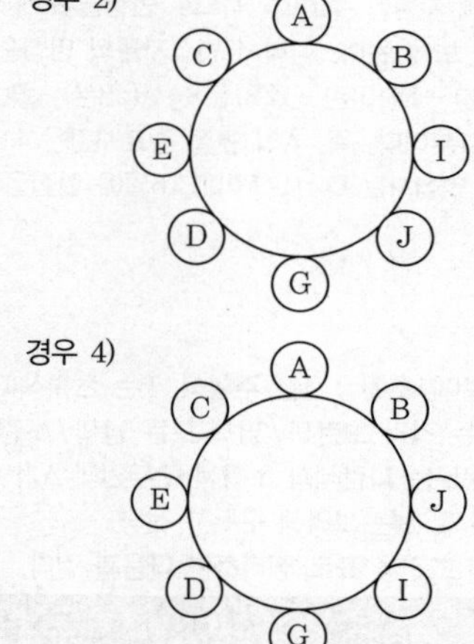

경우 3)

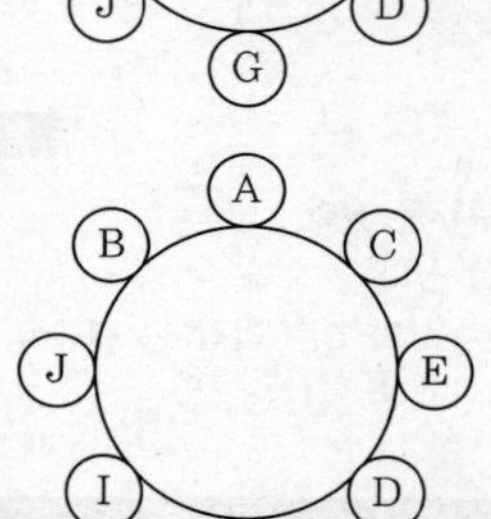

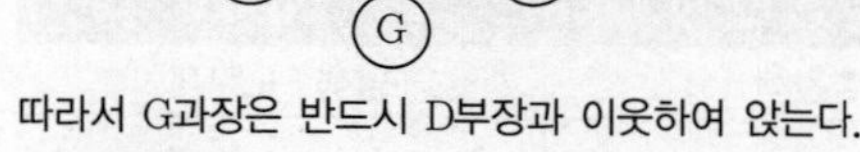

따라서 G과장은 반드시 D부장과 이웃하여 앉는다.

오답분석

① J과장은 본부장 또는 과장하고 이웃하여 앉는다.
② C본부장이 I과장과 이웃하여 앉는 경우는 없다.
③ G과장은 E부장과 이웃하여 앉지 않는다.

30

정답 ③

면접자들의 정보와 규칙에 따라 각 면접자들의 면접시간을 정리하면 다음과 같다.

(단위 : 분)

구분	공통사항	인턴경력	유학경험	해외봉사	최종학력	총 면접시간
A	5	8	–	–	10	23
B	5	–	–	3	10	18
C	5	8	–	3	10	26
D	5	–	–	3	–	8
E	5	8	6	–	–	19
F	5	–	6	–	10	21

따라서 면접을 오래 진행하는 면접자부터 나열하면 'C－A－F－E－B－D' 순서이다.

31

정답 ③

유학경험이 있는 면접자끼리 연이어 면접을 실시하여야 하므로, E와 F는 연달아 면접을 본다. 이때, 최종학력이 학사인 E가 먼저 면접을 본다(E －F). 그리고 나머지 학사 학위자는 D뿐이므로, D가 E에 앞서 면접을 보게 된다(D－E－F).
또한 F와 같이 마케팅 직무에 지원한 A가 F 다음으로 면접을 보게 되고(D－E－F－A), A가 남성이므로 나머지 B와 C 중 여성인 B가 A의 뒤를 이어 면접을 보게 된다. 따라서 면접자들의 면접순서를 나열하면 'D－E－F－A－B－C' 순서이다.
이들의 각 면접시간은 D(8분)－E(19분)－F(21분)－A(23분)－B(18분)－C(26분)으로, D부터 A까지 면접을 진행하면 소요되는 시간은 8+19+21+23=71분이다. 즉, A의 면접 종료시간은 11시 11분이 되므로, A부터는 6일에 면접을 실시해야 한다.
따라서 5일에 면접을 보는 면접자는 D, E, F이고, 6일에 면접을 보는 면접자는 A, B, C이다.

32

정답 ③

- 두 번째, 세 번째, 여섯 번째 조건 : A는 주황색, B는 초록색(C와 보색), C는 빨간색 구두를 샀다.
- 일곱 번째 조건 : B와 D는 각각 노란색 / 남색 또는 남색 / 노란색(B와 D는 보색) 구두를 샀다.
- 다섯 번째 조건 : 남은 구두는 파란색과 보라색 구두인데 A가 두 켤레를 구매하였으므로, C와 D는 각각 한 켤레씩 샀다.
- 네 번째 조건 : A는 파란색, B는 보라색 구두를 샀다.

이 사실을 종합하여 주어진 조건을 표로 정리하면 다음과 같다.

A	B	C	D
주황색	초록색	빨간색	남색 / 노란색
파란색	노란색 / 남색		
	보라색		

따라서 A는 주황색과 파란색 구두를 샀다.

33

정답 ①

M금고와 K사 모두 이후의 사업 추진 협력사와 안정적 수요처가 필요하다는 점에서 우호적 관계 유지가 필요하다고 판단할 것이다. 따라서 요구사항 중 일부 양보를 하면서 계약을 체결하는 협력전략, 즉 Win－Win전략을 취할 것이다. 우수한 기술수준을 가진 K사와 이후에도 협력하고자 하므로 양보를 통해 Win－Win하는 전략을 취할 가능성이 높다.

오답분석

ⓛ K사의 입장에서는 안정적 수요처가 필요하나 M금고 외에는 찾지 못하고 있으므로, 회피전략을 취하는 것보다 비용에서의 양보를 통해 계약을 성사시키는 등 Win－Win전략을 취하는 것이 협상을 성사시킬 가능성을 높이는 방법이다.

ⓒ 비용 요구사항이 더 낮은 다른 업체와 계약을 체결할 수 있지만, 기술 수준이 높은 K사와의 협력이 필요한 만큼 강압전략을 취하다가 K사가 협상에서 철수할 경우 필요한 기술수준을 얻지 못하게 된다. 따라서 강압전략보다는 협력전략을 취하는 것이 협상 성사 가능성을 더 높일 수 있는 방법이다.

34

정답 ④

김팀장의 업무 지시에 따르면 이번 주 금요일 회사 창립 기념일 행사가 끝난 후 진행될 총무팀 회식의 장소 예약은 목요일 퇴근 전까지 처리되어야 한다. 따라서 이대리는 ⓜ을 목요일 퇴근 전까지 처리해야 한다.

35

정답 ④

관리자가 오늘에 초점을 맞춘다면, 리더는 내일에 초점을 맞춰야 한다.

리더와 관리자의 특징

리더	관리자
• 새로운 상황 창조자 • 혁신지향적 / 정신적 • 내일에 초점을 맞춘다. • 사람의 마음에 불을 지핀다. • 사람을 중시한다. • 계산된 리스크를 취한다. • '무엇을 할까?'를 생각한다.	• 상황에 수동적 • 유지지향적 / 기계적 • 오늘에 초점을 맞춘다. • 사람을 관리한다. • 체제나 기구를 중시한다. • 리스크를 회피한다. • '어떻게 할까?'를 생각한다.

36

정답 ④

고객 불만을 해결하는 데 있어서는 신속하게 처리하는 것도 중요하지만, 같은 문제가 재발하지 않도록 꼼꼼히 처리하는 것이 더 중요하다.

37

정답 ④

국제동향 핵심사항을 정리하여 사무관 이상 전 직원에게 메모 보고해야 한다.

38

정답 ③

우리부 관련 부서는 주재국 관련 우리부에서 조치할 사항을 처리하는 역할을 한다.

39

정답 ②

제시된 모든 시간대에 전 직원의 스케줄이 비어있지 않다. 그렇다면 업무의 우선순위를 파악하여 바꿀 수 있는 스케줄을 파악하여야 한다. 10:00 ~ 11:00의 사원의 비품 신청은 타 업무에 비해 우선순위가 낮다.

오답분석

① 오전 부서장 회의는 부서의 상급자들과 상위 부서장들의 회의이며, 그날의 업무를 파악하고 분배하는 자리이므로 편성하기 어렵다.

③·④ 해당 시간에 예정된 업무는 해당 인원의 단독 업무가 아니므로 단독으로 변경해 편성하기 어렵다.

40

정답 ②

전기의 가격은 약 10 ~ 30원/km인 반면, 수소의 가격은 약 72.8원/km로 전기보다 수소의 가격이 더 비싸다. 하지만 원료의 가격은 자사의 내부 환경의 약점(Weakness) 요인이 아니라 거시적 환경에서 비롯된 위협(Threat) 요인으로 보아야 한다.

오답분석

- (가) : 보조금 지원을 통해 첨단 기술이 집약된 친환경차를 중형 SUV 가격에 구매할 수 있다고 하였으므로, 자사의 내부 환경(자사 경영자원)의 강점(Strength) 요인으로 볼 수 있다.
- (다) : 친환경차에 대한 인기가 뜨겁다고 하였으므로, 고객이라는 외부 환경에서 비롯된 기회(Opportunity) 요인으로 볼 수 있다.
- (라) : 생산량에 비해 정부 보조금이 부족한 것은 외부 환경(거시적)에서 비롯된 위협(Threat) 요인으로 볼 수 있다.

MG새마을금고 지역본부 필기전형 OMR 답안카드

성 명

지원 분야

문제지 형별기재란	
( )형	Ⓐ Ⓑ

수 험 번 호						
⓪	⓪	⓪	⓪	⓪	⓪	⓪
①	①	①	①	①	①	①
②	②	②	②	②	②	②
③	③	③	③	③	③	③
④	④	④	④	④	④	④
⑤	⑤	⑤	⑤	⑤	⑤	⑤
⑥	⑥	⑥	⑥	⑥	⑥	⑥
⑦	⑦	⑦	⑦	⑦	⑦	⑦
⑧	⑧	⑧	⑧	⑧	⑧	⑧
⑨	⑨	⑨	⑨	⑨	⑨	⑨

감독위원 확인
㊞ 인

1	①	②	③	④	21	①	②	③	④		
2	①	②	③	④	22	①	②	③	④		
3	①	②	③	④	23	①	②	③	④		
4	①	②	③	④	24	①	②	③	④		
5	①	②	③	④	25	①	②	③	④		
6	①	②	③	④	26	①	②	③	④		
7	①	②	③	④	27	①	②	③	④		
8	①	②	③	④	28	①	②	③	④		
9	①	②	③	④	29	①	②	③	④		
10	①	②	③	④	30	①	②	③	④		
11	①	②	③	④	31	①	②	③	④		
12	①	②	③	④	32	①	②	③	④		
13	①	②	③	④	33	①	②	③	④		
14	①	②	③	④	34	①	②	③	④		
15	①	②	③	④	35	①	②	③	④		
16	①	②	③	④	36	①	②	③	④		
17	①	②	③	④	37	①	②	③	④		
18	①	②	③	④	38	①	②	③	④		
19	①	②	③	④	39	①	②	③	④		
20	①	②	③	④	40	①	②	③	④		

※ 본 답안지는 마킹연습용 모의 답안카드입니다.

〈절취선〉

MG새마을금고 지역본부 필기전형 OMR 답안카드

성 명

지원 분야

문제지 형별기재란	
(　　　)형	Ⓐ Ⓑ

수 험 번 호						
⓪	⓪	⓪	⓪	⓪	⓪	⓪
①	①	①	①	①	①	①
②	②	②	②	②	②	②
③	③	③	③	③	③	③
④	④	④	④	④	④	④
⑤	⑤	⑤	⑤	⑤	⑤	⑤
⑥	⑥	⑥	⑥	⑥	⑥	⑥
⑦	⑦	⑦	⑦	⑦	⑦	⑦
⑧	⑧	⑧	⑧	⑧	⑧	⑧
⑨	⑨	⑨	⑨	⑨	⑨	⑨

감독위원 확인
㊞ 인

번호					번호						
1	①	②	③	④	21	①	②	③	④		
2	①	②	③	④	22	①	②	③	④		
3	①	②	③	④	23	①	②	③	④		
4	①	②	③	④	24	①	②	③	④		
5	①	②	③	④	25	①	②	③	④		
6	①	②	③	④	26	①	②	③	④		
7	①	②	③	④	27	①	②	③	④		
8	①	②	③	④	28	①	②	③	④		
9	①	②	③	④	29	①	②	③	④		
10	①	②	③	④	30	①	②	③	④		
11	①	②	③	④	31	①	②	③	④		
12	①	②	③	④	32	①	②	③	④		
13	①	②	③	④	33	①	②	③	④		
14	①	②	③	④	34	①	②	③	④		
15	①	②	③	④	35	①	②	③	④		
16	①	②	③	④	36	①	②	③	④		
17	①	②	③	④	37	①	②	③	④		
18	①	②	③	④	38	①	②	③	④		
19	①	②	③	④	39	①	②	③	④		
20	①	②	③	④	40	①	②	③	④		

※ 본 답안지는 마킹연습용 모의 답안카드입니다.

2024 하반기 시대에듀 All-New MG새마을금고 지역본부 필기전형 최신기출유형 + 모의고사 5회 + 무료NCS특강

개정28판1쇄 발행	2024년 08월 30일 (인쇄 2024년 08월 16일)
초 판 발 행	2011년 11월 10일 (인쇄 2011년 10월 11일)
발 행 인	박영일
책 임 편 집	이해욱
편 저	SDC(Sidae Data Center)
편 집 진 행	안희선 · 정수현
표지디자인	김도연
편집디자인	양혜련 · 장성복
발 행 처	(주)시대고시기획
출 판 등 록	제10-1521호
주 소	서울시 마포구 큰우물로 75 [도화동 538 성지 B/D] 9F
전 화	1600-3600
팩 스	02-701-8823
홈 페 이 지	www.sdedu.co.kr

I S B N	979-11-383-7656-3 (13320)
정 가	24,000원

MG 새마을금고 지역본부

정답 및 해설

금융권 필기시험 “기본서” 시리즈

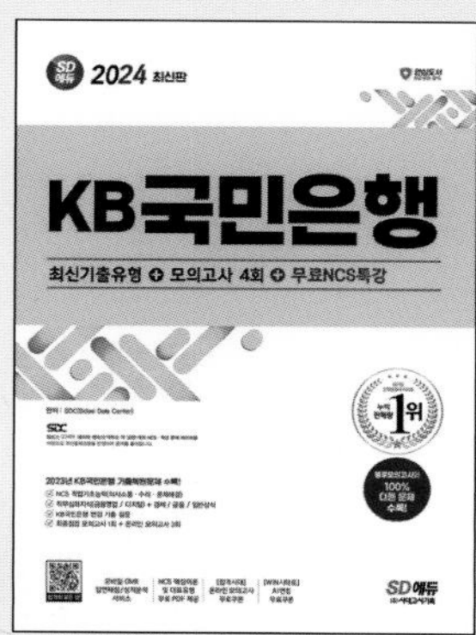

최신 기출유형을 반영한 NCS와 직무상식을 한 권에! 합격을 위한

Only Way!

금융권 필기시험 “봉투모의고사” 시리즈

실제 시험과 동일하게 구성된 모의고사로 마무리! 합격으로 가는

Last Spurt!